IRIS ORIGO
GOLDENE SCHATTEN

IRIS ORIGO

GOLDENE SCHATTEN

AUS MEINEM LEBEN

*Aus dem Englischen übersetzt
und mit Anmerkungen versehen von
Uta-Elisabeth und Klaus-Rüdiger Trott*

VERLAG C. H. BECK MÜNCHEN

Der Übersetzung liegt folgende Ausgabe zugrunde:
Iris Origo, Images and Shadows. Part of a Life
© Iris Origo 1970
John Murray (Publishers) Ltd., London 1970
(Lizenzausgabe mit freundlicher Genehmigung
Paul & Peter Fritz AG, Zürich)

Mit 13 Abbildungen im Text
(Fotos mit freundlicher Genehmigung von Benedetta Origo)

Die Deutsche Bibliothek – CIP-Einheitsaufnahme

Origo, Iris:
Goldene Schatten : Aus meinem Leben / Iris Origo.
Aus dem Engl. übers. und mit Anm. vers. von
Uta-Elisabeth und Klaus-Rüdiger Trott.
– München : Beck, 1996
  Einheitssacht.: Images and Shadows <dt.>
  ISBN 3–406–41145–2

ISBN 3 406 41145 2

Für die deutsche Augabe:
© C.H. Beck'sche Verlagsbuchhandlung
(Oscar Beck), München 1996
Gesamtherstellung: Freiburger Graphische Betriebe, Freiburg
Gedruckt auf säurefreiem, alterungsbeständigem Papier
(hergestellt aus chlorfrei gebleichtem Zellstoff)
Printed in Germany

Inhalt

Für Antonio

Stelle dir die Menschen vor in einem unterirdischen, höhlenartigen Raum, der gegen das Licht zu einen weiten Ausgang hat ... in dieser Höhle leben sie von Kindheit, gefesselt an Schenkeln und Nacken, so daß sie dort bleiben müssen und nur gegen vorwärts schauen, den Kopf aber wegen der Fesseln nicht herumdrehen können; aus weiter Ferne leuchtet von oben her hinter ihrem Rücken das Licht eines Feuers, zwischen diesem Licht und den Gefesselten führt ein Weg in der Höhe; ihm entlang stelle dir eine niedrige Wand vor, ähnlich wie bei den Gauklern ein Verschlag vor den Zuschauern errichtet ist, über dem sie ihre Künste zeigen.

Ich kann mir das vorstellen.

An dieser Wand, so stell dir noch vor, tragen Menschen mannigfache Geräte vorbei, die über die Mauer hinausragen, dazu auch Statuen aus Holz und Stein von Menschen und anderen Lebewesen, kurz, alles mögliche, alles künstlich hergestellt ...

Merkwürdig sind Gleichnis und Gefesselte, von denen du sprichst.

Sie gleichen uns! Denn sie sehen zunächst von sich und den anderen nichts außer den Schatten, die von dem Feuer auf die gegenüberliegende Wand geworfen werden, verstehst du?

Natürlich ...

... Diese Leute würden nichts anderes für wahr halten als die Schatten der Geräte ...

Überlege nun Lösung und Heilung aus Ketten und Unverstand...

Wenn etwa einer gelöst und gezwungen würde, sofort aufzustehen ... Und wenn man ihn zwänge, ins Licht selbst zu blicken, dann würden seine Augen schmerzen ... Er brauchte Gewöhnung, denke ich, wenn er die Oberwelt betrachten sollte. Zuerst würde er am leichtesten die Schatten erkennen, dann die Spiegelbilder der Menschen und der anderen Dinge im Wasser, später sie selbst; hierauf könnte er die Dinge am Himmel betrachten, aufblickend zum Licht der Sterne und des Mondes ...

Zuletzt aber könnte er die Sonne erkennen.

(Platon *Der Staat*, 7. Buch
hrsg. und übersetzt von Karl Vretska, 1958/82)

Einleitung

De temps à l'autre, on est soi, un instant.

Père Boulogne

Man hat mir oft bedeutet, daß ich ein abwechslungsreiches und interessantes Leben geführt, an den schönsten Plätzen dieser Welt gelebt und viele ungewöhnliche Menschen kennengelernt habe. Das ist sicherlich wahr, aber nachdem ich das «Endspiel» erreicht habe, messe ich diesen Steinen auf dem Brett nicht mehr die Bedeutung bei wie früher. Die Figuren, die sich bis jetzt dort gehalten haben, sind Menschen, mit denen ich auf die eine oder andere Art in Liebe und Freundschaft verbunden bin. Es sind nicht einmal die Menschen, an die ich mich am lebhaftesten erinnere, es sind vielmehr diejenigen – wie mir jetzt klar geworden ist –, durch die ich das Leben recht eigentlich erst kennengelernt habe. Die geistreichen Konversationen, die ich in meiner Jugend auf I Tatti[1], in den dreißiger Jahren in Bloomsbury, später in New York und Rom hörte, haben etwas von ihrem Glanz verloren. Ich war, wie Desmond MacCarthy einmal über Santayanas Schriften sagte, «mit Feengold» bestäubt. Alles, was mir von dem Leben, das ich damals gelebt habe, geblieben ist und sich nicht in Nebel aufgelöst hat, ist durch einen Filter geklärt, nicht den Filter meines Verstands, sondern meiner Liebe zu Menschen. Alles, was sie nicht zum Leuchten gebracht hat, ist für mich heute, als ob es nie existiert hätte.

Da die Menschen, die meinem Herzen nahe standen, aus ganz verschiedenen Ländern und auch aus ganz unterschiedlichen Lebensumständen stammten, durfte ich sozusagen aus zweiter Hand teilhaben an verschiedenen Aspekten des Lebens außerhalb meines eigenen Erfahrungsbereichs. Es gelang mir dadurch, einen Blick auf andere Welten zu erhaschen, wie durch ein Loch im Vorhang auf die Bühne eines anderen Lebens. Manche Welten sind mir dagegen auf immer verschlossen geblieben. So habe ich

in meiner Jugend niemals eine gute Freundin aus Frankreich oder
Deutschland besessen, nicht einmal eine französische oder deutsche Gouvernante, die mir besonders nahe gestanden hätte, und
deshalb weiß ich über diese beiden Länder eben nicht mehr als
das, was ich in Büchern gelesen oder auf Reisen gesehen habe.
Andererseits machte mich meine tiefe Zuneigung zu der gütigen
und tapferen Signora Signorini, die mir den ersten Italienisch-
Unterricht gab, später zu dem mitreißenden und genialen *profes-*
sore, mit dem ich zum ersten Mal Homer und Vergil las, für immer und von innen heraus vertraut mit dem Leben der gebildeten
toskanischen *borghesia*, einer Welt, deren Werte in den Jahren
meiner Kindheit noch dieselben waren wie die aus *Cuore* von de
Amicis[2]. Und nur durch die Liebe zu meinem Großvater, Lord
Desart, lernte ich den besonderen Reiz des Lebens auf einem irischen Schloß kennen, wo ich ich die Sommer meiner Kindheit
verbrachte, es war eine Welt blauer Weiten und grenzenlosen
Wohlseins, mit dem Duft der Wicken, dem frischen Geschmack
der roten Johannisbeeren auf der Zunge, wo die Türen immer
offen standen für Kinder, Hunde, Nachbarn, wo ich auf meinem
Pony mit meinem Großvater zusammen gemächlich von Hütte
zu Bauernhaus trabte oder auch auf den grünen Reitwegen durch
die Buchenwälder, wo man immer darauf hoffte, eine Füchsin zu
erspähen, die sich im Morgengrauen mit ihren Jungen durchs
hohe Gras davonmacht.

Ich frage mich, warum ich überhaupt dieses Buch schreibe,
und was für ein Buch es meiner Vorstellung nach werden soll?
Desmond MacCarthy bemerkte einmal beim Frühstück zu Herbert Asquith, daß es nur drei Beweggründe gäbe, eine Autobiographie zu schreiben, und zwar seien es die, die den Heiligen Au-
gustinus, Casanova oder Rousseau dazu veranlaßt hatten:
«Entweder, weil ein Mensch glaubt, er habe den ‹rechten Weg›
gefunden, oder weil er erzählen will, wie prächtig er sich amüsiert hat und weil er beim Schreiben alles noch einmal genießt,
oder um zu zeigen, daß er natürlich ein viel besserer Mensch ist,
als die Welt glaubt.» «Ich freue mich, daß gerade Sie das sagen»,
bemerkte Asquith und schnitt sich eine Scheibe vom Schinken
ab. «Genau das versuche ich eben.»

Tatsächlich aber gibt es kaum ein Buch, das Rousseaus *Confes-*
sions[3] weniger gliche als *Memories and Reflections* von Asquith[4].

Bürgerlichkeit

Das bringt mich auf den Gedanken, daß wahrscheinlich niemand, der seine Lebenserinnerungen zu Papier bringt, letztendlich genau das Buch schreibt, das er eigentlich schreiben wollte. Ich jedenfalls kann keinen dieser drei Beweggründe für mich in Anspruch nehmen. Ich will, selbst wenn ich es könnte, nicht bekehren, nicht enthüllen, nicht bekennen. Ich will lediglich versuchen, einen bruchstückhaften Bericht niederzuschreiben, wie es war, in drei völlig unterschiedlichen Zeitabschnitten unserer Zivilisation zu leben: zuerst, wenn auch nur sehr kurz und mir teilweise auch nur vom Hörensagen bekannt, in der Zeit vor dem Ersten Weltkrieg; dann in der Welt zwischen den Kriegen; schließlich in der Gegenwart, die sich so atemberaubend schnell verändert, sowohl kulturell als auch materiell, daß ich unfreiwillig, in mancher Hinsicht zumindest, zum bloßen Zuschauer geworden bin und nicht mehr aktiv daran teilnehme. Meine Aufzeichnungen erheben weder den Anspruch auf Vollständigkeit noch auf chronologische Abfolge. Sie sind lediglich ein Versuch zu beschreiben, wie man früher lebte und einige Stadien meines eigenen Lebens darzustellen, wobei ich als Ausgangspunkt die verschiedenen Häuser, in denen ich gelebt habe, wähle: die Häuser meiner beiden Großeltern auf dem Land, das Herrenhaus in den Vereinigten Staaten und das Schloß in Irland, das Leben, das sie dort, lange bevor ich geboren war, führten und das ich später mit ihnen teilte; das Haus meiner Mutter in Fiesole, wo ich meine Kindheit und Jugendzeit verbrachte; schließlich La Foce, die Villa und das Gut in der Toskana, das nach all den Jahren, die ich in den Häusern anderer Menschen und in deren Welt verbracht hatte, meine Heimat geworden ist, seit meiner Hochzeit vor sechsundvierzig Jahren.

Während dieser Jahre gab es natürlich auch Vieles in meinem Leben, das nicht direkt mit La Foce zu tun hatte, worauf ich hier nicht weiter eingehe. Es gab lange Perioden, die ich in England oder Amerika verbrachte, es gab auch für mich wichtige persönliche Beziehungen, die für den Inhalt dieses Buchs unwesentlich sind. Außerdem machte ich mit meinem Mann viele ausgedehnte Reisen nach Mexiko und Yukata, nach Guatemala und in die Karibik, nach Ägypten und Griechenland, nach Südindien, Thailand und Angkor in Kambodscha. Für uns waren diese Reisen alle wunderbar und aufregend, aber nach heutigen Begriffen, da keine

Südseeinsel unerschlossen geblieben ist, kein Eingeborenenstamm von Photographen verschont, sind sie nichts Besonderes mehr.

Ein Vorteil dieses ständigen Szenenwechsels, oder vielleicht auch nur meine persönliche Veranlagung, ist, daß mir in meinem ganzen Leben kein einziger Tag zu lang wurde. «Ich bin gesegnet», sagte Mark Howe, der vielgeliebte Autor und Verleger aus Boston, vor sich hin, als er alt geworden war, «gesegnet und gelangweilt». Das ist eine Erfahrung, die mir – bis jetzt zumindest – völlig abgeht. Andererseits habe ich auch nie den bedingungslosen Glauben an die Beständigkeit der geistigen und materiellen Werte gekannt, den die Generation meiner Großeltern noch gehabt hat. Das ist wahrscheinlich mit ein Grund dafür, daß ich, wie viele Menschen meiner Generation, Schwierigkeiten habe, an einem Glauben festzuhalten. Zu viel haben wir verarbeiten müssen, viel zu viel! Zu viel Zerstörung und Wandel, zu viele Ideologien, zu viele Entdeckungen und religiöse Moden.

Die meisten dieser Erfahrungen teile ich natürlich mit vielen anderen Menschen, und ich bin weit davon entfernt zu glauben, daß das, was ich erlebt habe, von Bedeutung ist, außer für mich selbst. Gleichzeitig aber bin ich der Meinung, daß *jedes* Leben etwas Einzigartiges ist, ganz unabhängig davon, was sich darin abgespielt hat und wo. Es sollte doch möglich sein, dieses Einzigartige mitzuteilen, so lange man seine Erlebnisse nur selbst erst einmal ehrlich einzuordnen vermag, um sie dann, ohne sie aufzuputzen, niederzuschreiben. Das ist, vermute ich, damit gemeint, wenn nach jedem Erstlingsroman unweigerlich festgestellt wird, daß jeder Mensch zumindest ein Buch in sich trägt. In meiner Jugend geriet ich nie in Versuchung, dieses Buch zu schreiben, hauptsächlich deswegen, weil es mir an Selbstvertrauen mangelte. Daß ich dann, als ich anfing, für die Öffentlichkeit zu schreiben, die Biographie zu meinem schriftstellerischen Betätigungsfeld wählte, mag aus einem ähnlichen Grund rühren. Es ist ungefährlicher, über andere zu schreiben als über sich selbst und auch leichter – so glaubte ich wenigstens damals –, das Leben anderer in eine harmonische und folgerichtige Form zu gießen. Erst als ich anfing, mir die Menschen, über die ich arbeitete, genauer anzusehen, stellte ich fest, daß das Verfassen einer Biographie viel komplizierter war, als ich angenommen hatte, daß es nahezu ebenso schwierig war, die Wahrheit über andere Menschen niederzuschreiben, wie die Wahrheit über sich selbst, und daß es sehr verführerisch ist, sich dabei der Arbeiten von Biographen und Kritikern zu bedienen, die schon vor einem am Werk waren. Erst nach vielen Jahren verspürte ich zunehmend Lust, in eigener Sache zu schreiben und hatte auch den Mut dazu. Erst da wurde mir bewußt, wie viele meiner früheren Bücher zwar nicht gerade unaufrichtig, aber doch aus zweiter Hand waren. Eine Ausnahme ist nur *War in Val d'Orcia*, das ja ursprünglich nicht zur Veröffentlichung bestimmt war. Dieses Buch nun ist ein Versuch, im Herbst des Lebens etwas ganz anderes zu machen: einige Dinge, die ich erlebt habe, aufzuschreiben und auf die Gefahr hin, daß es langweilig sein sollte, mit eigener Stimme zu sprechen, endlich auszusprechen, was *ich* denke. Aber nicht alles, was ich denke – selbst wenn ich dazu in der Lage wäre. Jeder Biograph weiß, welche Gefahren auf ihn lauern, sobald er beginnt, seine persönliche Auswahl aus dem Stoff zu treffen. Das sind die Schwierigkeiten, von denen ich einmal in einem Vortrag mit dem Titel: «Biographie – wahr und unwahr» sprach. Ich nannte sie «die verführerischen Kniffe des Metiers ... das Glätten und Retouchieren, bis man am Ende ein Portrait komponiert hat, glatt, lebendig, überzeugend und – unwahr.» Noch größeren Versuchungen ist der Maler eines Selbstportraits ausgesetzt. Er muß sich nicht nur davor hüten, das Bild zu verzerren, indem er es nach *einer* Perspektive ausrichtet, oder es zu schönen, sondern er muß sich auch vorsehen, daß Selbsterkenntnis nicht in Befangenheit umschlägt. Herbert Read hat in einer Besprechung von Rilkes Briefen einmal treffend formuliert, daß man sich nie ganz sicher sei, «die wahre Stimme» zu hören; solche Zweifel tauchen niemals auf, wenn man beispielsweise die Briefe von Keats liest.

Wie auch immer: Auswahl muß sein. *«Le secret d'ennuyer est celui de tout dire.»* «Das Geheimrezept, Langeweile zu erzeugen, besteht darin, alles auszusprechen.» Vieles kann man aus Rücksichtnahme und Takt nicht beim Namen nennen, vor allem aber muß man sich stets vergegenwärtigen, daß jedes Menschenleben vielschichtig und einfach, verwirrend und kristallklar, oberflächlich und unergründlich zugleich ist. Jedweder Versuch, es als ein einheitliches, folgerichtiges Ganzes darzustellen, es in einen festen Rahmen zu spannen, verleitet deshalb den Biographen unweigerlich dazu zu mogeln oder zu verfälschen. «Ich bin jedesmal wieder verblüfft», schrieb Pasternak in einem unveröffentlichten Brief, «daß alles, was ordentlich und sachlich niedergeschrieben ist, doch niemals ausreicht, die ganze Wahrheit zu erfassen, daß das wirkliche Leben immer über den Rand des Gefäßes sprudelt.» Zum Teil habe ich genau aus diesem Grund so wenig über meine Ehe und meine Kinder geschrieben, aber auch deswegen, weil nichts im Leben vielschichtiger und auch intimer ist als das Privatleben und die damit verbundenen Emotionen. Tolstois berühmter Ausspruch vereinfacht den Sachverhalt zu stark: Nicht nur unglückliche, sondern auch glückliche Familien sind nicht nur auf eine, sondern auf vielerlei und unzählige Arten glücklich und unglücklich. Ich bin immer erstaunt, wenn ich höre, wie die Leute über die Ehen anderer Leute reden, wie: «Das war *seine* Schuld, dies *ihre* Schuld.» Wie wollen sie das beurteilen? Denken sie denn nie über ihre eigene Ehe nach und wieviel uns selbst in der glücklichsten Verbindung vom anderen verborgen bleibt? Wir alle sind keine Inseln, sondern Eisberge, von denen sich mehr als die Hälfte unter Wasser befindet. Was Mann und Frau nach langen Jahren des Zusammenlebens voneinander wissen, haben sie ganz gewiß nicht durch einen geistigen Prozeß erfahren, sondern vielmehr durch eine Art von Symbiose, eine langsame Angleichung des einen an den anderen, so daß, wie in der Geschichte von Philemon und Baucis, die Zweige zweier Pflanzen, so verschieden ursprünglich ihre Wurzeln gewesen sein mögen, sich langsam unlösbar ineinander verschlingen und einen einzigen Baum bilden.

Mit den Kindern und Enkeln ist es wieder anders. Irgend jemand sagte einmal zu mir, man solle an jedes Kinderzimmer schreiben: «Auch das geht vorüber.» Das gilt nicht nur für Masern und Mumps, für Wutanfälle und Wachstumsschmerzen, sondern leider auch für das paradiesische Stadium der Kindheit, in dem Staunen und Vertrauen die ersten Fenster zur Welt öffnen, in dem Güte und Weisheit der Eltern so grenzenlos sind wie das Universum, in dem man vollkommene Freude und vollkommene Sicherheit kennt. Wenn die Reaktion kommt, und die Nabelschnur unvermittelt oder allmählich, je nach Veranlagung und Lebensumständen des Kindes, durchschnitten wird, dann leiden die Eltern zwangsläufig stärker als das Kind, für das all dies ja mit dem Abenteuer des Entdeckens und zunehmender Freiheit einhergeht. Das war schon seit jeher so und ist kein Einzelschicksal, wie alle Eltern immer wieder glauben. «Die Liebe kommt schnell außer Atem», schrieb Lord Halifax an seine Tochter, «wenn sie von den Kindern bergauf zu den Eltern gehen soll».[5] Die Japaner, sagt C. P. Snow, haben ein spezielles Wort, um dieses Stadium der Elternliebe zu beschreiben. Sie nennen es «eine Dunkelheit des Herzens».

Wenn dann die Kinder heranwachsen, sich Lebensgefährten suchen und eigene Kinder haben, schleichen sich wieder neue Schwierigkeiten ein. Nicht nur der Zusammenprall einer Familie mit einer anderen Familie, mit einem neuen Mittelpunkt, mit verschiedenartigen Traditionen, und der Versuch, beiden gerecht zu werden, sondern zwangsläufig auch neue Wertmaßstäbe und die Ablehnung der bisherigen. Man kann aber auch Glück haben, und die Partner wachsen zusammen und verstehen sich wortlos: Man freut sich gleichzeitig über das, was ein Kind sagt, mit einem Blick verständigt man sich über den Tisch hinweg, wenn Gäste da sind, stillschweigend versteht und vertraut man einander, auch wenn es immer wieder Zeiten gibt, in denen man sich gegenseitig quält und reizt und das Gefühl hat, in einen Käfig eingesperrt zu sein. Noch etwas ändert sich mit dem Älterwerden. Während in der Kindheit (wie lang ist's her!) für ein Kind nur das zählte, was die Eltern für richtig hielten, verkehrt sich nun die Situation ins Gegenteil. Die Ansichten der erwachsenen Kinder zählen nun ebenso wie ihre Liebe.

Als eine meiner Töchter heiratete, schrieb ich «Zehn Gebote für Schwiegermütter» nieder:

> Du sollst nicht alles fragen.
> Du sollst nicht auf alles eine Antwort haben.
> Du sollst nichts übereilen.
> Du sollst Dir keine Sorgen machen.
> Du sollst nicht alles wissen wollen.
> Du sollst nicht herumspionieren.
> Du sollst Dich nicht aufdrängen.
> Du sollst Dich nicht einmischen.
> Du sollst keine Vergleiche anstellen –
> Dich zumindest nie beklagen.
> Du sollst nichts erzwingen wollen.

Diese Gebote, von denen das letzte das wichtigste ist, wurden natürlich nicht alle beherzigt, das brauche ich nicht eigens zu betonen.

Doch es ist etwas Seltsames mit diesen Beziehungen innerhalb einer Familie, die zwar manchmal an Intensität einbüßen, nie aber ganz zerstört werden, trotz aller Machtkämpfe und Entfremdungen, trotz all der Anlässe zum Ärger und der Versuche gegenseitigen Verstehens, trotz des ständigen Auf und Abs. Mit Enkeln ist es da schon viel leichter. Die Beziehung, so zärtlich sie auch sein mag, ist lockerer, nicht so eng und darf daher eine ungetrübte, wenn auch vielleicht weniger intensive Freude sein. In dieser Hinsicht hatte ich ganz besonders großes Glück: Als ich selbst noch ein Kind war und die enge freundschaftliche Beziehung zu meinem englischen Großvater genoß, und jetzt die Beziehung zu einigen meiner Enkel, die mir die glücklichsten Stunden meines Alters bescheren. Sie geben mir oft das Gefühl, als würde ich die Seiten im Buch des Lebens zurückblättern und die Freundschaft mit meinem Großvater noch einmal durchleben. Da ist eine ähnliche Unbeschwertheit ohne Reibungspunkte, weil ich nicht die volle Verantwortung für sie trage, da werden sechzig Jahre Altersunterschied zu nichts, und ich zumindest fühle mich bereichert.

Ich bin mir darüber im klaren, daß dieses Buch den Eindruck erwecken muß, als ob ich mich nie um Politik gekümmert hätte. Das liegt zum einen daran, daß ich keine Neigung verspüre, über die langen Jahre der faschistischen Diktatur zu schreiben, in denen ich gelernt habe, meinen Mund zu halten und meinen eigenen Überzeugungen treu zu bleiben, vor allem während der letzten Jahre, bevor Italien in den Krieg eingetreten ist, den Churchill im Nachhinein *The Unnecessary War* nannte. Ebenso bin ich der Meinung, daß man keine gute Biographie über jemanden schreiben kann, wenn man nicht eine gewisse Sympathie zu dieser Person verspürt. Auch glaube ich, daß nichts dabei herausspringt, wenn man viel über Abschnitte des eigenen Lebens schreibt, die in der Erinnerung vornehmlich Mißbehagen hinterlassen. Kummer, Not und Gefahr – das alles kann auch etwas Positives sein. Nicht aber eine Situation, in der man widerwillig Tatsachen akzeptieren muß, ohne Einfluß auf die Entwicklung nehmen zu können.

Damit will ich nicht behaupten, daß ich schon von Anfang an alle Konsequenzen vorausgesehen hätte, die der Sieg des Faschismus nach sich zog. Wie viele andere junge Frauen, die sich nicht um Politik kümmern, war ich in den Jahren, in denen der Faschismus sich etablierte, vollkommen mit mir selbst beschäftigt. Denn für mich waren das die Jahre, in denen ich aus dem Elfenbeinturm oben in Fiesole, in dem mich meine Mutter gehalten hatte, ausbrach, mich verlobte, heiratete, mich auf ein ganz neues Leben auf unserem Gut in der Toskana einstellte und in denen mein erstes Kind geboren wurde und starb. So war ich völlig von meinem Privatleben absorbiert und von dem, was draußen in der Welt vorging, derart abgeschottet, daß es im Rückblick kaum mehr begreiflich scheint. Was ich natürlich nicht einfach übersehen konnte, war das äußere Auftreten des neuen Regimes, das mich instinktiv anwiderte, wie die rauhen Manieren, die auftrumpfenden Reden, die es einem von Natur aus höflichen und zurückhaltenden Volk einimpfte, der Kult der Phrasendrescherei und der Gewalt. Da ich mir jedoch selbst noch keine eigene politische Meinung gebildet hatte und mir außerdem ständig vor Augen hielt, daß ich ja Ausländerin war, glaubte ich kein Recht zu haben, an Ereignissen Kritik zu üben, deren Ursachen ich nicht wirklich durchschauen konnte. Daher schien mir der beste Ausweg zu sein, die traditionelle Rolle einer jungen Frau zu spielen, die sich für Politik nicht interessiert und völlig ahnungslos ist.

Selbst als ich allmählich mit eigenen Augen und Ohren erfaßte, was vor sich ging, war ich durch die Umstände meines Alltags weiterhin so gut wie ganz vom politischen Leben jener Tage abgeschnitten. Daher hat es nicht viel Sinn, wenn ich von politischen Vorgängen berichte, die ich nur aus zweiter Hand erfahren habe, an denen ich nicht persönlich teilhatte und die ich selbst nicht aufmerksam genug verfolgen konnte. Mein Mann und ich führten ein Leben, das ausschließlich auf unser Gut in der Toskana ausgerichtet war. Durch die Arbeit dort lernten wir nur die positiven Seiten des Faschismus und seine lautersten Anhänger kennen, wohingegen wir mit den eigentlichen politischen Entwicklungen in Italien nicht in Berührung kamen. Diese Unabhängigkeit war für uns natürlich ein großes Glück.

Wie ich anfangs schon bemerkte, bin ich mir dessen bewußt, daß mein Leben abwechslungsreich und erfüllt war, gleichzeitig aber sehr privilegiert. Mit zunehmendem Alter empfinde ich gerade darüber das gleiche Unbehagen wie mein Onkel Bronson Cutting schon siebzig Jahre vor mir, beruhten diese unverdienten Privilegien doch auf sozialer Herkunft, Erziehung, Geld, gesellschaftlicher Stellung, die uns bereits in die Wiege gelegt waren und uns alle Türen öffneten. Um ehrlich zu sein, muß ich sagen, daß ich manche dieser Vorzüge zu Zeiten richtig genoß. Doch man kann nicht alles zugleich haben. Den Preis für diese Privilegien mußte ich auf der anderen Seite damit bezahlen, daß ich keinen Zugang zu Menschen bekam, die ich gern zu Freunden gehabt hätte. Das gilt für meine Jugend, als ich mir dessen noch nicht bewußt war, wie auch für die Gegenwart, da ich mir dessen durch die sich ständig verändernde Welt, in der ich lebe, um so bewußter bin. Der Grund dafür ist, daß mich von diesen Menschen ein völlig andersgearteter Lebensstil trennt, aber auch, daß mir von *ihrer* Seite her eine unsichtbare, aber unüberwindliche Mauer entgegensteht. Theoretisch könnte dieses Hindernis schon überwunden werden, doch den Preis dafür zu zahlen fehlte mir wieder der Mut. Das würde nämlich bedeuten, das Gebot zu befolgen: «Verkaufe alles und folge Mir nach.»[6] Es bedrückt mich zunehmend, daß ich all die vielen Jahre diese Privilegien nicht besser genützt habe, daß ich nicht mehr von meinem Geld, meiner Kraft und meiner Phantasie darauf verwendet habe, im Kampf gegen Armut und Leiden zu helfen. Teils versäumte ich es aus Unwissenheit, teils weil ich einfach zu viele Interessen, Freunde und Aktivitäten gleichzeitig hatte. Aber das ist keine Entschuldigung.

All das wurde mir erst klar, als ich 1966 nach der Flutkatastrophe von Florenz mit Menschen aller Altersstufen, aus verschiedenen Berufen und unterschiedlichen politischen Richtungen in einer Gruppe arbeitete, die sich zum Ziel gesetzt hatte, kleinen Handwerkern und Kaufleuten in Florenz aus der ärgsten Not zu helfen. Es gelang uns trotz unserer unterschiedlichen Voraussetzungen, in bestem Einverständnis zusammenzuarbeiten. Wie gern erinnere ich mich an diese Monate, in denen ich auch neue Freunde gewonnen habe. Aber es ist mir nur zu deutlich geworden, daß diejenigen unter uns viel bessere Arbeit geleistet haben, die nicht durch künstliche Klassenschranken und Wohlstand von den Menschen getrennt waren, denen sie wieder auf die Beine helfen wollten, die durch ihr eigenes, vergleichbares oder zumindest nicht ganz anderes Leben wußten, was die Opfer am dringendsten brauchten, und daher echtes menschliches Verständnis schenken konnten. Der viel strapazierte Vergleich mit dem Kamel und dem Nadelöhr, den ich in jungen Jahren immer schon für unfair gehalten habe, bekam damals für mich einen konkreten Sinn.

Zudem kommt mir gerade in unserer heutigen Zeit zu Bewußtsein, daß diese durch Privilegien errichtete Schranke verstärkt wird durch die Schranke, die das Alter selbst vor denjenigen alten Menschen aufrichtet, die sich ehrlich bemühen, sich den Ideologien der jungen Generation anzupassen, und daß man dadurch «nahezu unsichtbar» wird, «so wie man es von den Schwarzen in Amerika erwartete», wie Stephen Spender einmal bemerkt hat.

Unsichtbarkeit hat allerdings auch ihre Vorteile. Sie bietet einem die Möglichkeit, «die Schatten auf der Wand» sorgfältiger zu beobachten, so daß sich das Auge vorsichtig an den Anblick der «Oberwelt» gewöhnen kann. Was ich jetzt zu berichten vermag, ist der Ausschnitt, den ich bisher zu Gesicht bekam. Und ich kann nur bekennen: Das ist es, was ich mit meinen achtundsechzig Jahren zu sagen habe.

Iris Origo
La Foce, 1970

ERSTER TEIL

I.

Westbrook

An einem schönen Frühlingstag im Jahre 1748 saß ein junger Engländer aus Great Yarmouth in Norfolk im Caféhaus. Leonard Cutting war dreiundzwanzig und überlegte gerade, daß er trotz seiner Erziehung in Eton und Cambridge nur mäßige Aussichten hatte, es im Leben zu etwas zu bringen. Da ging unversehens die Türe auf, herein kam ein Kapitän aus Virginia und rief: «Wer will mit nach Amerika?» Ohne zu überlegen, sprang Cutting auf und antwortete: «Ich!» Um die Überfahrt bezahlen zu können, verdingte er sich als *Redemptioner* (als Freikäufer), und das hieß, daß er sich verpflichtete, nach seiner Ankunft eine bestimmte Anzahl von Jahren für den Kapitän zu arbeiten. Zunächst verschlug es ihn auf eine Plantage in Virginia, dann auf ein Gut in New Jersey. Danach wurde er Professor für Latein und Griechisch am King's College in New York, der heutigen Columbia University. Schließlich wurde er Geistlicher und erster Pfarrer (*Rector*) an der Georgskirche in Hempstead auf Long Island. Er war mein erster amerikanischer Vorfahr im Stammbaum der Cuttings.

Daß ich nicht allein auf der Welt bin, sondern lediglich der jüngste, winzige Sproß eines großen Baums, wurde mir bewußt, als ich noch ein sehr kleines Mädchen war. An einem Sonntagmorgen nach dem Gottesdienst hieß mich meine amerikanische Großmutter in ihrem Haus auf einen Stuhl klettern und zeigte mir auf der ersten Seite der Familienbibel, die auf einem hohen Lesepult aufgeschlagen lag, fein säuberlich angeordnet eine lange Reihe von Namen, und – ganz am Schluß – stand in frischer Tinte mein eigener Name. Im gleichen Augenblick fing die große Standuhr an zu schlagen, die am anderen Ende der großen, holzgetäfelten Halle stand und jetzt die Diele meiner eigenen Wohnung in Rom schmückt. Noch heute kann es vorkommen, daß ich aus der gleißenden römischen Sonne ins Dunkel des kühlen Treppenhauses tauche und mich der Schlag der Uhr zurückträgt in die Vergangenheit und ich wieder höre, wie meine Großmutter zu mir sagt: «Und hier ist dein Platz im Stammbaum, Kleines.»

Als sie mir allerdings noch mehr über meine Herkunft erklären wollte, kam ich dann doch nicht mehr so ganz mit. Nachdem sie mir eröffnet hatte, daß wir durch meine Urgroßmutter väterlicherseits von einer jüngeren flandrischen Nebenlinie der Familie Bayard abstammten, die durch den «*Chevalier sans peur et sans reproche*» Berühmtheit erlangt hatte[1], schweifte sie dann doch ein bißchen zu weit in die Vergangenheit zurück. Um mein Interesse an der Familiengeschichte wachzuhalten, erzählte sie mir die Sage von dem legendären Roß Bayard, das Karl der Große den vier Haimonskindern zum Geschenk gemacht hatte und das sich durch Zauberkraft so strecken konnte, daß seine vier Herren alle zugleich auf ihm reiten konnten. Sein Wiehern könne man noch heute im Ardennerwald hören, wenn im Sommer die Tage am längsten sind. Diese wunderbare Geschichte beflügelte natürlich meine Fantasie, allerdings behielt ich davon nur so viel, daß wir alle von einem Zauberpferd abstammen, was man ja daran sieht, daß wir ein Roß im Familienwappen führen.

Ein andermal zeigte mir meine Großmutter die Bildnisse meiner Vorfahren in der prächtig mit Goldschnitt gebundenen Familienchronik, die sie hatte verfassen lassen[2], aber die fand ich weniger interessant. Streng dreinblickende Männer und Frauen in gestärkten weißen Halskrausen (lauter niederländische Hugenotten, wie ich heute weiß, die Bayard und Stuyvesant hießen), dann schottische Grundherren mit Spitzenjabots und -manschetten (*pleureuses*) oder kunstvoll geschlungenen Halstüchern am Wams (die Murrays und Livingstones), Geistliche im schwarzen Talar mit weißen Bäffchen, weiter hinten dann behäbige, wohlhabende Kaufleute mit Schnurrbart und goldener Uhrkette und ihre dünnlippigen Gemahlinnen mit schmeichelnden Seidenbändern im Haar – für mich sahen sie alle gleich wunderlich, furchterregend und leblos aus. Meine Großeltern stammten beide, wie der größte Teil dieser selbsternannten «kleinen Aristokratie von Alt New York» von guten, ehrbaren Bürgerfamilien ab, die, wie Edith Wharton einmal über ihre eigenen Vorfahren schrieb, «nur selten Adler hervorbringen»[3].

Der einzige entfernte Verwandte großväterlicherseits, der mich denn doch ein wenig mehr fesselte, war Robert Livingstone aus Roxburghshire. Er war im Jahr 1673 in die neue Welt gesegelt und hatte sich in Albany niedergelassen, als die Holländer gerade Nieuw Amsterdam den Engländern übergaben, das daraufhin in New York umgetauft wurde. Den Familienwahlspruch «*Si je puis*» änderte er in «*Spero meliora*» um und kaufte den Indianern 800 ha Land am Ostufer des Hudson ab, für das er außer 300 Gulden noch Farbe, Decken, Mäntel, Hemden, Strümpfe, sechs Gewehre samt Schießpulver hinlegte sowie ein Sammelsurium von Äxten, Tabak und Pfeifen, drei Fäßchen Rum und ein großes Faß Starkbier. «Forderungen und Kosten in beträchtlicher Höhe», schrieb er später über dieses Geschäft. Daraufhin verlieh ihm der Gouverneur von New York das Privileg, sein Land «Lordship» oder «Manor» zu nennen. Er erwarb die Patronatsrechte für alle Kirchen auf seinem Grund und vergrößerte seinen Besitz stetig und zielbewußt, bis er im Jahr 1714 mehr als 64 000 ha umfaßte. Davon verkaufte er 2400 ha an die Regierung, die dort 3000 Emigranten aus Deutschland ansiedelte, die Pfälzer, in deren Heimat die Franzosen eingefallen waren. Wein und Bier wurden für sechs Monate gestellt. Im Namen der britischen Regierung beteiligte er sich außerdem an der «Abschaffung des Piratenwesens». Zu diesem Zweck rüstete er die «Adventure», ein Kaperschiff, aus und unterstellte sie dem Kommando des berüchtigten Kapitäns William Kidd, der schon bald danach selbst die schwarze Flagge hißte und Handelsschiffe überfiel, die gen Osten segelten. Er geriet in Gefangenschaft, und im Kriminalgericht Old Bailey wurde ihm der Prozeß gemacht; er wurde zum Tode verurteilt und am 23. Mai 1701 am *Execution Dock* gehenkt. Ganz offenkundig ließ man Kidd in diesem Prozeß keine Gerechtigkeit widerfahren, denn man gewährte ihm keinen Rechtsbeistand für seine Verteidigung. Heute sieht es so aus, als habe man ihn zu Unrecht verurteilt. Man erzählt, daß Livingstone sich den Fall sehr zu Herzen nahm.

Auch von einigen der Bayard-Ahnen hätte ich gern etwas mehr erfahren, ganz besonders von Anna Bayard aus Amsterdam, einer respekteinflößenden Dame. Schon in jungen Jahren verlor sie ihren Mann und machte sich mit vier kleinen Kindern auf in die Neue Welt. Sie soll eine «imposante Erscheinung» gewesen sein, «hochgebildet, geschäftstüchtig und herrisch». Zudem

scheint sie über einen stark ausgeprägten Gerechtigkeitssinn verfügt zu haben, denn der Quäker Robert Hodgson, der wegen seines Glaubens ins Gefängnis geworfen worden war, verdankt
seine Freilassung allein ihrer Fürsprache bei ihrem Bruder Peter
Stuyvesant, dem Gouverneur von Nieuw Amsterdam. Auch ihr
Sohn, Colonel Nicholas Bayard, scheint ein unabhängiger Frei-
geist gewesen zu sein. So lud er 1664 eine Gefängnisstrafe auf sich,
weil er eine Petition unterstützte, die für Religionsfreiheit eintrat
und für die Aufhebung der Bestimmung, daß Holländer zum
Dienst mit der Waffe gegen Holländer gezwungen werden können. Etwa dreißig Jahre später entging er nur mit knapper Not
seiner Hinrichtung wegen Hochverrats, weil er ein *Jacobite*, ein
Anhänger der Stuarts, war und als «Rädelsführer» galt. Am aller-
meisten fasziniert mich an ihm jedoch, daß er 1668 die einzige
meiner amerikanischen Ahnfrauen heiratete, über die ich wirklich alles wissen wollte: Diese junge Frau hieß Judith Verleth.
Ihre ganze Lebensgeschichte bis zu diesem Tag besteht aus einem
einzigen Satz: «1662 warfen sie die Puritaner von Hartford als
Hexe ins Gefängnis.» Immer wieder frage ich mich, wie es zu
dieser Anschuldigung gekommen war, wie sie dem Tod hatte
entrinnen können, und wieso Colonel Bayard sie zur Frau nahm.
In der Familienchronik taucht sie nur einmal auf, nämlich als ihr
Mann ein paar Jahre später auf der Westseite der Bowery einen
Besitz gekauft hatte (gleich bei einem Hügel, der damals noch
Bayard's Mount hieß, später dann Bunkers Hill). Die Chronik
berichtet, sie sei damals an einem herrlichen Frühlingstag auf dem
Weg zur Kirche den Broadway hinunterspaziert «in einem hohen
Kopfputz aus lauter drahtversteiften Musselinerüschen»[4], einem
Gewand in Violett und Gold, «das vorn so schräg geschnitten
war, daß das schwarzsamtene Unterkleid mit den gestickten silbernen Irisblüten hervorschaute», in grünen Seidenstrümpfen
und zarten bestickten Schuhen. «Ihr Haar war gepudert, ihr Taschentuch duftete nach Rosenwasser.» Noch heute beschäftigt
diese Dame meine Fantasie.

Weit, sehr weit muß ich in die Vergangenheit zurückgehen, aber
wie weit? Von der amerikanischen Seite her fließt schon eine Mischung aus englischem, französischem, holländischem und schot-
tischem Blut in meinen Adern, aber mütterlicherseits weist mein

Stammbaum auch noch einen anglo-irischen, einen rein englischen und einen schottischen Zweig auf. Lady Sybil Cuffe, meine Mutter, heiratete am 19. April 1901 William Bayard Cutting Junior, der damals Privatsekretär bei Joseph Choate war, dem amerikanischen Botschafter in England.

Mein englischer Großvater, Lord Desart, mischte sich nur höchst ungern in die Privatangelegenheiten anderer ein, selbst in die seiner eigenen Kinder nicht, setzte er doch nur allzugern voraus, daß die reine Vernunft das Leben anderer Menschen ebenso bestimmte wie das seine. Als die jungen Leute zum ersten Mal bekannt gaben, daß sie sich verloben wollten, glaubte er jedoch ungeachtet dessen, seine Tochter fragen zu müssen, ob sie es sich wirklich genau überlegt habe, was es bedeutet, eine neue Staatsangehörigkeit anzunehmen und im Ausland zu leben. Verliebt wie sie war, sagte sie natürlich «ja» dazu, denn sie hatte ja bislang nur im engen Kreis ihrer Familie gelebt und noch nichts von der Welt gesehen.

Zweiundzwanzig Jahre später, als ich meinem Großvater eröffnete, daß ich mich mit Antonio Origo, einem Italiener, verlobt hatte, wollte er auch mich prüfen und stellte mir dieselbe Frage, und ich gab ihm dieselbe Antwort.

Als meine Mutter und ich aus ehrlichem Herzen, doch ohne die Folgen zu überblicken, antworteten, hatten wir keinen Augenblick lang an diejenigen gedacht, die unsere Entscheidung am meisten angehen würde, nämlich an unsere zukünftigen Kinder.

Was mich persönlich betrifft, so hat meine Herkunft aus zwei verschiedenen Nationalitäten mein Leben ganz gewiß bereichert. Andererseits fühlte ich mich in meiner Jugend doch auch irgendwie entwurzelt und unsicher. Oberflächlich gesehen erweckte ich den Eindruck, als könnte ich mich ohne jede Schwierigkeit überall anpassen, doch das gab eine völlig falsche Vorstellung von mir. Ich selbst hatte zwar das Gefühl, ich könnte mich problemlos einfügen, wenn ich von der toskanischen Villa meiner Mutter in Fiesole in das Landhaus auf Long Island zog, das meine Heimat in Amerika war, oder auf Schloß Desart in County Kilkenny. Tatsächlich aber – und da lag wohl das Problem –, paßte ich mich bis zu einem gewissen Grad derart vollkommen an und war mir des ganz besonderen Flairs jedes dieser Häuser so bewußt, daß ich jedesmal, wenn ich mich von einem dieser vertrauten Orte und von den Menschen dort losreißen mußte, gleich meine ganze Lebensführung und in mancher Hinsicht auch meine ganze Wertskala nahtlos der neuen Umgebung anglich. Es ging ja nicht nur darum, daß man einen vertrauten Ort verlassen mußte und die Menschen, die man lieb gewonnen hatte, sondern darum, daß man jedesmal, wenn man wieder umzog, selber zu einem irgendwie anderen Menschen wurde. Sogar ein Kind mußte sich dann immer von neuem die Frage stellen: «Wer von allen diesen bin ich denn nun eigentlich?»

Heute sehe ich, daß sich genau dasselbe in meinen Kindern abspielt, d. h. soweit Kinder eben über solche Dinge sprechen. Denn bei ihnen gesellt sich zu dem amerikanischen, anglo-irischen Blut aus meiner Familie noch das italienisch-russisch-spanische Erbgut ihres italienischen Vaters, der eine russische Großmutter hatte, Paolina Polyectoff, und von der mütterlichen Seite her einen Großvater spanischer Abstammung, Paolo Tarsis. Soll ich noch weiter in der Familiengeschichte nachgraben?

Einen Teil davon kenne ich natürlich nur aus Erzählungen. Von den Vorfahren meiner Mutter weiß ich, daß Joseph Cuffe unter Cromwell in Irland gedient hat, der ihm dafür in County Kilkenny Ländereien verlieh, die *Cuffe's Desert* (Cuffes Belohnung) genannt wurde. So erbte mein anglo-irischer Großvater Desart Court in Irland. Auch weiß ich, daß die Ahnen von Lady Elizabeth Campbell, der Tochter des ersten Earl of Cawdor, die die Mutter meines Großvaters wurde, ihre Herkunft bis zu Lady Mary Bruce zurückverfolgen können. Da sie die Schwester von Robert Bruce, des Königs von Schottland war, mußten wir Kinder natürlich unbedingt mit der Geschichte «Bruce und die Spinne» erbaut werden[5]. Von dem weniger rühmlichen Ereignis aus einer späteren Epoche, dem Gemetzel von Glencoe[6], in dem dieselben Vorfahren leider die «Black Campbells» von Breadalbane waren, erfuhren wir hingegen damals nichts. Außerdem können wir meines Wissens die Verwandtschaft mit verschiedenen Plantagenets nachweisen. Durch meine englische Großmutter, Lady Margaret Lascelles, Tochter des vierten Earl of Harewood, der mit der Tochter des Marquess von Clanricarde verheiratet war, geht das Geschlecht über die Clanricardes weit zurück bis zu Connor O'Brien, einem der vorgeschichtlichen Könige von Irland, dessen Tochter Honora die Gemahlin von

Ulick Bourke, Lord Clanricarde war. Doch der Sinn für Genea-
logie geht mir einfach ab. Die meisten Menschen fangen erst
dann an, sich für ihre Verwandten zu interessieren, die schon lang
das Zeitliche gesegnet haben, wenn sie damit rechnen, daß sie
selber dieser Welt bald Lebewohl sagen müssen. Doch selbst in
meinem Alter fällt es mir schwer, viel Interesse für Ahnenfor-
schung aufzubringen. Großtante Harriet Clanricarde bildet dabei
allerdings eine Ausnahme. Sie war eine Großenkelin von Canning Stafford, und durch diese verwandtschaftliche Beziehung
erbte ich von ihr einen «ganz netten» Familienschmuck, die
«Canning Smaragde», eine zauberhaft gearbeitete Kette samt dazugehörigen Ohringen und Brosche aus dem 18. Jahrhundert.
Mittlerweile habe ich alles meiner ältesten Tochter weitergegeben. Ansonsten empfinde ich allerdings keinerlei persönliche Beziehung zu den Personen, die die Schwester meiner Mutter, Joan
Verney, so sorgfältig auf «Ahnentafeln» zusammengeschrieben
hat. Sie sind für mich nichts weiter als Namen, die man in Ge-
schichtsbüchern liest, vielleicht eben weil ich so wenig über sie
weiß.

Um so größer ist das tiefe Interesse, das ich seit meiner frühe-
sten Kindheit für meine beiden Großeltern diesseits und jenseits
des Atlantiks hege, die ich alle noch erlebte und liebte, so wie es
mir ein inneres Anliegen ist, alles für die Nachwelt festzuhalten,
was ich über sie erfahren konnte. Dieser Wunsch wurde um so
stärker, je mehr mir klar wurde, daß das Leben, das sie führten,
unwiderruflich der Vergangenheit angehört und zu einer kostba-
ren «Antiquität» geworden ist, so, als ob sie schon vor Hunderten
von Jahren gelebt hätten. So will ich in den beiden ersten Kapi-
teln dieses Buchs versuchen, alles niederzuschreiben, was man
mir über sie erzählt hat und alles, was noch in meiner eigenen Erinnerung lebendig ist

Die Familienbibel also, in der mein Name eingetragen stand,
wurde in der Eingangshalle des Hauses meiner Großeltern in
Westbrook aufbewahrt. Das Haus liegt an der Südküste von Long
Island, direkt an einem Fluß, der nach dem Indianerstamm, der
im 17. Jahrhundert dort lebte, Connetquot hieß. Dort hatten
meine Großeltern mit viel Fantasie und Unternehmungslust ein
von Mückenschwärmen heimgesuchtes Fleckchen Sand und

Ansicht des Hauses in Westbrook

Sumpf in einen überschäumenden Garten und in eine Parklandschaft von großer Schönheit verwandelt und im Jahr 1886 das
Haus gebaut, das ihnen zur Heimat werden sollte. Obgleich es
noch zu einer Zeit entworfen war, in der die protzigen Landsitze
ihrer Freunde wie die Pilze am Ocean Drive in Newport[7] aus
dem Boden schossen, gab dieses Gebäude nicht vor, ein französisches Schloß, ein elisabethanisches Herrenhaus oder eine toskanische Villa zu sein. Als Baumaterial waren die schlichten einhei-
mischen Holzschindeln verwendet worden, und so wurde der
Eindruck eines typisch englischen, kleinen Landhauses erweckt,
das von Efeu fast ganz überwuchert war. Dadurch wurden solch
architektonische Geschmacklosigkeiten wie etwa spitze Giebel-
fensterchen, ein Türmchen hie und da, alsbald überrankt und
verdeckt von Sträuchern und Bäumen, die um das Haus herum
angepflanzt wurden. Im Inneren überraschte das Haus dagegen
durch eine fast viktorianische Weitläufigkeit und luxuriöse Be-

Der Garten von Westbrook

haglichkeit. Die Zimmer waren geräumig, im Sommer angenehm kühl, im Winter gemütlich warm. In der holzgetäfelten Bibliothek prangten nicht nur die prächtigen Buchrücken der üblichen *gentleman's library*, sondern es standen dort auch zahlreiche Erstausgaben von Robert Louis Stevenson, Joseph Conrad und Oscar Wilde. Im Speisezimmer wie im Frühstücksraum wetteiferte erlesenes englisches Silber an Schönheit mit chinesischem und englischem Porzellan aus Kanton und Lowestoft. Schlaf- und Gästezimmer oben waren mit jedem nur erdenklichen Komfort ausgestattet, um Besuchern den Aufenthalt so angenehm wie möglich zu gestalten. In einem Nebengebäude, das mit dem Haus durch einen Gang über einem weiten Bogen verbunden war, befand sich der *play-room*, mit Billard- und Pingpong-Tisch, und zu Zeiten meines Vaters fehlte sogar eine kleine dampfbetriebene Orgel nicht. Am Rand der Rasenfläche ragte eine Art überdimensionales Fliegengitter auf, das die weitläufige *piazza* darunter

vor den angriffslustigen Moskitos von Long Island schützte, von
denen die Bewohner der Südküste behaupteten, sie seien bei ihnen viel schlimmer als auf der Nordseite der Insel – und umgekehrt! Von dort aus schweifte der Blick über samtene, grüne
Flächen, die sich unter einzeln stehenden hohen Bäumen bis hinunter zu dem breiten Fluß erstreckten, der in die South Bay
mündet. Hier im Freien entfaltete Westbrook recht eigentlich
seinen Zauber: Riesige englische Eichen umstanden das Haus,
Sträucher und Farne säumten die moosigen Pfade, die in den
Wald führten, mächtige Bäume und Büsche rahmten drei Wei-
her, in denen sich im Herbst die leuchtenden rosa und roten
Blätter des Sumpfahorns und die Scheinblüten der *Dogwoods*
spiegelten, im Frühling dann dichte Haufen von Azaleen und gefüllten Rhododendren. Am allerschönsten fand ich immer den
schattigen Pfad, der sich am Fluß hinschlängelte und der in die
Wildnis von Wald und Sumpf führte, wo man häufig aufge-
schreckte Wasservögel und Federwild auffliegen sehen konnte,
wo die Luft vom zarten Gerbgeruch des verrottenden Laubs und
auf dem Boden liegender Äste erfüllt war, wo man zuschauen
konnte, wie die spiegelglatte, melancholische Wasserfläche sich
im Licht des Sonnenuntergangs allmählich in Kupfertönen färbte.

Als Kinder ruderten und fischten hier mein Vater, sein Bruder
und seine Schwestern in den Ferien mit ihren Freunden zusammen und durchstreiften den Wald. In den achtziger und neunziger Jahren des letzten Jahrhunderts arrangierten hier meine
Großeltern Tennis- und Krocket-Partien, gaben große Abend-
einladungen für ihre Nachbarn auf Long Island und luden
Freunde aus New York übers Wochenende ein. Da wurde dann
emsig gefischt und herumkutschiert, in der Bucht gesegelt, und
alle besuchten das Mustergut mit der Herde von Jersey-Kühen.
Die Unternehmungslustigeren schlugen mit dem Beil neue Pfade
durch den Wald. All das befriedigte die Sehnsucht nach dem
«einfachen Leben», die begüterte Menschen immer wieder befällt, und außerdem wurde der Appetit geweckt auf das köstliche
Abendessen, das sie erwartete.[8]

Unter der Woche fuhr mein Großvater Tag für Tag mit seinem Tandem-Zweispänner hinüber zu der kleinen Bahnstation
von Islip und von dort dann mit dem Zug die zwei Stunden nach
New York in sein Büro. Daher konnte er nur am Wochenende

zusammen mit seiner Frau Verschönerungen und Verbesserungen am Gut und im Garten planen und die landschaftliche Gestaltung des übrigen Grunds besprechen. Mit der Zeit wurde aus dem Pinetum einer der schönsten botanischen Gärten der Vereinigten Staaten voll exotischer Bäume. Dort waren seltene Exemplare und Arten aus China und Japan, aus Europa und Afrika und Kleinasien vertreten, darunter eine turmhohe blaue Atlaszeder aus Kleinasien, eine über 25 m hohe Cilicische Tanne aus dem Kaukasus, eine Metasequoia, *dawn redwood,* aus Westchina und eine Steinkiefer aus Sibirien. Seltsamerweise schienen sie alle in dem feuchtheißen Klima auf dem Sandboden von Long Island gut zu gedeihen.

Die zweite große Attraktion von Westbrook waren zu jener Zeit die Pferdeställe, denen die Familie und ihre Gäste jeden Sonntag nachmittag einen Besuch abstatteten, denn am Sonntag durfte natürlich auch kein Pferd arbeiten! «Immer war die Kutschenremise mit rot, blau, gelb und grün gefärbtem Sand und mit geflochtenem Stroh geschmückt», erzählte mir Tante Justine. Selbst der Gang hinter den Pferdeboxen war damit dekoriert. Stunden muß diese absolut nutzlose Arbeit in Anspruch genommen haben, aber es war eben alter Brauch. Sonntag für Sonntag ergingen wir uns in lauten Bewunderungsrufen, daß die Kutschen blitzblank poliert, das Zaumzeug so weich und geschmeidig waren, daß die Tresen nur so glänzten, um den Kutscher und die Stallknechte gehörig zu loben. Die Stallburschen waren allgegenwärtig, mehr zur Dekoration als von Nutzen. Sie saßen auf dem Kutschbock neben dem Kutscher, sprangen ab, bevor die Kutsche zum Stehen kam, um den Schlag zu öffnen. Im *dogcart,* dem zweirädrigen Einspänner, saßen sie Rücken an Rücken mit dem Kutscher. Wenn ich ausritt, galoppierten sie in einem Abstand von 30 Metern hinter mir her und brachten auf diese Weise mein Pferd zum Scheuen. Mit untergeschlagenen Armen postierten sie sich vor der Nase von Rössern, die nur so dastanden. Selbstverständlich gehörte auch ein angemessener Kutschenpark dazu, vom bescheidenen *buckboard* und dem *buggy,* dem leichten vierrädrigen Einspänner, zur offenen vierspännigen Kutsche mit Längsbänken, dem *brake,* zur vierrädrigen, zweisitzigen *Victoria* mit zwei Pferden und Klappdach, und den *brougham,* dem geschlossenen Einspänner. Als die Kutschwagen schließlich ganz von den Automobilen verdrängt wurden, gab man all den herrlichen Pferden den Gnadenschuß, und die Kutschen wurden für einen Pappenstiel verkauft. Unser Kutscher, der nun eine Pension erhielt, war untröstlich. Es wollte ihm nicht in den Kopf, daß jemand so einem scheußlichen Ding wie einem Automobil den Vorzug geben könnte vor der Schönheit einer vergangenen Zeit. «Was hättest du denn mit den Kutschen angefangen?» fragte ihn Justine. «Ich hätte unten am Rasen eine Remise gebaut und sie alle dort aufgestellt, einfach nur, um die schönen Dinger dort immer anschauen zu können.»

«Wahrscheinlich hatte er wirklich recht damit», meinte Justine.

Westbrook war allerdings nicht von Anfang an der Wohnsitz meiner Großeltern. Als sie noch jung waren, hatten sie zunächst einmal magere Jahre erlebt. Das hätte nicht unbedingt so sein müssen, aber diese Zeit gab ihnen vielleicht erst den rechten Sinn dafür, alles, was sie später ihr eigen nannten, bewußt zu genießen. Außerdem entsprach es dem amerikanischen Grundsatz, «daß junge Leute bescheiden anfangen sollen». Auch wenn die beiden später der Gesellschaft angehörten, die Edith Wharton in *The Age of Innocence* beschreibt[9], haben sie doch beide ihre Kindheit nicht in New York zugebracht. Die Mutter meines Großvaters, Elise Justine, war gestorben, als er noch klein war; sein Vater Fulton lebte aus Gründen, die wir nie erfuhren, in Frankreich.[10] So wuchs mein Großvater William Bayard Cutting zusammen mit seinem Bruder Fulton bei seinen Großeltern mütterlicherseits, den Bayards in Edgewater auf, einer Kleinstadt in New Jersey, auf der anderen Seite des Hudson River. Dieser Großvater Robert Bayard lebte in ausgesprochen guten Verhältnissen, da er das Vermögen geerbt hatte, das sein Vater im Handel mit Europa, Indien und den karibischen Inseln angehäuft hatte. Außerdem besaß er selbst ein ansehnliches Portfolio von Bahnaktien. Gleichzeitig war er aber sparsam, und so wurden William Bayard und Fulton in einem Haus erzogen, in dem Zucht und Fleiß herrschten, und, wie meine Tante Justine sich ausdrückte, «ein hohes, doch puritanisches Niveau», denn es galt als selbstverständlich, daß sie ihren Weg aus eigener Kraft machen mußten. Auch meine zukünftige Großmutter, Olivia Peyton Murray, genoß eine strenge Erziehung. Sie wurde als zweite hübsche Tochter von sechsen 1855 in

Illinois geboren. Ihr presbyterianischer Vater, dessen eigener Erziehung in Jamaica, Long Island, «flink mit einem flachen Lineal nachgeholfen» wurde, war schon aus Prinzip gegen jegliche Art von Lustbarkeit und «versuchte seine Töchter vor jedwedem Verkehr mit Kindern zu bewahren, die von wohlhabenderem Stand waren als sie selber». Auch nachdem die Familie nach New York zurückgekehrt war, durften sie nur in einem sehr ausgewählten Kreis verkehren, und es war alles andere als selbstverständlich, daß Olivia die Erlaubnis erhielt, am Columbia College der Feier zur Verleihung der akademischen Grade beizuwohnen. Dort sah sie denn auch zum ersten Mal ihren Zukünftigen, als er mitreißend und selbstbewußt die Abschiedsrede für seinen Jahrgang hielt. «Von dem Augenblick an war er ihr Held.» Man wechselte nur ein paar Worte. Dann kam Bayard eines Tages, um ihre ältere Schwester abzuholen. Olivia war noch zu jung, um selbst einen Verehrer zu haben, mit dem sie ausgehen durfte; aber an diesem Abend führte er sie anstelle ihrer Schwester aus, und sie verbrachten einen einzigen glückseligen Abend miteinander. Dann mußten sie sieben Jahre lang warten. Als ihre Hochzeit dann endlich stattfand, hatten sie so wenig Geld, daß sie zunächst bei Bayards Großeltern in Edgewater wohnen mußten.

Erst im Jahr darauf konnte Bayard schließlich ein winziges Haus in der 24. Straße für sich und seine Frau mieten. Es war ganze vier Meter breit, und die Miete verschlang nahezu die Hälfte seines Einkommens. Als einer ihrer ersten Besucher Bayard fragte, warum er seine junge Frau in ein so kleinwinziges Haus gesetzt habe, erwiderte er: «Der Stoff, den ich besaß, bestimmte den Schnitt meines Mantels.»

Als Bayard fünfundzwanzig Jahre alt war, übertrug ihm sein Großvater denn doch seine Geschäftsbeteiligungen, größtenteils Bahnaktien. Die Eisenbahngesellschaften florierten, weil sie damals den Mittleren Westen und die Pazifikküste erschlossen. Der junge Mann legte bei seinen geschäftlichen Unternehmungen und Transaktionen erwiesenermaßen nicht nur Umsicht an den Tag, sondern hatte dabei auch eine glückliche Hand. Mit achtundzwanzig war er bereits Präsident der St. Louis, Alton und Terre Haute Railroad[11], und in der Folge wurde er zudem Direktor der Southern Pacific und gründete selbst neue Eisenbahngesellschaften in Florida. Welche Rolle er im Eisenbahngeschäft spielte, kann man daran ablesen, daß stets ein Salonwagen bereitgestellt wurde, wenn er mit seiner Familie eine dieser Strecken befuhr. Dieser war mit einem Wohnraum ausgestattet, der auch Schlafkojen enthielt, einem «Herrenschlafzimmer», einem Salon, einer Küche und einem offenen Aussichtsabteil, von dem aus man Ruß und Aussicht gleichermaßen genießen konnte. Ein schwarzer Kellner, ein Salonwagenschaffner und ein Koch standen ebenfalls zur Verfügung, wenn manche Leute es auch vorzogen, ihren eigenen Koch mitzubringen. In so einem Waggon konnte man auf jedem Abstellgleis in höchstem Comfort wohnen, selbst im Mittleren Westen, wo es noch so gut wie keine Straßen gab und nur sehr wenige, dafür um so schlechtere Hotels. Mrs August Belmont, die sich ebenfalls nach ihrer Heirat zu dem kleinen Kreis Privilegierter zählen durfte, der auf diese Art und Weise reisen konnte, formulierte das so: «An so einen privaten Salonwagen braucht man sich nicht erst zu gewöhnen, man verfällt ihm einfach!»

Mein Großvater war stets höchst gewissenhaft in seinem Geschäftsgebaren und entrüstete sich über die Gaunereien der *Robber Barons*, die zu seiner Zeit den kleinen Grundbesitzern ihren Grund gegen eine windige Abfindung abdrückten und die Kleinaktionäre betrogen. Das ging bei ihm so weit, daß er seinen Kindern später niemals erlaubte, Einladungen bei solchen Familien anzunehmen. Es war allein sein Verdienst, daß eine ausgedehnte Fläche in dem damals noch wertlosen Gebiet von South Brooklyn erschlossen wurde, daß der *Ambrose Channel* vertieft wurde, der den Hafen von New York und Brooklyn erst für größere Reedereien interessant machte, und daß im Mittleren Westen eine Zuckerrübenindustrie aufgebaut wurde. Später war er Vizepräsident der New York *Chamber of Commerce*, der New Yorker Handelskammer.

Aber er nahm sich auch immer die Zeit, anderen Interessen nachzugehen. Er liebte das Landleben, war begeisterter Sportfischer und ein Pferdekenner. Jahrelang kutschierte er eigenhändig seinen Vierspänner und seinen Tandem-Zweispänner. Er war einer der Gründer des Botanischen Gartens und der Zoologischen Gesellschaft von New York. Er gehörte auch zu der elitären Gruppe der *men of taste* wie John Cadwallader, Egerton Winthrop, Walter Maynard, Stanford White, Pierpoint Morgan, die nach und nach das New Yorker Leben durch ihr Engagement für Kunst und Literatur, Architektur und antike Möbel gründlich veränderten. Er wurde eines der Gründungsmitglieder des *Metropolitan Museum* und der New York *Public Library* und gehörte dem Kuratorium der *Columbia University* an. Zu jener Zeit wohnten er und seine Frau schon in dem massigen und soliden Haus aus *brown stone*, dem «häßlichsten Stein, den je ein Steinbruch hergab», wie Edith Wharton bemerkte. Es stand an der Ecke 72. Straße Madison Avenue und blieb bis zu ihrem Lebensende ihr New Yorker Heim. Ihr Geschmack war zwar nicht protzig, aber auch nicht eben originell, und so richteten sie sich mit einem Louis XV.-Salon ein, einer dunkel getäfelten Bibliothek, an den Wänden des Speisezimmers hingen französische Gobelins, der Empfangssalon in der Mitte des Hauses war so riesig, daß er auch als Ballsaal diente, zum letzten Mal im Jahr 1920 aus Anlaß meines Débuts. Die Räume waren gut geschnitten, die Möbel «gediegen», das Ganze wurde ebenso wie Westbrook vorbildlich instand gehalten, aber der Gesamteindruck war seltsam unpersönlich, und alles wirkte – zumindest auf mich – irgendwie düster. Für meine Großeltern war dies Haus jedoch ganz sicher eine Quelle der Freude und des Stolzes. Wenn sie, wie fast jedes Jahr, eine Europareise unternahmen, so war das wichtigste Motiv dafür, wieder neue Schätze für ihr Haus aufzutun. Diese regelmäßigen Schiffsreisen in die Alte Welt wurden damals geradezu Mode in den exklusiven Kreisen der New Yorker Gesellschaft, denen sie angehörten. Edith Wharton, die aus ähnlichen Familienverhältnissen stammte, schreibt dazu: «Seit frühester Kindheit waren immer Menschen um mich, die entweder gerade aus Europa zurückgekehrt waren, oder eben zu einer Reise durch Europa aufbrachen.» Diese Reisen seien meist Bildungsreisen oder sentimentale Pilgerfahrten auf den Spuren von Walter Scott, Lord Byron, Washington Irving oder Nathaniel Hawthorne gewesen, meint sie, aber natürlich auch Einkaufsexpeditionen zu den Couturiers in Paris oder den Schneidern und den Antiquitätenhändlern in London. Nur selten wurden sie dazu genutzt, Bekanntschaften mit Europäern zu schließen. «Von den Amerikanern, die ernsthafte Versuche machten, in Europa Zugang zur guten Gesellschaft zu finden, sagte man, das seien nur diejenigen, die zu Hause eben nicht dazu gehörten.» Natürlich hatten manche von ihnen ein paar gute Freunde in England oder Frankreich, oder es kam vor, wenn auch höchst selten, daß eine Familie durch Einheirat eines der Kinder verwandtschaftliche Beziehungen zu einer europäischen Familie anknüpfte, wie das bei meinen Großeltern der Fall war. Aber für das eigentliche gesellschaftliche Leben kehrte man doch nach Hause zurück.

Nach allen Beschreibungen zu schließen, schien sich dieses Leben zumindest durch eine positive Eigenschaft auszuzeichnen, die es in New York heute ganz bestimmt nicht mehr gibt. Man hatte Zeit! So wie mein Großvater mußten natürlich viele Herren der Gesellschaft während der Geschäftszeit wirklich hart arbeiten. Andere dagegen, wie zum Beispiel die Astors[12] oder die Goelets saßen auf dem Vermögen, das ihre Vorfahren durch den Erwerb von Grund und Boden angehäuft hatten. Dieses Vermögen vermehrte sich von selbst mit dem atemberaubenden Anstieg der Grundstückpreise, und man mußte es lediglich liebevoll hegen und pflegen. Wieder andere waren Bankiers, Anwälte, Architekten, keiner aber war Politiker, ausgenommen Theodore Roosevelt, den manche dafür als Verräter an seiner Klasse bezichtigten. Sicher war jedenfalls, daß viele von ihnen genügend Zeit hatten für *lunch parties* unter der Woche, an denen auch die Damen teilnahmen, und für ausgedehnte Wochenenden auf ihren Landsitzen in Newport, Lenox[13] oder auf Long Island.

Als Dame des Hauses hatte jede Frau enormen Ansprüchen zu genügen. Wie perfekt der englische Butler und das französische Hausmädchen auch sein mochten, wie tüchtig die Beschließerin und der umfangreiche Stab an Bediensteten, von einer guten Hausfrau wurde erwartet, daß sie sich persönlich und fachkundig um ihre Wäschekammer, ihren Garten und ihre Küche kümmerte. Die meisten von ihnen verfügten über einen sorgsam gehüteten Schatz an Rezepten, die Großmütter oder Tanten in gestochener Handschrift für sie auf Papier abgeschrieben hatten, das mit der Zeit immer mehr vergilbte. Der Weinkeller war selbstverständlich Sache des Hausherrn. Auch hier bedurfte es großer Kenntnis, und die Auswahl der Weine wurde jedesmal feierlich zelebriert. Wenigstens zweien seiner Kinder hat mein Großvater diese Tradition und den Sinn für einen guten Tropfen weitergegeben. Zu einem festlichen Diner wurde mindestens drei Wochen vorher mit gedruckten Karten eingeladen. Die

Speisenfolge bestand aus allen erdenklichen Sorten von Austern, aber auch aus Köstlichkeiten wie Sumpfschildkröte, Kanevasente[14], auf dem Rost gebratener spanischer Makrelen, *soft shelled crabs* oder in Champagner gedünstetem, mit Pfirsich farciertem Beinschinken aus Virginia. Stets wurde dabei sorgfältig darauf geachtet, daß so ein großes Diner nicht etwa mit einer *Opera Night* zusammenfiel, denn dann fanden sich vor der Vorstellung regelmäßig sechs bis sieben Personen im Haus eines der Logeninhaber zusammen, um dort zu früher Stunde ein leichtes Mahl einzunehmen. Dabei erhob sich immer das Problem, dafür auch genügend Herren aufzutreiben. Mein Großvater besaß eine Loge, da er zu den Männern gehörte, die die *Metropolitan Opera* von New York[15] gegründet und finanziert hatten und Jahr für Jahr für ihr Defizit aufkamen. Jeder von ihnen hatte das Anrecht auf eine Loge im ersten Rang, dem *dress circle*[16]. Genau das jedoch erwies sich als Quelle für Streitigkeiten, denn bei genauem Hinsehen konnte man nachzählen, daß auf dem Plan des Architekten nicht genug Logen für alle vorgesehen waren. Selbstverständlich wollte niemand von ihnen in den zweiten Rang, wo man zwar viel besser hörte, aber eben nicht so gut gesehen werden konnte. Also beauftragte man den Architekten, das Hufeisenrund des Zuschauerraums so zu verlängern, daß Platz für zusätzliche Logen entstand. Auch wenn dadurch die Akustik ruiniert wurde, so störte das nur sehr wenige echte Musikkenner, denn der größte Teil des Publikums betrachtete die Singerei ohnehin nur als «Unterbrechung der interessanten Konversation». Genau wie im 18. Jahrhundert die Opernhäuser in Italien auch, hatte damals das Opernhaus von New York eine weit komplexere Funktion zu erfüllen, als etwa nur gute Opern zur Aufführung zu bringen. In einer Gesellschaft ohne Königshaus und Hofleben fiel ihr die Rolle des gesellschaftlichen Mittelpunkts zu. Nur dort hatte man Gelegenheit, Exklusivität zu demonstrieren, die Grundessenz jeglicher Aristokratie, indem man besonders berühmten Gästen generöse Gastlichkeit angedeihen ließ, und wo die Damen solch kostbare Abendroben und Juwelen trugen, daß sie jedem Hofball zur Ehre gereicht hätten.

Bei all dem legte man selbstverständlich größten Wert darauf zu zeigen, was man alles besaß: das Landhaus, die Pferde, die Kutschen, die Yachten, die Gärten, die Gemälde, die Möbel;

über alles wurde gesprochen, nie über Geld! Damit prahlten höchstens die protzigen *nouveaux riches*, ohne zu merken, daß gerade das der Grund dafür war, daß sie keinen Zugang zum inneren Kreis der Gesellschaft fanden. Ich glaube, daß die meisten echten «Old New Yorker» ihren Kindern, wenn auch vielleicht nur indirekt, das Gebot einimpften, das auch Edith Wharton von ihrer Mutter mit auf den Weg gegeben wurde (und das natürlich schon als solches eines der Privilegien der Reichen darstellte): «Sprich nie über Geld und denke so wenig wie möglich daran.» Daneben fühlte man sich moralisch verpflichtet, in der Wohltätigkeit aktiv zu sein, und zwar nicht nur einfach Geld zu spenden, sondern sich auch persönlich mit Zeit und Mühe zu engagieren. Mein Großvater erwarb etliche Massenunterkünfte am East River, ließ sie abreißen und stellte dafür anständige und erschwingliche Wohnungen hin. Meine Großmutter war Mitglied einer «Nähstube», die allwöchentlich zusammenkam und die immer noch regen Zulauf hatte, als sie und die anderen noch lebenden Damen längst über siebzig waren und voneinander immer noch als «*the girls*» sprachen. Meine Großeltern waren praktizierende Mitglieder der Episkopalkirche. Sie spendeten nicht nur einen Großteil ihrer Einkünfte, sondern sie verwandten viele Gedanken und viel Sorgfalt darauf, wie sie öffentliche Wohlfahrtseinrichtungen unterstützen und bedürftigen Menschen, von deren persönlicher Notlage sie erfahren hatten, helfen könnten. Mein Großvater saß außerdem im Beirat verschiedener Spitäler und war Mitglied des Kuratoriums der Kinderhilfsorganisation wie auch Präsident der *Improved Dwelling Association*, der Gesellschaft zur Verbesserung der Wohnverhältnissse in New York.

Meine eigenen Erinnerungen an ihn sind nur vage, denn ich war erst zehn, als er starb. Er muß sehr charmant gewesen sein, klug, voller Humor und weltgewandt, ein kultivierter und gebildeter Mann mit einem weichen Herzen voller Güte, der im Umgang mit Menschen eine ungewöhnlich glückliche Hand gehabt hat. Ich höre nur noch seine warme Stimme, sehe sein liebes Lächeln, spüre seinen stacheligen Bart und erinnere mich, daß ich selbst immerzu den nicht gerade liebenswerten Satz: «*Granapa* wird das schon bezahlen» auf den Lippen führte, der in der ganzen Familie zum geflügelten Wort wurde. Mit harter Arbeit, und kluger Vorsorge schuf er die Voraussetzungen für den Luxus, in dem wir alle leben konnten. Einige seiner Kinder empfanden diesen später geradezu als bedrückend. Er persönlich aber, so glaube wenigstens ich, maß ihm in erster Linie nur insofern Bedeutung zu, als er seiner jungen Frau damit den gebührenden Rahmen geben konnte, der ihr zur Zierde gereichte.

Sehr schön muß sie gewesen sein, meine Großmutter, so weit ich das nach ihren Portraits beurteilen kann, dazu von impulsiver Lebensfreude und starker, besitzergreifender Liebe zu den Ihren erfüllt. Sie war Ende vierzig, als ich sie zum ersten Mal bewußt erlebte, noch immer schön, aber manchmal auch ein wenig furchteinflößend. Eine gewandte und erfahrene Gastgeberin, eine elegante, modebewußte Dame, eine liebende, aber recht herrische Mutter, in Wohlfahrtsvereinen und Kunstkomitees eine führende Persönlichkeit. Sie hatte ihren Haushalt und ihr eigenes Leben fest in der Hand. Ich sehe sie noch vor mir, wie sie in elegantem Abendkleid, dazu passenden Handschuhen und mit Juwelen behängt in ihrer Loge in der *Metropolitan Opera* saß, in vorbildlich aufrechter Haltung, wie es sich für eine Dame aus gutem Hause ziemte, ihr Arm lässig auf der roten Plüschbalustrade ruhend. Um sie herum Freundinnen, deren Benehmen, Lebensart und äußere Erscheinung ebenso untadelig waren. Manchmal war sie in Begleitung eines vornehmen Gastes aus Europa, der häufig wesentlich weniger elegant war als sie selbst. In der Pause machte ihr immer ein kleiner Kreis von Verehrern die Aufwartung. Mein Großvater erfüllte ihr jeden Wunsch, jede kapriziöse Laune, wenn er nur konnte. Aber man hat mir auch erzählt, daß ungeachtet seiner Weichherzigkeit und Güte er es war, der die Zügel in der Hand hatte. In den langen Jahren ihrer Witwenschaft richtete sie sich ganz selbstverständlich in allen Dingen nach seinen Maximen. Sie litt so sehr darunter, daß er nicht mehr alles für sie entschied und bestimmte, daß es Zeiten gab, in denen sie Zuflucht nahm zu dem spiritistischen Medium der *planchette*[17]. Sie erhielt dann nebulöse Botschaften, die man versucht war, nicht nur für bloße Emanationen ihrer eigenen Bedürfnisse zu halten, sondern vielleicht eben doch für eine Stimme aus dem Jenseits. Ihre Augen behielten bis zum Tag ihres Todes mit vierundneunzig Jahren ihren sprühenden Glanz, und nie verlor sie ihr lebhaftes Interesse an jedem neuen Gast und an allem, was um sie

herum vorging, ob nun Albert Schweitzer zu Besuch kam oder
ein neu angepflanzter Rhododendron im Garten zum ersten Mal
blühte. So hörte sie auch nie auf, sich immer wieder von neuem
an allem, was zum Haus gehörte, zu freuen, und es machte ihr
Spaß, sich zu pflegen und gut anzuziehen. Mit ihrem wunderschön frisierten schneeweißen Haar, ihren elegant geschnittenen
Kostümen aus weißem Fries [18] oder dunkelrotem Tweed, ihren
Sommerkleidern aus hübsch bedruckten Baumwollstoffen, ihren
schwarzsamtenen Abendkleidern war sie nie etwas anderes als die
schmucke und soignierte alte Dame par excellence. Da kleine
Kinder natürlich nicht darüber sprechen, wissen wir viel zu wenig davon, wie empfänglich sie sind für die äußere Erscheinung
der Erwachsenen, bei denen sie leben, aber auch für die Sorgfalt,
die sie darauf verwenden. Ich bin überzeugt, daß ich, genau wie
später meine Kinder, *Granama* nicht deswegen so anziehend fand,
weil sie uns innig herzte und küßte – die wenigsten Kinder mögen das –, sondern deswegen, weil sie immer so wunderschön
aussah und so gut roch. Sie wurde zum Mittelpunkt der ganzen
Familie. Die großen Familienfeste wie *Thanksgiving Day* oder
Weihnachten fanden nämlich immer in Westbrook oder in der
72nd Street statt. Ihren eigenen Kinder graute es davor, aber die
Onkel und Tanten, die Kinder der Geschwister genossen solche
Tage. In ihr intimes, hellgraues Wohnzimmer mit den Familien-
fotos und den Whistler Radierungen [19] stiegen sie alle immer wieder gern hinauf, die Brüder und Schwestern, Neffen und Nich-
ten und später die Großneffen und Großnichten, um ihr aus
ihrem Leben zu berichten – nicht nur, weil ihre Freigebigkeit
Probleme oft aus der Welt schaffte, sondern weil sie stets lebhaften Anteil an allem und jedem nahm und ihnen mit ihrem gesunden Menschenverstand half, die Dinge richtig zu sehen.

Je mehr alte Briefe ich las und je mehr Familiengeschichtchen
ich hörte, desto mehr ging mir auf, daß unter der Oberfläche von
all dem Reichtum und Glück, von solch tief empfundener und
echter Zuneigung in der Familie, die Jugendzeit der Generation
meines Vaters von Spannungen beherrscht war, die ebenso
schmerzlich waren wie die, unter denen heute viele Familien leiden. Es ist ganz normal, daß jede Generation nur zu gern die
Werte der Eltern nicht gelten läßt und mit dem, was ihnen «ge-
brauchsfertig» weitergereicht wird, wenig anfangen kann. Aber

ich glaube immer noch, daß die Cutting-Kinder (mein Vater Bayard, sein Bruder Bronson und seine Schwestern Justine und Olivia) ganz besonders allergisch waren gegen den Metallgeschmack ihrer silbernen Löffel und ungewöhnlich fest entschlossen waren, sich ihr Leben nach ihrem eigenen Geschmack zu gestalten. Es existiert noch ein Foto von den vieren im Alter zwischen zweiundzwanzig und elf. Sie sitzen auf der Treppe der *piazza* in Westbrook, und die aufmüpfige Verdrießlichkeit, die sie selbst «Westbrooker Mißmut» nannten, ist ihnen deutlich ins Gesicht geschrieben. Sie gaben die Schuld dafür dem feuchten Klima von Long Island, das einen schlapp macht. Nur Olivia fühlte sich dort immer wohl und nahm später ja auch selbst die Leitung der Farm und die Bepflanzung des Parks in die Hand. Es war wohl eben zu der Zeit, als dieses Foto gemacht wurde, daß Krankheit ihre ersten Schatten auf sie alle warf und ihr Leben gründlich veränderte, Krankheit, die sie alle, einen nach dem anderen mit Ausnahme meiner Großmutter und Justine, befiel. Bei meinem Vater brach die Tuberkulose aus, als er vierundzwanzig war, und er starb acht Jahre später daran. Bronson und Olivia bekamen dieselbe Krankheit in weniger heftiger Form, aber sie verbrachten etliche Jahre ihrer Jugend damit, gegen sie anzukämpfen. Mein Großvater litt an den zwei häufigsten Krankheiten seiner Generation und seiner Klasse, nämlich an Herzschwäche und Gicht. Der Tod seines Ältesten Bayard hatte ihm schier das Herz gebrochen; zwei Jahre danach starb er selbst. So ist es nur natürlich, daß das Leben derer, die noch am Leben waren, im Bewußtsein um Krankheit und Tod in der Familie überschattet war von Angst und Sorge und daß ihr Alltag peinlich genau geregelt war durch Vorschriften einer gesunden Lebensführung. Der Nachmittagsschlaf, der Morgenspaziergang, die großen Gläser voll fetter Milch von den preisgekrönten Jersey-Kühen, auch, daß beim Lesen das Licht genau im richtigen Winkel über die linke Schulter fallen mußte – das waren die äußerlichen Anzeichen einer unterschwelligen, aber alles beherrschenden Angst. Ich glaube allerdings, daß das, was die junge Generation störte, zwar in der Luft lag, aber nicht greifbar war: das Bewußtsein, daß ihr Wohlergehen, ihr Glück und alle ihre Pläne sanft aber unnachgiebig gesteuert wurden. Wie ich in meiner Jugend auch, hatten sie das Gefühl, in einem erstickendem Gespinst aus Besorgnis und Liebe gefangen zu sein. Als ich diese Seiten einer alten Freundin aus Olivias Generation zeigte, meinte sie, daß ich zwar im großen und ganzen den Eindruck gut wiedergegeben hätte, daß ich aber vegessen hätte, von all dem Spaß zu schreiben, den sie in ihrer Jugend hatten: die Tanzgesellschaften, die Tennispartien, wie sie im Kanu auf dem Fluß paddelten, neue Pfade in den Wald schlugen und vor allem das nicht enden wollende Gelächter. Ich bezweifle nicht, daß das für die Wochenenden zutrifft, an denen sie ihre Freunde eingeladen hatten, wie Elizabeth Lindsay (damals Elizabeth Hoyt), Laura Chanler oder Alice Longworth – aber wie schwer ist es, den Widerhall verklungenen Lachens einzufangen! Allerdings konnte selbst Olivia, die doch Westbrook wirklich liebte, auf meine Frage hin nicht leugnen, daß dort eben diese Atmosphäre herrschte, die ich beschrieben habe, auch wenn sie sie niemals als so beklemmend empfunden hatte wie Bronson und Justine und wohl auch mein Vater, sobald er den Kinderschuhen entwachsen war.

Aus dieser Welt stiegen alle Kinder meiner Großeltern (mit Ausnahme von Olivia) eines nach dem anderen aus, um ihr Leben völlig neu und völlig anders zu gestalten. Alle vier verfügten über einen unabhängigen Verstand, der alles hinterfragte, höchst intolerant, in ihrer Jugend zumindest, gegenüber jedweder Form von Konvention oder Mief, und waren besessen von einer geradezu krankhaften Angst, sie könnten den Anschein erwecken, als ob sie etwas besäßen (Geld am allerwenigsten), das sie in den Jahren, in denen sie erwachsen wurden, von ihren neuen Freunden unterscheiden würde. Alle brachen sehr früh schon aus dem Einflußbereich der Familie aus und lösten sich, jeder auf seine Art, von dem Lebensstil der Eltern. Keines der Geschwister fand Gefallen am Luxus als solchem, und alle empfanden die feierlichen Riten, die um den Mammon zelebriert wurden, ein bißchen lächerlich und auch ein bißchen widerlich, ob es sich nun um die Aufwartung des Anwalts der Familie oder des Prokuristen des Familienunternehmens[20] handelte oder um die zeremoniösen Besuche bei der Bank, um dort «Coupons zu schneiden». Außerdem waren sich Bronson und Olivia ganz besonders heftig bewußt, was ihnen der Besitz eines großen Privatvermögens an Verantwortung und Unbehagen aufbürdete. Ich erinnere mich noch gut, wie meine Großmutter mir erzählte, daß Bronson im Alter von einundzwanzig Jahren eröffnet wurde, man wolle ihm jetzt seinen Anteil am Familienvermögen übereignen. Zunächst lehnte er rundweg ab, es anzunehmen, dann, als er einsah, daß das unmöglich war, schloß er sich zwei Tage lang, einsam und in finsterer Stimmung, in seinem Zimmer ein. Später jedoch, so erzählte seine Schwester Justine, wurde er «sehr lässig im Umgang mit Geld». So gab er in New Mexico nahezu all sein Geld für die Armen des Staates aus und behielt nur so viel zurück, daß er seine Wahlkampagne finanzieren konnte. In seinem Testament teilte er sein Vermögen in unzählige kleine Vermächtnisse auf, deren relativ geringe Summen diese Erben wirklich gut gebrauchen konnten. Auch Olivia richtete sich ihr Leben in New York, wenn sie nicht gerade bei ihrer Mutter in Westbrook wohnte, über Jahre hinaus in viel bescheidenerem Rahmen ein, als es ihr Vermögen gestattet hätte, und wählte auch solche Menschen zu Freunden, die aus einem sozialen Umfeld stammten, das ganz und gar nicht dem ihrer Jugend entsprach. Justine wiederum schrieb, daß für sie das «Geld einfach eine Annehmlichkeit ist. Was ich nur unwillig in Kauf nahm, war der muffige, unwirkliche Lebensstil, der oft daraus resultierte.» Sie verfügte allerdings über viel Geschmack und freute sich ebenso an den schönen chinesischen Bronzen und Vasen, an den französischen Gobelins, mit denen sie ihr Haus in Washington ausgestattet hatte, wie an den erstklassigen französischen Weinen und der französischen *cuisine*, die sie ihren Gästen vorsetzte, wenn sie auch den größten Teil ihres Vermögens zusammen mit ihrer Begabung und ihrer Energie und nahezu all ihrer Zeit in ihre neue Methode, Kindern Gregorianischen Gesang beizubringen, investierte. Je mehr sie diese Aufgabe ausbaute und je mehr sie zur festen Institution wurde, desto stärker bestimmte sie ihr ganzes Leben.

Justine war von Kindheit an ein Erzrebell. Ihren Bruder stiftete sie ständig zu Aufsässigkeit und Trotz an (die anderen beiden waren noch zu jung dazu); sie mokierte sich über alles, was in ihren Augen «miefig» war an ihrer Erziehung. Von ihren Eltern forderte sie das einzige Geschenk, das diese nicht bereit waren, ihr zu geben, nämlich Freiheit. Da sie eine auffallende musikalische Begabung hatte, wünschte sie sich mit fünfzehn Jahren nichts sehnlicher, als in Europa Musik studieren zu dürfen. Doch das war in New York in den neunziger Jahren noch weniger vorstellbar als in Englands viktorianischer Gesellschaft. «Erzähl' ja niemandem, daß du Geige spielst! Du würdest deine Karriere damit ruinieren!», lautete der gute Rat, den der berühmte Anwalt Joseph Choate, der Botschafter in London war, dem vielversprechenden jungen Anwalt George Ward, den Justine später heiratete, erteilte. Dann auch noch einem jungen Mädchen erlauben, eine professionelle Musikerin zu werden! Selbst die kultiviertesten und aufgeklärtesten Eltern hätten davor zurückgeschreckt, wie man folgender Geschichte entnehmen kann, die Justine mir selbst erzählte. Als sie noch in die Schule ging, übte sie einmal auf dem Klavier im Wohnzimmer. Da ging die Tür auf, und ihre Mutter kam mit Edith Wharton herein, um dieser einen Gobelin zu zeigen. Natürlich hörte Justine zu spielen auf und erhob sich, aber die beiden richteten kein Wort an sie. Als Mrs Wharton jedoch aufbrach, wandte sie sich an ihren Mann und sagte so, daß alle es hören konnten: «Teddy, siehst du, wie gut, daß wir keine Kinder haben. Stell' dir vor, eines von ihnen wäre musikalisch gewesen!»

Es ist übrigens seltsam, daß gerade Edith Wharton diese Bemerkung fallenließ, denn hatte sie nicht selbst als erfolgreiche Schriftstellerin unter einer vergleichbaren gesellschaftlichen Ächtung zu leiden gehabt? «Mein literarischer Erfolg», schrieb sie in *A Backward Glance*, «verunsicherte meine alten Freunde, ja verwirrte sie geradezu, statt ihnen Eindruck zu machen, während er in meiner Familie eine Befangenheit hervorrief, die mit den Jahren sogar noch zunahm ... Das Thema wurde gemieden, so als ob es eine Familienschande wäre, die man zwar verzeihen, nicht aber vergessen konnte.» Mit der Musik war es ohne Zweifel noch wesentlich schlimmer. «Ein Kind zu haben, das musikalisch ist», sagte Tante Justine noch in hohem Alter voll Bitterkeit zu mir, «war genau so schlimm, als wenn man einen Epileptiker oder einen Buckligen in der Familie hatte. Die Leute meinten, man müsse meine Eltern wegen so viel Unglücks einfach bemitleiden. Erst um die Jahrhundertwende änderte sich diese Einstellung allmählich, nicht zuletzt deshalb, weil man die europäischen Wertmaßstäbe besser verstehen lernte. Aber für mich kam dieser Wandel zu spät.»

Als sie älter war, wohnte Justine in dem schönen Haus am Stadtrand von Washington, das ihr ihr Bruder Bronson vermacht hatte, und lebte ganz ihrer Berufung. Sie hatte so gut wie keinen

Kontakt zu ihrer Familie mehr und mied das oberflächliche gesellschaftliche Leben. 1901 heiratete sie George Ward und kon-
vertierte 1904 zum Katholizismus. Sie schrieb viel über Musik,
vor allem nach der Enzyklika zur Kirchenmusik[21] von Papst
Pius X. Damals wurde ein außerordentlicher Mann, der damalige
Direktor des *Education Department* der Katholischen Universität
von Washington, Dr. Thomas Shields, auf sie aufmerksam. Er
regte sie an, eine neuartige und praxisnahe Reihe von Gesangs-
schulen für Kinder für den Schulgebrauch zu verfassen. Als sie
beim Gregorianischen Gesang anlangte, merkte sie, daß sie sich
selbst zuerst mehr Wissen darüber aneignen mußte. So nahm sie
das Studium des Gregorianischen Gesangs bei dem berühmten
Benediktiner und Musiker Dom Mocquereau auf, zuerst in der
Abtei von Quarr auf der Isle of Wight, später in Solesmes. Die
Hälfte des Jahres verbrachte sie ein paar Kilometer von der Abtei
entfernt in dem Provinzstädtchen Sablé-sur-Sarthe, die andere
Hälfte des Jahres in New York und Washington, wo sie an katholischen Schulen unterrichtete. Mit der Zeit wurde ihre Methode in nahezu jedem katholischen Land Europas sowie in
Südamerika und Kanada im Unterricht verwendet.

Einmal wohnte ich für zwei Tage bei ihr in ihrem freundlichen weißen Häuschen in Sablé. Es stand in einer stillen Straße
dieser typischen Kleinstadt, nur das Plätschern der Sarthe, die
hurtig vor den Fenstern vorbeifloß, brachte Leben in die Stille. In
aller Frühe nahm sie mich mit in die große Abtei, damit ich den
einstimmigen Gesang der Gregorianischen Messe höre. Da tat
sich für mich eine Welt heiterer und strenger Vollkommenheit
auf, von kunstreichen und komplizierten Harmonien, dergleichen ich bis dahin noch nicht gehört hatte. Da begriff ich erst,
was für einen weiten Weg sie zurückgelegt hatte von dem grünen Rasen in Westbrook und dem großen Haus aus braunem
Sandstein in der *72nd Street* und bekam eine Ahnung davon, wie
übermächtig der innere Drang gewesen sein mußte, der sie nach
Jahren mühsamen Selbststudiums dazu getrieben hatte, etwas von
dieser musikalischen Überlieferung an die katholischen Kinder
weiterzureichen, für die sie ihre Methode konzipiert hatte. Noch
heute werden Kinder in über hundert Klosterschulen in Belgien,
Frankreich und den Vereinigten Staaten nach dieser Methode in
Gregorianischem Gesang unterrichtet.

Ihre Familie suchte sie nur mehr für kurze Stippvisiten auf, selbst dann, als sie nach dem Zweiten Weltkrieg wieder nach Amerika zurückgekehrt war. In ihrem Leben spielten nun ganz andere Dinge eine Rolle. Noch als alte Dame war sie geistig ebenso rege wie in ihrer Jugend und hatte sich ihre Willenskraft bewahrt ebenso wie ihre Passion für harte Arbeit, aber auch ihre Eleganz und ihre Heiterkeit von früher. Mit Agnes Lebreton, einer treuen Freundin, führte sie in ihrem abgeschiedenen Haus in Washington viele Jahre lang ein Leben, das eine erstaunliche Mischung aus Genügsamkeit und Luxus darstellte: Zwei alte Damen in eleganter Toilette, die ihre* Tage streng nach einem festen Rhythmus einteilten – früh aus den Federn, Gebet, Arbeit – und das umgeben von Ming-Vasen, Tang-Pferden, alten Perserteppichen, ungeniert ihrer Liebe zur französischen Küche und französischen Weinen frönend. Sie lebten ganz ohne Verbindung zur Welt draußen, was nicht bedeutete, daß sie sie nicht zur Kenntnis nahmen. Sie waren frei, sich selbst genug, voller Humor und Heiterkeit. Obwohl Agnes vor nunmehr drei Jahren starb, und es einsam geworden ist um Justine, unterrichtete sie noch mit zweiundneunzig Jahren den ganzen Winter lang eine Schulklasse in Washington in Gregorianischem Gesang, weil ein Lehrer ausgefallen war.

Ganz anders verlief das Leben ihres jüngeren Bruders Bronson. Er war ein dürrer kleiner Bub, ernst, eine Brille auf der Nase. Begeistert studierte er später alte Sprachen und verbrachte den größten Teil seiner Ferien in Europa, am liebsten im British Museum und im Louvre, und versprach, ein hervorragender Gelehrter zu werden. Seinen älteren Bruder brachte er zur Verzweiflung, weil er sich auf der Privatschule in Groton jeglicher Art von Sport abgeneigt zeigte und keinerlei Anstalten machte, *a good mixer*, ein kontaktfreudiger Kumpan, zu sein. Niemand hätte sich auch nur im Traum vorgestellt, daß der strebsame, schweigsame und introvertierte kleine Junge sich jemals in der amerikanischen Öffentlichkeit als Politiker hervortun würde. Doch ein Blutsturz während seines letzten Studienjahrs in Harvard brachte nicht nur eine Unterbrechung seines Studiums mit sich, sondern krempelte seine ganze Persönlichkeit um. Begleitet von Justine brach er nach dem Westen auf. Seine Schwester scheint gespürt zu haben, daß er nur genesen konnte, wenn er aus dem gewohnten Familienbetrieb ausbrach und gleichzeitig in die trockene Luft, in die heiße Sonne von Arizona oder New Mexico kam. «Als wir auf dem Weg nach Santa Fé an einem kleinen Bahnhof aus dem Zug stiegen», erzählte sie mir, «sahen wir zu, wie spanische Bauern auf offenen Feuerstellen kochten. Uns stieg der aromatische Duft von Feuerholz und frischen *tortillas* in die Nase. Im Hintergrund ein spanisches *pueblo* und ein paar Indianer. Bronson, einsilbig wie immer, warf mir nur einen Blick zu: ‹Hier gehören wir her.›»

Das war wirklich der Anfang eines ganz neuen Lebens für ihn, ebenso weit enfernt von seinen Ursprüngen wie das Leben von Justine in Sablé, wenn auch auf ganz andere Weise. Nachdem er ein Jahr lang viel gelegen und in der frischen Luft gelebt hatte, um wieder gesund zu werden, hatte er vor, sich einer Gruppe von Archäologen anzuschließen. Doch sobald er etwas Einblick in das soziale Leben von Santa Fé bekam, engagierte er sich stark in der Lokalpolitik. Er machte die Probleme des *underdog*, der sozial Schwachen, zu seiner Sache und kümmerte sich um die spanisch sprechende Bevölkerung des Staats sowie um die Indianer, die noch in ihren Reservaten und *pueblos* überlebt hatten. Am Stadtrand erwarb er ein Haus, kaufte dann eine Lokalzeitung auf, den *Santa Fé New Mexican*, schloß Freundschaft mit einem Kreis von Amerikanern spanischer Muttersprache und mit Brian Boru Dunne, einem ungebärdigen irischen Journalisten, verwendete all seine Energie und seinen Einfluß darauf, die Interessen der Indianer zu wahren, und beschloß, die Korruption in der Lokalpolitik auszurotten. Mit vierzig kehrte er schließlich als Republikanischer Senator von New Mexico an die Ostküste zurück, ein vielseitiger, verschlossener, aber durchsetzungsfähiger Politiker, glühender Verfechter von Franklin Delano Roosevelts *New Deal,* Gegner der Prohibition, Experte auf dem Gebiet der Außenpolitik. Er war noch ebenso schweigsam wie der junge Mann, der vor über achtzehn Jahren ausgezogen war in den Westen, aber jetzt war er eine respekteinflößende Persönlichkeit.

Als ich ihn einmal in Santa Fé besuchte, sah ich in den Bücherregalen alle seine griechischen, lateinischen, englischen, französischen und italienischen Klassiker. Oft gab er mir wortlos ein neues Gedicht von Yeats zu lesen oder er setzte sich auch ans Klavier, wenn niemand anderes da war, und spielte Bach. Doch in Gegenwart seiner Freunde aus New Mexico hätte er sich nie erlaubt,

diese seine Interessen auch nur andeutungsweise preiszugeben.
Zum Teil sicher schon deswegen nicht, weil er eine instinktive
Abneigung hatte gegen alles, was er als Angeberei empfand, vor
allem jedoch aus einem Gefühl heraus, das Justine beschrieb als:
«Entrüstung über jegliche Erscheinungsform von Ungleichheit
zwischen den Menschen, wozu für ihn auch Ungleichheit in
Schulbildung und Chancen gehört.» Heutzutage würde man das
als Ablehnung jeglicher Art von Privilegiertheit bezeichnen.

«Ich weiß noch», schrieb mir einmal Justine, «wie ich mit zehn
oder zwölfen von Bronsons Freunden zusammensaß und mit ihnen diskutierte. Sie sprachen über ein Thema, über das Bronson
genau Bescheid wußte; er kannte auch die Lösung des Problems,
das ihnen Kopfzerbrechen bereitete, aber er machte kein einziges
Mal den Mund auf. Nachher fragte ich ihn: ‹Warum hast du es
ihnen denn nicht gesagt, wenn du es doch weißt?› ‹Wozu? Sie
hatten ein Recht darauf, sich ihre eigene Meinung zu bilden.›»
Und sie meinte dazu: «Nie habe ich erlebt, daß Bronson sein
überlegenes Wissen dazu benützt hätte, um jemanden auf die
richtige Fährte zu setzen.» Ich hatte den Eindruck, als würde er
seine bessere Ausbildung als unfairen Vorteil den anderen gegenüber empfinden, ebenso wie den Umstand, daß er etliche Sprachen beherrschte und daß er es sich leisten konnte, im Gegensatz
zu anderen in einem luxuriösen Haus zu wohnen.

Wie sehr er unter diesem Gefühl litt, daß die Privilegien im
Leben so ungerecht verteilt sind, zeigt eine andere kleine Geschichte. Als er eines Tages von New Mexico zurückgekommen
war, um seine Mutter in Westbrook zu besuchen, spazierten die
beiden auf einem der gepflegten Pfade des Arboretum hinunter
zum Fluß. Dabei kamen sie an einem der Arbeiter vorbei, der
schon über vierzig Jahre lang auf dem Gut angestellt war. Meine
Großmutter richtete ein paar freundliche Worte an ihn, während
Bronson ostentativ in die andere Richtung blickte.

«Ja kennst du denn Louis nicht mehr, Bronson? Warum hast
du denn nicht mit ihm gesprochen?»

«Ich hätte mich geschämt.»

«Wieso?»

«Ich schämte mich bei dem Gedanken, daß jemand sein ganzes
Leben damit zubringt, Wege in Ordnung zu halten, bloß damit
wir darauf herumspazieren können.»

In dieser Generation war Bronson der einzige in der Familie, der in die Politik gegangen ist und dabei etwas erreicht hat. Aber dafür bezahlte er einen hohen Preis, denn das brachte einen tiefgreifenden Wandel seines äußeren Lebensstils mit sich und eine innere Einsamkeit, die wir nur erahnen können. Mit Justine verband ihn neben der Liebe zur Musik eine abgründige Lust am Lächerlichen, am Grotesken. Dann breitete sich langsam ein unwiderstehliches Lächeln über sein großes, unbewegtes Gesicht. Doch das erlaubte er sich nur bei sehr wenigen Menschen. Inzwischen kam er jedes Jahr nach Europa, denn er kannte sich ja in europäischer Politik und Denkungsart besser aus als jeder andere Amerikaner, der mir je begegnete. Immer, wenn er uns dann in Italien besuchte, ließ er seine Maske ein wenig fallen. Und mit unserem Sohn Gianni, zu dem er sichtlich eine innige Beziehung entwickelte, führte er auf der *piazza* in Westbrook lange Gespräche, in die der kleine Junge und der große Mann ganz versunken waren, beide glücklich und gelöst. Nach Giannis Tod schrieb er jedoch, daß er zwar meinen Schmerz teile, persönlich aber eigentlich nur Freude empfinden könne, daß das Kind gestorben sei, bevor es hatte erwachsen werden müssen. Er könne nämlich die Vorstellung nicht ertragen, welches Leid es noch erwartet hätte. Diese Bemerkung sagt wohl genug aus über das «erfolgreiche» Leben des Schreibers dieses Briefs.

1935 äußerte er Justine gegenüber, daß seiner Überzeugung nach in Amerika kein Platz mehr sei für einen Mann wie ihn.

«Warum willst du dich denn dann überhaupt noch einmal in den Wahlkampf stürzen für einen Sitz im Senat?»

«Weil ich nicht einfach aufgeben kann, wegen der Menschen, die auf mich zählen. Ich kann sie nicht hängen lassen.»

Weniger als ein Jahr nach diesem Gespräch kam er bei einem Flugzeugabsturz auf dem Rückweg nach Washington ums Leben. Es war ihm nicht vergönnt, die meisten seiner politischen Pläne zu Ende zu führen.

Da mein Großvater ja schon im Jahr 1912 gestorben war, lebten damals nur noch meine Großmutter und Olivia zu Hause in Westbrook. Olivias Kindheit und Jugend waren überschattet vom Tod ihres Bruders Bayard und von dem ihres Vaters, dazu von der langjährigen Krankheit. Dann hatte sie eine Ehe geschlossen, die nicht glücklich wurde, und war nach deren Auflö-

Familienbild der Cuttings auf Westbrook, ca. 1909
Bronson Murray (oben links), William Bayard Jr. (oben rechts),
Olivia Margaret (Mitte links), William Bayard Sr. (Mitte),
Olivia (Mitte rechts), Justine (unten)

sung nach Westbrook zurückgekehrt. Bis auf ein paar Wintermonate, die sie in New York verbrachte, lebte sie dann bis zum Tod der Mutter dort: Sie leitete den ganzen Gutsbetrieb inclusive der Milchwirtschaft, organisierte den Tagesablauf ihrer Mutter mit Spaziergängen und Mittagsschläfchen – nicht ohne daß ihre sehr unternehmungslustige Patientin ab und zu dagegen protestierte. Mit fürsorglicher Liebe hing sie an ihrer Mutter, in Westbrook war sie tief verwurzelt, und deshalb blieb sie als einzige von allen Geschwistern auf dem Familiensitz, aber sie mußte teuer dafür bezahlen. Sie war eine vielseitig begabte Frau, nüchtern und unbestechlich in ihrem Urteil. Ihr guter Geschmack war unfehlbar, und sie war von einer großartigen, dabei stets taktvollen

Fest auf Westbrook, 1898.
An den Kopfenden Mr. und Mrs. Cutting, auf der linken Seite
die Kinder William, Justine, Bronson und Olivia

Generosität. Im Ersten Weltkrieg leistete sie unschätzbare Dienste, als sie Mitarbeiter für das Amerikanische Rote Kreuz für den Einsatz in Europa rekrutierte. Dabei hatte sie ein tiefes Verlangen nach Zärtlichkeit und Liebe, auch wenn sie es vor anderen sorgfältig zu verbergen suchte. Als sie dann älter war, erschien sie mir immer wie jemand, der einen Dollar gibt, wenn nur ein paar Cents erwartet werden. Von früh bis spät war sie beschäftigt mit lauter Aufgaben, die sie sich selbst gestellt hatte. Sie arbeitete im Vorstand mehrerer angesehener Wohltätigkeitseinrichtungen. Sie spielte eine aktive und konstruktive Rolle in der *Foreign Policy Association* (Gesellschaft für Außenpolitik), die damals versuchte, der amerikanischen Öffentlichkeit durch ihr Aufklärungsprogramm zu einem besseren Verständnis der politischen Vorgänge in Europa zu verhelfen. Es waren viel mehr Menschen, als wir ahnten, denen sie half, und die sie auch materiell unterstützte. Im Haus lief sie immer mit kleinen Zettelchen herum, sie schlief schlecht, denn sie machte sich ständig Gedanken um das Wohlergehen und die Alltagsprobleme all derer, die sie liebte. Zurückhaltend, kritisch, immer ein wenig unsicher, aber großzügig wie sie war, hatte sie doch nicht die Möglichkeit gefunden, ihre geistigen und seelischen Gaben in vollem Maße zu entfalten. Doch dank der Seelengemeinschaft mit ihrer Freundin Nathalie Hopper, einer klugen, heiteren und verständnisvollen Frau, und dank ihrer eigenen tiefen Religiosität entwickelte sie in ihren allerletzten Jahren eine gewisse heitere Gelassenheit und begehrte nicht mehr dagegen auf.

Zu ihr und zu meiner Großmutter brachte ich auch 1923 meinen italienischen Verlobten mit, noch bevor unsere Verlobung offiziell war. Dabei war er etwas peinlich berührt, als er gleich am Ankunftstag eine vornehme amerikanische Familie zu Gesicht bekam, die mit den Fingern *corn-on-the-cob* verzehrte und die Maiskörner vom aufgespießten Kolben knabberte. In Westbrook verbrachten wir auch, nachdem unsere Verlobung Zustimmung gefunden hatte, einen der glücklichsten Monate meines ganzen Lebens. Selig paddelten wir im Kanu auf dem Fluß und segelten in der Bucht. Nach dem Zweiten Weltkrieg kehrten wir beide wieder dorthin zurück mit unseren kleinen sechs- und dreijährigen Töchtern. Just als wir die Eingangshalle betraten, begann die große Standuhr zu schlagen. Unsere Kinder rannten sofort auf die hohen Verandatüren zu und jubelten vor Freude, als sie den Krocket-Rasen und weiter unten den Fluß erspähten. All die Kriegsjahre hatten sich in diesem Augenblick in Nichts aufgelöst. Ich hatte das Gefühl, daß wenigstens hier noch alles so wie früher war. Die Sträucher noch ebenso ordentlich geschnitten, die großen Bäume majestätisch, die Milch sahnig, die Einrichtung des Hauses makellos wie vor dem Krieg. Außerdem genoß meine Großmutter, die damals schon auf die neunzig zuging, noch immer in vollen Zügen die Freuden des Augenblicks. Das machte sicher einen (nicht unwichtigen) Teil ihres Charmes aus. Bis in das Jahr ihres Todes bewahrte sie sich die Freude an Gästen, die sie sich zum Mittagessen einlud, an den Fahrten im Elektro-

automobil durch die Wälder, am Scrabble-Spiel nach dem
Abendessen, an den intimen Familienfesten. Heute noch sehe ich
vor mir, wie wir bei einem unserer späteren Besuche ihren Geburtstag mit dem meiner kleineren Tochter zusammen feierten,
und wie die Geburtstagskerzen die Augen von Urgroßmutter
und Urenkelin zum Leuchten brachten, in ganz demselben kindlichen und ungetrübten Entzücken.

Westbrook lebt in der Erinnerung meiner Kinder als ein
wahres Paradies auf Erden weiter, die Monate, die sie dort ver-
lebten, waren die glücklichste Zeit ihrer Kindheit. Es gab dort
ja so viel zu unternehmen und zu sehen: Man konnte die dicht
bewaldete Insel erkunden und sich dabei so sicher und ungestört
fühlen wie Huckleberry Finn oder Robinson Crusoe persönlich, auf dem Fluß im Kanu umherpaddeln, die Scheunen und
Ställe des Gutshofs besichtigen, wo die stattliche Herde der Jer-
sey-Rinder stand und die staksigen Kälber zärtlich an den Kin-
derhänden nuckelten; es gab die exotischen Bäume des Arbore-
tums, von denen manche mit ihren weitausladenden Ästen, die
bis zum Boden reichten, zu einem grünen Zelt wurden, in das
sie hineinschlupfen konnten, sich still dort niederlegen und den
würzigen Duft und das Gefühl von Heimlichkeit und Dunkelheit in sich aufsaugen. Wenn ich zuschaute, wie die Kinder all
diese Freuden in sich auftranken, standen die seligsten Erinnerungen an meine eigene Kindheit wieder auf, und ich sah, daß
sie genau wie ich damals von der sorgsam angelegten und ange-
pflanzten Parklandschaft gefangen waren, aber ebenso von dem,
was noch an unberührter Natur auf der Insel geblieben war: die
Schnappschildkröten, die ihre Eier in den Sand des Flußufers
legten, und vor denen man uns Angst machte und denen wir
nicht zu nahe kommen durften, weil sie angeblich sogar Menschen ein Bein abbeißen konnten, die Eichhörnchen, die ge-
streiften Erdhörnchen *(chipmunks)* und die Beutelratten *(opos-
sums)* und eine unvorstellbare Vielfalt von Vogelarten. Am
interessantesten war die Schwanenfamilie auf dem Fluß. Anfänglich waren diese wilden Schwäne so scheu, daß sie sofort
wegflogen, sobald man auch nur in ihre Nähe kam; aber mit der
Zeit wurden sie so zutraulich, daß sie ganz dicht zum Uferpfad
heranschwammen, sobald sie uns kommen sahen, und ihre
schlanken Hälse nach unseren Brotbrocken ins Wasser tauchten.

Wie aufregend war es, als sie eines Tages sogar bei uns oben auf dem Rasen erschienen und dort plump herumwatschelten, so ganz anders, als wenn sie majestätisch auf dem Wasser dahinglitten. Manchmal fuhren wir auch alle zusammen in dem altmodischen, hochrädrigen Elektroautomobil, das meine Großmutter noch selbst über die rumpeligsten Waldpfade steuerte, bis ihre Sehkraft für solche Unternehmungen doch zu sehr nachließ. Obwohl *Granapa* nicht mehr bei uns war, wies sie uns immer wieder auf Bäume und Sträucher hin, die er gepflanzt, und auf Pfade, die er angelegt hatte, so daß wir das Gefühl hatten, er sei noch immer als unsichtbarer und beschützender Hausherr unter uns. Das schönste, was Westbrook uns schenken konnte, war etwas, was noch nie jemand in Worte gefaßt hat: Uns allen wurde dort bewußt, daß alles, was wir dort sahen, nur von einem Paar hatte geschaffen werden können, das in vollkommener Harmonie lebte.

Diese letzten Jahre waren auch von einer unsichtbaren, geheimen Wehmut geprägt, von der die Kinder nichts ahnten, weil sie noch viel zu klein waren, um so etwas zu spüren. Wenn sie nicht gerade bei ihr waren, wurde ihre Urgroßmutter wie von unsichtbarer Hand unaufhaltsam zurückgesogen in die Vergangenheit. Wenn sie dann oben in ihrem Zimmer weilte, verbrachte sie endlose Stunden damit, Tausende von alten Briefen zu sortieren und noch einmal zu lesen, bevor sie jedes Bündel sorgfältig beschriftete und mit Jahreszahlen versah, alte Tagebücher und Photographien zu ordnen und still für sich in der Bibel zu lesen. Das hörte erst auf, als ihr die Augen den Dienst versagten. Von da an überwältigten sie immer mehr Gedanken an längst vergangene Freuden und Sorgen, auch an vergangenen Gram und Groll. Aus Liebe und Pietät ließ sie allmählich die realen Bilder der Toten in sich verblassen, sie wurden unscharf und gingen über in den Glanz des Glorienscheins, mit dem sie sie umgeben hatte, bis das menschliche Antlitz in dieser Stilisierung nicht mehr zu erkennen war.

Überdies fühlten wir sehr deutlich, daß die Welt von Westbrook keine Zukunft mehr hatte, zumal da wir den Krieg in Europa mitgemacht und gesehen hatten, wie viele der großen Familiensitze dort zerstört waren und wie andere zwar noch äußerlich bestanden, in ihnen aber wohl nie wieder der Lebensstil von früher aufgenommen werden würde. Lediglich die Gegenwart meiner Großmutter verlieh diesem Leben hier noch Berechtigung. In dieser Beziehung teilte Westbrook selbstverständlich nur das Schicksal so vieler anderer großer Familiensitze in Amerika, ob in der Stadt oder auf dem Land. Sie waren zwar nicht wie die in Europa wirklich zerstört, sondern gehörten einfach einem vergangenen Lebensstil an, und das in einem Land, in dem die neue Generation nicht durch Traditionen gebunden war, das fortzuführen, was die vorangegangene aufgebaut hatte.

Bereits im Jahr 1907 hatte Henry James, nachdem er in seine amerikanische Heimat zurückgekehrt war, um die *American Scene* zu analysieren, vorausgesagt, daß alle die großartigen Familiensitze, die damals noch immer an der Ostküste aus dem Boden schossen, ebenso wie der Lebensstil, den ihre Bewohner dort weiterhin aufrechterhielten, dem sicheren Untergang geweiht seien. «Privater Luxus in Europa», so führte er aus, sei dadurch gerechtfertigt, «daß die gewachsene Gesellschaftsordnung dazu da ist, um Funktion und Form, Sitte und Gesetz zu garantieren», wohingegen es sich in Amerika genau umgekehrt verhielte. «Während wir in Europa nur ein einziges Mal zu überlegen brauchen, was mit einem bestimmten Besitztum geschehen soll, ganz gleich, ob es sich nun um ein Schloß, eine Burg, ein Gemälde, ein Schmuckstück oder ein anderes Attribut des Reichtums handelt, wälzen wir in den Vereinigten Staaten genüßlich gleich zwanzigmal dasselbe Problem. Denn es kommt uns gar nicht in den Sinn, daß die gesellschaftliche Ordnung Regelungen vorsieht für derlei Fälle.» Und weiter in einer seiner imaginären Gardinenpredigten, die er den großen Familien der *Uppermost Fifth Avenue* hielt: «Worauf wollt ihr denn, wenn ich fragen darf, Eure Zukunft noch gründen? Vielleicht auf Euer vornehmes Getue? Was ist Euch an Zukunft denn noch garantiert? ... Alles was Euch an ‹Bedeutung› noch geblieben ist, ist die Gegenwart, nichts als die Gegenwart. Und diese Gegenwart quetscht sich in einen Ritz zwischen eine nicht existente Zukunft und eine absente Vergangenheit.» Diese Formulierungen könnten auf Westbrook und andere große Häuser gemünzt sein, und zwar schon zu der Zeit, als ich als kleines Mädchen dort war. Um wieviel mehr erst fünfundzwanzig Jahre später!

Und doch – Westbrook hatte noch eine viel dauerhaftere und nützlichere Zukunft vor sich, als ich damals voraussehen konnte. Schon lange hatte Olivia erkannt, daß es nach dem Tod ihrer Mutter weder möglich noch wünschenswert gewesen wäre, ein Leben im alten Stil weiterzuführen, so sehr sie auch an jedem einzelnen Stein, an jedem einzelnen Baum dort hing. So ergriff sie vorurteilslos und vernünftig wie immer die Initiative zu einem Plan, der die einzige Möglichkeit bot, Westbrook in die neue Zeit hinüberzuretten. Der Gutsbetrieb war damals schon verkauft. Aber alles übrige, Haus, Grundstück, Garten, Park und Wald, vermachte meine Großmutter dem Staat New York mit der Auflage, daß Olivia dort lebenslang Wohnrecht behielt. Darüber hinaus machte sie eine Stiftung von über einer Million Dollar, damit Westbrook als Botanischer Garten und als Park erhalten und der Öffentlichkeit zugänglich gemacht werden konnte. Das Haus sollte die Verwaltung und ein Café aufnehmen. Die Anlage von Picknickplätzen und Vergnügungsparks war nicht zugelassen, Autos mußten draußen vor dem Tor abgestellt werden, so daß die Besucher ungestört «eine Oase der Schönheit und der Ruhe für all diejenigen, die sich an der Schönheit der Natur erfreuen» genießen konnten.

So ist es denn auch gekommen. Zwei Jahre nach dem Tod ihrer Mutter bereitete Olivia zusammen mit einem Stiftungsrat alle notwendigen Veränderungen vor und zog, nachdem alles arrangiert war, für immer aus Westbrook aus. Wie es ihr zumute gewesen sein muß, als sie ging, können wir nur ahnen. Doch ich glaube, daß sie später echte Befriedigung darüber empfand, daß das Projekt ein voller Erfolg geworden war, und daß sie mit eigenen Augen sehen konnte, wie Westbrook im neuen Kleid wieder zum Leben erwachte. Gleich 1954, als es seine Tore öffnete, zeigte die Zahl der Besucher, daß ein echter Bedarf für so einen Ort der Erholung bestand. Zehn Jahre später zählte man bereits 134.000 Besucher pro Jahr.

So wurde zum Schluß etwas ganz Neues aus dem alten Westbrook, nachdem so gut wie alle die Menschen dahingegangen waren, die einst dort gelebt hatten. Das Schöne, das meine Großeltern für sich und ihre Freunde geschaffen hatten, bereitet heute auf eine Weise, die auch ganz im Sinn ihrer Kinder gewesen wäre, Tausenden von Menschen Freude, und die Vergangenheit ist zu neuem Leben erstanden. Heute wie damals spielen Kinder Verstecken unter den zu Boden hängenden Zweigen der Trauerbuche, ganze Familien durchstreifen den Wald, Liebespaare stehen am Wasser bei den Rhododendren und Azaleen. Doch ich muß gestehen, daß ich selbst den Mut noch nicht gefunden habe, noch einmal zurückzukehren. Und was aus den wilden Schwänen geworden ist, weiß ich nicht.

2.

Desart Court

... Denn nichts ist besser und wünschenswerter auf Erden,
Als wenn Mann und Weib, in herzlicher Liebe vereinigt,
ruhig im Haus verwalten ... und mehr noch genießen sie selbst!

Odyssee VI, 183 (Übers. Joh. Heinr. Voss)

Desart Court, das Schloß, wo die anglo-irischen Eltern meiner Mutter zu Hause waren, und wo ich in meiner Kindheit auch oft die Ferien zubrachte, war in vielerlei Hinsicht wieder ganz anders als Westbrook. Schon äußerlich war es viel eleganter, denn es war Ende des 18. Jahrhunderts im palladianischen Stil aus dem grauen Kalkstein der Gegend, dem *Kilkenny marble*, errichtet. Der einfache Mittelbau in klassischem Stil war durch Korridore mit den beiden Seitenpavillons verbunden, in denen Kinder- und Gästezimmer untergebracht waren. Von dort schweifte der Blick über die sanfte, hügelige Parklandschaft, im Vordergrund wie fröhlichen Farbflecke eines *patchwork quilt* die nun überwachsenen, ehemals buchsgefaßten Beete des einst kunstvoll angelegten Italienischen Gartens, und in der Ferne die grauviolett verschwimmende Bergsilhouette des Slievenaman. Die verwilderten und wuchernden Büsche und Sträucher, Lorbeer, Flieder und Goldregen, Weiß- und Rotdorn, Rhododendron, der von hohen Backsteinmauern eingehegte Garten, in dem das Gras unter den Apfelbäumen hoch stand und wo sich ebenso viele Amseln in den Johannisbeersträuchern tummelten wie Karnickel in den Blumenbeeten, hätten jeden Gärtner von Westbrook vor Entsetzen erstarren lassen. Das alles war Ausdruck eines Lebensstils, der zugleich weniger luxuriös, dafür um so unbekümmerter war. Doch eines war beiden Herrenhäusern gemein: Ein Kind fühlte sich dort geborgen. Auch Desart war die Schöpfung einer außergewöhnlich glücklichen Eheverbindung.

Von der Geschichte meiner irischen Familie weiß ich nur, daß unser Vorfahr Henry Cuffe am Tower Hill hingerichtet wurde, weil er an der Rebellion des Grafen Essex[1] teilgenommen hatte. Sein Urenkel Joseph Cuffe hatte in Irland gedient unter Cromwell, der ihm als eine Art Auszeichnung die Ländereien von Desart, *Cuffe's Desert* verlieh. Joseph Cuffes Enkel John wiederum, der erste Baron Desart, heiratete Dorothea Gorges. Deren Mutter, Nicola Sophia, war meine fünffache Urgroßmutter, Tochter des Hugh Hamilton, Lord Glenawly. Um sie webt sich eine bekannte irische Gespenstergeschichte, die uns als Kinder in ihren Bann schlug, und die wir «Das schwarze Samtband» tauften.

Diese Nicola Sophia, 1666 geboren, war sehr früh zur Waise geworden. Zusammen mit Lord Tyrone, einem kleinen Vetter, wurde sie in einer ländlichen Idylle à la *Paul et Virginie*[2] aufgezogen. Man tränkte ihnen jedoch die «verderbliche Doktrin des Deismus»[3] ein. Als sie vierzehn waren, wurden sie getrennt, und jeder von ihnen geriet in die Obhut eines Vormunds, der wild entschlossen war, ihnen «die irrigen Prinzipien herauszuschneiden, die ihren jugendlichen Seelen eingeflößt worden waren», und sie den wahren christlichen Glauben zu lehren. Bevor sie voneinander Abschied nahmen, schworen sie sich gegenseitig feierlich, daß derjenige von ihnen, der zuerst stürbe, dem anderen erscheinen werde, um ihm zu offenbaren, welcher Glaube der wahre sei. Nach der Heirat Nicolas mit Sir Tristram Beresford sahen sie sich noch ein einziges Mal und erneuerten dabei ihren Pakt. Als Nicola wenig später mit ihrem Gemahl bei ihren Nachbarn, den Magills auf Gill Hall weilte, kam sie eines Morgens leichenblaß und wie abwesend zum Frühstück. An ihrem linken Handgelenk trug sie ein breites schwarzes Samtband. So sehr ihr Gatte auch in sie drang, sie gab lediglich zur Antwort, daß sie ihm zwar noch nie eine Bitte abgeschlagen habe, daß dies aber eine Angelegenheit sei, die sie ihm nie und nimmer erklären könne. Das schwarze Samtband jedoch würde sie nie mehr ablegen, so lange sie lebe.

Just in diesem Augenblick kam ein Lakai herein und überreichte ihr einen Brief mit schwarzem Siegel. «Ah, meine Ahnung trog mich nicht», rief sie, «Tyrone ist tot.»

Doch weigerte sie sich hartnäckig, ihrem Gatten das Geheimnis preiszugeben. Offenbar ohne je die Wahrheit erfahren zu haben, starb er einige Jahre später, nachdem sie ihm noch einen männlichen Erben geschenkt hatte. In der fraglichen Nacht aber war seiner Frau ein Besucher aus dem Jenseits erschienen. Dabei handelte es sich natürlich um niemand anderen als Lord Tyrone, der «auf der Bettkante saß», als sie unversehens erwachte.

«Um Gottes Willen, Tyrone», rief sie (dieser Teil der Geschichte ist in ihren eigenen Worten überliefert), «weshalb bist du um diese nächtliche Stunde hierher gekommen?»

«Hast du denn unseren Pakt vergessen?» fragte er. «Du mußt wissen, daß ich letzten Dienstag um vier Uhr aus dieser Welt fortgegangen bin und daß das Höchste Wesen mich entsandt hat, dir zu erscheinen und dir zu versichern, daß die christliche Offenbarung die einzig wahre Religion ist.»

Des weiteren sagte er ihr voraus, daß das Kind, mit dem sie schwanger war, ein Junge sein werde und dermaleinst seine eigene Tochter heiraten werde. Ihr Mann werde bald nach der Geburt des Jungen sterben, fuhr er fort, und wenig später werde sie einen anderen heiraten, der sie sehr unglücklich machen werde. Noch zwei Söhnen und zwei Töchtern werde sie das Leben schenken und sterben, wenn sie das 47. Jahr erreicht habe.

Da bat sie ihn um ein sichtbares Zeichen, das ihr am nächsten Tag als Beweis dafür diene, daß er sie wirklich besucht habe und ihr nicht nur im Traum erschienen sei. Zunächst hob er die schweren Bettvorhänge aus rotem Samt auf und hängte sie in einen Haken hoch oben über dem Bett. Sie wandte ein, daß sie das auch selbst getan haben könne in einem wilden Traum. Daraufhin legte er zwei Finger auf die Kommode, die auf dem Holz Brandmale hinterließen. Sie entgegnete, daß diese auch zufällig entstanden sein könnten. Als nächstes schrieb er ein paar Wörter in ihr Notizbuch. An deren Echtheit könne sie am nächsten Tag auch zweifeln, meinte sie. Schließlich forderte er sie auf, ihre Hand auszustrecken. Sie gehorchte.

«Er berührte mein Handgelenk mit seiner eiskalten, marmornen Hand und augenblicks schwanden dort alle Sehnen, alle Nerven verdorrten.»

Er ermahnte sie noch, daß kein Mensch jemals ihr Handgelenk zu Gesicht bekommen dürfe – und verschwand.

So verstrich die Zeit, und nach und nach erfüllten sich alle Prophezeiungen Lord Tyrones. Lady Beresford schenkte einem Sohn das Leben, und ihr Gemahl starb. In der Hoffnung, dem dritten Teil der Prophezeiung zu entgehen, zog sie in ein kleines

Dorf, wo ein ältlicher Geistlicher der einzige Mann von Stand war. Doch unglückseligerweise hatte der einen Sohn, Richard Gorges, der noch in die Schule ging. Als dieser erwachsen wurde, verliebte er sich in sie und überredete sie, ihn zu heiraten, zeugte zwei Söhne und zwei Töchter mit ihr und machte sie so sterbensunglücklich, wie Lord Tyrone vorausgesagt hatte.

Voll böser Vorahnungen erwartete sie dann ihren 47. Geburtstag, aber dieser verstrich ohne jeden Zwischenfall. Als ihr 48. Geburtstag herannahte, beschloß sie, eine kleine Einladung zur Feier des Tages bei sich zu veranstalten, denn nun glaubte sie, der Bann der Weissagungen ihres Vetters sei endlich gebrochen. Sie forderte ein paar Freundinnen und Freunde auf, den Tag in ihrer Gesellschaft zu verbringen, darunter den Erzbischof von Dublin und einen alten Geistlichen, der sie einst getauft hatte. Im Lauf des Tages verriet sie ihren Gästen, daß die Einladung zur Feier ihres 48. Geburtstags stattfinde. Doch der alte Geistliche unterbrach sie, er habe vor kurzem erst die Register des Kirchspiels studiert, in dem sie geboren sei, und er könne daher Ihrer Ladyship versichern, daß sie heute erst das 47. Jahr erreicht habe.

«Ihr habt das Todesurteil über mich gesprochen!» erwiderte Lady Beresford und forderte den Erzbischof von Dublin, der später das Vorgefallene bezeugte, und ihren damals zwölfjährigen Sohn, Sir Marcus Beresford, auf, ihr in ihr Zimmer zu folgen. Dort berichtete sie den beiden die ganze Geschichte. Ihrem Sohn sagte sie noch, daß er eines Tages Tyrones Tochter Katherine de la Poer heiraten werde, und ermahnte ihn: «Laß es in deinem Verhalten an nichts fehlen, so daß du dich dieser hohen Ehre auch würdig erweist.» Daraufhin legte sie sich nieder auf das Bett, um sich zu sammeln. Als einige Stunden später Sohn und Tochter den Raum erneut betraten, stellten sie fest, daß sie diese Welt bereits verlassen hatte. Dann nahmen sie schließlich das schwarze Samtband von ihrem Handgelenk und sahen mit eigenen Augen, was sie ihnen beschrieben hatte: «Die Sehnen geschwunden und alle Nerven verdorrt.»

Ihr Sohn heiratete, wie ihm prophezeit war, Katherine de la Poer und wurde zum ersten Marquess of Waterford erhoben. Dorothea, eine ihrer Töchter aus ihrer zweiten Ehe mit Richard Gorges, vermählte sich mit John, dem ersten Lord Desart. Die «Dame mit dem schwarzen Samtband» hatte also nur sehr weitläufig etwas mit Desart Court zu tun, doch beflügelte ihre Geschichte meine Fantasie, und das stattliche graue Herrenhaus, eingebettet in die blauen Hügel, erhielt durch sie einen Hauch von Romantik. Konnte man den Schleier zwischen Diesseits und Jenseits wirklich so leicht lüften?

In Desart Court gab es außerdem noch ein unheimliches Gästezimmer, von dem aus man die Auffahrt überblickte, und in dem ich wohnen durfte, sobald ich alt genug war, um nicht mehr im Kinderzimmer im anderen Flügel schlafen zu müssen. Gleich in der ersten Nacht legte sich eine Last von tiefer Angst und überwältigender Traurigkeit auf mich. Der ältere Bruder meines Großvaters sei bei der Fuchsjagd ein ausdauernder und verwegener Reiter gewesen, bekam ich später erzählt, und Abend für Abend, sobald die Dämmerung hereinbrach, stand seine junge Frau Ellen angsterfüllt mit einer Kerze am Fenster eben dieses Raumes, von dem aus man die ganze hügelige Parklandschaft überblickte, und harrte seiner Rückkehr. Sie sei gewiß, sagte sie immer, auch wenn ihr Mann sie natürlich auslachte, daß er eines Tages einen tödlichen Jagdunfall erleiden werde. Wenngleich sich ihre Prophezeiung nie erfüllte, lag in diesem Raum noch nach über fünfzig Jahren ein Mehltau von Kummer und Sorge, die sie dort endlose Nächte lang bis zur Grenze des Erträglichen durchlitten hat.

Meine Mutter erzählte dazu noch eine weitere Geschichte: Jahre später hatte mein Großonkel, Otway Cuffe, ein paar Nächte lang in jenem *North Room* schlecht geschlafen. Im Gegensatz zu meinem Großvater war er an spiritistischen Phänomenen äußerst interessiert. Mein Großvater war nicht anwesend, als er eines Abends spät nach Desart hinüberfuhr. Er war in Begleitung von Mrs Standish O'Grady, die selbst telepathisch begabt war. Beide wunderten sich, im Schein eines Lichts die Umrisse einer Gestalt am Fenster des *North Room* stehen zu sehen. «Die Mädchen müßten um diese Stunde doch längst unten sein», meinte er, «aber außer ihnen ist niemand sonst im Haus!» Noch während er sprach, verschwanden Licht und Gestalt im Fenster. Als sie die Treppe hinaufstiegen und die Tür öffnen wollten, war diese von außen verschlossen.

Als meinem Großvater diese Geschichte zu Ohren kam, wurde er richtig ärgerlich. «Ich muß schon sagen, ich weiß nicht,

was mir unangenehmer ist, die Vorstellung, daß die bedauerns-
werte Ellen an dem Fenster da droben stand oder daß Mrs
O'Grady sie dort gesehen hat. Kein Wunder, daß unsere Gäste da
nicht schlafen können, wenn es dort droben so zugeht!» Das
Zimmer wurde daraufhin neu tapeziert, und selbstverständlich
erzählte niemand uns Kindern diese Geschichte. Doch als ich
nach der ersten Nacht, die ich dort verbracht hatte, meiner
Großmutter vorsichtig andeutete, daß mir das neue Zimmer
«sehr traurig» vorkäme, verlegte sie mich flugs zurück ins Kinderzimmer im anderen Flügel. Dort verging ein Tag wie der andere in unbeschwerter Geborgenheit auf dem Boden der realen
Welt.

Vor mir liegt eine Fotografie meiner Großeltern aus dem Jahr
1904, die sie zeigt, wie sie leiben und leben und wie ich sie heute
noch vor mir sehe. Genau so erwarteten sie uns am Fuß des dop-
pelten Treppenlaufs aus dem grauen Kilkenny Marmor, der von
der geschwungenen Kiesauffahrt zum Eingangsportal hinauf-
führte. *Gran* hat eine Federboa um die Schultern und auf ihrem
Kopf thront ein Hut. Mein Großvater, den wir alle, auch die
Vettern und Kusinen, *Gabba* nannten (woher der Kosename
kam, weiß ich nicht mehr), *Gabba* also, in seinem abgetragenen
Knickerbocker-Anzug aus grünlich-grauem irischen Tweed,
raucht sein Morgenpfeifchen nach dem Frühstück, und neben
ihm sitzt sein Spaniel auf der Balustrade. So bekamen wir sie immer als erstes zu Gesicht, wenn wir müde und verklebt von der
langen nächtlichen Schiffspassage über die Irische See, der Zug-
reise nach Kilkenny und der gemächlichen Fahrt in einem irischen Automobil etwa 25 Kilometer weit durch die sanft gewellte
Landschaft mit den von niedrigen Steinmauern eingefaßten Weiden und Feldern endlich ankamen und das vertraute Haus vor uns
auftauchte, vor dem *Gran* und *Gabba* sich aufgebaut hatten. Immer, wenn ich in meiner Kindheit an sie dachte, dann sah ich sie
an diesem Ort vor mir und roch den zarten Duft seiner Tabaks-
pfeife und ihres Lavendelwassers. Sie waren aber bereits viele
Jahre verheiratet gewesen, bevor sie nach Desart zogen

Hamilton Cuffe hatte man schon in seiner Kindheit klar gemacht, daß er nur der zweite Sohn eines verarmten irischen Peer
sei und sich daher schon selbst durchs Leben schlagen müsse. Da

ging es ihm also auch nicht anders als meinem amerikanischen
Großvater. Mit zwölf Jahren diente er, nach einer kurzen Lehr-
zeit als Kadett auf dem Schulschiff *Britannia*, vom Dezember 1861
an bereits auf einer noch aus Holz gebauten Fregatte[4], der *Or-
lando*, die in Richtung Halifax in See stach. Er selbst fand es eigentlich nicht so wichtig, über diese drei Dienstjahre bei der Marine zu erzählen. Nur um seinen Enkeln eine Freude zu bereiten,
schrieb er seine Erlebnisse aus dieser Zeit für sie nieder[5]. Dieser
Bericht führt eindrucksvoll vor Augen, wie man damals als selbstverständlich voraussetzte, daß kleine Jungen ein derart hartes Leben und schwere Pflichten auf sich nehmen. Die Fregatte hatte
so viele Lecks, daß es an ein Wunder grenzte, wenn sie ihren Be-
stimmungshafen überhaupt erreichte. Der Proviant bestand ausschließlich aus gepökeltem Rinder- und Schweinefleisch, nur ab
und zu auf hoher See durch frisches Haifischfleisch bereichert,
dazu Schiffszwieback, der so voller Getreidekäfer saß, daß die
Schiffsjungen ihn erst einmal kochten, «damit diese etwas unangenehmen Insekten wenigstens tot waren, bevor wir sie verspei-
sten». Man gönnte ihnen, die kaum dem Kindesalter entwachsen
waren, so wenig Schlaf, daß sie in ständiger Furcht lebten, sie
könnten einmal auf Wache einschlafen. Von Halifax ging es weiter auf die Bermudas, wo Ham Cuffe mit knapp 13 Jahren zum
Leutnant zur See befördert und ihm gleichzeitig das Kommando
über eines der Beiboote der Fregatte übertragen wurde. Am Tag
hatten diese Boote oft «Küstendienst», und der *midshipman*, der
Leutnant, trug dann die Verantwortung dafür, daß alle Mann,
nüchtern oder besoffen, wohlbehalten wieder an Bord kamen,
«obwohl die Leute an Land stets der Versuchung ausgesetzt waren, sich aus dem Staub zu machen und sich als *blockade-runners*,
Blockadebrecher, für den Amerikanischen Bürgerkrieg anwer-
ben zu lassen». Darunter verstand man Schmuggler, die den Kon-
föderierten Waffen, Fourrage und Rum verschafften, wofür ein
geschäftstüchtiger Seemann jeden Preis fordern konnte. Disziplin
in einer Mannschaft von mehr als fünfzehn oft betrunkenen und
unbotmäßigen Riesenkerlen aufrecht zu erhalten, war für einen
dreizehnjährigen Knirps alles andere als eine leichte Prüfung, und
es war überhaupt nur möglich, weil harte und gnadenlose Strafen
auf Verletzung der Disziplin standen. Nur mit Schauder erinnerte
sich mein Großvater allerdings an den Vorfall, als an Land einmal

ein betrunkener Matrose einen Leutnant zusammengeschlagen hatte. «Man führte den Mann dem Kapitän vor, pfiff die ganze Mannschaft zusammen, damit sie Zeuge werde, wie er ausgepeitscht wurde. Ich glaube», fuhr er in seiner typisch zurückhaltenden Art fort, «ich kann auf die Beschreibung der Einzelheiten verzichten, aber ich muß euch sagen, daß es abscheulich war, zusehen zu müssen.»

Nach zwei Jahren zur See kehrte er doch an Land zurück, teils weil seine Gesundheit nicht die beste war, teils weil er sich nicht zu einem Leben auf See berufen fühlte. So ging er nach Cambridge und studierte dort Jura. Von diesem Zeitpunkt an sind seine Memoiren meiner Meinung nach für spätere Generationen hauptsächlich deswegen von Interesse, weil sie Einblick geben in die Gesellschaft, der er angehörte, eine Gesellschaft, in der Geld zumindest für einen unverheirateten jungen Mann nur eine sehr untergeordnete Rolle spielte, in der aber Ansehen und Rang ganz und gar von Herkunft und Erziehung abhingen. In Cambridge, wo er am Trinity College studierte, waren die Studenten damals in vier Klassen eingeteilt: Die *Noblemen* (die Peers, bzw. die ältesten Söhne von Peers, die einen weiten, langen Talar aus Seide trugen), die *Fellow Commoners* (und zwar die *Hat Fellow Commoners*, nämlich die jüngeren Söhne von Peers, die einen Zylinder tragen durften, und die *Ordinary Fellow Commoners*, die das «Mörtelbrett» trugen, ein quadratisches Barett aus Samt) und schließlich die gewöhnlichen *undergraduates* oder *pensioners*. Die *Noblemen* und die *Fellow Commoners* speisten nicht nur zusammen mit den *Dons*, den älteren Dozenten, an der *High Table*[6], hatten beim Gottesdienst eigens für sie reservierte Plätze im Gestühl der *College Chapel*, sondern es war ihnen sogar erlaubt, das Universitätsexamen bereits nach sieben Trimestern abzulegen, statt nach der üblichen Zeit von neun Trimestern – vielleicht aus der Vorstellung heraus, daß sie schon früher als die anderen für öffentliche Ämter benötigt würden.

Mein Großvater war zwar nicht reich genug, sich eigene Jäger halten zu können, aber es fehlte ihm doch nicht an Freunden, die ihn mit auf die Jagd nahmen. So kam es, daß er das Wochenende meist in winzigen, kahlen Kammern auf manch einem berühmten Schloß in England zubrachte, in dem Luxus und Glanz so gar nicht zu der kärglichen Unbehaglichkeit im selben Haus passen

wollten. Auf *Belvoir* spielte Abend für Abend eine eigens engagierte Kapelle nach dem Dinner zum Tanz auf. Als erstes kam
immer eine Quadrille, an der jeder, auch die ganz alten Herrschaften, teilnehmen mußte. Dann erst durften die Jungen ihrer
Lust an Polka und Walzer frönen. Ham Cuffe war dort in einer
Kammer in einem winzigen Türmchen untergebracht. Sie lag
ganz oben unter dem Dach und hatte ringsherum Fenster, durch
die es eiskalt hereinzog, und wenn er sich rasieren oder das Haar
kämmen wollte, mußte er sich auf den Boden knien, so niedrig
war sie. Als der Duke of Rutland eine riesige Einladung gab und
sich unter den Gästen auch Mitglieder der königlichen Familie
sowie etliche hochmögende Persönlichkeiten befanden, erhielten
die gewöhnlichen Gäste, wenn man der Erzählung meines
Großvaters Glauben schenken darf, vom Herzog die freundliche
Aufforderung, «jeden Tag irgendwo auf die Jagd zu gehen, um
nur ja der königlichen Gesellschaft nicht über den Weg zu laufen. Da es ein paar Grad unter Null hatte und zumal wir in Re-
viere geschickt wurden, wo es weit und breit nichts zu schießen
gab, wären wir liebend gern im Haus geblieben. Aber mit dem
Herzog war nicht zu spaßen!»

Auf Chatsworth wiederum gab es nirgendwo Gesindeglocken,
denn es galt als selbstverständlich, «daß jeder Gast männlichen
Geschlechts seinen eigenen Diener mitbringt, der ihm vor seinem Zimmer aufwartet.» So mußte dieser junge Gast, der noch
nie in seinem Leben einen Diener besessen hatte, eben für eine
einzige Woche einen Diener engagieren. Auf Harewood[7] hielt er
sich ebenfalls häufig auf, bis man ihm das Haus verbot, weil der
Hausherr nicht damit einverstanden war, daß er um die Hand seiner zweitältesten Tochter anhielt. Auch dort wohnten Vor-
nehmheit und Sparsamkeit dicht beieinander. Was für ein Kon-
trast zwischen den luxuriösen Räumen und Mahlzeiten unten
und den kahlen, nur mit dem Allernotwendigsten ausgestatteten
Kammern im Junggesellenflügel! Noch viel schlimmer die Kinderzimmer im Obergeschoß, wo die Kinder der Familie wie die
Juden im Mittelalter in einem schrecklichen, armseligen Ghetto
lebten, in völliger Isolation, in häßlicher Umgebung und in bit-
terer Kälte.

Als Hamilton Cuffe seine Examina abgelegt hatte, kehrte er
nach London zurück. Abgesehen davon, daß er nun seine Din-

nereinladungen zu absolvieren hatte und seine Karriere als *barri-*
ster[8] aufbauen mußte, änderte sich nicht viel an seinem gesellschaftlichen Leben. Zur Erholung dienten ihm «Bogenschießen
und Cricket im Sommer, die Jagd im Winter», wie er schrieb.
«Meine Mutter führte mich höchst einfach dadurch in die Gesellschaft ein, daß sie meine Visitenkarten bei Freunden und
Verwandten abgab ... Ein mittelloser junger Mann hatte zwar
durch seine Herkunft einen bestimmten Platz in der Gesellschaft,
aber ein Recht konnte er daraus nicht ableiten. Alles, was er
brauchte, war ein Gesellschaftsanzug mit allem, was dazugehörte,
und gerade so viel Geld, um auch einmal eine Droschke nehmen
zu können, wenn es nachts gar zu schlimm regnete ... Eine junge
Dame, auch wenn sie noch so nah verwandt war, abends auszu-
führen, wäre unerhört gewesen, wie es auch als grobe Un-
gehörigkeit galt, seine Gastgeberin einzuladen.»

So führte er ein rundherum vergnügliches und sorgloses Leben
bis zu dem Tag, an dem er sich – lange bevor es sich «schickte» –
verliebte. Eines der großen Häuser, in denen er verkehrte, war
Harewood House in Yorkshire, ein prächtiges Schloß in streng
palladianischem Stil. Es befand sich im Besitz von Henry, Earl of
Harewood, das Regiment dort führte seine zweite Gemahlin,
eine hübsche, junge Frau aus Yorkshire, die ihn als Neunzehn-
jährige geheiratet und ihm zu den sechs Kindern aus seiner ersten
Ehe bereits fünf weitere geschenkt hatte (zwei sollten später noch
dazukommen). Diese Kinder schienen jedoch in dem Riesen-
haushalt eine bemerkenswert unsichtbare Rolle zu spielen. Man
erzählte sich sogar folgende Geschichte: Als einmal zwei seiner
Kleinsten im Kinderwagen von einem hübschen Kindermädchen
im Hyde Park spazierengefahren wurden, blieb Lord Harewood
stehen und fragte sie, wessen Kinder dies seien und erhielt zur
Antwort: «Ihre, m'Lord.» Lady Harewood war derart von ihren
Pflichten als Gastgeberin und von ihrer Jagdleidenschaft in Anspruch genommen, daß ihr wenig Zeit blieb, sich um ihre zahlreiche Nachkommenschaft zu kümmern. Ungebändigt tollten
die Kinder überall auf dem Besitz umher und brüsteten sich, daß
sie nicht nur kraft ihres Wappentiers «wilde Bären» seien, sondern
auch von Natur aus. Wenn sie einmal mütterlichen Schutz und
Rat suchten, wendeten sie sich an die zweitälteste Schwester,
Margaret, denn Constance, die älteste, makellos schön wie eine

glatte Meißener Porzellanfigur, war schon «aus dem Haus» und hatte nichts anderes im Sinn, als Harewood House so bald wie möglich zu entkommen. «Peg» dagegen war ein warmherziges, munteres Wesen, machte oft bei den Streichen der Jüngeren mit und versorgte auch ihre aufgeschundenen oder verstauchten Glieder. Sie erhielt noch Schulunterricht, war drall wie eine junge Drossel mit glänzenden Augen und war noch nicht in die Gesellschaft eingeführt, als 1870 Ham Cuffes Auge ausgerechnet auf sie fiel. An einem kalten Wintertag durfte ausnahmsweise die ganze Kinderschar einmal mit den Erwachsenen zusammen auf dem See Schlittschuhlaufen. Wie üblich hatte Peg all den «Kleinen» die Schlittschuhe angeschnallt und versuchte nun, ihre Hände wieder warmzureiben, damit sie sich die eigenen festmachen konnte. Da kniete sich ihr entfernter Vetter, der einsilbige, nette junge Mann, der zuvor schon ein- oder zweimal, nur weil er ihr Cousin war, in das kalte Schulzimmer hinaufsteigen hatte dürfen, um ihr das Schachspiel beizubringen, vor sie hin auf das Eis und zog ihr die Schlittschuhe an. In ihrem ganzen Leben hatte noch niemand so etwas für sie getan. Sie errötete vor Dankbarkeit, zärtlich beschützte er sie – wie eine Woge erfaßte sie eine Liebe, die ein ganzes Leben lang vorhalten sollte. Ein Jahr nach ihrer goldenen Hochzeit starb *Gran,* und mein Großvater schrieb mir in einem Brief: «Nach sechsundfünfzig Jahren der Liebe und einundfünfzig Jahren Ehe war unsere Liebe in jeder Beziehung noch genau so wie die, die wir in unserer Jugend nach den langen Jahren des Wartens füreinander hegten, als wir zu unserer Hochzeitsreise aufbrachen.»

Daß man über diese Romanze zunächst alles andere als erfreut war, ist nur natürlich. So liebenswürdig und arbeitsam Ham Cuffe auch gewesen sein mochte, er war eben einfach nicht der älteste Sohn, verfügte also weder über Vermögen noch über die Anwartschaft auf Titel und Erbe. Kurz, er war alles andere als der ideale Heiratskandidat, den sich Lord Harewood für eine seiner Töchter erträumte, falls er sich überhaupt Gedanken über seine Kinder machte, was sowieso selten genug vorkam. Und Margaret selbst war gerade erst siebzehn. Zu dieser Zeit kam es nur zu einem einzigen Liebesbrief, der zwischen die Seiten eines Bands von Byron-Gedichten geschmuggelt wurde, und zu einem einzigen Wiedersehen auf einem Ball auf Bridgewater House. Margarets ältere Schwester war gerade zur rechten Zeit krank geworden, so daß an ihrer Stelle im letzten Moment Peg in Constances Ballrobe hingeschickt wurde. (Das Tanzbillet, auf dem ihr Name gleich siebenmal geschrieben stand, hob mein Großvater bis ans Ende seines Lebens auf.) Dann erließ Lord Harewood ein Verbot: Sie durften einander nie mehr sehen. Zwei Jahre lang war es ihnen sogar untersagt, einander Briefe zu schreiben. Offiziell zumindest; denn mit der Hilfe von Margarets Schwester und einer lieben Kusine wanderte doch der eine oder andere Brief hin und her. Ihrer eigenen Familie können Margarets Gefühle wohl kaum verborgen geblieben sein (so wenig Gewicht sie diesen auch beimessen mochte), denn nach der ersten Ballsaison weigerte sie sich strikt, in London am gesellschaftlichen Leben teilzunehmen.

Mein Großvater bewahrte alle ihre Briefe auf, die sie ihm während der langen Jahre des Wartens geschrieben hatte. Manche schienen noch sehr kindlich, andere waren die einer erwachsenen Frau. In manchen berichtet sie lediglich von ihrem eintönigen Leben auf dem Land, beschreibt die Gleichgültigkeit ihres Vaters ihr gegenüber («Sie wissen, er mag mich nicht, und das wird sich wohl auch nicht mehr ändern.»), und auch die Gefühlskälte ihrer Stiefmutter und daß ihr Bruder sie ewig herumkommandierte. Dann wieder versuchte sie, ihm klarzumachen, wie man sie ständig unter Druck setzte, ihn aufzugeben, so daß sie sich allmählich selbst fragte, ob sie es ihm gegenüber noch verantworten könne, wenn sie ihn bat, noch länger auf sie zu warten. «Selbst wenn wir einmal verheiratet sind», schrieb sie, «werden Sie den schwersten Teil der Last tragen müssen. Armut ist für einen Mann so viel schwerer zu ertragen als für eine Frau, denn Männer leiden unter all den kleinen Unannehmlichkeiten so viel stärker als wir Frauen. Ich kann schon den bloßen Gedanken kaum ertragen, daß Sie all das um meinetwillen erdulden müßten.» Doch an ihren wahren Gefühlen läßt sie nicht den geringsten Zweifel erkennen, wenn auch alle Briefe von einer anrührenden Demut zeugen, die vielleicht ein Wesensmerkmal «wahrer Liebe» ist und untrüglich verrät, daß die Schreiberin ein junges Mädchen ohne jedes Selbstvertrauen ist. Wie so ganz anders war doch die lebhafte, liebevolle und zupackende Frau, die wir als *Gran* kannten, und die vielleicht nie so geworden wäre, wenn sie nicht ihren Ham so geliebt hätte und so um ihn hätte kämpfen müssen. Doch damals war sie erst achtzehn. Nach all den Jahren, in denen sie ihr Vater und ihre Stiefmutter einfach links liegen gelassen hatten und sie sich für ihre undankbaren Brüder abplackte, wollte sie einfach nicht glauben, daß überhaupt jemand, «schon gar nicht ein so gescheiter und liebevoller junger Mann wie Hamilton Cuffe» sie haben wollte und sie um ihrer selbst willen schätzte. «Es will mir einfach nicht in den Kopf», schrieb sie, «daß jemand mich so sehr liebt wie Sie. Es ist für mich eine ganz und gar neue Erfahrung, daß sich jemand etwas aus mir macht und daß ich zu etwas anderem gut sein soll, als lediglich nützlich zu sein.» Und doch schrieb sie ihm Jahr um Jahr ihre Briefe – selbstlos, mutig, zärtlich und voller Liebe; in den letzten Jahren allerdings kann sie nicht verbergen, wie unendlich müde sie des Wartens ist. Er hat es niemals über sich gebracht, diese Briefe zu vernichten. Ich besitze sie noch immer.

Endlich neigte sich die Waage doch ein wenig zu Hams Gunsten, denn mit dem Tod seines Vaters hatte sich seine Stellung in der Familienhierarchie auch hinsichtlich der Erbfolge gebessert, und nun stand nur noch sein älterer Bruder zwischen ihm und dem Peer-Titel. Außerdem sprach es sich auch herum, daß er selbst inzwischen ein glänzender Anwalt bei Gericht sei. Das junge Paar erhielt die Erlaubnis, sich im Haus einer Kusine wiederzusehen. Aber bei dem einen Mal blieb es auch. Ham hatte dann eine Unterredung mit Lord Harewood. Tags darauf schrieb Margaret ganz überrascht, daß ihr Vater, «wenn er auch mir gegenüber kein einziges Wort darüber verlor, tief beeindruckt war von der bloßen Tatsache, daß Sie sich etwas aus mir machen und daß Sie hart arbeiten». Er duldete nun, daß sie einander schrieben, aber an ein Wiedersehen war nicht zu denken. «Als Sie an diesem Tag fortgingen, sah ich Ihnen vom Fenster aus noch nach, bis Sie meinem Blick entschwunden waren, aber es war wie ein böser Traum, denn ich war wie benommen und völlig kraftlos und hatte das Gefühl, mich nicht von der Stelle rühren zu können, unfähig etwas anderes zu tun, als Ihnen mit den Augen folgen.» Immerhin gestand sie, daß es diesmal «nicht ganz so schlimm» war, wie damals bei ihrem Abschied in Bridgewater House und daß sie nun doch einen Hoffnungsschimmer sähe. Noch ein ganzes weiteres Jahr schleppte sich die ungeklärte Situation so hin, ohne daß das junge Paar sich von seinem Ent-

schluß abbringen ließ. Doch es mußte sich mit schriftlichem Ge-
dankenaustausch begnügen und mit gelegentlichen «rein zufälli-
gen» Zusammentreffen im Theater oder im Hyde Park. Ganz allmählich bröckelte der Widerstand seiner Familie einfach dadurch
ab, daß immer mehr Zeit verstrich. Als Margarets Großmutter,
Lady Clanricarde, ihrer Lieblingsenkelin eine kleine Erbschaft
hinterließ (vielleicht schon mit diesem Hintergedanken), konnte
man erneut an Lord Harewood herantreten. Dieses Mal ging eine
Depesche von Lady Harewood an die Adresse von Hams Kanz-
lei im *Temple* [9]. In verblichener Tinte liegt sie vor mir: «Henry
sagt ja.» Ein paar Wochen danach, im Juli 1876, wurden die beiden in *St. Margaret's Westminster* [10] getraut und bezogen ein winziges Haus am Pelham Crescent, das ihren bescheidenen Verhältnissen angemessen war.

Als Kind versuchte ich mir immer auszumalen, wie ihr Leben
in den ersten Jahren ihrer Ehe wohl ausgesehen haben mag, die ja
für mich damals bereits einer längst vergangenen Welt angehörten und nahezu ebenso weit zurücklagen wie unsere ersten Ehe-
jahre für unsere eigenen Kinder heute. Das Haus war wie gesagt
sehr klein, die Aussteuer meiner Großmutter hingegen wollte
nicht recht dazupassen. Von allem besaß sie ein Dutzend, ob nun
Leibchen, Nachthemden, Strümpfe, Flanellunterröcke. Und alles
war aus so gutem Stoff, daß sie es vierzig Jahre später, in meiner
Kinderzeit, noch immer trug. Außerdem brachte sie in einer mit
Schildpatt und Gold verzierten Schatulle ihren Erbteil an Familienschmuck mit, Stücke, die man wirklich nur anlegen konnte,
wenn man ein großes Haus führte. Silbernes Geschirr und Be-
steck war in solcher Fülle vorhanden, daß ihrer Großtante, der
Herzogin von Buccleuch, nichts Klügeres dazu einfiel, als ihr zu
raten, das ganze Zeug vergolden zu lassen, um sich das Silberputzen zu ersparen, «denn mir ist zu Ohren gekommen, meine Liebe,
daß es Euch finanziell nie sehr gut gehen wird» [11]. All diese Pracht-
stücke wanderten natürlich auf dem schnellsten Weg zur Bank.
Doch das Brautkleid aus schwerem weißen Satin wurde umgear-
beitet und gefärbt, erst blaßrosa, erzählte sie uns, dann rot, später
schließlich violett, und sie trug es viele Jahre lang als ihr bestes
Abendkleid, fast so lange wie die Unterkleider darunter.

So lange sie verheiratet waren, spielte bei ihnen Geld nur eine
untergeordnete Rolle, aber auf gewisse Privilegien, die ihnen zu-

standen, legten sie selbstverständlich Wert. Es kam ihnen gar
nicht in den Sinn, solchen Luxus, wie er in Westbrook herrschte,
zu treiben, noch stand ihr Verlangen nach dem Besitz so kostbarer Stilmöbel, mit denen die 72nd Street eingerichtet war. Doch
ungeachtet all ihrer persönlichen Anspruchslosigkeit und ihres
zurückhaltenden, bescheidenen Auftretens ließen sie keinen
Zweifel aufkommen, daß ihnen bestimmte *égards* (Sonderrechte)
zustanden. Auch wenn der Gesellschaftsanzug meines Großvaters
vielleicht ein wenig abgetragen, *Grans* Abendrobe eingefärbt
war, erwarteten sie ohne Frage, daß ihnen bei einer Einladung in
den Buckingham Palast die *entrée* zugebilligt wurde, d. h. die Erlaubnis, ein Seitentor zu benutzen, um nicht in der langen
Schlange von Kaleschen vor dem Hauptportal warten zu müssen;
daß sie bei jeder Einladung auf Devonshire House[12] auf der
Gästeliste standen, aber auch, daß der Oberkellner ihnen automatisch den besten Tisch zuweisen würde in der bescheidenen
Pension, in der sie entweder in der Schweiz oder an den oberitalienischen Seen ihre Sommerfrische zubrachten. «Guter Freund
von mir, dieser Mario», sagte mein Großvater dann stets wohlwollend, «sorgt immer dafür, daß es mir an nichts fehlt.»

Große Einladungen und Ferienreisen gab es allerdings nur selten in den ersten Jahren ihrer Ehe. Lange Zeit mußten sie sich in
allem einschränken und viel arbeiten. Großvater gab seine viel-
versprechende Karriere als Advokat auf, als Disraeli ihm 1878 den
Posten des stellvertretenden *Solicitor to the Treasury*[13] anbot, der
ihm ein festes Einkommen sicherte. Das bedeutete, daß seine
Frau und seine zwei kleinen Töchter finanziell abgesichert waren, meine Tante Joan, die spätere Lady Joan Verney, und meine
Mutter Sybil. Endlich konnte die ganze Familie in ein hohes,
schmales Haus in Rutland Gardens, einer kleinen Seitenstraße
von Knightsbridge ziehen, das der ständige Wohnsitz meiner
Großeltern in London wurde. Es war so eng und klein wie ein
Schilderhäuschen. Die Küche lag im Souterrain, jedes Stockwerk
hatte zwei Zimmer, verbunden mit einer steilen engen Treppe,
auf der die Mädchen nicht nur jeden Bissen Essen, sondern auch
die schweren, viktorianischen Teetabletts und das ganze Geschirr
und all die Mahlzeiten treppauf treppab balancierten, auch die
mit heißem Wasser gefüllten riesigen Kannen schleppten, damit
die Kinder oben baden konnten. In der Tat befand sich neben

dem Schlafzimmer meiner Großmutter ein richtiges Badezimmer
mit einer Wanne, die in dunkles Mahagoniholz eingelassen war,
so daß das ganze einem Sarg nicht unähnlich war. Die Kinder
aber benützten ebenso wie die Gäste Sitzbadewannen aus Zink.
Das Bad sahen die Menschen im viktorianischen Zeitalter als etwas höchst Intimes an, fast so wie ihre Kleidungsstücke. Einer
meiner Großonkel weigerte sich zum Beispiel sein Leben lang,
im Hotel das Badezimmer zu benützen und behauptete, es sei
eine eklige, widerliche, schmutzige Gewohnheit, sich in einer
«öffentlichen» Wanne zu waschen.

Daß sein Haus häßlich war, störte meinen Großvater nicht im
mindesten. «Ich schaue ja hinaus und brauche es nicht anzusehen», pflegte er zu sagen. Der Blick aus den Fenstern war auch
wirklich recht hübsch, denn dort wuchs eine große Platane, und
die abgelegene Straße hatte keinen Durchgangsverkehr, so daß
dort ländliche Stille herrschte, in die nur ab und zu das Rattern
einer Droschke drang, eine Leierkastenmelodie oder der Ruf einer Straßenverkäuferin: *«Lavender, sweet lavender!»* Gran richtete
den Salon mit feinstem, knistrigem Chintz in den heitersten Farben ein und hängte Aquarelle von Desart Court und Familienbildnisse an die Wände. Ihr Mann dagegen hatte im Lauf von
fünfzig Jahren keinen einzigen persönlichen Gegenstand in seinem Arbeitszimmer stehen außer den gesammelten Bänden der
Navy Record Society und einem spuckhäßlichen Pfeifenständer.

In Wahrheit betrachtete er abgesehen von Desart jedes Haus,
in dem er wohnte, nur als Gehäuse, in dem er mit Frau und Kindern zusammensein und seine Arbeit erledigen konnte. Bei jedem Wetter begleitete *Gran* ihren Mann bis hinüber zu Hyde
Park Corner, so wie ich es vierzig Jahre später auch noch miterlebte, als ich als Kind bei ihnen wohnte und sie mit mir auf dem
Rückweg als besondere Attraktion bei Harrods hereinschaute.
Jeden Abend um sechs drehte sich sein Schlüssel im Schloß der
Haustür, und er verbrachte eine Stunde im Salon, die er seiner
Frau und seinen Kindern widmete, später auch seinen Enkelkin-
dern. Dies war die glücklichste Zeit des Tages für ihn. Seine Fa-
milie bedeutete ihm alles.

Nach dem Tod seines älteren Bruders 1898 wurde er in den
Stand eines Peers erhoben, und 1912 legte er sein Amt im Finanzministerium nieder. Im *House of Lords* arbeitete er jedoch

ebenso unermüdlich wie zuvor im Ministerium. An jeder Debatte über das Irland-Problem nahm er teil, und er gehörte zahlreichen Parlamentsausschüssen an.

Er wurde in den *Privy Council*[14], den «Geheimen Rat» berufen, war am Internationalen Gerichtshof in Den Haag tätig, wurde *Irish Magistrate,* irischer Friedensrichter, und *Lord Lieutenant* seiner Grafschaft[15] und wurde zum Schatzmeister des *Inner Temple* bestellt[16]. Schließlich spielte er 1918 mit siebzig Jahren bei den Konferenzen von Dublin und Belfast eine entscheidende Rolle in der kleinen Gruppe der irischen Loyalisten und unternahm einen letzten verzweifelten Versuch, die Irische Frage[17] doch noch zu einer befriedigenden Lösung zu führen. Im hohen Alter schrieb er mir noch: «Ich habe mein ganzes Leben im Beruf der Krone gewidmet, nämlich über fünfzig Jahre.»

Bernard Berenson zeigte ihm einmal seine berühmte Sammlung italienischer Gemälde und entlockte ihm nicht mehr als verständiges Interesse. Zu meiner Mutter sagte er daraufhin: «Ihr verehrter Herr Vater erinnert mich immer an den römischen Präfekten aus einer der Geschichten von Anatole France ... Wissen Sie, was ich meine? Als der Präfekt hörte, daß der Säulenheilige Simeon ein ganzes Jahr lang reglos auf einer Säule gestanden hatte, erschrak er bei dem Gedanken, wie wenig er in dieser ganzen Zeit für den Staat getan hatte!»[18]

Es ist richtig schwierig für mich, die Persönlichkeit meines Großvaters wahrhaftig zu zeichnen, obwohl ich sehr viel Material habe, auf das ich mich dabei stützen kann. Zum einen existieren seine Memoiren und das Buch mit den Ergänzungen meiner Mutter[5], zum anderen ganze Bündel von Briefen. Vor allem hatten wir von meinem dritten Lebensjahr an ein sehr enges Verhältnis zueinander, das von Liebe und gegenseitigem Verständnis geprägt war. So wie die chinesischen Maler ihre Weisen, so sollte man auch ihn mit zartem Pinselstrich und aus einer gewissen Distanz heraus porträtieren. Er hätte von seiner Wesensart und seiner Einstellung zum Leben her auch gut in das Reich der Mitte gepaßt.

Obwohl er ein Mann von strengen moralischen Prinzipien war, verschloß er sich doch nie den Ansichten der *other fellows,* der anderen Zeitgenossen, wie er sich ausdrückte. Ich kann mich noch gut besinnen, wie meine Mutter mir eine für ihn typische Geschichte erzählte. Als die Nachricht vom *Jameson Raid* [19] eben nach England gedrungen war und all ihre jungen Freunde begeistert Partei ergriffen für die *gallant raiders*, die tapferen Angreifer, schrieb sie ihrem Vater, der sich zu jener Zeit gerade im Ausland aufhielt, einen Brief, in dem sie in jugendlichem Überschwang diese Begeisterung teilte. Per Telegraph kam seine frostige Antwort: «Fakten nicht erwiesen: Meinung vorbehalten.»

Diese natürliche Zurückhaltung verstärkte sich meiner Meinung nach noch durch seine aristokratische Überzeugung, daß zu große Leidenschaft oder zu einseitige Meinungsäußerungen auch ein wenig von mangelnder Erziehung zeugten. Ich weiß noch gut, daß ich als Kind einmal laut zum besten gab: «Ich *hasse* soundso; er sagt, Irland solle sich sofort von England lösen!» in der sicheren Erwartung, damit den Beifall der Erwachsenen zu ernten. Und wie ich dann zum Schweigen gebracht wurde, als er mich über den Brillenrand ansah und ruhig sagte: «Aber mein Kleines, man *haßt* doch niemanden wegen seiner politischen Ansichten!» Seit damals habe ich zwei Generationen von Nazis, Faschisten, Kommunisten und ihre Abkömmlinge aus der Nähe kennengelernt, wenn auch unter ganz anderen Umständen, und weiß nun, daß eine solche Äußerung nur aus einer Generation stammen konnte, die über größere Beständigkeit und Zuversicht verfügte, dazu über ein größeres Selbstvertrauen. Für einen Mann wie ihn war dies die einzig mögliche Haltung. Selbst als sein eigenes Schloß in Irland nur wenige Jahre später während der *Troubles* in Schutt und Asche gelegt wurde, ließ er sich darin nicht erschüttern.

Auch sein Geschmack zeugte von einer ähnlichen Mäßigung, und er weigerte sich schlicht und beharrlich, sich durch die Schwärmereien anderer Menschen oder durch Dinge, die in seinen Augen nur dem äußeren Prestige dienten, ob nun auf gesellschaftlichem oder künstlerischem Gebiet, zu Höhenflügen hinreißen zu lassen, die ihm fremd waren.

Meine Mutter beschrieb, wie er einmal einen ganzen Vormittag lang in der *Pinacoteca Nazionale*, der Gemäldegalerie von Siena, ein auf Goldgrund gemaltes Bild nach dem anderen mit ihr zusammen betrachtet hatte und schließlich zu verstehen gab, daß es ihm nun reiche.

«Aber du *magst* doch italienische Gemälde», meinte sie. «Als wir Kinder waren, hast du uns immer zu den frühen Italienern in der *National Gallery* geführt.»

«Ja, vielleicht einmal oder zweimal im Jahr», erwiderte er dezidiert. «Ich mag ein bißchen italienische Kunst, aber nicht zu viel auf einmal davon und auch nicht jeden Tag. Und was ich jetzt mögen würde, ist ein langer Spaziergang über Land.»

Erst auf dem Land fühlte er sich richtig zu Hause, nicht nur durch seine Herkunft, sondern auch aus persönlicher Neigung. So hatte er auch zum Schloß seines Vaters in Irland, das ihm in seinen frühen Jahren zur Heimat geworden war, die innigste Beziehung. Allerdings fiel ihm der Besitz zusammen mit der Grafenwürde erst 1898 mit dem Tod seines älteren Bruders zu, als er sich schon in reiferen Jahren befand. Obgleich Desart von da an zum Mittelpunkt seines Lebens wurde, konnte er dort doch nur so viel Zeit im Jahr verbringen, als es ihm seine Arbeit in London erlaubte. Dort durfte er endlich alle Bürden eines überlasteten Staatsbeamten abschütteln und zu dem freien Landedelmann werden wie vor ihm schon sein Vater und Großvater. Als verantwortungsvoller Grundbesitzer sorgte er für die Verbesserung der Viehweiden und pflegte seine Wälder, er hielt das Haus seines Pächters und die Bauernhöfe gut in Schuß und drückte häufig ein Auge zu, wenn viermal im Jahr der Pachtzins fällig war. Auch war er ein guter Gastgeber, und sein Haus stand jedermann offen wie in alten Zeiten, als, wie er selbst schrieb, «niemand darauf achtete, ob man zu einer Gartenparty in einem Eselskarren oder vierspännig vorfuhr, und jeder Offizier, der ein Pferd besaß, in jedem Haus zu einer Jagdgesellschaft freundlich aufgenommen, selbstverständlich am Vorabend zum Essen eingeladen wurde und die Nacht dort verbrachte.»

Alle kamen sie wie in alten Tagen in seinem *Big House* zusammen. *Gran* sparte an allen Ecken und Enden, um trotzdem mit ihrem monatlichen Wirtschaftsgeld zurechtzukommen, und machte sich schließlich den unsterblichen Ausspruch ihres Manns zu eigen, daß es «in Irland ganz gleich ist, was man jemandem zum Essen vorsetzt».

Immer wenn Kutschenräder über die Auffahrt knirschten, spähte ich zusammen mit meiner Kusine und den Vettern aus unserem sicheren Versteck in den dicht belaubten Zweigen einer

Blutbuche auf die ankommenden Gäste hinunter, um zu entscheiden, ob wir uns der Gesellschaft anschließen würden wollen. Mal kam ein junger englischer Offizier, der in Kilkenny
stationiert war, um sich nach den Jagdgesellschaften in der nächsten Saison zu erkundigen, dann wieder erschien der leutselige
Bischof von Ossory zum Mittagessen, der den sinnreichen Namen *Crozier*, Krummstab, trug und einem Roman von Trollope[20] entstiegen hätte sein können. Von Zeit zu Zeit tauchten
der Rechtsanwalt oder der Doktor von Kilkenny mit ihren
Frauen zum Tee auf oder auch Nachbarn mit Kind und Kegel,
die den Garten besichtigen wollten mit den langen Reihen von
hohen, spanischen Wicken und dem Rittersporn, der in dichten
Gruppen prangte. Oder aber junge Leute wollten einfach nur
Tennis oder Krocket spielen oder Kinder wollten mit uns in den
Bäumen schaukeln, im Obstgarten unter die Netze, die über Sta-
chelbeeren und Erdbeeren gespannt waren, kriechen und Beeren
in sich hineinstopfen, bis sie platzten, Sally, der Eselin auf der
Koppel gelbe Rüben und Zuckerstückchen bringen, damit sie
uns auf ihren staubigen, knochigen Rücken aufsitzen ließ. Einmal im Jahr wurde das große Schulfest bei uns abgehalten. Unter
den Bäumen waren lange Feldtische gedeckt, und gut siebzig
Kinder mit zerzausten Haaren strahlten übers ganze Gesicht,
während ihr Schullehrer, Mr Collins, sich in Ehrfurcht erging.
  Da wurden Wettrennen, Wettkämpfe aller Arten veranstaltet,
bei denen es auch kleine Preise zu gewinnen gab, so verlockend,
daß wir insgeheim alle darauf spitzten. Der Mittelpunkt all diesen
Treibens waren meine Großeltern, die bald hier, bald dort auftauchten, *Gran* so fröhlich und so kindlich vergnügt bei all diesen
kleinen Lustbarkeiten, als ob sie selbst noch ein kleines Mädchen
gewesen wäre, und *Gabba* gab sich bei allen Grüppchen gleich
natürlich und locker, was vielleicht eine den Iren eigene Gabe ist.
  Wenn diese glücklichen Tage in der Erinnerung wiedererste-
hen, vermag man sich kaum vorzustellen, daß unter dieser fröhlichen, freundlichen Oberfläche – schien doch jeder Bauer, jede
Bauersfrau dem Herrn völlig ergeben, und alle nannten ihn das
«Ebenbild seines Vaters» – so viel Haß brodelte, Religions-, Klas-
sen- und Rassenhaß, daß die Jahre der *Great Famine*, der großen
Hungersnot[21] noch kein halbes Jahrhundert zurücklagen und die
Troubles unmittelbar bevorstanden. Wie sehr diese Sorgen mei-

nen Großvater in jenen ersten Jahren heimsuchten, weiß ich
nicht zu sagen, sicher jedoch beherrschten sie sein ganzes Denken während der Zeit, in der ich heranwuchs. Immerhin ist es
möglich, daß sie bereits von Anfang an der Grund für seine into-
lerante Ungeduld waren, wie meine Mutter es in *ihrer* Jugend
nannte, gegenüber dem Kult, den man mit irischer Folklore, irischen Märchen, irischen Sagen, irischem Volksglauben und irischer Dichtung trieb, der damals gerade in Mode kam, und für
den meine Mutter schwärmte. Es wollte ihr nicht in den Kopf,
daß ihr Vater das Bild Irlands aus «*An Irish R. M.*»²² dem Irland
von Yeats und Synge oder A. E. und Lady Gregory²³ den Vorzug geben sollte. Mit allen Mitteln versuchte sie ihn zu bekehren.
Doch er lächelte nur dazu. «Ich weiß, du hältst mich für einen
Spießer. Natürlich wohnt all diesen Fantastereien ein Zauber
inne, aber glaube mir, sie führen früher oder später zu Un-
menschlichkeit und politischen Unruhen. Es ist immer gefährlich, die Vernunft einzuschläfern.» Auch das Treiben seines jüngeren Bruders Otway Cuffe, den meine Mutter als ihren «Onkel
Dot» anbetete, belustigte und ärgerte ihn zugleich. Dieser machte
viele große Reisen und war überzeugter Theosoph. In seinen
späteren Jahren wurde er seßhaft und ließ sich an den Ufern des
Suir nieder und dehnte seine Begeisterung für die Weisheit des
Ostens auf irische Überlieferung und die nationale Bewegung des
«Jungen Irland» aus. Otway erklärte meinem Großvater einmal,
Yeats sei der Meinung, «die politische Leidenschaft der irischen
Nation wird erst an Tiefe gewinnen», wenn auch den Gebildeten
einmal die Augen für die irischen Volkssagen aufgingen, und die
Literatur sich mit Musik, Sprache und Volkstanz beschäftigen
würde, und «zwar so, daß alle, Künstler wie Dichter, Handwerker wie Taglöhner in ihrer Arbeit auf ein und dasselbe Ziel hin-
wirken». Darauf erwiderte dieser trocken, daß er eben dieses be-
fürchte. Aber Otway ließ sich nicht beirren. Er trug eine höchst
malerische Tracht, die er als die echte irische Nationaltracht bezeichnete (womit er allerdings ganz allein stand), er richtete
Werkstätten für Holzschnitzer und Buchbinder ein, so wie vor
ihm schon William Morris²⁴, sammelte Volksmärchen von den
Little People, den Heinzelmännchen, den Wechselbälgern und
Feenkindern, und förderte die Wiederbelebung des Erse²⁵. Genau dagegen wandte sich mein Großvater ganz besonders, und

Gartenseite von Desart Court

zwar nicht nur aus praktischen Überlegungen, sondern weil er überzeugt war, daß jedwede Sprachunterschiede dazu angetan sind, Menschen und Völker zu entzweien, und daß Irland nur eines not tat, nämlich Einigkeit.

Meine Großmutter befaßte sich so gut wie gar nicht mit diesen Dingen, sondern machte sich aus dem, was sie persönlich miterlebte, ihren Reim mit ihrem realitätsnahen und liebenswürdigen gesunden Menschenverstand. So erzählt meine Mutter in ihren Erinnerungen, wie sie einmal mit einem englischen Vetter und ihrem Schwager Otway die lange und nur spärlich von Häusern gesäumte Straße eines armseligen Dorfs in der Nachbarschaft hinunterfuhr. «Was denen fehlt, ist Dichtung», sagte Onkel Dot am Ortsausgang, «Dichtung und Musik». «Meinst du?» äußerte *Gran* ihre Zweifel, «Was die meiner Meinung am dringendsten brauchen, sind Knöpfe und Zähne.»

Durch die Erinnerung an Desart ist meine eigene Lebensgeschichte eng mit der meines Großvaters verwoben, denn für mich
war Desart ebenso wie für meine Vettern und meine Kusine Joy
in den Ferien ein richtiges Zuhause – unser Paradies auf Erden.

Kann es denn wahr sein, daß diese Ferienwochen wirklich immer so lang und unbeschwert waren, wie sie in meiner Erinnerung fortleben? War das Haus wirklich so imposant, waren die
Büsche und Hecken so dicht und so dunkel, war der Park so
grün, der Waldboden so tiefblau, wenn die *bluebells* blühten?
Wäre das Haus noch da, ich könnte mich heute noch mit verbundenen Augen dort zurechtfinden.

An das Geviert des Vestibüls, in dem ein Kasten für die Post
stand, zu dem nur mein Großvater den Schlüssel besaß, grenzte
das Speisezimmer. Dort stand die lange ovale Tafel, an der meine
Großeltern mittags meist einer Tischgesellschaft von mindestens
zwanzig Menschen jeden Alters vorsaßen. An einer Seite zerlegte
Großvater den Rinderbraten oder die Lammkeule, an der anderen tranchierte Großmutter das Geflügel. Auf der Anrichte warteten die Schüsseln auf Reste für die Hunde und die Hühner, die
meine Großmutter eigenhändig zusammenmischte, nicht ohne
vorher einen besorgten Blick auf die Teller ihrer Gäste zu wer-
fen, ob sie auch genügend für die Tiere liegenließen. Auf einer
zweiten Anrichte waren die köstlichen Früchte aus dem Ge-
wächshaus aufgebaut, und keines der Kinder durfte sich davon
nehmen, bevor sich nicht alle Gäste bedient hatten. Auf der anderen Seite des Vestibüls schloß sich Großvaters Herrenzimmer
an mit den Ahnenbildern und den üblichen Prachtbänden einer
gentleman's library. Zum Garten zu lag der Salon mit freundlich
gemusterten Vorhängen und Überzügen aus Chintz, dem Ge-
misch aus Düften nach Wicken, nassen Hunden, frisch geschnittenen Rosen und mit dem Pianola, auf dem immer irgend eines
der Kinder klimperte. Zu den Schlafzimmern im ersten Stock
führte eine elegante doppelläufige Treppe.

Die Küche lag im Souterrain, wie auch das Zimmer der
Beschließerin, die Gesindestube, der Anrichteraum und die Vorratskammer, die alle untereinander durch einen breiten und muf-
feligen, mit Steinplatten gefliesten, unterirdischen Gang verbunden waren, der in den gepflasterten Wirtschaftshof mit den
Ställen führte. Hier standen die Boxen für *Gabbas* Jagdpferde, die

Kutschpferde und unsere Ponies, die Remise für das Sattelzeug, in der es so köstlich nach Leder duftete und wo schönes, altes Pferdegeschirr und Sättel ordentlich aufgereiht hingen. Daneben die Milchkammer, wo wir lernten, wie man fette, goldene Butter schlägt. Das alles sieht so aus, als ob es an nichts gefehlt hätte, doch ich weiß, wie häufig sich meine Großeltern so manchen kleinen persönlichen Luxus versagen mußten, nur um das alles aufrecht erhalten zu können. Die Nachbarn fanden, daß es bei ihnen im Vergleich zu ihren Vorgängern recht sparsam zuging, um nicht zu sagen knauserig, denn die Landstreicher, die in den Hof kamen, beklagten sich nun immer: «Als die alte Gräfin noch lebte, lagen auf dem Abfall jeden Tag ganze Hammelkeulen, die wir mitnehmen durften!»

Das ganz Besondere an unserem Leben in Desart war die Freiheit, die unsere Wonne erst vollkommen machte – eine Freiheit, im Rahmen eines nach festen Regeln geordneten Lebens. Pünktlichkeit war in den Augen meines Großvaters nichts Relatives, sondern etwas Absolutes. Wenn man nicht schon *vor* dem letzten Gongschlag im Speisezimmer stand, dann galt das bereits als Zuspätkommen zum Mittagessen. (Dazu muß ich allerdings sagen, daß so wie in Italien in Irland Regeln glücklicherweise nicht gar zu streng eingehalten werden, und daß daher der Butler so lange auf den Gong schlug, bis ein verstohlener Blick über die Schulter ihm bestätigte, daß auch das letzte der Kinder außer Atem eingetroffen war.) Großpapa verlangte gute Manieren nicht, er setzte sie als selbstverständlich voraus. Das höfliche Benehmen all seiner Enkel war das natürliche Echo auf seine eigene höfliche Art. Meine Mutter erzählte immer, daß dies schon in ihrer Kindheit so war. «Wenn wir das Geräusch seines Hausschlüssels hörten», schrieb sie in ihren Erinnerungen, «war das das Signal für alle, Schleifen wieder stramm zu ziehen und sich wieder ordentlich zu benehmen. Es war einfach nicht auszudenken, daß wir uns in seiner Gegenwart laut und ungezogen aufführten.»

Das heißt aber nicht, daß er unnachsichtig mit uns war. Im Gegenteil, ich erinnere mich noch gut, wie er einmal im eiskalten Wind auf seinem Pferd geduldig und belustigt an einem der Gatter zum Park wartete und zusah, wie ich ungeschickt versuchte, es von meinem unruhigen Pony aus aufzukriegen und es mit meiner Reitgerte für die anderen aufzuhalten. Es wäre ihm nicht in den Sinn gekommen, mir diese kleine Geste guter Erziehung zu erlassen. Ebenso wenig, wie er Schüchternheit als Entschuldigung dafür gelten ließ, wenn ich nicht freundlich genug war zu den alten Frauen, die im Bett lagen und jammerten und zu denen er mich mitnahm, wenn er sie in ihren feuchtkalten und modrigen Hütten besuchte.

Meine Vettern, die Kusine und ich, wir kannten genau unsere festen Pflichten, nämlich *Gran* beim Pflücken der Wicken helfen und beim Himbeerzupfen; jeden Tag nach dem Mittagessen beim Zubereiten des Hundefressens und beim Füttern der Hühner Hand anlegen; die Eier unter den Gluckhennen herausbohren (was mir zuwider war, weil sie jedesmal lautstark zeterten und nach mir hackten); Fallobst im Obstgarten aufklauben, wofür uns die Köchin nicht selten mit einem riesigen, saftigen Stück Ingwerkuchen belohnte, wann immer wir ihr einen vollen Korb brachten; und – das Kollektengebet schon vor dem Frühstück des entsprechenden Sonntags auswendig lernen! Waren all diese Pflichten erfüllt, gehörte der Rest der Woche uns.

Für ein Einzelkind wie mich war es allein schon berauschend, daß ich mit all diesen Verney-Vettern und mit meiner Kusine zusammensein durfte, mit dem gut aussehenden Gerald, dem Ältesten, der in allem mein bewundertes Vorbild war und für den ich sogar tote Karnickel an den Ohren heimschleppte, Ulick, der genau so alt war wie ich und mein guter Kamerad, und die zwei jüngeren, Desmond und die Kusine Joy. Meine Mutter beschwerte sich denn auch regelmäßig, daß auf Desart meine guten Manieren ebenso litten wie meine schönen Kleider. Was sie natürlich nicht wissen konnte war, daß ich meine langen, weißen Musselinkleidchen, auf die sie solch großen Wert legte, kaum daß ich ihrem Blick entschwunden war, in meine Unterhosen stopfte und den Schlapphut in einen Busch hängte. Doch was wir am meisten genossen, war, wie gesagt, die Freiheit. Wir durften einfach alles: In dem Gewirr der Stämme und Äste von Goldregen und Lorbeerbüschen herumkriechen, wo wir eine «geheime Hütte» im Gehölz hatten, die mit Zweigen gedeckt und mit Heu ausgelegt war; auf die Apfel- und Birnbäume klettern und ihre leuchtenden Früchte mampfen; oder, als ich schon ein wenig größer war, auch auf der Straße draußen vor dem Pförtnerhaus radeln, wenn ich auch jedesmal zu Tode erschrocken war, wenn

Vettern und Kusine so schnell fuhren, daß ich sie aus den Augen
verlor und ich schreckliche Angst bekam, daß der «Waldschratt»,
ein Landstreicher, vor dem wir alle immer gewarnt wurden, unversehens hinter einer Hecke auftauchen könnte.

«Wartet auf mich! So wartet doch!»

Auch bei meinen ersten größeren Ausritten auf einem Pony
war ich immer ein bißchen ängstlich. Natürlich war es himm-
lisch, im Morgengrauen durch den Park zu reiten. Wenn ich in
den Buchenwald kam, hoffte ich immer, daß ich einmal eine
Füchsin entdecken würde, die sich mit ihren Jungen über den
grünen Reitweg davonmacht. Doch zu einer guten Reiterin
hatte ich einfach nicht das Zeug. Häufig war mein Pony noch
nicht richtig zugeritten, ich selbst war immer zu unruhig. Fast
war ich erleichtert, als ich nach einem bösen Sturz auf einer stei-
nigen Straße ein paar Tage mit einer Gehirnerschütterung das
Bett hüten mußte und mir verkündet wurde, daß ich besser in
diesem Sommer nicht mehr ausreiten solle.

Reines und ungetrübtes Vergnügen war für uns alle der Ausflug auf den waldigen Hügel von Ballykeefe, wo die undurch-
dringlichsten Brombeerbüsche wuchsen und wo wir jedes Jahr
picknickten, um Großvaters und meinen Geburtstag gemeinsam
zu begehen. Damals veranstaltete man ein Picknick nicht so einfach mit Thermosflaschen und hygienischen Plastikboxen. *Gran*
kutschierte den Eselskarren, auf dem das ganze Essen verstaut war
und außerdem ein großer Wasserkessel. Wir dagegen folgten auf
dem Fahrrad oder zu Fuß. Wenn wir genug Brombeeren ge-
pflückt hatten und alle mit rotblauen Händen und Mäulern unsere randvoll gefüllten Eimer zurückbrachten, erwartete sie uns
schon in einer Lichtung mitten im Farndickicht nahe am Gipfel,
von wo aus an klaren Tagen der Blick über mehrere smaragd-
grüne Grafschaften bis hin zu den Tipperary Hills schweifte.
Dann schichteten wir Holz auf und machten ein Feuer, brachten
das Wasser im Kessel zum Sieden und brieten in der heißen
Asche Kartoffeln. Nie mehr im Leben hat etwas so gut ge-
schmeckt wie dort droben.

Nur an einem einzigen Tag der Woche mußten wir eine Re-
gel wirklich einhalten, und das war am Sonntag. Aber sogar das
hatte seinen Reiz. Ich glaube, viele Kinder finden feststehende
Zeremonien interessant und faszinierend, die Einhaltung eines

äußerlichen Zeremoniells an Feiertagen kommt bei ihnen einem echten Bedürfnis entgegen, wenn auch nicht unbedingt einem religiösen. Auch wenn ich die Stärke in meinem weißen Sonntagskleid haßte und wenn meine frisch gewaschenen wollenen Hemdhosen kratzten, so war es doch ein ausgesprochen schöner Augenblick, wenn wir am Morgen im Sonntagsstaat die Treppe hinuntergingen, fertig für den Kirchgang, eine Six-Penny-Münze fest in der kleinen, warmen Kinderfaust, das kurze Gebet für den entsprechenden Sonntag des Kirchenjahrs fest im Kopf und mit dem Gefühl, daß dies ein besonderer Tag war, an dem wir sauber sein mußten und brav.

Alles, was zum Haus gehörte, war in der großen Halle versammelt, die Männer im Stadtanzug, die Damen raschelten mit ihren langen Sommerkleidern, Federboas und blumengarnierten, bändergeschmückten Hüten und hinterließen im Vorbeigehen einen feinen Duft nach Lavendel und Parmaveilchen. In der Auffahrt standen schon die Kutschen bereit: Der große Stellwagen für die Dienerschaft und fürs Gesinde, dazu die *Wagonette* mit dem Zweigespann, die mein Großvater eigenhändig kutschierte, neben dem dann jedesmal ein anderes der Kinder selig auf dem Kutschbock thronte. Für unsere Großmutter und die älteren Damen der solidere Landauer, wenn das Wetter schön war, oder ein altmodischer *Brougham*, wenn es regnete, denn *Gran* sagte, es mache sie nervös, «mit der *Wagonette*[26] durch die Gegend zu flitzen». Heute ist mir klar, daß wir von Desart wohl den größeren Teil der sonntäglichen Gemeinde ausmachten, denn wir waren nur sehr wenige Protestanten inmitten einer durch und durch katholischen Welt. Nur zu gut erinnere ich mich, wie einmal der Sohn des Zimmermanns heulend von der Schule nach Hause kam, denn sie hatten ihm dort ein blaues Auge verpaßt, nur weil er ein «verdammter Protestant» war. Im Gottesdienst las *Gabba* dann den Bibeltext vor, und ich empfand unverhohlenen Stolz darüber, wie schön er ihn vorlas, gleichzeitig aber auch hochfahrende Genugtuung über die Ehrerbietung, die alle Mitglieder der Gemeinde und selbst der Pfarrer ihm entgegenbrachten, wenn wir anschließend im Friedhof vor der Kirche zusammenstanden und unsere Nachbarn begrüßten.

An Sonntagen, an denen das Abendmahl gefeiert wurde, durften wir Kinder schon früher gehen, weil wir noch nicht konfirmiert waren. Dann machten wir uns langsam zu Fuß auf den Heimweg. Ich werde nie vergessen, wie frei ich mich fühlte, wenn ich aus der kleinen, dunklen Kirche auf den sonnenbeschienenen Weg hinaustrat, und ich sehe noch die vielen Brombeeren in den Hecken vor mir, den wilden Fingerhut am Straßenrand, die Stuten und ihre Fohlen auf den Koppeln. Immer glaubte ich, dieser sonnige Morgen könne niemals zu Ende gehen. (Dabei muß es ja auch manchmal geregnet haben; aber das ist nicht in meinem Gedächtnis hängengeblieben.) Nach einer Weile holte uns die *Wagonette* ein, wir kletterten hinauf, und im Trab ging es dann nach Hause, wo uns das traditionelle Sonntagsessen erwartete, Roastbeef und Yorkshire Pudding.[27] Nach dem Tee spielten wir Spiele, die im Damenzimmer schicklich waren, oder jemand las eine erbauliche Geschichte für den Sonntag vor, und dann scharten wir uns um Großmutter am Klavier und sangen ziemlich falsch, aber mit Inbrunst die vertrauten Choräle. Jedes von uns Kindern durfte einen aussuchen: «*Abide with me*», «*Jerusalem the golden*», «*There is a land of pure delight*».[28] Darüber wurden auf dem Rasen die Schatten länger, durch die Fenster strömte der Duft von Tabakblüten und Heliotrop. Ein letztes Mal spielten wir zwischen den Blumenbeeten Fangen. Damit ging der Tag zu Ende, und wir mußten ins Bett.

So verstrich ein Sommer nach dem anderern, stets gleich und heiter und nicht endenwollend. Waren es wirklich so viele Sommer, waren sie wirklich so lang? Ich weiß, daß das nicht stimmen kann, denn ich verbrachte nach 1914 den größten Teil des Ersten Weltkriegs mit meiner Mutter in Italien und kam erst 1918 nach Irland zurück, als die *Troubles* bereits ihre ersten Schatten vorausgeworfen hatten. Aber es ist ja auch nicht so wichtig, wie viele es genau waren. Die grüne, verträumte Parklandschaft, die undurchdringlichen Wälder, die leuchtenden Pfirsiche am Spalier vor einer sonnenglühenden Mauer, Gelächter, Freiheit – das hielt für ein ganzes Leben vor.

Die Geschichte vom Ende von Desart Court ist trauriger als die vom Ende Westbrooks. In seiner Gesinnung war mein Großvater ebenso tief in der irischen wie in der englischen Welt verwurzelt, gleich so vielen anderen Anglo-Iren, deren Familien schon über 300 Jahre lang in Irland beheimatet waren. Die

Tragödie seiner letzten Lebensjahre war es, daß er versuchte, seinen inneren Bindungen an beide Nationen gleichzeitig gerecht zu werden. So leicht es ihm selbst fiel, Kompromisse zu schließen, so schwer fiel es ihm einzusehen, wie jegliche Art von Kompromiß der irischen Wesensart zuwiderlief. Daher setzte er seine ganze Kraft für die Sache der *Southern Loyalists* ein, auf die all seine Hoffnungen gerichtet waren. Doch am Himmel brauten sich die ersten dunklen Wolken zusammen. Als 1909 die *Home Rule Bill* im Oberhaus behandelt wurde, hatte das zur Folge, daß in Ulster der Aufstand vorbereitet wurde und daß die Loyalisten im Süden sich bewaffneten. Das Problem dabei war nur, daß der Norden in Sir Edward Carson[29] über eine starke Führerpersönlichkeit verfügte, während der Landadel im Süden schon über 100 Jahre lang nur geneigt war, «sein Interesse ausschließlich auf das schöne Landleben zu richten und sich im übrigen als eine in Irland stationierte englische Garnison zu betrachten», um mit Lord Midleton zu sprechen, eine isolierte Minorität, die so gut wie keine Verbindung zum politischen Leben Irlands hatte. Die Krise schleppte sich endlos fort. Nachdem der Streit zwischen Ulster und der Asquith-Regierung[30] 1913 seinen Höhepunkt erreicht hatte, erhitzten sich die Gemüter auf beiden Seiten. Auf den Straßen von Dublin flogen einem die Kugeln um die Ohren, auf dem Land gingen ganze Schlösser in Flammen auf, die Loyalisten wurden von der Kanzel herunter verdammt, und wenn ein Katholik dabei beobachtet wurde, daß er sich mit einem Soldaten der verhaßten britischen Miliz, den *Black-and-Tans*[31] unterhielt, setzte er sich dem Risiko aus, exkommuniziert zu werden. Die *Black-and-Tans* waren aber auch ihrerseits für zahlreiche Ausschreitungen verantwortlich.

Mein Großvater war der irrigen Meinung, daß der Kern der irischen Frage weniger die große Sehnsucht nach Unabhängigkeit war, sondern vielmehr das Verlangen nach Grundbesitz. Also verkaufte er nach dem *Land Act* von 1870[32] umgehend alle seine Ländereien und behielt nur den Grund, der zum Schloß selbst gehörte. Bis 1918, als die verfassungsgebende Versammlung in Dublin die Irische Frage lösen sollte, glaubte er immer noch, daß ein Kompromiß gefunden und die Einheit Irlands erhalten werden könne. Lord Midleton, der Führer der *Southern Loyalists*, trat an ihn heran, ob er bereit sei, als einer der sechsundneunzig Abgeordneten an dieser *Convention* teilzunehmen. Mein Großvater nahm an und war sich, wie er mir schrieb, zutiefst bewußt, «wie dünn das Eis ist». In Anerkennung der wichtigen Rolle, die sein Freund und Kollege gespielt hatte, schrieb Lord Midleton: «Das war das bedeutendste Ereignis in seiner ganzen öffentlichen Karriere ... in Irland.» Und weiter: «Es gibt hier so gut wie keine Kompromißbereitschaft, belohnt wird vielmehr destruktive Volksverhetzung, nicht konstruktive Staatskunst. Ulster rühmt sich, das Problem im Alleingang lösen zu können ... Nachdem sich alle bis zum Überdruß in leerer Rhetorik ergangen hatten, ohne daß eine der anderen Parteien ihre Karten aufgedeckt hätte, fühlte Desart sich verpflichtet, daß wir *Southern Loyalists* trotz unserer zahlenmäßigen Unterlegenheit ein konkretes Konzept für eine unabhängige Gesetzgebung und Besteuerung vorlegen sollten.»

Auf dieses Angebot hin erklärte Redmond, er sei bereit, unter Carson in einem *National Ministry* ein Ministeramt zu bekleiden. Doch der vorzeitige Tod von Redmond als dem Führer der Iren und die Tatsache, daß einige seiner Kollegen das Übereinkommen kündigten, bewirkten, daß dieser Vorschlag zu einer Lösung der Irischen Frage scheiterte, obwohl er bereits nahezu einstimmig angenommen war. «Wenn Desarts Mitstreiter noch am Leben wären», äußerte sich Lord Midleton, «würden sie Zeugnis ablegen, daß er frei war von jedem Vorurteil und niemals jemandem etwas nachtrug und in welchem Maß gerade das zum Gelingen dieses letzten Versuchs beigetragen hätte. Die Geschichte nimmt wenig Notiz von fehlgeschlagenen politischen Aktionen und verweigert in allen Lebensbereichen jenen die gebührende Anerkennung, die Schlimmeres verhüteten, indem sie im richtigen Moment Zugeständnisse machten.»

Von diesem Tag an war sich auch mein Großvater darüber im Klaren, daß jegliche Hoffnung auf eine friedliche Aussöhnung zwischen England und Irland verspielt war. «Mir bricht das Herz, wenn ich nur daran denke», schrieb er mir 1921. «Diese absolute Gleichgültigkeit in England macht die Verzweiflung nur noch tiefer. Fußball, Cricket in Australien und lauter solcher Kram genügen der Masse der Zeitungsleser, und Irland und Deutschland sind für sie lediglich Schlagzeilen. Eine halbgebildete Bevölkerung ist im Endeffekt schlimmer als eine ungebildete.»

Doch auch an höherer Stelle traf er auf geringes Verständnis. Einer seiner Neffen, der es von ihm selbst gehört hatte, erzählte mir, daß Großvater nach seiner Rückkehr nach England beim König vorgeladen wurde. Er begab sich also zum Buckingham Palace in dem Glauben, daß er Bericht erstatten solle über die Situation, die in Irland herrschte, als er das Land verließ.

«Ich nehme an, daß du ganz erpicht darauf warst, seiner Majestät alles darüber zu berichten», meinte sein Neffe dazu.

«Er ließ mich gar nicht dazu kommen», antwortete er. «‹Ah, Lord Desart›, hieß er mich willkommen. ‹Ich bin entzückt zu hören, daß Sie genau wie ich noch lange Nachthemden tragen. Ich kann diese albernen, neumodischen Pyjamas nicht ausstehen!›»

Die gesamte Konversation ging über nichts anderes als über Nachthemden, und die Irische Frage wurde darüber völlig außer acht gelassen. Ich glaube, daß das eine sehr englische Geschichte ist.

Desart war nicht der Mensch, der ewig über sein Scheitern sprach, denn er hatte ja alles getan, was in seinen Kräften stand. Erst als im Februar 1922 Freischärler von Tipperary Desart Court überfielen und sein geliebtes Schloß über Nacht niederbrannten, mußte er einsehen, daß seines Bleibens in Irland nicht mehr war. An jenem Tag hielt er sich in London auf und reiste so schnell er konnte nach Desart. Er nahm das Nachtschiff, das uns alle so oft zu unseren Ferien hinübergebracht hatte. Auf dem Rasen vor dem Haus waren ein paar Sachen zu einem kleinen Haufen aufgebaut, die Loma, eine furchtlose und ergebene Dienerin, aus den Flammen gerettet hatte. Der Rest war ein ausgebranntes Gerippe. «Alles, was Wert und Bedeutung hatte», schrieb *Gabba* meiner amerikanischen Großmutter, «die Geschichte unserer Familie, Dokumente, Familienbildnisse, alles war dort und ist untergegangen», – so unwiderruflich zerstört wie seine eigenen Hoffnungen, die er für sein Land hegte. Nie wieder hat er irischen Boden betreten.

«Die Wunde geht tief», schrieb er mir damals, «und sie wird nie mehr heilen. Ich kann nur weitermachen und meine Arbeit tun und mich in einem anderen Wirkungskreis so nützlich machen wie möglich. Aber manchmal glaube ich, ich ertrage es nicht – wie soll man in meinem Alter nochmal ein neues Leben anfangen?» Schließlich zog er mit *Gran* um in ein ziemlich häßliches, schlichtes kleines Landhaus in Hawkhurst Court, Sussex. Von dort konnte er leicht nach London fahren, um seinen Amtspflichten im Parlament nachzugehen, und Großmama hatte einen kleinen Garten, den sie pflegen konnte. Ich kann mich nicht erinnern, daß einer von den beiden in all den Jahren, die sie dort lebten, auch nur angedeutet hätte, daß das neue Haus und das Leben, das sie dort führten, bescheidener war, als sie es von Desart Court gewohnt waren. Nur ein einziges Mal sprach aus einem Brief, den *Gabba* mir schrieb, sein alter Gram. Das war zehn Jahre später, als Großmama gestorben war und er ganz allein lebte. «Ich ertrage es nicht, an Desart zu denken. Das ist die schiere Traurigkeit für mich. Alles dahin, alles zerstoben – und wir waren so glücklich dort.»

Im Jahr nachdem Desart in Flammen aufgegangen war, verlobte ich mich, und mein Interesse konzentrierte sich natürlich ganz auf mein neues Leben in Italien. Doch ich glaube, es war genau zu der Zeit – vielleicht weil ich selbst damals eben erwachsen wurde –, daß mir zum ersten Mal wirklich zum Bewußtsein kam, was für eine wichtige Rolle meine ganze Kindheit und Jugend hindurch meine Liebe zu *Gabba* und die seine zu mir gespielt hatte. Für uns beide war und blieb das eine der beglückendsten Beziehungen in unserem ganzen Leben. Die Bindung zwischen Großeltern und Enkeln kann in vielerlei Hinsicht freier und unbeschwerter sein als die zwischen Eltern und Kindern: weniger Verantwortung, weniger Reibungsmöglichkeit im Alltag und, was am wichtigsten ist, keinerlei emotionale, unterbewußte Spannungen. Beide Seiten dürfen sich unbefangen von ihrer besten Seite zeigen und brauchen sich nicht zu verstellen. Der große Altersunterschied, der in unserem Fall vierundfünfzig Jahre betrug, ist eher eine Bereicherung für beide Seiten denn ein unüberwindliches Hindernis. Natürlich schenkte er mir mehr als ich ihm, aber Großpapa und ich öffneten einander die Augen für eine fremde, wenn auch manchmal verwirrende Welt. Eine nie versiegende, gut getarnte Zärtlichkeit erfüllte unsere Freundschaft mit Herzlichkeit und Wärme vom ersten Besuch in Desart an, als ich drei Jahre alt war und er für mich mein erstes Gedicht schrieb – ein bißchen viktorianisch, sentimental und humorig –

bis zu seinem letzten Besuch bei uns in Italien nach *Grans* Tod. 1908 verbrachten meine Eltern den Winter in Ägypten, und ich durfte als Sechsjährige bei ihm und *Gran* in Rutland Gardens wohnen und den heiteren, geruhsamen Alltag mit ihnen teilen, der sich in den dreißig Jahren ihrer Ehe so wenig geändert hatte. Regelmäßig machten wir kleine Spaziergänge im Hyde Park (und ich beneidete die Kinder, die das Glück hatten, auf dem Pony auf der *Rotten Row* zu reiten), besuchten eine alte Gouvernante meiner Mutter am Trevor Square, ich durfte *Gran* zum Einkaufen bei *Harrods* begleiten, was immer ein Fest für mich war, und am Sonntag wanderten wir manchmal mit *Gabba* zum *Round Pond* in Kensington Gardens. Besonders stolz war ich, als er mich einmal in die Kirche im Temple[33] mitnahm, wo ich auf dem Platz meiner Großmutter sitzen und Weihnachtslieder hören durfte; danach stellte er mich Kollegen als «meine kleine Enkelin» vor. Der Höhepunkt jeden Tages kam, genau wie zu den Zeiten, als seine eigenen Töchter noch bei ihnen lebten, wenn er zur Teestunde nach Hause zurückkehrte. Liebevoll bereitete ich immer den Fidibus für seine Pfeife vor, und er brachte mir Spiele wie *Picquet* oder *Backgammon* bei und las mir vor. Noch heute höre ich ganze Kapitel aus *David Copperfield* und *The Rose and the Ring* und *Ivanhoe*[34] in seiner schönen Stimme.

Von Ende 1914 an bis 1918 schrieb er mir Woche für Woche lange Briefe nach Italien, wo ich mit meiner Mutter lebte. Dadurch versuchte er ganz bewußt zu verhindern, daß ich den Kontakt zur englischen Lebens- und Denkungsart ganz verlöre, und um gleichzeitig unsere Freundschaft aufrecht zu erhalten. Aber er beantwortete auch ausführlich meine kindlichen Ergüsse über meine Pfadfindergruppe, meinen Unterricht und meine Freundinnen.

Als der Krieg sich immer länger hinzog, schrieb er: «Rein persönlich leide ich am meisten unter der Trennung von *Mummy* und von Dir. Sie wird sich wahrscheinlich nicht sehr verändert haben, wenn wir uns wiedersehen, Du aber schon, denn Du bist in einem Alter, in dem jeder Tag, jeder Monat, jedes Jahr Deine Vorstellungen und Wertmaßstäbe verändern ... Du wirst eine ganz andere Iris sein, wenn wir uns wiedersehen, und ich muß Dich erst wieder neu kennenlernen. Vielleicht siehst Du mich dann nicht einmal als älteren, liebenswürdigen Opa, sondern als altmodischen alten Knacker, der keine Ahnung hat von dem, was Dich interessiert und was Dir am Herzen liegt. Aber glaube mir, das werde ich niemals sein.» In einem späteren Brief kam er nochmals auf das Thema zurück, obwohl zu dem Zeitpunkt schon die Sorgen und die Verantwortung für die *Irish Convention*, die verfassungsgebende Versammlung auf ihm lasteten. «Ich werde dann das Kind verloren haben, das ich so sehr geliebt habe, aber vielleicht finde ich dafür eine junge Frau, die ich noch mehr lieben werde. Unsere Ansichten mögen dann verschieden sein, aber Liebe ist das einzige, was im Leben zählt, und es gibt gewisse wesentliche Dinge, die für Alt und Jung gleichermaßen wichtig sind. Du hast zu viel Verständnis für andere, als daß Du Dir gestatten würdest, das, was ältere Menschen denken und tun, gering zu achten, nur weil die Ideale Deiner Generation sich von den ihren unterscheiden. Intoleranz der Jungen und mangelndes Einfühlungsvermögen der Alten sind die Ursache für viel unnötige Traurigkeit in einer Familie, und ich bin fest davon überzeugt, daß wir das verhindern können.»

Natürlich hatte er recht: Unsere Freundschaft hielt. Als ich nach dem Krieg wieder nach Amerika ging, schüttete ich ihm in meinen Briefen das Herz aus, denn ich war verzweifelt, als ich merkte, daß das Verhältnis meiner Mutter zu meiner amerikanischen Großmutter tiefe Risse bekommen hatte, weil meine Mutter fest entschlossen war, mich für die entscheidenden Jahre meiner Erziehung wieder nach Europa mitzunehmen. Ich war innerlich zerrissen, weil ich nicht wußte, wohin ich gehörte.

«Ich weiß kaum, liebes Kind, was ich zu all dem schreiben soll, was Du erzählst», antwortete er. «In Wahrheit kann man die ganze schwierige Lage gar nicht anders bewältigen als Du es tust, und ich kann eigentlich nichts dazu sagen, was Du Dir nicht selbst schon überlegt hast. Ich habe nicht die Absicht, Komplimente zu machen, doch ich glaube, Du hast von irgend jemandem die Gabe geerbt, alles gründlich abzuwägen und Deinem gesunden Menschenverstand zu folgen. Das wird Dir über alle Schwierigkeiten hinweghelfen, ebenso wie Dein Einfühlungsvermögen, mit dem Du Dich in die Ansichten anderer hineinversetzen kannst.» (Wenn daran etwas Wahres war, dann das mit der Gabe, die ich ererbt habe – von wem, brauche ich nicht eigens zu erklären.) «Mrs Cutting tut mir sehr leid, aber Du bist beiden Seiten gleich verpflichtet, und Du mußt zusehen, wie jede Seite zu ihrem Recht kommt.»

Sobald Antonio und ich verlobt waren, ja noch bevor die Verlobung offiziell war, fuhr Antonio nach London und besuchte ihn. Großpapa lud ihn ein, mit ihm im *Traveller's* [35] zu speisen. Sie mochten sich auf Anhieb und entwickelten schnell gegenseitige Zuneigung und Hochachtung voreinander. Bezeichnend war, daß Großvater bei diesem ersten Kennenlernen ein Thema ganz aussparte. Antonio hatte vielleicht nicht ganz zu Unrecht erwartet, daß ihm sein Gastgeber im Verlauf des Abends Fragen über seine Vermögensverhältnisse und seine beruflichen Aussichten stellen oder doch zumindest über unsere Zukunft sprechen würde. Aber der Abend verging mit angenehmem Plaudern über alles Mögliche, wie Politik, Landwirtschaft, den beendeten Krieg – kein Wort fiel über irgend etwas Persönliches. Später schrieb mir *Gabba*, wie sympathisch er Antonio gefunden habe, als sie miteinander ausgingen. Doch er hatte tatsächlich erst an der Tür, als sie sich verabschiedeten, eine Bemerkung über die Person, die der einzige Anlaß für ihr Zusammentreffen war, fallen lassen.

«Sie werden bald merken, daß sie ziemlichen Aufwand treibt mit den Strümpfen, die sie trägt!» sagte er lächelnd. Damit war die Unterhaltung beendet.

Gabba verfolgte jedoch unsere ganze Verlobungszeit durch alle Stadien hindurch mit großem Interesse, besonders natürlich den Erwerb von La Foce, unserem Gut in der Toskana. «Das alles interessiert mich brennend. Ist es ein großes Anwesen? Hat man einen schönen Blick von dort? Was werdet Ihr dort anbauen? Oliven und Wein, wahrscheinlich doch auch Mais, nehme ich an? Kann man dort gut reiten und jagen?» Leider konnte er zu meiner Hochzeit nicht kommen. Ein paar Tage vorher sandte er mir seinen Segen und seine *high hopes*, «alles nur erdenklich Gute». «Für Dich, hoffe ich, ist es nichts als das Glück auf Erden, jetzt und immerdar. Und sicher freut es Dich, wenn ich Dir heute sage, daß Du Deinem Dich liebenden Großvater so lange Du lebst nichts als eitel Glück und Freude bereitet hast.»

Als Antonio und ich zum ersten Mal gemeinsam zu Besuch in England waren, wohnten wir in Rutland Gardens. Heute erst ist mir klar, daß *Gran* rührend bemüht war, mir allen modernen Komfort zu bieten, wie er «auf dem Kontinent» üblich war, und zu diesem Zweck ein Bidet in meinem Schlafzimmer aufgestellt hatte. Aber das erste Frühstück im Schoß der Familie ging schon daneben, weil Antonio eine falsche Bemerkung machte und natürlich nicht wissen konnte, daß *Gabba* am Morgen nicht gerade seine beste Zeit hatte. Ganz nebenbei erwähnte er, ohne sich an jemanden Bestimmten zu wenden, daß die Überfahrt am vorhergehenden Nachmittag sehr ungemütlich war und er hoffe, daß in absehbarer Zeit ein Tunnel gebaut werde, der solche Seereisen erübrigen würde. *Gabba* holte sich gerade Schinken von der Anrichte, drehte sich brüsk um:

«Ich hoffe, daß ich das wenigstens nicht mehr zu erleben brauche!» fauchte er.

Daraufhin eisiges Schweigen. Nervös bot *Gran* Antonio einen *scone* an.

Daß *Gabba* mit zunehmendem Alter schnell einmal unbeherrscht und jähzornig reagierte, berührte uns peinlich; auch wenn ihm dabei nur mal die Nerven durchgingen, es paßte eben so gar nicht zu seinem sonst so gelassenen Wesen. Meiner Meinung nach war der Hauptgrund dafür die ständig an ihm nagende Sorge um seine Frau, die an Gelenkrheumatismus litt und immer häufiger und ohne Vorankündigung Herzanfälle bekam, die zunehmend schwerer wurden. Diese große Sorge äußerte sich dann unglücklicherweise immer darin, daß er sie schalt, sie habe zu viel getan, wonach er dann in tiefe Niedergeschlagenheit verfiel. So wußten wir schon, wenn wir mit Riechsalz und Nitroglycerinkapsel, die den Anfall bremsen sollten, zu ihr rannten, daß sie uns, während sie noch nach Luft rang, einschärfen würde: «Sagt ja eurem Großvater nichts davon!» Ich stand auch vor einem Rätsel, wieso *Gabba*, der doch ein durch und durch gütiger Mensch war und seine Frau innig liebte, ihr, wenn sie noch so aschfahl vor Kälte war und sich ganz fest in ihren Kaschmirschal wickelte, anscheinend das eine Stück Kohle verwehrte, das das Feuer im Kamin noch gebraucht hätte, damit sie die letzte Stunde des Abends noch hätte genießen können. Damals wußte ich noch nicht, auf wie viele verschiedene Arten man etwas von sich wegschieben kann, weil man zu große Angst hat, es sich einzugestehen.

Jedesmal, wenn ich nach unserer Hochzeit zu Besuch in England war, ging ich einmal in der Woche zum Abendessen in das

Haus in Rutland Gardens, und einmal pro Woche speisten *Gabba* und ich zusammen, meist an einem ruhigen Tisch in meinem Hotel, dem *Berkeley*. Ihm zu Gefallen machte ich mich sorgfältig zurecht wie zu einem Diner, trug ein Kleid, das er mochte, und wählte selbst die Speisen und den dazu passenden Wein für ihn aus, denn er war der Meinung, es gehöre unbedingt zur guten Erziehung einer Dame, daß sie etwas vom Wein versteht. Manchmal gingen wir anschließend ins *Old Vic*, um ein Stück von Shakespeare zu sehen, doch meist blieben wir einfach sitzen und plauderten. Wir versuchten dann alle beide über etwas zu sprechen, was den anderen besonders interessierte oder amüsierte. Ob das nicht ein bißchen albern und gezwungen klingt in den Ohren der jüngeren Generation? Ich fürchte schon. Aber ich kann versichern, daß wir diesen Abenden jedesmal voller Vorfreude entgegensahen, und ich glaube sogar, daß unsere Freundschaft im Lauf so vieler Jahre deswegen niemals schal oder langweilig wurde, weil unsere Beziehung zueinander durch eine Spur von Förmlichkeit geprägt war.

Großvater hatte allerdings sehr genaue Vorstellungen davon, welche Themen für meine Ohren, d.h. generell für die einer Dame seines Standes, nicht geeignet waren. Ich war schon eine verheiratete Frau und hatte gerade ein Buch über Oscar Wilde gelesen, da fragte ich ihn, was seine persönliche Meinung über die ganze Affaire[36] sei. Denn er war zur Zeit des Gerichtsverfahrens gegen den Dichter *King's Proctor*[37]. «Er war ein durch und durch verderbter Mensch, mein Liebes», antwortete er nur.

1926, zwei Jahre nach unserer Hochzeit, feierten *Gran* und *Gabba* ihre Goldene Hochzeit. In diesem Sommer konnten sie noch an der großen Einladung auf Bridgewater House teilnehmen, wo vor fünfundfünfzig Jahren der Ball stattgefunden hatte, auf dem sie zum ersten Mal miteinander tanzten. Aber damals war uns schon klar, daß die Gesundheit von *Gran* allmählich nachließ. Gegen Ende des darauffolgenden Jahres konnte selbst *Gabba* seine Angst um sie nicht mehr länger verbergen, auch wenn er immer noch schrieb, daß man die «Herzattacken gut in Schach halten» könne. Doch gab er zu, daß sie früh nicht mehr nach unten kommen könne, um das Frühstück für ihn zuzubereiten (was sie in den ganzen fünfzig Jahren ihres Zusammenlebens nie versäumt

Iris Origo mit Sohn Gianni

hatte), und auch nicht mehr im Garten spazieren gehe «nur noch
dort, wo es ganz eben ist». Dieser Brief alarmierte mich. Ich ka-
belte sofort, ob ich gleich in der folgenden Woche kommen
dürfe. Aber da war es schon zu spät. Niemand von der Familie
war in der Nähe, nur Gerald und seine Frau Joycie, die *Gabba*
beide innig liebte, durchlitten die zwei letzten schrecklichen
Tage gemeinsam mit ihm, in denen sie so gut wie nicht mehr
sprach, weil sie zu schwach war. Einen Teil dieser Zeit verbrachte Großvater damit, mir einen langen sachlichen Bericht zu
schreiben, was von Stunde zu Stunde geschah. Noch immer hatte
er nicht alle Hoffnung aufgegeben, noch immer wahrte er seine
gewohnte Beherrschung – aber in den letzten Stunden gestand
er: «Sie erlauben mir nicht, mit ihr zu sprechen. Doch wenn sie
dahingeht, ohne daß wir noch ein Wort miteinander wechseln
können, oh Gott!»

Als ich zwei Tage danach zu ihm nach Hawkhurst kam, war
er vor Kummer und Schmerz unsäglich erschöpft – ein abgema-
gerter, zerbrechlicher alter Mann. Doch dankte er uns allen in
seiner gewohnt liebenswürdigen, höflichen Art dafür, daß wir
gekommen waren, und strengte sich schon bald danach ungeheuer an, sein normales Leben wieder aufzunehmen, um seiner
Familie nicht zur Last zu fallen. Ein großer Trost war ihm der
treue Beistand seiner Tochter Joan, die immer um ihn war, wie
auch aller seiner Enkel, allen voran sein jüngster Enkelsohn Desmond, der von da an bei ihm in seinem Haus in Rutland Gardens
wohnte.

Wenn er dann später für kurze Zeit auf Besuch nach Italien
kam, fühlte er sich nur in La Foce wirklich wohl. In Florenz
wirkte er häufig einsam und verloren, als ob er sich nicht mehr
zurechtfinden würde unter all diesen «Künstlerfreunden» meiner
Mutter. Er konnte nichts zu dem Geplauder über venezianische
Lackarbeiten und Barock beitragen, sie wiederum waren nicht an
der Reform des Oberhauses interessiert. Wenn er dagegen mit
Antonio über das Gut wanderte und mit ihm über die erfolgreiche Kreuzung unserer großen weißen, aus Yorkshire importier-
ten Schweine mit den mageren, schwarzen toskanischen fach-
simpelte oder über das irische Pachtsystem im Vergleich zum
toskanischen, wenn er sich mit mir unterhielt, während ich im
Garten arbeitete oder Blumen in Vasen arrangierte, oder mit sei-

nem kleinen italienischen Urenkel spielte, dann war er in seinem Element.

Die Briefe, die er mir in jenen Jahren schrieb, sind zu ergreifend und zu intim, als daß ich daraus zitieren möchte. Es war beinahe so, als ob er auf geheimnisvolle Art einen Teil der Liebe, die ihn fünfzig Jahre lang mit *Gran* verbunden hatte, auf mich übertragen hätte, oder war es nicht sogar eine Fortsetzung derselben Liebe? Als 1933 unser einziger Sohn Gianni starb, war es so, als ob er selbst seinen kleinen Sohn verloren hätte, so, als ob er den Schmerz um den Verlust *Grans* noch einmal hätte durchleiden müssen. Trotzdem erwartete er von mir, daß ich ebenso wie er selbst mein normales Leben in La Foce wieder aufnehme. «In meinen Augen war es die einzig richtige Entscheidung», schrieb er, «daß Ihr doch wieder von Florenz weg nach La Foce zurückgekehrt seid. Niemand kann in so einer schweren Zeit wirklich raten, aber ich glaube, Arbeit und Pflichterfüllung wirken fast wie ein Schmerzmittel ... Ihr habt unglaublich viel getan für Eure Leute in La Foce. Allein das schon ist von ungeheurer Bedeutung. Ich bin überzeugt, daß es Euch zum Trost gereichen wird, wenn Ihr Euch weiterhin dieser Aufgabe widmet.»

Als er mich das nächste Mal in Italien besuchte, schenkte er mir das viktorianische Goldmedaillon, auf dem das Wort *mizpah*, «Glück und Segen» eingraviert war, und das er sechzig Jahre zuvor seiner Braut für die lange Zeit der Trennung geschenkt hatte. Dazu schrieb er mir folgende holprige Verse:

> Im hohen Alter neig' ich mich zu Dir,
> Genau wie jung ich neigte mich zu ihr.
> Hier wie im unsichtbaren Reiche dort
> Zwei Lieben eines Herzens dauern fort.[38]

In einem Brief, der ein paar Tage später folgte, erklärte er dazu: «Als Margaret es von mir bekam, war es von Liebe durchtränkt, und es war ihr treuer Begleiter während der langen Jahre der Trennung. Nun, mein Liebes, gebe ich es mit derselben symbolischen Liebe weiter an Dich ... Margaret und Du, Ihr seid die beiden großen Lieben meines Lebens.»

Diese Zeilen schrieb er nur wenige Monate vor seinem Tod im Jahr 1934, sieben Jahre nachdem seine Frau gestorben war. In diesen langen, einsamen Jahren hielt ihn seine angeborene

Zurückhaltung und seine selbst auferlegte Disziplin davon ab, allzu häufig von ihr zu sprechen, denn er wollte die Jungen nicht mit seinem Kummer belasten. Dabei bin ich überzeugt davon, daß kaum ein Augenblick des Tages verging, an dem sie ihm nicht gefehlt hätte. Sogar da verließ ihn niemals sein Gefühl für die Verhältnismäßigkeit der Dinge, sein Realitätssinn. Er erwartete nicht, daß es ihm besser gehen sollte als allen anderen. Selbstmitleid war ihm ganz und gar fremd, und so lebte er in der Erinnerung daran, wie erfüllt das Leben gewesen war, das er gelebt hatte, und dachte nicht ständig daran, wie hinfällig er in seinen letzten Jahren war. Kurz nach dem Tod seiner Frau schrieb er mir: «Ich glaube, es gibt nichts Schöneres im Leben als die Liebe in einer Ehe. Beruflicher Ehrgeiz und Erfolg sind nichts im Vergleich dazu. Wirklich gelebt habe ich eigentlich nur für meine Familie – Weib, Kinder, Enkel, und sie blickte auf die Schar ihrer Urenkel und ihr Herz jubilierte. Was für ein glückliches Leben.»

Ich denke, es ist in seinem Sinn, wenn ich mit diesen seinen Worten schließe.

3.

Mein Vater

Wenn ich an meinen Vater denke, fällt es mir schwer zu unterscheiden, was ich von ihm noch aus eigener Erinnerung weiß und was ich nur über ihn gelesen oder gehört habe; auch meine Erinnerung daran, wie er ausgesehen hat, vermischt sich mit den Bildern, die ich von ihm gesehen habe. Ich bin aber einigermaßen sicher, daß er so ausgesehen hat wie auf dem Schnappschuß, der mich mit etwa drei Jahren zusammen mit ihm in Kalifornien zeigt: Asthenisch, sehr jung, trotz des Van-Dyck-Spitzbarts, den er sich nach einer Verletzung an der Lippe stehen ließ und der ihm ein distinguiertes, aber auch ein merkwürdig romanisches Aussehen verlieh, vielleicht mehr französisch als italienisch. Er blickt zugleich zärtlich und amüsiert auf das mürrisch dreinschauende kleine Mädchen herab, das neben ihm sitzt. Alle, die ihn kannten, erzählen, daß man ihn nicht so leicht vergaß, wenn man ihn einmal kennengelernt hatte. Auch heute noch, ein halbes Jahrhundert später, kann es vorkommen, daß ich einem seiner Freunde begegne, der sagt: «Ich erinnere mich noch genau an den Tag, an dem ich Bayard kennenlernte.» Lediglich meine eigenen Erinnerungen an ihn sind lückenhaft, denn er starb ja schon, als ich erst acht Jahre alt war. So mußte ich aus Briefen und Fotografien, aus Schul- und Collegezeugnissen, aus Familiengeschichten ein Bild von ihm zusammensetzen, beinahe so, als ob ich über einen Fremden schreiben würde, und alles mit den flüchtigen Eindrücken in Einklang bringen, die mir selbst noch im Gedächtnis haften.

Zuerst kamen die unbeschwerten Jahre voller Erfolg. Nach allem, was ich hörte, war er als Kind besonders reizend, bescheiden, zärtlich, fröhlich und intelligent, in der Schule dann für Sport ebenso begabt wie fürs Lernen, bei seinen Mitschülern ebenso beliebt wie bei seinen Lehrern. Obwohl er später immer ungeduldig reagierte, wenn er zu Hause zu sehr verwöhnt und bemuttert wurde, hatte er eine durchaus liebevolle Beziehung zu

Iris Origo mit ihrem Vater

seinem Vater und eine sehr enge Verbindung zu seiner Schwester Justine, die ihn oftmals zu Aufbegehren und allerhand Streichen anstiftete. Seine Zeugnisse waren in Groton[1] wie in Harvard stets die besten. In Groton, wo zu seiner Zeit der berühmte Dr. Peabody Direktor war, stand in der Schulzeitung, er sei «bei weitem der beste Schüler, den wir je hatten». Auch war er der Redakteur der Schülerzeitung, der Vizepräsident des Debattierclubs, Mitglied der *Baseball Nine* und spielte im Schulorchester den Kontrabaß. In Harvard waren Geschichte, Wirtschaftswissenschaften und Philosophie seine Hauptfächer, in denen er nach drei Jahren seine Prüfung *summa cum laude* ablegte. Aber auch die gesellschaftliche Seite des Lebens im College genoß er in vollen Zügen. Er wurde in die *Phi Beta Kappa*-Verbindung, den *Delphic Club*, den *Hasty Pudding Club* und den *Porcellian*[2] aufgenommen. Er spielte Golf und Fußball, war ein guter Reiter und ein guter Schütze und musizierte gern.

Mag sein, daß diese unermüdliche Energie, dieser innere Zwang, auf *jedem* Gebiet gut zu sein, bereits ein Anzeichen war für das rastlose Streben nach Vollkommenheit, den Trieb, jeden Kelch bis zur Neige leeren zu wollen, oft charakteristisch für Menschen, in denen die ersten Keime der Tuberkulose schlummern. Damals gab es allerdings noch keinerlei Hinweis darauf. Der Philosoph George Santayana, der in Harvard sein Lehrer war, schrieb nach seinem Tod folgendes an seinen Vater:

«Ohne Frage war sein Geist so vielseitig und vernunftbestimmt, dabei so leidenschaftlich, wie ich es nur selten bei einem jungen Menschen erlebt habe. Wenn er im College diskutierte, stimulierte er damit mein eigenes Temperament, über das ich damals noch verfügte, bevor mich der Lehrbetrieb mit der Zeit abstumpfen ließ. Ich hatte immer das Gefühl, daß er mir mehr gab, als ich ihm zu geben hatte, selbstverständlich seinen Enthusiasmus, aber auch die Vielfältigkeit seiner unkonventionellen Ideen.»[3]

Im Sommer seines *junior year*[4] erhielt Bayard das Angebot, Privatsekretär des *Honorable* Joseph Choate, des amerikanischen Botschafters in London zu werden; er beschloß anzunehmen und dafür das letzte Jahr in Harvard sausen zu lassen und nahm das Schiff nach England. Aus seinen Briefen an Freunde und Familie geht jedoch hervor, daß er nicht wirklich geeignet war für ein

Diplomatenleben. An Ben Diblee, einen seiner ältesten Freunde
in Harvard, schrieb er: «Was mir auf die Nerven geht, ist die
Eintönigkeit und die absolute Sinnlosigkeit dieser Arbeit, nicht
die Arbeit als solche. Du kannst Dir sowieso nicht vorstellen, wie
mir zumute ist, wenn ich ungezählte Stunden verplempere, um
mir Anzüge zu kaufen, um Einladungen zum Tee nachzukom-
men oder Visitenkarten abzugeben ... was für eine gräßliche gesellschaftliche Mühle!»

Die Eröffnung des Parlaments im Jahr 1901[5] bereitete ihm hingegen diebisches Vergnügen, weil das für ihn eine Schau war,
«die prächtigste und eindrucksvollste Zeremonie und gleichzeitig
die bizarrste und lächerlichste, die ich je erlebt habe». Ich kann
der Versuchung nicht widerstehen, aus einem langen Brief an
seine Mutter ein Stück seines Berichts darüber zu zitieren, weil
sich darin gleichzeitig Spannung und Neugier wie auch die amüsierte und kritische Distanziertheit eines Zuschauers äußert, der
selbst nicht Engländer ist.

«Als wir eingetreten waren, begannen die Peers mit ihren Gemahlinnen hereinzuströmen, die Damen alle in Schwarz und in
weißen Hermelincapes (Trauer für Queen Victoria) und die Herren in vollem Ornat ... Ich war erstaunt, wie billig und nahezu
geschmacklos die Roben aussahen. Es war wie der Aufzug eines
Opernchors in Talmikostümen. Nachdem sie alle hereindefiliert
waren und ihre Plätze eingenommen hatten, sah es so aus, als ob
sie gleich anheben wollten zu singen ... (Die Herzöge) waren alles andere als gutaussehende Typen. Der Duke of Northumber-
land ist die Karikatur eines Engländers, direkt einer französischen
Farce entstiegen, mit rotem Backenbart und allem, was dazu-
gehört; der Duke of Marlborough sieht aus wie das schäbigste
Kerlchen der Welt; die anderen Alten mit ihren roten Gesichtern
hatten so dicke Pausbacken, daß man hätte meinen können, sie
müßten im nächsten Augenblick mit einem lauten Knall zerplat-
zen; ... Lord Rosebery sah alt und fett aus und schaute noch immer wie ein Lausbub drein ... Auf der vordersten Bank zur
Rechten saßen die Bischöfe, die als geistliche Barone aufgetan
waren, mit großem Hermelinumhang – recht prächtig. ‹Eures-
gleichen hat sich vor 500 Jahren noch mitten ins Schlachtgetüm-
mel geworfen›, sagte Mr Choate zum Erzbischof. ... Die Damen
des Hochadels, alle in tiefschwarzen Roben, aber tief ausge-

schnitten, durften Diamanten und Perlen anlegen. So machte es enormen Effekt, als sie in dem Moment, als der König eintraf, alle gleichzeitig ihre Capes und Pelze zurückschlugen ... Ich würde sagen, daß die Tiara der Duchess von Devonshire, wie es ihrem Rang zustand, die wuchtigste und scheußlichste war. Im ganzen war der Eindruck umwerfend.»

Folgt die Beschreibung der königlichen Prozession:

«Der Duke of Devonshire trug die Krone auf einem Samtkissen und sah so aus, als wolle er sie jeden Augenblick fallen lassen; Lord Salisbury als alter Weihnachtsmann ... goldene Stöcke und silberne Stöcke und andere Fantasiestücke – *goldsticks and silversticks and other fantastics* – ... und zu guter Letzt der König und die Königin, die beide prachtvoll aufgeputzt waren.»

Dann kamen nach dem dreimaligen Klopfen des *Black Rod*[6] mit seinem Amtsstab die Mitglieder des Unterhauses an.

«Wir konnten den *Speaker*[7] in Perücke und Amtsrobe sehen, wie er auf uns zuschritt, gefolgt von einer lärmenden Herde von rennenden, schreienden, drängenden, boxenden Abgeordneten. Es war die komischste Szene, die Du Dir vorstellen kannst. Der *Speaker* verbeugte sich dreimal würdig und gesetzt vor dem Oberhaus, während die Abgeordneten hinter ihm einen Höllenlärm veranstalteten. Polizisten, die immer wieder «Ruhe!» brüllten, versuchten, die Türen zuzukriegen. Die *Commons*[8] wurden ihrem Ruf nur zu gerecht: Sie sorgten für Unruhe und respektierten die Autorität des Königs in keiner Weise ... Nachdem der König schließlich seinen Eid gegen die Transsubstantiation[9] abgelegt hatte, erhob er sich und setzte seinen Hut[10] auf. Er sprach laut und deutlich und mit großer Würde, aber mit einem ziemlich starken deutschen Akzent ... Alles war perfektes Mittelalter: Kühne Adelige und hochfahrende Prälaten, schöne Damen und geschmeidige Höflinge, nicht die Männer und Frauen, die man im Alltag sieht. Das Detail war alles. Die Vollkommenheit in jedem Detail war es, die das ganze so superb machte. Es gab niemanden, der nicht durch Kleidung und Plazierung deutlich sein Etikett getragen hätte.»

Allmählich dehnte sich Bayards Bekanntenkreis aus, und seine Aktivitäten in London wurden immer vielfältiger. Häufig wohnte er Sitzungen im Unterhaus bei, er verbrachte vierundzwanzig Stunden mit George Santayana in Oxford («Ich habe

noch nie einen Ort gesehen, der diesem im entferntesten gleichkommt.»), er trat in einen Golfclub ein, lernte Sidney Colvin und
Mark Twain kennen. («Jedes Wort, das er in seinem schleppen-
den, nasalen Tonfall sprach, packte einen zunehmend, als ob ein
großer Schauspieler in einem guten Stück spräche.») Mit der Zeit
kam er immer seltener mit seinen Amtskollegen zusammen, dafür
um so häufiger mit seinen neuen englischen Freunden. Der
Frühling 1900 brachte neues Leben in seine täglichen Ausritte im
Hyde Park, auf denen er seinen Botschafter begleiten mußte,
denn oft gesellte sich ein irischer Peer, Lord Desart, mit seiner
hübschen Tochter Sybil zu ihnen. Da ergab es sich wie von selbst,
daß die jungen Leute, während Mr Choate und mein Großvater
Geschichten über juristische und politische Themen austausch-
ten, in nicht weniger lebhafte, aber weit theoretischere Gespräche vertieft, vorneweg ritten.

Vor mir habe ich eine Fotografie meiner Mutter aus dieser
Zeit. Sie war ziemlich mollig, hellblond, mit weichen, noch unausgesprochenen Zügen, die nichts von ihrer Willensstärke und
ihrer Aufgewecktheit verrieten. In ihr lernte mein Vater zum ersten Mal ein Mädchen kennen, mit dem er so freimütig sprechen
und debattieren konnte wie mit einem Mann, und das geistig so
rege war, daß es ihn unaufhörlich stimulierte und zugleich ent-
zückte. Debatten über den Burenkrieg, die irische Frage, die indische Frage wechselten sich ab mit Diskussionen über Philoso-
phen und Dichter. Er lieh ihr Santayana, William James und
Josiah Royce; sie brachte ihm Ruskins *The Stones of Venice* und
Shelley mit. Und war platonische Liebe überhaupt möglich? Und
was sollte ein junger Mann aus seinem Leben machen? So redeten und redeten sie, während sie gemächlich auf der Rotten
Row[11] dahinritten – atemlos, eifrig und sehr jung. In diesem Stadium ihrer Bekanntschaft war alles nur eine Seelengemeinschaft,
so unsexuell und doch heftig, wie eben nur die Leidenschaft sehr
junger und sehr intelligenter Menschen sein kann.

In diesem Sommer gehörte der junge Mr Cutting zu den Gästen auf Schloß Desart und schrieb an Ben Diblee, daß seine Gastgeber «zu den reizendsten Menschen gehören, denen ich in England begegnet bin». Dort konnten sie zusammen stundenlang auf
den breiten Wegen durch die sommerlichen Wälder reiten, hinter den hohen Hecken des Obstgartens lange Gespräche führen

und einen ganzen Tag lang durch die sonnendurchflutete Heide den Berg Slievenaman ersteigen.

Es würde mich interessieren, ob Bayard wirklich die Absicht hatte, schon so jung zu heiraten, oder ob einer von den beiden überhaupt wußte, was er eigentlich wollte. Ein Brief an meine Mutter bestätigt meinen Eindruck. «Seit Slievenaman war mir klar, daß wir einander sehr nahe gekommen waren. Ich hätte abreisen sollen, zumindest aber auf der Hut sein und fest bleiben. Ich konnte nicht widerstehen.» «Gott sei Dank nicht!» fügte er aber hinzu.

Während dieser ganzen Zeit redete er sie mit ‹Lady Sybil› an, wie man an den Briefen sieht. In der Öffentlichkeit gaben sie sich im Umgang miteinander so korrekt, daß sie überzeugt waren, niemand würde ihr Geheimnis ahnen, wenn auch ihre Eltern wohl nicht ganz so blind waren, wie Sybil gern geglaubt hätte. Denn eines Tages hob ihr Vater ein Buch vom Boden auf, das ihr heruntergefallen war, nämlich den *Essay on the Human Understanding* von Locke. Auf dem Deckblatt standen die Initialen ‹W.B.C.Jr.›. Mit einem Lächeln überreichte er es ihr und murmelte ein lateinisches Zitat.

«Was heißt das?» fragte sie.

«In wie vielen Verkleidungen der Gott ...» sagte ihr Vater, «so ungefähr.»

Gleichviel, wie fast alle Eltern betrachtete er seine Tochter weiter als Kind, und es war wie ein Schlag für ihn ebenso wie für Bayards Eltern, als nur weige Wochen danach der junge Amerikaner ihm einen Brief schrieb, in dem dieser ihn förmlich um die Erlaubnis bat, um die Hand seiner Tochter anhalten zu dürfen. Nur wenig später kehrte Bayard auf Wunsch seiner Eltern nach New York zurück. Auf beiden Seiten des Atlantiks wurden nun Diskussionen geführt, wie das von jeher zu sein pflegte, wenn jedes Elternpaar durchzusetzen versuchte, was ihm für das eigene Kind am besten zu sein schien. Auch wenn die jungen Leute sich jede Einmischung in ihre Angelegenheiten verbaten, wurden sie doch stärker von ihren Eltern beeinflußt, als sie zugeben mochten. Natürlich waren Bayards Eltern, die sich eine charmante amerikanische Schwiegertochter erträumt hatten, der Meinung, daß er noch zu jung sei, um sich zu binden. Vielleicht wäre er jetzt, da er wieder zu Hause war, auch willens gewesen, auf ihren

Vorschlag einzugehen, er solle noch ein Jahr warten, bevor er eine Entscheidung träfe, und die Zeit bis dahin im Westen verbringen. Aber jedes Schiff brachte neue drängende Briefe von Sybil und rührten an seine Ritterlichkeit und an seine zärtlichen Gefühle. Ihre Eltern weigerten sich, ihre Zustimmung zu einer Verlobung zu geben, wenn diese noch weiter aufgeschoben werden müßte, denn sie erinnerten sich nur zu gut daran, wie sehr sie selbst während der langen Zeit des Aufeinanderwartens gelitten hatten. So kehrte Bayard gleich im Frühling nach London zurück. Nach vielerlei Hin und Her über das beiden Familien genehme Datum fand die Trauung am 30. April 1901 in der *All Saints' Church,* Ennismore Garden, statt.

Ein Brief meines Vaters aus dieser Zeit läßt ahnen, wie wenig Freiheit einer Tochter aus gutem Hause sogar noch in den letzten Monaten vor der Hochzeit gewährt wurde, ihren Verlobten zu treffen. «Ihre Eltern erlauben mir nicht, daß ich sie begleite, wenn sie abends ausgeht», schrieb Bayard «oder daß ich mit ihr zu ihren Verwandten aufs Land fahre, ja nicht einmal besuchen darf ich sie, wenn nicht sie selbst zu Hause sind. Meist bin ich dreimal in der Woche zum Abendessen in Rutland Gardens, aber an den übrigen Tagen lassen sie sie nicht gern ausgehen. Also sehen wir uns zum Tee und alle paar Tage beim Abendessen, und immer nur kurz.»

Meine Mutter beschrieb den Tag, an dem sie nach ihrer Hochzeitsreise mit meinem Vater nach Amerika fuhr. Mein Großvater begleitete sie nach Southampton und brachte sie zum Schiff. «Wir zeigten ihm unsere kleine Kabine», schrieb sie, «die tief im Eingeweide des großen Luxusdampfers lag. ‹Sehr hübsch, sehr praktisch›, erklärte mein Vater, ‹aber man kommt sich doch so vor, als ob man im Buckingham Palace in einem Mädchenzimmer von der Größe einer Schuhschachtel schlafen müßte.›» Sie lachte natürlich darüber. Aber nachdem sie wieder auf Deck gegangen waren, weil alle Begleiter von Bord mußten, und als sie dann ihren Vater unten am Quai stehen sah, wie er zu ihr heraufschaute, da wurde ihr plötzlich und eigentlich zum ersten Mal bewußt, daß sie sich auch einschiffte, um ein ganz neues und anders geartetes Leben zu beginnen.

Ein volles Jahr verstrich, bevor das junge Paar wieder nach England zurückkehrte. Aber schon warf die Zukunft ihre ersten

Schatten voraus. Während der Wintermonate in New York hatte
mein Vater sich zu sehr überanstrengt, als er an der *Columbia University* für ein Examen büffelte. Gleich nach der Rückkehr nach
London, drei Monate bevor ich geboren wurde, hatte er seinen
ersten Blutsturz.

«Sie haben mir gesagt, ich hätte eine schwache Stelle auf der
Brust», schrieb er Ben Diblee, «aber sie können die Stelle nicht
finden». Und mit dem Optimismus, der so typisch für diese
Krankheit ist, schrieb er weiter: «Das ist nichts als Konstitutions-
schwäche und keine Krankheit, und die glauben, daß ich in ein,
zwei Monaten wieder ein ganz normales Leben führen kann.»
Dabei hatte er nur noch acht Jahre zu leben.

Inzwischen ging er jedoch zur Rekonvaleszenz in ein Sanatorium in den Cotswolds. Daher kam ich am 15. August 1902 in einem kleinen Haus in dem nahegelegenen Dorf Birdlip auf die
Welt. Getauft wurde ich allerdings erst drei Monate später, und
zwar auf Desart, wenn auch gegen den Willen meines Vaters. Der
hatte damals eine Phase von intoleranten, agnostischen Anwand-
lungen und betrachtete es als «furchtbare Schande», wie er demselben Freund schrieb, «sie schon im Kindesalter durch Gelübde
zu binden. Wäre es ein Junge, hätte ich es glatt nicht zugelassen.»
fügte er hinzu. Und dann mein Name! «Sybil möchte sie auf den
Namen ‹Iris› taufen, und so wird sie es auch durchsetzen, denke
ich.» Aber der Geistliche, der mich taufen sollte, protestierte, daß
dieser Name in keinem christlichen Kalender zu finden sei, so
daß der Name meiner Großmutter Margaret angehängt wurde.
Meine Mutter dachte dabei ausschließlich an die klassische My-
thologie – die Götterbotin und den Regenbogen[12] –, nur rief
mein Name später, da ich fast mein ganzes Leben in Italien verbrachte, leider häufiger die Assoziation zu einer von Mascagnis
unbekannten Opern oder, noch schlimmer, zu einer billigen
Seife aus *orris*-Wurzel[13] wach.

Die acht Jahre, die mein Vater noch zu leben hatte, also auch
die ersten acht Jahre meines Lebens, verbrachten wir meist auf
Reisen von einem Land zum anderen auf der vergeblichen Suche
nach Heilung.

Nach dem ersten unangenehmen Winter, den meine Eltern in
diversen Hotels in Portofino und Sestri Levante verbracht hatten,
lebten sie zwei Jahre lang in Kalifornien. Beide hatten sich sehr

auf diese neue Lebenserfahrung gefreut und sich vielleicht zu viel
davon erwartet, denn sie waren zunächst recht enttäuscht. Nord-
hoff, das Städtchen im Ojai Tal[14] war für sie unattraktiv und zu
abgelegen, ihr kleines Haus war schmutzig, unhygienisch und
miserabel möbliert. Die Abgeschiedenheit bedrückte sie viel stärker als erwartet. Mit der Zeit aber söhnte sie die Schönheit der
Berglandschaft und das wunderbare Klima mit der Lebensart dort
aus. Sie ritten auf märchenhaften Pfaden in die Berge, fanden ein
paar gute Freunde, und mein Vater gab das Lokalblatt, *The Ojai*,
heraus. Nur die ersehnte Heilung von seiner Krankheit fand er
nicht. Dann ging die ewige Suche wieder von vorne an. Als erstes kam ein Sanatorium in den Adirondacks[15], wo er mit einer
ganz neu entwickelten «Tuberkulin»-Therapie behandelt wurde,
die ihm ganz offensichtlich mehr schadete, als daß sie ihm geholfen hätte. Dann zwei Winter in einem Chalet in St. Moritz, Monate in einem Sanatorium in Davos. Frühling und Herbst verbrachten wir an oberitalienischen Seen, zwei Winter in Ägypten.

Wenn ich die Briefe aus jenen Tagen heute wieder lese, so ungeduldig, aufsässig, mutig, sorglos und bitter bis zur Unerträg-
lichkeit, geht mir oft durch den Kopf, daß diese Jahre nicht so zur
Qual geworden wären, wenn ihm eben nicht jedwede Möglichkeit offen gestanden hätte, die mit Geld erkauft werden konnte,
wenn auch Tuberkulose damals noch als eine Krankheit galt, von
der nur Reiche geheilt werden konnten. Kalifornien oder etwa
St. Moritz? Ein Sanatorium in den Adirondacks oder doch lieber
in der Schweiz? Seine zutiefst beunruhigten Eltern befürworte-
ten das eine, seine junge Frau, die die Hoffnung nicht aufgeben
wollte, daß sie doch noch einen Hauch von Abenteuer und
Schönheit in ihr gemeinsames Leben hinüberretten könnte,
drängte auf eine andere Lösung. Seine Eltern spürten sicherlich
manchmal, daß sie gar nicht realisierte, wie krank ihr Mann war,
denn sie sehnte sich einfach nach einem normalen und abwechs-
lungsreichen Leben und beschäftigte sich in erster Linie mit ihrer
eigenen Gesundheit. Freunde und Verwandte hielten mit ihren
Ratschlägen nicht zurück. Ununterbrochen gingen Briefe und
Depeschen über den Atlantik hin und her. Allesamt waren sie
natürlich gut gemeint, aus allen sprach eine tiefsitzende Angst,
aber auch der dringende Wunsch der älteren Generation, die
Kontrolle über den Lauf der Dinge nicht aus der Hand zu geben,

von seiten der jungen Generation dagegen das verzweifelte Streben nach Unabhängigkeit. Kompliziert wurde die Sache noch dadurch, daß mein Vater fest entschlossen war, nur an einen Ort zu gehen, wo er aktiv sein und arbeiten konnte. «Ich weiß nicht, warum ich so darauf aus bin, Arbeit zu haben», schrieb er an Ben Diblee, «aber ich weiß instinktiv, daß ich keine Ruhe habe, wenn ich nicht arbeiten kann.»

Sicher wäre es völlig falsch, dieses Verlangen nach Arbeit, das sein Leben wahrscheinlich doch verkürzt hat, daran zu messen, was er tatsächlich noch vollbracht hat. Niemand sah klarer als er selbst, wie wenig er vorzuweisen hatte. Ebenso sicher bin ich, daß Ehrgeiz nicht das einzige Motiv gewesen sein kann. Vielmehr war wohl ausschlaggebend, daß er sich innerlich verpflichtet fühlte, etwas für Staat und Volk zu tun, und daß er brennend an der Politik der Vereinigten Staaten interessiert war. Trotz Theodore Roosevelts Vorbild galt das damals noch immer als etwas, das eines Gentlemans nicht würdig war. Und dazu ständig das Gefühl, daß «Chronos geflügeltes Gefährt» über ihm schwebte. «Gestern las ich ein Buch», schrieb er seinem Bruder Bronson zu dessen 14. Geburtstag, «das einen Geburtstag für mich zu einer sehr traurigen Zeit macht.» Er selbst war damals zweiundzwanzig. «Das war John Stuart Mills Biographie, der mit dreizehn Jahren nicht nur alle Hauptwerke der griechischen und lateinischen Literatur gelesen, Euklid und die Differentialrechnung studiert hatte, sondern es noch dazu in der Nationalökonomie zu solcher Meisterschaft gebracht hatte, daß sein Vater aus der Zusammenfassung seiner Gespräche mit ihm das epochemachende Werk über dieses Thema zu schreiben vermochte.» Weiter zählte er in seinem Brief auf, was Mill vor seinem 23. Lebensjahr noch alles geleistet hatte: «In meinen Augen stellt er damit Napoleon und alle übrigen jugendlichen Genies weit in den Schatten», bemerkte er dazu, und niedergeschlagen fuhr er fort: «Weißt Du, immer hatte ich gehofft, daß ich es einmal zu etwas bringe. Ich glaube, Deine Aussichten sind doppelt so groß wie meine es je waren ... Natürlich kann es ja auch sein, daß ich wieder gesund werde und wieder zu etwas tauge, aber wie viel Zeit ist dann sinnlos vergeudet!»

Sechs Jahre später schon hatte Bronson den ersten Blutsturz, und mein Vater schrieb ihm, wie traurig er für ihn sei und wie

leid es ihm tue, daß er seine Arbeit nun gezwungenermaßen unterbrechen müsse. «Das alles läßt sich nur verdammt schwer ertragen. Jahrelang bist Du aus dem Rennen und mußt tatenlos zuschauen, wie andere an Dir vorbeiziehen, und mußt noch dazu
lernen, es klaglos hinzunehmen. Du mußt Dich mit gesundheitlichen Problemen herumschlagen, die Dir zunächst vorkommen,
als würden sie Deine Männlichkeit zerstören.» Doch gleichzeitig
war er überzeugt, daß sein Bruder wieder gesund werden würde
(womit er recht behalten sollte) und imstande sein werde, seine
Aufgaben im öffentlichen Leben wieder aufzunehmen. Denn er
wußte bereits, daß ihm selbst der Zugang zu all dem zumindest
partiell verschlossen war.

«Wenn ich noch einmal so jung wäre wie Du», schrieb er
Bronson, «dann gäbe es für mich heute nur eines, nämlich in die
Politik zu gehen … Ich schäme mich einfach dafür, wie schlecht
wir als Nation dastehen. Dabei haben wir meiner Ansicht nach
doch die denkbar besten Persönlichkeiten, das denkbar beste
Rohmaterial, wenn man sich auf anderen Gebieten des ameri-
nischen Lebens umsieht, nur nicht in der Politik.»

Unterdessen stürzte er sich, wo immer er sich aufhielt, mit
Feuereifer auf alles, was ihn gerade reizte: Er lernte Italienisch
und schloß Freundschaft mit Italienern, ganz besonders mit
Guido Cagnola. Er wurde ein Fan der Mailänder *Scala*, er stu-
dierte die Architektur und die Malerei der Toskana. Als er in der
Schweiz im Sanatorium lag, sammelte er mit leidenschaftlichem
Engagement jedes noch so winzige Beweisstück, das mit der
Dreyfus Affaire zu tun hatte. (Alle seine Bücher, Schriften und
Dokumente über den Fall vermachte er der Harvard Universität,
an der sein Vater auch ein Stipendium für Studenten der Geschichte zu seinem Gedenken stiftete.) Eine seiner auffallendsten
Eigenschaften war in Justines Augen «sein flammender Zorn über
jedes Unrecht, das jemandem zugefügt wurde, ganz gleich, um
wen es sich handelte, und wie fern das Opfer seinem eigenen Leben stand. Jede Ungerechtigkeit, jedes Unrecht rief dieselbe
Empörung in ihm wach», und damit gleichzeitig den unmittelbaren Wunsch, etwas dagegen zu tun, was im Fall Dreyfus natürlich unmöglich war. Aber dieser Charakterzug war sicher einer
der Hauptgründe, warum er sich nicht darein schicken konnte,
sich zwangsweise vom öffentlichen Leben zurückziehen zu müs-

sen. Nie gab er die Hoffnung auf, schließlich doch noch «zu etwas nütze zu sein». Immer fand er in all den Jahren der Krankheit etwas, was er in die Hand nehmen konnte, auch wenn die Arbeit selbst nicht gerade interessant oder bedeutend war. In Kalifornien gab er eben das Lokalblatt heraus, den *Ojai*. In Italien nahm er den Posten des amerikanischen Vizekonsuls in Mailand an und machte sich seine langweiligen Amtspflichten dadurch erträglicher, daß er für eine Prüfung zum diplomatischen Dienst eine Arbeit über Internationales Recht schrieb, die heute noch im Außenministerium als Musterbeispiel auf diesem Gebiet aufbewahrt wird, und einen amtlichen Bericht über *Pellagra*[16] verfaßte, eine Krankheit, die damals in Teilen Norditaliens noch verbreitet war. Vor allem erlaubte er sich niemals, sich wegen seiner Krankheit zu schonen. Sobald Arbeit in irgend einer Form wieder möglich schien, kehrten Leben und Hoffnung in ihn zurück.

Edith Wharton, mit der ihn trotz des großen Altersunterschieds eine enge und anregende Freundschaft verband, schrieb nach seinem Tod einfühlsam über diesen, seinen Charakterzug:

«Man könnte beinahe sagen, daß die einzige Weise, auf die er seine Schwäche verriet, eben dieser ständige und unermüdliche, krampfhafte Versuch war, so zu leben, als ob er sie nicht bemerkte. Immer aktiv und auf den Beinen und sich absolut nicht um seine Gesundheit kümmernd. Sein angestrengtes Bemühen, so viele Eindrücke, so viel Streben, Arbeit und Genuß in seine bemessene Zeit hineinzupressen, offenbarten vielleicht doch auf quälende Art deren Kürze; aber seine Hast hatte nichts Fieberhaftes oder Aufbegehrendes an sich ... Bis zum Schluß hatte man den Eindruck, daß er zwar wußte, wie es um ihn bestellt war, und daß er schon in jungen Jahren mit diesem Wissen leben mußte, doch daß für ihn so viel interessantere, eindrucksvollere und näherliegende Dinge im Vordergrund standen, daß er seine persönliche Misere in die tieferen Schichten seines Unterbewußtseins verdrängte ...»

«Vielleicht war das Besondere an ihm, wie Persönlichkeit und Stil miteinander verwoben waren. Noch nie bin ich einem Kopf begegnet, in dem die Ideen so frei spielten, aber ihre Umsetzung so stark von dem nicht faßbaren Element, das wir ‹Charakter› nennen, bestimmt war. Kühle Gedanken und heißes Herz wohnten nebeneinander in ihm. Seine Leidenschaft waren Politik und Wirtschaft, soziale Fragen und Soziologie, und er engagierte sich dafür auf praktische und militante Art, denn er wollte Dinge in Bewegung setzen. So jung er auch noch sein mochte, schaffte er es doch, sich aus dem Getümmel und dem aufgewirbelten Staub etwas herauszuhalten und die Konflikte, in die er eben noch verwickelt war, aus der Distanz zu betrachten.»

«Aus seiner vielseitigen Persönlichkeit ragten zwei Gaben hervor, die ihm zu dieser Ausgeglichenheit verhalfen: Seine Liebe zur Literatur und sein Sinn für Schönheit. Nichts klärt das moralische Bewußtsein so sehr wie ein Tropfen ästhetischer Vernunft ... Daher verfügte er über eine derartige Wachheit des Geistes und Toleranz des Herzens...»[17]

Als ihn am 28. Dezember 1908 die Nachricht vom Erdbeben in Messina erreichte, reiste Bayard umgehend nach Sizilien, um in Messina wieder ein amerikanisches Konsulat einzurichten und dort den Einsatz des Amerikanischen Roten Kreuzes zu leiten. Sein offizieller Bericht stellt zwar die totale Verwüstung in ihrem ganzen tragischen Ausmaß dar, unterscheidet sich aber in einem charakteristischen Punkt von vergleichbaren Dokumentationen. Er beschreibt den schrecklichen Anblick, der sich seinem Auge bot, voller Mitgefühl, gleichzeitig aber mit der nüchternen Objektivität eines Historikers. Unter den Trümmern, den Flammen und dem aufsteigenden Rauch sah er in der Lage der Stadt, des Hafens und der Hügel dahinter «das eigentliche Messina, das, was man in der Sprache der Alten seine wesentliche und eigentliche *causa* nennen würde. Dank dieser fruchtbaren Hügel und dank dieses geräumigen Hafens, der an einer der wichtigsten Handelsrouten liegt, wird Messina immer eine Kapitale sein. Immer werden da Häuser und Menschen sein, die die Idee Messina verkörpern und die Sache Messina erfüllen.»

Inzwischen lagen die Toten zu Tausenden unter den Trümmern der Stadt Messina, und vielleicht waren auch viele Tausende lebendig darunter begraben. Abgesehen von dem schieren Entsetzen über so viel menschliches Leid, das er mit ansehen mußte, hatte mein Vater «den starken Eindruck, daß die Sizilianer viel mit der Wesensart der Orientalen gemeinsam haben. Sie ergaben sich ohne jedes Zeichen von Panik oder Aufbegehren in das Schicksal, das so hart zugeschlagen hatte. Sie lehnten sich nicht auf, klagten nicht, wollten aber auch nicht kämpfen. Wäre es nicht töricht, ein ordentliches Haus zu errichten, wenn niemand mehr da war, der es hätte bewohnen können, oder Geld zu verdienen, das doch keine Annehmlichkeiten bescheren würde? So saßen die meisten tatenlos auf der Straße oder unter dem Dach der Markthalle und verzehrten, was man ihnen gab. Die wenigen, die, wie unsere Bootsbesitzer, arbeiteten, fragten nicht nach ihrem Lohn. Sie nahmen gern ein Stück Brot an, aber es war ihnen egal, ob sie eine *lira* oder fünf *lire* bekamen.» (Ich erinnere mich, daß Menschen, die einige Jahre später bei dem Erdbeben in den Abruzzen zu den freiwilligen Hilfcorps gehörten, ganz ähnliche Beobachtungen machten. Doch das deckt sich absolut nicht mit dem, was ich 1966 nach der verheerenden Überschwemmung von Florenz erlebte. Bevor noch das ganze Ausmaß der Katastrophe in der Welt erkannt wurde, hatten die Florentiner selbst schon ganz allein die ersten Rettungsmaßnahmen und Anstrengungen zum Wiederaufbau in die Hand genommen. Ohne jede Wehleidigkeit, mit unnachahmlicher Güte, ohne ihren Humor zu verlieren, stocherten sie in stinkendem Schutt und Schlamm herum, verteilten Essen, Wasser und Medikamente, Decken und Kleidung, retteten Kunstwerke und unersetzliche Inkunabeln und Bücher, Patienten aus Krankenhäusern und Heimen, die von den Fluten eingeschlossen waren. Kommunisten schufteten Seite an Seite mit Priestern, Rotkreuzschwestern und Studenten. Später kamen natürlich großzügige Hilfeleistungen aus ganz Italien und Europa, aber in der ersten Woche stand Florenz ganz allein und half sich selbst. Florentiner Arbeiter und Handwerker stellten mit zähem Willen, mit Ausdauer und Findigkeit ihre Stadt wieder auf die Beine.)

Der Bericht meines Vaters glich natürlich in vielem dem, was alle, die sich einmal an so einem Katastropheneinsatz beteiligt hatten, schreiben, und es wäre belanglos, ihn hier wiederzugeben. Mir ist allerdings aufgefallen, wie schnell die Hilfsschiffe aus Großbritannien, Rußland und aus den Vereinigten Staaten am Einsatzort eintrafen, und wie großartig sich die Zusammenarbeit mit den örtlichen Institutionen gestaltete, als die Hilfsgüter verteilt wurden. Ganz besonders tief war mein Vater von den russischen Seeleuten beeindruckt. Sie waren, schrieb er, «eine Offenbarung für alle, die den schlichten gesunden Menschenverstand, das taktvolle Mitgefühl und das bescheidene Heldentum des *Muschik* nicht kannten. Die Russen waren die einzigen, die alles sofort bereit hatten.»

An Bord des Schiffs aus den USA befanden sich vierundzwanzig Krankenschwestern und drei Ärzte, es war mit 200 Krankenhausbetten ausgerüstet, und es konnte 1000 Obdachlose aufnehmen; es brachte Kleidung für 2000 Menschen, Medikamente und medizinisches Gerät für fünf Krankenhäuser und Unmengen von Lebensmitteln und Werkzeug. Doch schon als es eintraf, herrschte die allergrößte Not nicht mehr in Messina, sondern in Catania, wo 25.000 Obdachlose aus Messina Zuflucht gesucht hatten, und so mußten die meisten Hilfsgüter und Helfer dorthin verfrachtet werden. Was mir an seinem Bericht auch noch besonderen Eindruck macht, ist die unauffällige und dezente Art, in der diese Hilfe geleistet wurde. Dabei umfaßte sie sogar den Transport von 3000 Häusern auf dem Seeweg und die Gründung einer Landwirtschaftsschule. «Es lag zu keiner Zeit in der Absicht der Amerikaner, auf eigene Faust ohne die Italiener zu handeln, sondern vielmehr den Italienern ihren Weitblick, ihren Sachverstand und nicht zuletzt ihr Geld zur Verfügung zu stellen.»

Was er selbst in dieser Hilfsaktion für eine Rolle spielte, geht aus dem Bericht nicht hervor. Doch ich bin der Überzeugung, daß diese Wochen, die bestimmt seiner Gesundheit abträglich waren, in denen er aber wieder das Leben eines tatkräftigen Mannes führen und Hand anlegen konnte, für ihn wahrscheinlich die glücklichsten seit Jahren waren. Als er nach Mailand zurückkehrte, um Bericht zu erstatten, hatte er vor, so schnell wie möglich wieder nach Sizilien zurückzugehen, um seine Arbeit dort fortzusetzen, doch in einem Brief an seinen Vater erwähnt er ganz nebenbei einen «Anflug von Rippenfellentzündung, sehr leicht». Nicht erstaunlich, wenn man bedenkt, daß er in Messina ganze Tage und Nächte nicht aus den Kleidern gekommen war. Außerdem hatte er bis zum Hals im Wasser stehend dabei geholfen, ein Ruderboot mit Proviant an Land zu ziehen, das im Sturm fast gekentert wäre. Eine Rückkehr nach Sizilien war also ausgeschlossen. Wie gerufen kam da die Aufforderung, kaum daß er nach Mailand zurückgekehrt war, er möge in Washington Bericht erstatten. Man stellte ihm in Aussicht, daß er zum Botschaftssekretär in Tanger ernannt werden solle. Ende März schrieb er voll Vorfreude auf sein neues Amt aus Washington: «Die Korrespondenz mit Tanger ist *faszinierend*. Es kommt nur darauf an, wie ernst man die Aufgabe nimmt und wie viel Arbeit auf einen zukommt.» Doch bevor er das neue Amt antreten konnte, hatte er wieder einen Blutsturz, was sicher eine Folge der Strapazen in Sizilien war. Erst im Sommer konnte er wieder zu seiner Familie nach Italien.

Von diesem Zeitpunkt an habe ich selbst deutliche Erinnerungen an meinen Vater. Wenn ich jetzt seine Briefe wieder lese, sehe ich, daß er lange vorher viel mit mir zusammengewesen war und über mich in einem Ton geschrieben hatte, der zugleich Humor verrät und auch die stolzen Hoffnungen, die alle jungen Eltern in ihre Kinder setzen. Als ich noch keine drei Monate war, meinte er, er habe den Eindruck, ich sei «schon als Gesellschafts-löwe zur Welt gekommen». Drei Monate später bat er um seine alten Bücher mit französischen Kinderliedern, denn er war überzeugt davon, daß ich musikalisch sei. «Sie hat es sehr gern, wenn man ihr etwas vorsingt, weint aber bitterlich bei jeder traurigen Melodie.»

«Ich habe so ein Gefühl», sagt er in einem anderen Brief aus derselben Zeit, «daß sie ganz auf Justine herauskommt, denn ihr Zorngebrüll ist so *laut* und so *komisch*, und wenn sie eben noch verzweifelt heult, lächelt sie im nächsten Moment schon wieder.»

Als ich dann drei Jahre war, schrieb er mir lange, entzückende Briefe aus einem Sanatorium in den Adirondacks. In einem erzählte er mir eine lange Geschichte von einem *chipmunk,* einem Erdhörnchen, und schickte mir zum Schluß vier Küsse in verschiedener Form: «Dicken Kuß für Dickerchen; Papierdrachen-kuß für den Racker; Riesenherzkuß – mmh!; und kleiner Kano-nenkugelkuß für den Kanonenkugeldickkopf.»

Im Winter darauf bekam ich in St. Moritz Unterricht im Schlittschuhlaufen und Tanzen. «Sie ist bis jetzt noch keine Eis-prinzessin», heißt es in einem Brief etwas unwirsch, «läuft, als ob sie nicht in die Knie gehen könnte.» (Ich war vier.) Bald darauf aber kann er von meinen Fortschritten berichten: «Noch schafft sie Ein- und Auswärtsbogen nicht, aber geradeaus läuft sie flüssig und in guter Haltung.» Im gleichen Winter noch, vor einer Kin-dereinladung im Hotel Kulm: «Wir haben mit ihr Tanzen geübt, bis sie recht hübsch Walzer und *Twostep* gelernt hatte.» Außerdem gibt er zum Besten, ich würde fließend Englisch, Italienisch und Deutsch sprechen und lesen. Später schrieb mein Vater an einen Freund: «Sie spricht mittlerweile Deutsch und vergißt sehr schnell, wie man etwas auf Englisch sagt. *‹Stand here, horse, to the post, I want to hang you on!›»*

Ich selbst kann mich erst von meinem siebten Geburtstag an daran erinnern, daß ich mit meinem Vater zusammen war. In jenem Sommer waren wir in Camaldoli, mitten in den großen Tannenwäldern, die den Kamm des Apennin bedecken. Diese Erinnerungen vermischen sich untrennbar mit dem Duft von frisch gesägtem Holz und Walderdbeeren. Jeden Tag wanderte mein Vater mit mir zu der Lichtung hinauf, wo die großen Stämme zersägt wurden, und auf dem Rückweg suchte ich in der sonnigen Wiese unterhalb des Hotels nach Erdbeeren und brachte ihm welche auf einem großen, grünen Kastanienblatt. Meine Mutter zog mir immer lange, weiße Musselinkleidchen an, die damals längst aus der Mode waren, und setzte mir große, weiche Musselinhüte auf, die mit einem breiten, blauen Band unter dem Kinn festgebunden wurden. Wenn ich mich zum Erdbeerenpflücken bückte, hing mir der breite Hutrand in die Augen.

Auf diesen Spaziergängen setzte sich mein Vater oft zum Ausruhen auf einen Baumstamm, und dann spielten wir zusammen Theater. Heute weiß ich, daß diese improvisierten Szenen meine ersten Unterrichtsstunden in Geschichte und Erdkunde waren.

«Du bist der kleine Herzog und ich bin dein treuer Knappe, und wir machen uns eben von der Normandie aus auf den Weg ins Heilige Land. Wohin sollen wir uns wenden?»

Das nächste, woran ich mich erinnere, war wohl noch im Herbst desselben Jahres. Damals in Varenna am Comer See besuchte ich meinen Vater jeden Morgen nach dem Frühstück in seinem Schlafzimmer und sagte ihm eine Strophe aus einer Dichtung auf – aus der Rede König Heinrichs V. vor Agincourt oder aus *Hiawatha*[18], oder aus den *Lays of Ancient Rome*[19]. Das Vortragen liebte ich ganz besonders – einmal wegen des Klangs der Wörter selbst, zum anderen natürlich wegen des Lobs, das ich dafür einheimste. Eines morgens wollte und wollte es mir nicht gelingen, die Verse ohne zu stocken aufzusagen.

«Fair stood the wind for France — As we our sails advance.»
Das ging gerade noch, aber ein anderer Vers war zu schwierig:
«And be our oriflamme today — the Helmet of Navarre.»
Nie zuvor hatte ich etwas von einer *oriflamme*[20] gehört, und
offenbar erklärte mir mein Vater auch nicht, was das war (ich
weiß das bis heute nicht genau), und als ich zu diesem Vers kam,
blieb ich stecken.

«Macht nichts, Dickerchen», sagte mein Vater erheitert, «morgen wirst du es schon richtig aufsagen können.»

Aber am folgenden Tag ging es mir nicht besser, und wieder
sagte mein Vater sehr geduldig, aber bestimmt, ich müsse es
gleich morgen nochmal versuchen. Als ich beim dritten Mal wieder stecken blieb, rannte ich schluchzend aus dem Zimmer.
Durch die angelehnte Tür konnte ich noch hören, wie meine
Mutter sagte:

«Verlangst du nicht zu viel von ihr, Bayard? Sie ist doch noch
so klein!»

«Nicht zu klein», antwortete er bestimmt, «um nicht unterscheiden zu können, ob man etwas wirklich weiß oder nur ungefähr weiß.»

Diesen Unterschied kapierte ich sofort, im Gegensatz zu dem
Wort *oriflamme,* und ich habe ihn meiner Lebtage nicht vergessen.

Ich will aber nicht den falschen Eindruck erwecken, daß mir
mein Vater, immer wenn wir zusammen waren, etwas beibringen wollte oder daß ich einen Heidenrespekt vor ihm hatte.
Seine Aufgewecktheit im Denken und Handeln, seine an-
steckende Fröhlichkeit, die seine Freunde hinriß, waren auch für
ein kleines Kind unwiderstehlich. Ich kann mich nicht erinnern,
daß er auch nur ein einziges Mal herablassend kindlich mit mir
geredet hätte, wohl aber kann ich mich daran erinnern, daß mich
hin und wieder ein Anflug von Verwirrung überfiel, das Verlangen, ich möchte doch besser verstehen lernen, was er alles wußte
und was mich so faszinierte.

Im Lauf jenes Sommers in Italien gingen die Pläne meines Vaters in eine neue Richtung. Wenn er schon keine feste Stellung
annehmen konnte, wäre dann vielleicht eine erste systematische
Untersuchung der britischen Kolonialverwaltung eine sinnvolle
Beschäftigung für ihn? Dabei könnte er das Arbeitstempo selbst

bestimmen, und er würde Material gewinnen, über dieses Thema
eine Vorlesung in Harvard zu halten. Seine *alma mater* begrüßte
sein Vorhaben, desgleichen seine Frau, als er es ihr bei seiner
Rückkehr mitteilte. «Meine Augen habe ich bereits auf Harvard
gerichtet», schrieb er an Mrs Griscom, «die Füße werden dann
schon folgen. Bis dahin beabsichtigen wir, jeweils einen Teil der
nächsten Jahre damit zu verbringen, das British Empire zu erforschen und in so viele Kolonien zu reisen, wie irgend möglich ...»

Auch seine Frau, ebenso unverwüstlich und ebenso unbe-
zähmbar in ihrem Tatendurst, setzte sich für diese Pläne rückhaltlos ein. «Wir sind ganz aufgeregt», schrieb er. «Sybil kommt
zum Beispiel herein und sagt: ‹Du, ich habe gerade ein faszinie-
rendes Kapitel bei Milner[21] gelesen, der ist ein ganz außerordentlicher Mann.› Friedlich vergehen so die Tage mit Diskussionen
über Staatsverschuldung oder künstliche Bewässerung, draußen
in den Tannenwäldern von Camaldoli.»

So segelten wir im Dezember 1909 nilaufwärts auf einer privaten *dahabije*[22], ein Luxus, den uns mein amerikanischer Großvater geschenkt hat. Mit von der Partie waren neben meinen Eltern
ihr Leibarzt Freddie Bishop, Gordon Gardiner, ein naher Freund,
und ich mit meiner Gouvernante. Das sollte die letzte Reise nach
Ägypten sein.

«Wir brechen mit einer Besatzung von zehn auf», schrieb mein
Vater; «einer davon ist Sänger, und seine einzige Aufgabe ist es,
zu singen, während die übrige *crew* arbeitet oder rudert. Er wird
mit großer Rücksicht behandelt, denn wenn er erst mal unzu-
frieden ist, dann mag keiner von der Mannschaft arbeiten, und
dann ist wiederum er unausstehlich. Wie alle Sänger hier konsu-
miert er Opium in großen Mengen und ist gelb wie ein Chinese.»

Die ersten Wochen in Ägypten waren voller Betriebsamkeit
und Hoffnung. In Kairo kam mein Vater an einige politische Informationen heran. Nebenbei entdeckte er, daß man noch immer nach dem *Beit-el-Lord*, dem *House of the Lord,* fragen mußte,
wenn man zum Regierungsgebäude gelangen wollte. Dieser
Name ging noch auf die Tage Lord Cromers zurück, der als Lord
par excellence galt. In Minjeh konnte er ein Interview mit dem
Moudir[23] und einem jungen Engländer arrangieren, der das Finanzministerium repräsentierte. «Wir wären selbst schuld»,
schrieb er, «wenn wir daraus nichts machen würden.»

Über die Reise selbst berichtete er:

«Eine *dahabije* stellt ein Dampfschiff weit in den Schatten. Sie benötigt einen Schlepper und macht stromaufwärts nur 2 1/2 bis 3 1/2 Knoten, aber das Gefühl des Dahingleitens ist köstlich – man spürt gar nicht, daß man sich fortbewegt ... Der Zauber des Nils ist so großartig wie beim ersten Mal, nur daß mein Interesse inzwischen gewachsen ist. Alles ist vollkommen. Dieser Winter unter diesen Bedingungen wird eine wirkliche Prüfung dafür sein, was Klima und Ruhe bewirken können.»

Mitte Dezember lagen wir ein paar Meilen von Assiut entfernt vor Anker, wo sich ein weites, einsames Tal öffnete, das zu beiden Seiten von hohen Felsen gerahmt war. Dort wurde ein Lager aufgeschlagen: Zwei Zelte, in denen mein Vater und meine Mutter schliefen, ein Haus aus Schilfmatten mit einem Dach aus Palmblättern und ein Unterstand für die Tiere: Drei Esel, ein paar Truthähne, eine Kuh und der «Scheich der Kuh». Alle anderen schliefen an Bord. Das Smaragdgrün Ägyptens erstreckte sich als bebautes Land knapp 50 Meter tief zu beiden Seiten des Flusses. Jenseits davon nichts als Wüste – reglos, majestätisch, einsam. Nachts schützten ein paar mit Gewehren bewaffnete *Kafire* das Lager gegen Schakale, Wölfe und Diebe.

Wie genau sehe ich noch dieses Lager vor mir! Ganz früh am Morgen, bevor die Sonne am Himmel stand, ritt ich hinaus in die Wüste auf meinem weißen Esel, der um den Hals eine breite Kette aus türkisfarbenen Kugeln trug, die vor dem bösen Blick schützen sollten. Danach hatte ich in einem schattigen Winkel an Deck Unterricht bei Mademoiselle Nigg, meiner Schweizer Gouvernante. Aber wenn die Sonne höher stieg, und mein Kopf allmählich auf mein Buch niedersank, verschwammen die Gestalten von Sophie[24] und Maître Corbeau[25] in einer Landschaft von gelblich braunen Felsen und schimmerndem Sand, und die Stimme von Mademoiselle ertrank im leisen Singsang der nubischen Schiffsjungen, die mit den Lebensmitteln und der Post zu uns herausruderten. Der Kahn legte mit einem heftigen Stoß an der Schiffswand an, und eine grinsende Gestalt mit einem weißen Turban überreichte mir immer eine Staude Bananen. Wenn sich dann die Mittagsbrise erhob, war der Strom von kleinen weißen und orangefarbenen Segeln übersät. Ganz nahe bei unserem Schiff bückte sich eine Frau und füllte ihren Krug mit Wasser. Ein we-

nig weiter weg tanzte eine Schar kraushaariger *Bisharin* Kinder wie
lauter kleine schwarze Teufel um einen Bettler herum.

«*Mais voyons, Iris, tu ne fais pas attention! Qu'est-ce qu'il disait,
Maître Renard?*»

Nein, ich paßte wirklich nicht auf. Denn ich hatte drüben
beim Lager am Ufer gerade meine Mutter gesehen, die auf einem
Kamel von ihrem morgendlichen Ausritt zurückkehrte. Ihr langer, grüner Schleier am Tropenhelm wehte im Wind hinter ihr
her. Und da kam auch schon mein Vater an den Eingang seines
Zeltes und begrüßte sie. Gleich nach meinem Mittagsschlaf
würde ich auch zu ihm hinüberkommen, denn ich durfte jeden
Tag eine Stunde zu ihm in sein Zelt, wo er mir etwas vorlas oder
Geschichten erzählte. Wenn ich jetzt nach fünfzig Jahren seine
Briefe wieder lese, wird mir erst klar, wie sehr ihn in diesen gemeinsamen Stunden Kummer und Angst verzehrten, wie sehr er
sich Sorgen machte, was aus diesem Kind einmal werden sollte,
dem er jetzt vorlas, mit dem er spielte und über das er sich so
voller Güte lustig machte – dem er aber niemals einen Kuß gab.

Später fand ich heraus, daß er in dieser Zeit sein Testament
verfaßte und dafür Sorge trug, daß mir einmal das kostbarste aller
Geschenke zuteil würde, das es in seinen Augen überhaupt gab,
nämlich eine gewisse Unabhängigkeit. Er vermachte mir ein kleines Erbe, über das ich mit achtzehn Jahren verfügen konnte, und
ein größeres, wenn ich dreißig sein würde, «damit sie sich ihr Leben selbst gestalten kann, unabhängig davon, ob sie heiratet oder
nicht». Kurz vor seinem Tod schrieb er in einem langen Brief an
meine Mutter, sein größter Wunsch für mich sei, daß meine Erziehung «frei sein soll von jeglichem Chauvinismus, der die Menschen so unglücklich macht. Erziehe sie in einem Land, wo sie
keine Wurzeln hat, denn nur so läßt sich das verwirklichen. Ich
denke dabei eher an Frankreich oder Italien als an England, damit sie in ihrem Wesen wirklich kosmopolitisch wird ... Jetzt
muß sie Engländerin sein, so, wie sie wohl eher Amerikanerin
geworden wäre, wenn ich am Leben geblieben wäre und nicht
Du. Das ist nur natürlich und richtig. Aber ich wünschte sie mir
auch ein wenig «ausländisch», damit sie nichts daran hindert, einmal ohne Schwierigkeiten den Mann heiraten und lieben zu können, den sie sich aussucht, gleich aus welchem Land er stammt.»
Diesen Brief zeigte mir meine Mutter viele Jahre später, nachdem

ich in Italien groß geworden war und mich mit einem Italiener verlobt hatte. Doch an das, was mein Vater mit mir *gesprochen* hat in diesen letzten Tagen, wenn ich auf dem Teppich neben seinem Ruhebett in seinem Zelt hockte, kann ich mich nur sehr vage erinnern. Er lernte Shakespeares Sonnette auswendig und trug mir manche davon vor. Denn er war der Ansicht, daß es für ein Kind nicht notwendig, ja nicht einmal erstrebenswert sei, *alles* zu verstehen, was gesprochen wird. Die Ziele sollten stets ein wenig zu hoch gesteckt sein. Er brachte mir auch *poker-patience* bei, und seinem Vater berichtete er voll Stolz und Freude, wie geschickt ich mich dabei anstellte. «Ich glaube, sie ist die geborene Kartenspielerin.» Woran ich jedoch die lebendigste Erinnerung habe, das ist der Klang seiner Stimme und sein lebhaftes Lächeln. Auch das starke Gefühl von Zusammengehörigkeit und körperlichem Wohlbehagen, das mich immer durchdrang, wenn ich mich an sein Knie lehnte, wenn die letzte Geschichte, das letzte Gedicht sich dem Ende näherte, während ich durch den offenen Eingang seines Zelts zusah, wie der Himmel sich allmählich golden färbte und dann in Grün überging, der felsige Hügel dunkel wurde. Dann hob sich wohl plötzlich die Silhouette eines mageren, hundeähnlichen Wesens vor dem letzten Himmelsschein ab, das erste gellende Heulen eines Schakals zerschnitt die Stille. Es war Zeit geworden, Gute Nacht zu sagen.

Zu Weihnachten ging es meinem Vater ein wenig besser, so daß Iskander Haik, unser würdevoller, liebenswürdiger, allwissender syrischer Dragoman, eine *Christmas Party* an Bord arrangierte. Ich kann mich noch gut darauf besinnen, wie wundervoll es war, zu so später Stunde noch aufsein zu dürfen. Das Deck war mit bunten Papiergirlanden behängt. Dazu die Gesänge der Schiffer, die Düfte der orientalischen Nacht und die hellen Kerzen am Weihnachtsbaum unter dem Sternenhimmel. Ich steckte in einem türkischen Kostüm, das meine Mutter mir aus Istanbul mitgebracht hatte, langen Pluderhosen aus weißer Gaze und einem bestickten goldenen Jäckchen. Auch die Erwachsenen hatten irgendwelche Kostüme improvisiert. Sogar mein Vater trug einen weißen Turban und meine Mutter ein glitzerndes Abendkleid, und die Schiffsjungen hatten ihre besten scharlachroten Schärpen über ihre langen, weißen Gewänder gebunden. Alles war da: Knallbonbons, Trinksprüche, Geschenke und Lieder.

Schließlich verschwammen vor meinen schläfrigen Augen die flackernden Lichter am Weihnachtsbaum und die Sterne am Himmel und ihr Widerschein im Wasser des Flusses. Da wurde ich hinunter getragen in die Kajüte, und ich schlief ein zum Klang der Lieder und zum Plätschern der Wellen des Nils, die an die Bordwand schlugen.

Das war der letzte unbeschwerte Abend. Es hatte sich herausgestellt, daß der abrupte Wechsel zwischen extremer Hitze und extremer Kälte, der anfänglich so eine stärkende Wirkung zu haben schien, und der heftige, kalte, sandgeschwängerte Wüstenwind für meinen Vater ebenso viel Gefahr bargen wie für andere Kranke vor ihm. Vier Tage nach Weihnachten hatte er wieder einen Blutsturz. Um seinen Vater zu beruhigen, kritzelte er in fahrigen Bleistiftzügen: «Ich hoffe, daß meine kleinen Blutungen Dir nicht mehr so viel Schrecken einjagen wie die erste. Für mich sind sie nichts als einfach lästig.»

Dr. Bishop war jedoch nicht so optimistisch. Deshalb segelten wir so schnell wie möglich weiter nach Assuan, wo ärztliche Hilfe und Hotels in erreichbarer Nähe waren. Dort schlugen wir unser Lager in einer kleinen Bucht am westlichen Flußarm auf. Die Insel Elefantine lag zwischen uns und der Stadt, aber auf der anderen Seite schweifte das Auge über ein weites, goldenes Tal, hinaus in die endlose Wüste. «Es ist wirklich nahezu ein Vergnügen», schrieb er seinem Vater aus seiner Kajüte, «an einem so schönen Ort im Bett zu liegen».

Später schrieb sein Freund Gordon Gardiner an seine Eltern: «Ich glaube, daß die kleine Kabine, der schimmernde Fluß, die Palmen, die Wüste, das Gefühl der Abgeschiedenheit, das sich seiner mit dem Einbrechen der Dunkelheit und mit dem Heulen der Schakale und der Wölfe bemächtigte, ihm gefiel, daß ihn der Hauch von Abenteuer reizte, der den wahren Reisenden ausmacht.»

Zu diesem Zeitpunkt waren meine Gouvernante und ich in ein Hotel auf dem Festland umgezogen, und meine englischen Großeltern waren zu uns gekommen, denn sie waren sich im klaren darüber, daß mein Vater in Lebensgefahr schwebte. Wenn es ihm ganz schlecht ging, durfte ich meinen Vater natürlich nicht besuchen. Aber sobald es ihm wieder ein bißchen besser ging, brachte mich das Ruderboot über den Nil zur *dahabije* hinüber, und ich blieb eine Stunde lang bei ihm am Bett sitzen oder, wenn er zu schwach war, stand ich ein oder zwei Minuten lang in der Tür seiner Kajüte.

«Gestern sah ich ihn gerade eine Sekunde lang», schrieb ich an meinen amerikanischen Großvater. «Es schien ihm ein wenig besser zu gehen, er lächelte mich an und sagte, daß ich ein prima Kind bin.»

Ich kann mir nicht vorstellen, daß sein Äußeres oder sein Verhalten sich sehr verändert hatten, denn ich kann mich nicht besinnen, daß ich je so etwas wie Fremdheit oder Furcht empfand (wenn mich davor vielleicht auch nur die Egozentrik meines kindlichen Alters bewahrt hat). Aber gut erinnere ich mich an die überschwengliche Vorfreude, die mich jedesmal auf der langen Fahrt im Ruderboot über den Nil und um die Insel herum packte, denn ich konnte es kaum erwarten, ihn zu sehen.

Als nächstes erinnere ich mich an einen Nachmittag zwei oder drei Tage bevor mein Vater starb. Mein Großvater war plötzlich auch erkrankt an einer Fieberattacke, die so häufig europäische Reisende in Ägypten befällt. Ich weiß noch, wie *Gran* mich in sein Zimmer führte, wo er mit geschlossenen Augen im Bett lag, und wie sie energisch zu mir sagte:

«*Gabba* ist krank, Liebling. Ich gehe jetzt zu deiner Mutter, und du mußt bei ihm bleiben. Setz dich auf den Stuhl da, gib ihm ein Glas Gerstenlimonade, wenn er danach verlangt, klingle für ihn, wenn er es dir aufträgt, und rede kein Wort.»

Ich saß zwei Stunden da, weniger von Sorge erfüllt, fürchte ich, als vielmehr von dem Gefühl meiner Wichtigkeit. Als meine Großmutter zurückkehrte, hatte sie rotgeweinte Augen. Aber erst als sie zwei oder drei Tage später von einem Besuch drüben zurückkam, nahm sie mich auf den Schoß und brachte mir ganz sanft bei, daß mein Vater tot war.

Selbst in dem Moment begriff ich noch nicht wirklich, was geschehen war. Ich weinte ein bißchen, weil *Gran* es so unmißverständlich von mir erwartete. Meine Gouvernante weinte auch und band mir eine schwarze Schärpe um mein Kinderkleid. Das dicke italienische Hausmädchen flüsterte: «*Povera piccola!*» Als ich dann sittsam durch die langen Hotelkorridore zum Abendessen hinunter ging, beschäftigten sich meine Gedanken fast ausschließlich mit meiner schwarzen Schärpe.

«Jetzt bin ich eine Waise», sagte ich mir vor, «wie Sophie».

Erst nach Jahren gelang es mir, nicht mehr vor Scham zu erröten bei dem Gedanken an diese Selbstbespiegelung. In Wirklichkeit schämte ich mich zu Recht, und ich sollte es heute noch tun, denn mein ganzes Leben lang war Selbstbespiegelung auf die eine oder andere Art eine meiner größten Schwächen. Nur eines habe ich seit damals dazugelernt, nämlich daß das ein Zeichen für Unsicherheit und Eitelkeit ist, aber nicht unbedingt bedeutet, daß man kaltherzig ist.

Zu Recht fand meine Mutter, daß ich noch zu jung sei, um bei der Beerdigung zugegen zu sein. Später allerdings, kurz bevor wir abreisten, nahm sie mich noch auf den kleinen, kahlen Friedhof mit und zeigte mir das Grab meines Vaters[26]. Er war außerhalb der Stadt gelegen, von der Wüste und den Felsen trennte ihn nur eine niedrige, weiße Mauer. Da lag er neben ein paar englischen Offizieren und Soldaten, die im Sudan gefallen waren. Die meisten waren so jung wie er und ebenso weit von ihrer Heimat entfernt. Am Tag nachdem er gestorben war, wurde ich in das Zelt meiner Mutter gebracht, neben dem das meines Vaters gestanden hatte, das jetzt bereits abgeschlagen war. Sie wollte mich in die Arme schließen, aber ich wich zurück vor ihren Tränen und rannte zum Schiff zurück. Ich schaute noch einmal in seine Kajüte und in die anderen Kajüten – alle waren sie leer. Wortlos lief ich an die Reling und machte Zeichen, daß ich in das Ruderboot gehoben werden wollte. Rasch ruderten mich die Nubier in tiefem Schweigen hinüber ans andere Ufer. Inzwischen war der heiße Wüstenwind, der *khamsin*, aufgekommen. Als ich den kleinen Hügel zum Hotel erklomm, trieb er mir den Sand in die brennenden Augen. Da erst erfuhr ich, was Verlassenheit und Kummer sind.

Wie kann man ermessen, wie alles hätte kommen können? Als Kind weinte ich oft um meinen Vater. Später dachte ich oft: «Wenn er jetzt hier wäre, hätte ich diesen oder jenen Fehler nicht begangen.» Wenn ich seine Briefe lese und mich mit seinen Freunden unterhalte, kann ich ein paar Charakterzüge an mir ausmachen, die ich vielleicht von ihm habe. Eine natürliche Affinität zur lateinischen Welt (die meiner Mutter ihr Leben lang verschlossen blieb, obwohl sie doch die italienischen Landschaften und die italienische Kunst so sehr liebte), mein Interesse an ganz verschiedenartigen Ansichten und Menschen, die Freude daran, intellektuelle Probleme in Angriff zu nehmen, wenn auch nicht mit seinem brillanten Verstand, dazu auch die heftige, urplötzliche Ungeduld, die bei ihm durch seine Krankheit so viel mehr gerechtfertigt war als bei mir. Doch wie unsere Freundschaft in späteren Jahren weitergegangen wäre, das werde ich nie erfahren.

Sein größtes Geschenk an mich war ganz gewiß, daß er selbst eine Personifikation eines Mythos für mich wurde. Man verbringt ja einen großen Teil der Kindheit in einer Märchenwelt, die von Göttern und Geistern und Helden bevölkert ist. Durch sie begreift ein Kind erst, was Schönheit und Tapferkeit ist. Aber gewöhnlich ist das doch ein unwirkliches, geheimes Reich, das keinerlei Bezug zum wirklichen Leben hat. Wenn ein Kind allerdings seine Märchenwelt in die Wirklichkeit verwandeln und hinüberretten kann, seinen Helden in Fleisch und Blut erleben, sind Vision und Wirklichkeit eins geworden: Tugend und Tapferkeit wandeln auf Erden.

4.

Meine Mutter

In den ersten Jahren meiner Kindheit waren mein Vater und mein englischer Großvater meine Götter. Meine Mutter habe ich nur als eine auf ihr Sofa hingegossene Gestalt in Erinnerung oder wie sie mir aus einem Auto zum Abschied zuwinkte. Erst nachdem ich zehn geworden war, fand ich allmählich heraus, wie sie eigentlich war oder erfaßte wenigstens die Seite von ihr, die sie dem Kind zuwandte. Sie war schon zwei Jahre lang verwitwet und doch erst dreißig, wie mir heute klar ist, eine junge Frau, die in der Freiheit und Unabhängigkeit ihres neuen Lebens in Italien ihre Persönlichkeit erst voll entfalten konnte. All meine Erinnerungen an sie aus jenen frühen Jahren in Florenz sind charakterisiert von ihrem leidenschaftlichen Lebenshunger und ihrer mitreißenden Wißbegierde. Sie war nicht eigentlich schön, ihre Gesichtszüge waren nicht regelmäßig, aber ihr leuchtendes Haar, das weniger golden war als vielmehr von der Farbe polierten Messings und dem selbst Krankheit und Alter den Glanz nicht nehmen konnten, das reine Porzellanblau ihrer runden, kindlichen Augen, die Flinkheit, mit der sie redete und sich bewegte, die lebhaften Farben, die sie für ihre Garderobe wählte, all das ließ sie wirken wie ein flatternder Kolibri oder wie ein Eisvogel. Ihre Kleider fand ich damals wunderschön. Ich kann mich noch an einen scharlachroten Umhang erinnern, an einen kleinen Dreispitz aus Samt mit einer wippenden Kavaliersfeder und am Abend dann immer neue *tea-gowns* von Fortuny, die damals eben in Mode gekommen waren, lange, gerade Roben aus fein plissierter, schwerer Seide, nach griechischer Art gegürtet wie bei den Figuren an einem griechischen Tempelfries, und Überwürfe aus Samt und Brokat, die in Schnitt und Farbe venezianischen und florentinischen Renaissancebildern entstiegen zu sein schienen: Saphirblau und Karmesinrot, sattes Grün und Gold. Ich selbst trug nun statt der weißen Musselinkleidchen meiner Kinderjahre schickliche Trägerkleider, im Winter aus dunkelblauem oder dunkelrotem Gabardine, im Sommer aus hellblauem oder hellgrünem Leinen. Um so mehr erschienen mir ihre Kleider so unerreichbar und strahlend schön wie die Gewandtheit ihres Geistes.

Als ich dann ein wenig älter wurde, wuchs mein Selbstvertrauen. Auch wenn meine Mutter Kinder nicht wirklich mochte und froh war, daß sie das Kind ihrem Mädchen oder der Heerschar von Gouvernanten überlassen konnte, die sich Tag für Tag um mich zu kümmern hatten, so hatte sie doch eine ganz besondere Gabe, die Fantasie eines Kindes anzuregen. Alles, was sie einem erzählte oder zeigte, war faszinierend, weil man deutlich sah, wie es ihr selbst großen Spaß bereitete. Mit ihr zusammen entdeckte ich die beiden größten Vergnügen meiner Kindheit, die dann ein ganzes Leben lang vorhalten sollten – Freude am Reisen und Freude an Büchern. Immer wenn ich nach dem Tee in die *sala degli uccelli* herunterkam, den chinesischen Salon mit der Tapete voller exotischer Vögel und Blumen, lag sie in ihrem Fortuny *tea-gown* auf dem mit graublauem Brokat bezogenen Sofa und las mit in ihrer unsteten, atemlosen Stimme vor. «Wollen wir *St. Agnes Eve*[1] oder *Kubla Khan*[2] nehmen heute?» So wie Charles Lamb glaubte sie daran, daß man «das schöne Interesse an wilden Geschichten» erwecken muß, «das ein Kind zum Erwachsenen macht, während man sich die ganze Zeit selbst so vorkommt, als ob man nicht größer sei als ein Kind.» Sie hatte wirklich selbst noch die gleiche ungetrübte und kindliche Freude daran wie ich.

Als sie ein paar Jahre später eine Anthologie unter dem Titel *The Book of the Sea*[3] zusammenstellte, half ich ihr nicht bloß rein mechanisch mit Kopieren und Maschineschreiben, sondern auch beim Nachforschen und bei der Auswahl der Texte. Da zu der Zeit eine sich hinschleppende Gelbsucht meine Mutter den ganzen Winter lang ans Bett fesselte, kam ich immer in ihr Schlafzimmer, wenn ich wieder einen Fund in französischen oder italienischen Büchern gemacht hatte. Mit ihrer Kenntnis der englischen Dichtung konnte ich natürlich nicht konkurrieren. Mal war es eine piemontesische Ballade, «*O marinar della marina*», ein ander Mal das Gebet eines bretonischen Fischers, «*Protégez-moi, mon Seigneur: mon navire est si petit et votre mer est si grande*» oder vielleicht auch eine homerische Hymne an Castor und Pollux (denn damals hatte ich bereits den ersten Unterricht in klassischen Sprachen) oder ein Epitaph aus einer griechischen Anthologie: «Nicht Staub oder das leichte Gewicht eines Steins, sondern das ganze Meer, das du erblickst, ist das Grab des Eurisippus...» «Ach, Liebes, das *ist* aber eine Trouvaille!»

Stolz wie ein Spaniel, der den Vogel, den er aufgespürt hat, apportiert, setzte ich mich zufrieden auf den Kaminvorleger nieder, während meine Mutter dann vorlas, was sie selbst im Lauf des Tages gefunden hatte. Eine Stunde lang durfte ich mich geborgen fühlen in der wunderbarsten und köstlichsten Beziehung zwischen Mutter und Kind, einer echten Seelengemeinschaft. In solchen Augenblicken hätte ich um nichts in der Welt mit einem anderen Kind tauschen mögen. Wie bitter war ich immer enttäuscht, wenn in diese kostbare Stunde Besuch hereinplatzte. Dann nahm ich mein Buch und setzte mich in eine Ecke und erweckte denn Eindruck, als sei ich artig ganz in die Lektüre vertieft, aber innerlich kochte ich vor Wut.

Meine Einführung in die Kunst des Reisens war nicht ohne Peinlichkeiten für mich. Ich war damals ein Schulmädchen voller Komplexe und nur darauf aus, in der Öffentlichkeit möglichst nicht aufzufallen. Genau das aber war so gut wie ausgeschlossen in Gesellschaft meiner Mutter. Wenn wir per Zug verreisten, bewegten wir uns meist in einer langen Prozession über den Bahnsteig, wobei meine Mutter häufig in einem Rollstuhl saß, begleitet von einem Schwarm treu besorgter Freunde und Diener, die alle mit Reisetaschen, Picknickkörben, Kameras, Reise- und Kunstführern, Plaids, Sonnenschirmen und Lesestoff für eine Woche beladen waren; dazu kamen noch die Koffer, die die Gepäckträger trugen. Sobald wir das Schlafwagenabteil betraten, mußte das Bett meiner Mutter mit ihren eigenen Kissen und Decken gemacht und mit der feinen Jaeger-Bettwäsche[4] überzogen werden, denn «die Bettwäsche im Schlafwagen ist immer klamm», und das braune Schränkchen über unserem Waschtisch war vollgestellt mit Riechsalzen, Lavendelwasser, Gesichtscrèmes und Sympathol[5], sowie einer ganzen Phalanx von Pillenschachteln. Der Schlafwagenschaffner mußte beschwatzt werden, für sie heißes Wasser in die Wärmflasche zu füllen, der Speisewagenschaffner, ihr die Speisekarte ins Abteil zu bringen.

«Nein, unmöglich kann ich von diesen Speisen auch nur etwas

anrühren. Aber vielleicht eine sehr *zarte* Hühnchenbrust, leicht angebraten, und eine Flasche wirklich *kalten* Vichy-Wassers.» Und dann zu mir: «Liebes, ich bin sicher, daß ich Zigarrenrauch gerochen habe. Würde es dir etwas ausmachen, dem Herrn, nein, nicht im nächsten Abteil, ich glaube, es muß drei oder vier Türen weiter sein, zu sagen, daß ich sehr empfindlich bin ...»

Und ob es mir etwas ausmachte! So sehr, daß ich immer erst vor dem Abteil des Missetäters stehen blieb und betete, daß ein Eisenbahnunglück mir ersparen möge, hineingehen zu müssen.

«I am so sorry, but my Mother ...» «Scusi tanto, ma mia madre ...» «Verzeihen Sie ...» «Veuillez m'excuser ...»

Es konnte passieren, daß mein Gegenüber nett war – manchmal aber auch nicht. Wenn er weiterrauchte, lief ich immer geschwind in unser Abteil zurück, schloß die Tür, drückte meiner Mutter ein Buch in die Hand, machte mich ganz klein und schickte ein Stoßgebet zum Himmel, daß sie nichts merken möge – aber vergeblich. Ein paar Minuten später:

«Liebling, ich glaube nicht, daß du dich deutlich ausgedrückt hast. Würdest du bitte den Kondukteur rufen?»

Am liebsten wäre ich tot umgefallen.

Auch Reisen im Auto entbehrten nicht immer der Peinlichkeit. Denn schon der bloße Anblick einer Zypressenallee, die zu einer schönen Villa führte, oder allein die Tatsache, daß diese in einem Reiseführer aufgeführt war, hatte für meine Mutter etwas Unwiderstehliches.

«Sage dem Chauffeur, daß er hineinfahren soll, Liebling, wir haben gerade noch genug Zeit vor dem Tee.»

«Aber wir kennen die Leute doch überhaupt nicht, Mummy!»

«Das spielt keine Rolle. Die Leute freuen sich immer, wenn sie ihr Haus herzeigen können, wenn es schön ist.»

Im nächsten Moment sahen die verblüfften Besitzer, die gemütlich in ihrer Loggia oder auf dem Rasen saßen, – Papa oft in Hemdsärmeln, Mama über ihr Strickzeug gebeugt – folgendes: Eine in einen Staubmantel gehüllte, topmodisch gekleidete *English Lady* entstieg rasch einem großen Lancia, hinterdrein ein dickes, schüchternes Schulmädchen mit Baedeker, Guide Bleu oder Edith Whartons *Italian Villas* in der Hand.

«Ich weiß, es wird Sie nicht stören, wenn wir uns einen Augenblick lang umsehen – welch herrliche Fassade! Meine Tochter sagt, daß die Fresken im Vestibül von Veronese oder doch wenigstens Veronese-Schule sind. Ja, sieh mal, Iris» – denn mittlerweile befanden wir uns bereits mitten im Vestibül –, «diese Balustrade, über die der kleine Neger herunterblickt, ist ganz typisch. Aber sicherlich ist dieses Fresko stark überarbeitet, nicht wahr? Es ist wirklich reizend von Ihnen» – nun an den völlig perplexen Hausherrn gewandt, der uns inzwischen eingeholt hatte –, «uns diesen zauberhaften Raum zu zeigen – und wie ich sehe, haben Sie auf der anderen Seite einen kleinen formalen italienischen Garten – er erinnert an den der Villa Maser⁶, nur in kleinerem Maßstab, natürlich. Nun aber sagen Sie» – in vertraulichem Ton – «gibt es noch *andere* interessante Villen hier in Ihrer Nachbarschaft?»

Manchmal war diese Methode ein voller Erfolg. Sie hatte dann das Herz des Besitzers im Sturm erobert, es begann ein angeregtes Gespräch über die Kunstdenkmäler der Gegend, und wir saßen zum Schluß mit ihm, seiner Frau und den Töchtern im Halbkreis auf dem Rasen. Manchmal aber trafen wir auch auf verständnislose Blicke und eisige Höflichkeit.

«Nicht gerade sympathisch, diese Leute», sagte meine Mutter dann, wenn ich kläglich neben sie ins Auto kletterte und wir weiterfuhren. «Der Garten war noch dazu enttäuschend. Diese Vorliebe der Italiener für Palmen ist wahrhaft geschmacklos.»

Für die pathologischen Komplexe einer Heranwachsenden war das die schiere Qual. Doch würde ich einen ganz falschen Eindruck von den Reisen mit meiner Mutter erwecken, wenn ich damit nahelegen würde, daß sie nur aus einer Kette von Peinlichkeiten bestanden. Dieselbe nicht zu bremsende Energie, die mich so oft in Verlegenheit brachte, verhalf uns auch dazu, daß wir viele Orte von einzigartiger Schönheit entdeckten und zu sehen bekamen. Einsiedeleien auf Berggipfeln, zu denen sie, alle Krankheit vergessend, mit der Grazie und der Hurtigkeit einer Gemse hinaufsprang, entlegene Oasen in der Wüste, erlesene, halb-vergangene Mosaiken in zerbröckelnden Kapellen oder den Bogen einer zerstörten römischen Brücke am Ende eines einsamen Tals. All diesen Sehenswürdigkeiten verlieh sie noch mehr Tiefe und Glanz durch die gründlichen und vielfältigen Erklärungen, die sie mir dazu gab, aber auch durch ihre Fähigkeit, sich an etwas zu freuen, die sich unwiderstehlich auf einen übertrug. Denn in all dem war überhaupt nichts Gekünsteltes, keine Pose. Ihre Hartnäckigkeit, die rücksichtslos sein konnte wie bei einem Kind und die uns zu all diesen Orten brachte, entsprang der Zielstrebigkeit eines Kinds, aber eben auch einer Liebe zu allem Schönen und einem fantasiebeflügelten und sachkundigen Sinn für Geschichte, den weder Krankheit noch später ihr fortschreitendes Alter je zum Erlöschen brachten.

Wenn ich ihren raschen Schritten folgte, ihrem blitzschnellen, klaren, wißbegierigen Verstand, dachte ich oft an Madame de Charrières Ausspruch: «Schließlich muß man doch wissen, wo Archimedes seinen Hebel ansetzte, oder etwa nicht?» Auch für meine Mutter war es immer notwendig, zu sehen, zu wissen, zu verstehen. Sie gehörte noch in die große Tradition der Reisenden des 18. Jahrhunderts: unternehmungslustig, mutig, überheblich, völlig unempfindlich gegenüber Kritik oder Spott – wie diese trug auch sie ihre eigene Welt mit sich herum.

Das passendste Gefährt für sie wäre wahrscheinlich Lord Byrons Reisekutsche gewesen, von sechs Pferden gezogen, mit einer umfangreichen Bibliothek ausgerüstet. Aber sie hätte sich gewiß auch auf Lady Hester Stanhopes[7] weißem Kamel zu Hause gefühlt. Ich hege auch nicht den geringsten Zweifel daran, daß es, hätten wir uns Ende des 18. Jahrhunderts in Istanbul aufgehalten, mein Schicksal gewesen wäre, zusammen mit Lady Mary Wortley Montagus Tochter die erste Impfung gegen Pocken in ganz Westeuropa erdulden zu müssen.[8]

Wenn sie in einer venezianischen Gondel saß, die zu einem der Päläste gehörte, die ihr Freunde verschiedentlich zur Verfügung stellten, dann fand sie, daß diese Art der Fortbewegung ihr angemessen und zeitgemäß war. Sie konnte sich in die schwarzen Kissen lehnen und hielt unter ihrem Sonnenschirm einen aufgeschlagenen Reiseführer in Händen.

«Sage ihm, er soll nicht an San Zenobio vorbeifahren», sagte sie dann zu mir, «dort hängt eine kleine Bellini-Madonna am dritten Altar rechts, und eine unvollendete Skizze von Tiepolo ist in der Sakristei.»

Die Informationen stimmten immer. Das Gemälde, die Kirche oder der Palazzo waren immer sehenswert. Wenn dann der Abend herannahte, sagte sie dem Gondoliere, er solle uns über die Lagune rudern, manchmal bis hinüber zu der Insel, wo By-

ron die armenischen Mönche zu besuchen pflegte, oder zu den
Zypressen von S. Francesco del Deserto. Dort wurde die Gondel
an einem Pylon festgemacht, und wir speisten in ihr zur Nacht,
während die Wellen leise an die Bootswand glucksten. Der letzte
Windhauch erstarb mit der untergehenden Sonne. Dann erst glit-
ten wir im Schein der Sterne zurück, vorbei an großen Lastkäh-
nen, die mit ihrer Ladung von reifen Feigen und Pfirsichen, Gur-
ken und Wassermelonen vom Festland aus zum Markt am frühen
Morgen zum Rialto fuhren.

In solchen Augenblicken hatte ich die Nöte und Sorgen des
Tags vergessen und ich wurde mir bewußt, daß es ein Glück für
mich war, bei ihr zu sein. In ihrer Gesellschaft konnte sogar das
harmloseste Picknick am Nachmittag oder ein Tagesausflug ins
Mugello oder Casentino[9] einen Hauch von Abenteuer bekommen.

«Schau mal, Liebling,» sagte sie oft und gab mir einen Stoß in
die Rippen, wenn ich vorn neben dem Chauffeur saß, «ich sehe
eine hübsche kleine Straße, die sich zu der Felsspitze dort hin-
aufwindet – und ja – ich glaube, ich sehe eine Kapelle auf dem
Gipfel droben. Sage Valentino, er soll da hinauffahren.»

Schicksalsergeben hielt Valentino dann an und erkundigte sich
bei einem vorübergehenden Bauern, ob das wirklich eine Straße
sei oder nur ein Bergpfad.

«Er sagt, daß bisher noch nie ein Auto dort hinaufgefahren ist,
Signora Contessa.»

«Das macht nichts, irgendwie werden wir schon hinaufkom-
men.»

Sehr oft kamen wir auch hinauf und genossen einen wunder-
baren Ausblick. Manchmal aber blieben wir auch stecken. Dann
trug Valentino wohl den Picknickkorb zu einem Kastanienwald
oder an einen Bach. Dort tranken wir dann in aller Gemütsruhe
Tee, knabberten Kekse und lasen einander vor, bis zwei Ochsen
am Joch von ihrem Pflug abgeschirrt waren und unser Auto wieder auf die Straße zurückgezogen hatten.

Die Peinlichkeiten solcher Zwischenfälle sind im Gedächtnis
längst verblaßt; die Lust und die Freude, etwas Neues zu sehen,
das Bewußtsein, daß ein wenig Hartnäckigkeit unter Umständen
zu verborgenen Schätzen führt, sind geblieben.

Als ich ein wenig älter war, führten uns unsere Reisen weiter

fort – nach Sizilien und nach Griechenland, Tunesien und Algerien, wo wir in Tebessa sogar eine Nacht in der primitivsten aller Unterkünfte zubrachten, um die römischen Ruinen dort zu
besichtigen. Wenn meine Mutter nur hinreichend von neuen
und außergewöhnlichen Sehenswürdigkeiten gefesselt war, dann
vergaß sie ihre Liebe zum Komfort und ihre tausend Krankheiten vollkommen. Ob sie nun einen ganzen Tag hoch zu Kamel
durch die Wüste ritt, wenn griechische Fahrer sie in atemberaubender Geschwindigkeit die steilen, kurvigen Sträßchen des Peloponnes hinunterkutschierten, wenn sie flott die Stadtmauern
von Konstantinopel umschritt, nie ließ sie eine Attraktion aus,
nie zuckte sie auch nur mit der Wimper.

Auf einer dieser Reisen, mit dem Auto unterwegs in Nordafrika, wurde ich Augenzeuge von zwei Szenen, die sich tief in
meine Erinnerung eingeprägt haben, obwohl ich mich nicht einmal mehr auf den Namen des Orts besinnen kann, wo die erste
sich zugetragen hat. Ich weiß nur noch, daß ich das reinliche,
langweilige französische Rasthaus am Rande einer tunesischen
Oase verließ, in dem meine Mutter während der Mittagshitze
ruhte, und zwischen hohen Palmen zu ein paar Lehmhütten hinunterging, als ich unerwartet auf eine rabenschwarze Vogelscheuche von einem alten Mann stieß, der nichts anhatte als ein
Löwenfell über den Schultern. Er führte einen «Löwentanz» auf
vor einem gebannt zusehenden Kreis von Arabern – eine Pantomime, wie ein Löwe sich anschleicht und seine Beute schlägt,
und der Tanz erreichte den Paroxysmus der Erregung in dem
Augenblick, da er das Tier endgültig tötete. Für die zuschauenden Araber war der halbnackte, ekstatische Tänzer ganz offensichtlich ein ebenso fremder und barbarischer Wilder wie für
mich. Ich hatte keine Ahnung, wie er überhaupt dorthin kam.
Zum Schluß wand er sich auf dem Boden und sabberte wie in
einem epileptischen Anfall. Seine Zuschauer kehrten in ihre
Hütten zurück und überließen ihn sich selbst, wie er sich im
Staub wälzte. Ich ging indes in die kühle, weiße Halle der Unterkunft zurück, wo ein französischer Kolonialoffizier in seiner
schmucken Uniform noch immer mit seiner Frau in ihren
schwarzen Pumps mit den hohen Absätzen so da saß, wie ich sie
verlassen hatte. Auf hohen Rohrstühlen sitzend schlürften sie
friedlich ihren Kaffee.

Die andere Szene spielte sich vor den Stadtmauern von Kairouan, der heiligen Stadt Algeriens ein paar Tage vor dem Ende des Ramadan ab. Die Söhne der Wüste versammelten sich bereits für *Bai Ram*, das große Fest des Jahres. Es war kurz nach Sonnenuntergang, manche hockten um ein Feuer und lauschten einem Märchenerzähler. Seine Worte konnte ich natürlich nicht verstehen, aber das war auch nicht nötig. Denn jede Phase der Geschichte, jede dramatische Wendung spiegelte sich in den bärtigen Gesichtern der Zuhörer. Starr vor Spannung, wenn es auf eine Entscheidung zuging, vor Wollust bebend bei einer Liebesszene oder auch vor Grausamkeit und Blutrünstigkeit beim Höhepunkt eines Kampfes; sie sprangen auf und fuchtelten mit den Fäusten und unterbrachen den Erzähler mit heiser geschrieenen Kommentaren; sie schüttelten sich in gargantueskem Gelächter über eine Episode, an der Rabelais seine Lust gehabt hätte. Als mehr und mehr Zuhörer aus ihren Zelten kamen oder sich von ihren Kamelen zu dem Kreis gesellten, und wie der Schein des Feuers scharfe Schlagschatten auf die Gesichter warf und die Stimme des Märchenerzählers immer lebhafter wurde, je mehr er seine Zuhörerschaft packte, da dachte ich: So muß es gewesen sein, wenn Homer die Geschichte von Polyphem oder vom Raub der Helena erzählte. So müssen die Menschen gelauscht haben, wenn die Geschichten vom Hader unter den Göttern an den Lagerfeuern von Troia erzählt wurden und in späteren Zeiten die Sagen von Tristan und Yseult und von Rolands Horn. Das geschriebene Wort ist nur dürftiger Ersatz. Vielleicht traten Rundfunk und Fernsehen nur deswegen ihren Siegeszug an, weil sich die Menschen wieder danach sehnten, daß uns Schönheit und Schrecken und Lachen nicht mehr nur durch tote Buchstaben, sondern wieder durch die menschliche Stimme vermittelt werden.

Die merkwürdigste dieser Reisen jedoch, die sich meinem Gedächtnis auch am deutlichsten eingegraben hat, fand nicht in einem exotischen Land statt. Es war eine Seereise über den Atlantik. Ich war zwölf Jahre alt, und es war die erste Woche des August 1914.

Wir waren in London, und ungefähr eine Woche vor der Reise begannen die Erwachsenen zu tuscheln: «Doch nicht gerade jetzt, Liebe; nein, Doody kann doch jetzt nicht das Gepäck fertig machen.» Wir fuhren in die Vereinigten Staaten, um mit meiner Großmutter an die See zu gehen, nach North East Harbour im Staate Maine. Wenn es bei uns auch regelmäßig vor einer langen Reise Wirbel gab, war es diesmal irgendwie anders. Normalerweise ging es um Kleidung und um Gepäck und um die besten Plätze («Bist du auch wirklich *sicher*, daß wir im Zug in Fahrtrichtung sitzen? Bist du auch sicher, daß wir eine Außenbord-Kabine haben?») und darum, daß man sich auch ja nicht zwei Tage vor Abfahrt noch erkältet. («Wie wir nach Griechenland wollten, hast du ausgerechnet Windpocken bekommen, und den Keuchhusten, als ich vorhatte, nach Sizilien zu reisen.») Diesmal aber tauchten in den Gesprächen der Erwachsenen oder vielmehr in den Gesprächsfetzen, die ich aufschnappte, lauter neue Wörter und Wendungen auf wie «Sarajevo», «Pulverfaß Europa», «der Erzherzog». (Ich wußte von Erzengeln, aber was war ein Erzherzog?) Es wurde mir bald klar, daß ein ungewöhnliches Ereignis unseren Plänen in die Quere gekommen war; daß auch meine erwachsene Kusine Irene Lawley entschlossen war, mitzufahren, obwohl sie noch nie in Amerika gewesen war; daß mein Großvater, obgleich er sich sonst niemals einmischte, Einwände erhob; daß selbst meine Mutter, die sich doch eigentlich nie durch etwas von ihren Plänen abhalten ließ, Unruhe und Verwirrung nicht verbergen konnte. («Aber Irene, wenn es eintreten *sollte* und wir dann nicht wieder zurück können?»)

Was war dieses «es»? Kein Wunder, daß ich es nicht wußte, wenn es nicht einmal die Erwachsenen wirklich wußten, obwohl sie die ganze Zeit darüber sprachen. Dabei hatte *Mummy* natürlich alle möglichen bedeutenden Freunde, die Verbindung zu dieser oder jener Abteilung im Außenministerium, im Kriegs- oder Marineministerium und zu Mitgliedern des Parlaments hatten, «Tommy» und «Eddy» und «Henry» und «Jack», denn England wurde noch immer von einem großen Familienclan regiert. Und das blieb noch für eine ganze Weile so. (Ich besinne mich, daß ich viele Jahre danach ein Buch las, in dem der Autor die Konservative Partei angriff und sich dabei auf einen Stammbaum stützte, der zeigte, wie viele Mitglieder des Parlaments und der Regierung miteinander versippt waren und ich mich fragte, warum der Verfasser sich die Mühe gemacht hatte, das zusammenzustellen, was doch sowieso jeder wußte.) Die «Tommies»

und «Eddies» schauten auf dem Heimweg vom Büro im Strese-
mann kurz bei uns herein und sahen ziemlich müde aus. Manche
sagten mit Nachdruck: «Meine Liebe, fahre nicht. Es kann jeden
Augenblick losgehen.» Andere wiederum sagten: «Meine Liebe,
natürlich kannst Du fahren. An den Gerüchten ist nichts dran.»
Da *Mummy* und Irene dieser zweite Ratschlag besser gefiel,
fuhren wir.

Unser Schiff legte am 2. August mit Kurs auf Quebec ab. Die
ersten beiden Tage verbrachten wir in der heiteren Losgelöstheit
der Seereisenden, während in unserem Kielwasser die Lichter in
Europa ausgingen. Am 4. August wurden alle Passagiere in den
großen Salon gebeten, wo der Kapitän die Nachricht verlas, die
er eben über Funk empfangen hatte: Deutschland war in Belgien
einmarschiert. Frankreich und England waren Belgien zu Hilfe
geeilt. In Europa war Krieg.

Auch wenn ich das damals nicht so realisierte, – die Nüchternheit dieser Bekanntgabe war eigenartig: Keine rhetorische Aus-
schmückung, keine Propaganda, keine Details. Nichts als die
grausame, nackte Tatsache, daß der Friede vorüber war und Krieg
herrschte. Vier Tage lang schwammen wir mit diesem Wissen
zwischen zwei Kontinenten über das graue Meer. Ich glaube, es
befand sich niemand an Bord, für den dies nicht eine heroische
Dimension annahm. Mit dem ersten Schlepper, der uns den
St. Lorenz-Strom herunter entgegendampfte, und dem Gerangele
an Deck um die ersten Zeitungen wurden an Bord die ersten Reden geschwungen: «Tapferes kleines Belgien!» «Nur ein Fetzen
Papier!» Und doch steckte in diesen Phrasen, die bald nur noch
leere Floskeln waren, eine echte Gewalt, eine wahre Leidenschaft.

Nach der Ankunft dann die plötzliche Leere. Für einen kleinen Passagier zumindest versank der Kampf in Europa wieder in
weite Ferne, denn viel näher waren mir die Differenzen zu
Hause, die kaum weniger erbittert ausgetragen wurden, wenn
auch stets höflich, und die ich mit vollem Bewußtsein erlebte:
Meine Mutter dachte an nichts anderes als daran, wie wir schnell
wieder nach Europa zurückkehren könnten, meine Großmutter
an nichts anderes, als daran, wie sie mich bei sich in Amerika behalten könnte. Beide hatten sie einen starken Willen, und ich war
der Gegenstand, den jede zu sich herüber zu ziehen versuchte. Da
lernte ich, was ich später in meinem Leben immer wieder beob-

achten konnte, nämlich daß ein großer Krieg häufig kleine Konflikte innerhalb der Familien auslöst, die nicht weniger zerstörerisch sind. Aus diesem speziellen Konflikt ging meine Mutter als Siegerin hervor. Zwei Wochen nach unserer Ankunft gingen wir in New York an Bord des letzten Dampfers, der überhaupt noch Zivilisten nach England beförderte.

Während der zweiten Hälfte der Seereise wurden die Verdunkelungsvorschriften strikt eingehalten, es gab Alarmübungen, und die Spannung unter den Passagieren war mit Händen greifbar. Soweit ich mich besinne, erwähnte niemand in meiner Gegenwart das Wort U-Boot. Alle waren mit Feuereifer beim Decktennis und beim *shuffle-board*.[10] Meine Mutter und Irene waren die einzigen Frauen an Bord, ich das einzige Kind. Alle übrigen Passagiere waren Männer aus den verschiedensten Klassen und Berufen, aber fast alle waren sehr jung und eilten aus den entlegensten Gegenden Amerikas und Kanadas nach Hause, um sich als Freiwillige zu melden. Während der Überfahrt erreichten uns überhaupt keine Nachrichten. Am letzten Abend, als die Luken dicht und sorgfältig verdunkelt waren, alle Decks im Dunkel lagen, versammelte der Kapitän alle Passagiere zum Diner. Zum ersten Mal im Leben durfte ich Champagner nippen. Zum ersten Mal erlebte ich, wie es war, wenn man sich in Gesellschaft so vieler Menschen befand, die alle von ähnlichen, doch unausgesprochenen Emotionen aufgewühlt waren. Am Ende des Diners hielt der Kapitän, ein stiller, einsilbiger Schotte, eine kurze, nüchterne Ansprache. Wir sollten am folgenden Morgen um 8 Uhr im Hafen anlegen. Er bat die Passagiere, ihr Gepäck um 6 Uhr bereitzustellen und dankte, daß sie während der Überfahrt so diszipliniert waren und sich so ungezwungen gegeben hatten. Er schloß mit einem Dank an Gott den Allmächtigen für unsere sichere Heimkunft und gab der Hoffnung Ausdruck, daß sich manche unter uns eines Tages wieder begegnen möchten. Dann kam *God Save the King*. Diese Erinnerung an die geballten Emotionen, die sich unter diesen Worten verbargen, an das Schweigen der Zuhörer hat mich mein ganzes Leben lang nicht verlassen. Sie entluden sich schließlich in der Nationalhymne. Innerhalb weniger Wochen stand jeder Mann, der in dieser Nacht an Bord war, an der Front. Sehr wenige von ihnen waren am Ende desselben Jahres noch am Leben.

Von da an war der Krieg immer gegenwärtig. Nicht in meinem persönlichen Leben, denn ich hatte weder Vater noch Bruder an der Front, aber doch immer hinter der Tür sozusagen, wie der Nebel, dessen Schwaden und dessen Geruch immer durch die schlecht schließenden Fenster krochen. Diesen Herbst verbrachten wir in einer kleinen, dunklen Wohnung in der Sloane Street in London, weil meine Mutter sagte: «Man muß wirklich etwas tun.» (Das Etwas bestand schließlich darin, daß eine Rotkreuz-Einheit für Albanien ausgerüstet wurde.)

Regen, Regen, Regen, aber wir hingen alle ungeachtet dessen aus den Fenstern («Du hast schon wieder eine Rußflocke auf der Nase, Iris!»), und dann drangen die Klänge des Tipperary Marschs[11] zu uns: Soldaten marschierten die Straße hinunter, so jung, daß sie sogar mir jung vorkamen. Frauen mit blassen Gesichtern säumten die Straßen und sahen ihnen nach. Im ganzen Haus lag ungewaschene, naturfette Wolle herum, khakifarben und dunkelgrau. Ich wickelte sie auf in Knäuel und strickte wie alle, mehr schlecht als recht, Balaclava Helme[12] und Schals für Seeleute. Der Geruch und das Fett der Wolle gruben sich unter die Fingernägel.

Als ich einmal auf dem Weg zum Unterricht bei Miss Woolf war, sah ich, wie eine dralle Frau in mittleren Jahren einem blassen jungen Mann eine weiße Feder überreichte und merkte schon damals, daß das sehr häßlich von ihr war.[13]

In der Wohnung meiner Mutter gingen die Leute ein und aus, aber nicht mehr die «Tommies» und die «Eddies», denn viele von ihnen waren an der Front, andere in der Regierung und manche waren tot. Jedermann war wild entschlossen, fröhlich zu sein, aber niemand war beim Frühstück sehr gesprächig, nachdem man die Liste der Gefallenen gelesen hatte. Im Verlauf des Tages kam immer mal jemand kurz herein, der sehr müde aussah und sagte: «Ich war gerade bei Jacks Mutter», oder «Sheila ist einfach wunderbar – sie ging sofort wieder zurück in die Kantine.» Eines Tages brachte Irene uns ein dünnes, dunkles Bändchen und sagte: «Sie sind eben herausgekommen, die Gedichte von Rupert.»[14]

Alle, die uns besuchten, arbeiteten in einem Hospital, einer Kantine, einem Büro oder auch an der Victoria Station, wo sie belgische Flüchtlinge in Empfang nahmen und ihnen Unterkünfte zuwiesen, um am Abend dann zu den *Belgiums,* die sie

selbst aufgenommen hatten, nach Hause zu gehen, über die sie
später dann komische Geschichtchen erzählten. Damals setzte
sich bei mir der Eindruck fest, den die folgenden Jahre bestätig-
ten, nämlich daß «Flüchtlinge» keine liebenswerte Rasse sind,
und daß ihre Gastgeber bald ebenfalls nicht mehr liebenswert
sind. Die Flüchtlingsfrau, die Irenes Mutter, meine Tante Constance, aufgenommen hatte (wie sie aufeinander gestoßen waren,
weiß ich nicht), war eine russische Prinzessin, sehr passend. Auch
sie klagte, aber mit Stil. Obwohl sie angeblich so arm war, besaß
sie die größten Perlen, die ich je gesehen hatte.

Es hörte und hörte nicht auf zu regnen, meine Mutter hörte
nicht auf, Erkältungen zu bekommen, bis sie endlich nach Weihnachten beschloß, mit mir nach Italien zu gehen. Ich war unglücklich, einmal, weil ich meine patriotischen Leidenschaften
nicht mehr ausleben konnte, zum anderen, weil ich aus Miss
Woolfs fesselnden Unterrichtsstunden herausgerissen wurde.
Aber wir fuhren. Die Kanalfähre war überfüllt mit Soldaten,
Krankenschwestern und französischen Zivilisten, die nach Hause
zurückkehrten. Meine Mutter trug sogar damals einen scharlachroten Mantel, und ich schämte mich dafür, weil ich das für sehr
deplaziert hielt. Wir waren alle seekrank, wir waren durchnäßt
und froren. In Boulogne standen am Quai indische Soldaten, auf
dem Kopf ihren Turban, die noch elender, nasser und grüner aussahen als wir. So endete meine erste flüchtige Begegnung mit
dem Krieg, den ich nur durch eine dicke Glasscheibe zu Gesicht
bekam.

Erst nach unserer Rückkehr in die Villa Medici, wo wir die
Kriegsjahre in einem Zustand geistiger und emotionaler Abgeschiedenheit, den ich noch heute nicht begreifen kann, verbrachten, begann sich meine Einstellung meiner Mutter gegenüber zu verändern. Mir wurde bewußt, daß sie ihre eigenen
Interessen und Bedürfnisse hatte, die ich nicht imstande war zu
teilen oder zu erfüllen. Sicher hatte ich, als ich so um die dreizehn oder vierzehn war, angefangen zu erkennen, daß sie in der
bunten Schar ihrer Verehrer, die ständig ins Haus kamen, in
Wirklichkeit einen Mann suchte, der sie beschützte und in seiner
Liebe beständig war. Unter ihrem Egoismus, ihrem funkelnden
Geist und ihrer Freude an intellektuellen Gesprächen hatte sie
sich eine ganz schlichte und englisch romantische Seele bewahrt.

Als sie mir im Jahr 1917 mitteilte, daß sie Geoffrey Scott zu heiraten gedenke, den glänzenden jungen Architekten und Schriftsteller, war der Aufruhr meiner Gefühle mehr instinktiv als ratio-
nal.

Die Tatsache, daß sie wieder heiratete, machte mir nichts aus.
Das Bild, das ich von meinem Vater bewahrte, hatte nichts zu tun
mit dem Alltag, war so sehr mein eigener Besitz, daß ich seinet-
wegen keinen Groll empfand. Soweit ich mich erinnere, war ich
wohl nicht so sehr eifersüchtig, sondern eher unangenehm
berührt, wenn ich zusehen mußte, wie meine Mutter wieder so
viel jünger, aber auch viel verletzlicher wurde. Doch ich versuchte, diese Gefühle zu unterdrücken und daran zu glauben, daß
sie nichts als Glück erwartete. Mein Instinkt sagte mir dagegen,
daß sie keine gute Wahl getroffen hatte. Die Bestätigung dafür
kam sehr schnell. Ich möchte mich nicht über die komplexen
Ursachen auslassen, die diese Ehe scheitern ließen, möchte Geoffrey keine Vorwürfe machen, mit dem ich noch nach seiner
Scheidung von meiner Mutter befreundet blieb und den ich auch
weiterhin in England und in Amerika sah bis zu seinem frühen
Tod im Jahr 1929. Mit viel Liebe denke ich auch nach Jahren an
seine großgewachsene, etwas linkische Gestalt und an sein lebhaftes, unschönes Gesicht, das seine Geistesblitze und sein Lachen
zum Leuchten brachten. Das glatte, starke Haar, das ewig un-
gekämmt über seine Augen hing, der anziehende, leicht konfuse
Blick hinter der Hornbrille – der manchmal irreführende Selbst-
schutz der Kurzsichtigen. Er konnte der scharfsichtigste aller
Freunde, der glänzendste Unterhalter sein. Mit seiner entwaff-
nenden Hilflosigkeit muß er mehr Frauenherzen im Sturm erobert haben als mit seinem brillanten Verstand. Aber er war einfach nicht zum Ehemann geboren. In jeder menschlichen
Beziehung war er der Störfaktor, ein Bilderstürmer, der damit
angefangen hatte, seine eigenen Götter zu zerstören, ein Spötter,
der voller Selbstironie steckte. Zudem machte es die absolute
Unberechenbarkeit seiner Launen für jedermann mehr als
schwierig, mit ihm zusammenzuleben, die Befürchtung, ob er
nicht nach einem Abend, den er mit seinen Geschichten und mit
seinem Witz gewürzt hatte, am Morgen in einer rabenschwarzen
Stimmung erwachen würde, die das ganze Haus dann drei Tage
lang in einen klammen Nebel aus Schweigen und Schwermut

hüllte. In solchen Zeiten war er dann auch unfähig, irgend eine Arbeit zu verrichten, was wiederum meine Mutter von ihrer Natur her unmöglich begreifen konnte, da nur Krankheit ihre sonst unentwegte Emsigkeit bremsen konnte. Er hatte sich damals schon durch sein Werk *The Architecture of Humanism* einen Namen gemacht. Während der ersten Monate der Ehe ging er mit dem Gedanken schwanger, eine *History of Taste* zu schreiben, was sicher ein fesselndes und amüsantes Buch geworden wäre. Es war das Gesprächsthema Nummer eins bei uns, und ich besitze noch ein Papier in riesigem Format, das viele Wochen lang mitten auf seinem Schreibtisch lag und auf dem in seiner schönen Gelehrtenschrift die folgenden Worte stehen:

«A History of Taste

Volume I

Chapter I

   It is very difficult ....»

Sonst nichts. So viel ich weiß, ist das Werk niemals weiter gediehen.

Zur gleichen Zeit schrieb er allerdings den größten Teil seiner Gedichte, von denen viele von hohem Rang und großem Reiz sind und die in zwei dünnen Bänden mit dem Titel *Poems* und *A Box of Paints*[15] veröffentlicht sind. Ich erinnere mich noch, wie stolz ich war, wenn er sie mir zeigte, als sie im Entstehen waren, und wenn er mich sogar manchmal fragte, was für ein Adjektiv er wählen oder welche Form er einer Wendung geben solle. Am intensivsten beschäftigte er sich während dieser Jahre mit seinem *Portrait of Zélide*[16], einem Werk, an dem er und meine Mutter mit großer Freude zusammen arbeiteten. Die Idee zu diesem Werk kam ihnen an einem nassen Novemberabend in Ouchy, wo meine Mutter einen ihrer zahllosen Kuraufenthalte absolvierte. Den ganzen Tag war dichter Nebel über dem See gelegen, unaufhörlich stießen die Möven ihr raubgieriges Kreischen aus, im *Beau Rivage* war den Gästen in kleinen, grünen Kasserollen ihre individuell zubereitete fade Diät zu Mittag serviert worden. So war Geoffrey nach dem Mittagessen auf der Suche nach der einzig erreichbaren Zerstreuung, nämlich einem Buch, in die Tram zur Place St. François gestiegen und kam mit einem dicken Band unter dem Arm aus der Librairie Payot zurück: Philippe Godets *Madame de Charrière et ses Amis*. Daraus las er meiner Mutter nach dem Abendessen vor. Am Tag darauf durchwühlten sie die Städtische Bibliothek von Lausanne nach jedem nur erreichbaren Werk über Mme de Charrière und auch nach deren eigenen Romanen, die meine Mutter später in ein Englisch übersetzte, das Stil und Tonfall der Zeit traf.[17]

Innerhalb von drei Tagen hatte das *Portrait of Zélide* feste Umrisse angenommen. Auf diese Weise brachte eine Frau, deren eigenes Gefühlsleben zutiefst unglücklich war, durch eine seltsam ironische Fügung für ein paar Monate Harmonie in die Ehe einer anderen Frau. Zélide und Boswell, d'Hermenches und Benjamin Constant wieder zum Leben zu erwecken nahm Geoffrey und seine Frau so in Anspruch, daß sie die schonungslose Zergliederung ihrer eigenen Gefühle darüber vergaßen. Sie lachten zusammen und arbeiteten zusammen. Vielleicht fand dabei auch eine Art Selbstidentifikation statt. Sicherlich war Geoffrey ebenso wie Benjamin Esprit und Leidenschaft für die «Realität des Umgangs» mit Menschen zu eigen, ein ähnlicher Zwiespalt zwischen Geist und Gemüt, etwas vom zerstörerischen *dédoublement Constantien*; sicherlich war Sybil und Zélide der gute Geschmack und ihre Liebe zur Bildung gemeinsam, eine unerschöpfliche Begeisterungsfähigkeit. Aber man darf den Vergleich nicht zu weit treiben. Keine Frau war je so kompromißlos und konsequent vernunftbestimmt wie Zélide.

Wie auch immer, das Ergebnis dieser gemeinsamen Bemühungen, Geoffreys *Portrait of Zélide* mit der Widmung «To Sybil» wurde ein ungewöhnliches und sehr gut zu lesendes Buch, eine farbige Darstellung des Lebens und der Ideenwelt im 18. Jahrhundert, dazu ein schonungsloses Portrait einer geistreichen, unglücklichen Frau. Wie bei den meisten lesenswerten Biographien mußte der Verfasser hie und da seine Fantasie walten lassen, um Fehlendes zu ergänzen. Einige von Zélides Briefen, vor allem welche an Boswell, schienen verloren. Sie konnten also nur raten, was in ihnen gestanden haben mochte. In diesem Fall schlossen sich die Lücken zu einem vollständigen Bild, denn er hatte das Glück, das einem Biographen nur selten zuteil wird. Ein paar Jahre später sichtete Geoffrey die sagenhaften Schätze, die auf Malahide Castle[18] in Koffern und Kisten verborgen geruht hatten, und arbeitete sie wissenschaftlich auf. Zu meiner großen Freude durfte ich dabeisein, als er auf Zélides Briefe stieß und feststellen konnte, daß überall dort, wo er nur seinen Vermutungen gefolgt war, diese Vermutungen richtig gewesen waren..

Als das Buch damals im Entstehen begriffen war, war auch ich ein wenig daran beteiligt, wenn auch nur insoweit, als ich aufmerksam zuhörte, wenn Kapitel für Kapitel vorgelesen und über die Hauptpersonen diskutiert wurde. Meiner Ansicht nach ist es sehr die Frage, ob man ein Schulkind der geistigen Auseinandersetzung mit einer so durch und durch vernunftbeherrschten Einstellung dem Leben und der Liebe gegenüber, mit so viel eingefleischter, nackter Illusionslosigkeit aussetzen soll. Zumal dieses Mädchen damals von Natur aus ebenso naiv romantisch war wie seine Mutter und ebenso ängstlich bemüht, diese Naivität vor anderen zu verbergen. Nach manchem Abend, an dem ich, wie ich hoffte, lediglich verständiges und amüsiertes Interesse zur Schau getragen hatte, ging ich hinauf in mein Zimmer und wäre dort am liebsten in Tränen ausgebrochen.

«Ist Liebe nichts als das?» fragte ich mich, und, mit dem unreflektierten Egoismus der Jugend: «Ist das alles, was *ich* vom Leben zu erwarten habe?»

Ich erlebte das Auf und Ab der Emotionen dieser Ehe weit bewußter, als es gut für mich war. Zu früh lernte ich, taktvoll zu sein oder, wenn nötig, die Augen zu verschließen. Als meine Mutter und Geoffrey beschlossen hatten, sich zu trennen, war ich selbst schon verlobt; als die Scheidung ausgesprochen wurde, war ich bereits verheiratet.

1927 heiratete meine Mutter erneut. Diesmal war ihre Wahl auf Percy Lubbock, einen alten Freund von ihr gefallen. Ich war der Überzeugung, die die Zukunft auch bestätigte, daß er ihr den Schutz und die Fürsorge schenken würde, nach denen sie sich sehnte. Niemand hingegen konnte damals voraussehen, wie die Dinge sich in einer ganz anderen Beziehung tragisch entwickeln sollten. Ob ihr Mann das Ganze zum Teil noch durch seine nachgiebige, unablässige Fürsorge nährte, bleibe dahingestellt; jedenfalls nahmen die Krankheiten bei ihr zunehmend überhand und richteten Schranken auf, die sie schließlich von allem isolierten, was sie einst geschätzt hatte. Wie weit das wirklich physische oder nicht vielmehr «nervöse» Ursachen hatte, wage ich nicht zu entscheiden; die meisten Ärzte würden es heute auch nicht mehr so formulieren. Mit der Entschiedenheit einer robusteren Genera-

tion und einer weniger komplizierten Veranlagung sagte ihre
Mutter von ihr, als sie noch ein Kind war: «Sybil ist immer dann
krank, wenn sie nicht kriegt, was sie will.» Doch das Körnchen
Wahrheit an dieser Feststellung änderte nichts an der Tatsache,
daß die jeweilige Krankheit real war. Meine Mutter war auf unserer ägyptischen *dehabije* wirklich seekrank, wie ich vermute, der
einzige Mensch, der je auf den trägen Wassern des Nils seekrank
wurde; sie stürzte wirklich mitten in einer langweiligen Einladung ohnmächtig zu Boden. Sie hatte auch ein unfehlbares Talent, jeden erreichbaren Bazillus in seiner virulentesten Form aufzuschnappen. Wenn ich einfach nur Masern hatte, lag sie drei
Monate mit der Krankheit im Bett. Als wir an der Prozession des
Volto Santo in Lucca teilnahmen, steckte sie sich mit einer infek-
tiösen Gelbsucht an, die sie den ganzen Winter über ans Bett fesselte. Aus ihren späteren Jahren in Fiesole ist sie mir eigentlich am
lebhaftesten in der Erinnerung haften geblieben als eine Gestalt,
die in ihrem wasserblauen Schlafzimmer ruhte. Die Vorhänge
hatten die gleiche Farbe, an den Wänden hingen chinesische
Holzschnitte, der Duft exotischer Blüten erfüllte den Raum wie
die tropischen Gewächshäuser in Kew, und er war auch ebenso
schwül wie diese. Dennoch gab sie von dort aus allen Angestellten des Haushalts präzise Anordnungen und hielt das Ruder fest
in der Hand.

Daß ihre Krankheitsanfälle so unvorhergesehen kamen, war
ebenso beunruhigend wie lästig. Wenn ich zurückdenke, kommt
es mir so vor, als hätte ich als junges Mädchen die meiste Zeit am
Telefon gehangen, um wegen allerlei unvorhergesehener Un-
päßlichkeiten Verabredungen zu verschieben. «*Mummy* hat *so*
schreckliches Kopfweh heute», sagte ich dann zu einem etwas
reizbaren älteren Onkel oder zu einem berühmten fremden
Schriftsteller, der auf der Durchreise in Florenz weilte, «könnten
Sie es vielleicht ermöglichen, statt heute erst morgen zum Tee zu
kommen?» Oder ich telefonierte mit Cook's Reisebüro: «Nein,
es tut mir leid, aber wir können die Reservierung nach Taormina
nächste Woche nicht wahrnehmen. Meine Mutter ...». Und so
weiter.

Bis in ihre frühen Vierziger hinein folgten diesen plötzlichen
Zusammenbrüchen ebenso plötzliche und vollständige Wieder-
auferstehungen. An einem Tag lag sie im Bett, das Zimmer völ-

lig abgedunkelt, die Luft erfüllt von Eau de Cologne. Am nächsten Morgen, wenn ich auf Zehenspitzen eintrat, konnte ich sie auf der Bettkante sitzend antreffen, wohin ihre Zofe ihr muffig die Strümpfe reichte, während sie die Landkarte auf ihrem Schoß studierte.

«Heute ist so ein wunderschöner Morgen, Liebling! Der ideale Tag für ein Picknick, außerdem gibt es jetzt eine neue Straße im Casentino ... du hast dich mit einer Freundin zum Mittagessen verabredet? Ruf' sie einfach an und sag' ihr, daß du nicht kannst; ach ja, Liebling, noch was», rief sie mir mit lauter Stimme nach, als ich gerade die Tür schließen wollte, «ruf' auch Marchesa X an und bestelle ihr, daß ich sie nächste Woche nicht besuchen kann, weil ich in Sizilien bin.» Und so setzte sich die Kavalkade wieder einmal in Bewegung.

Ihre Freunde merkten nur ganz allmählich, daß die Zeiten, in denen sie krank war, immer länger wurden, daß sie sich seltener und nie wirklich von ihren Krankheiten erholte. Mit Percy unternahm sie ihre letzte Reise in den Fernen Osten. In Ceylon hat sie sich möglicherweise eine Infektion zugezogen, die die Ursache für die anhaltenden und entkräftenden Darmerkrankungen war, die sie abwechselnd mit Anfällen von Schüttelfrost und mit Schweißausbrüchen heimsuchten und die so heftig waren, daß ihre Nachthemden, oft auch die gesamte Bettwäsche zwei- bis dreimal in der Nacht gewechselt werden mußten. Nun brauchte sie ständig eine Nachtschwester und mußte eine zunehmend strenge Diät einhalten. Immer seltener wurden die Tage, an denen sie im Auto ausfahren konnte, selbst wenn sie in einen Pelzmantel gehüllt war und ihre Füße in einem Fußwärmer steckten. Weit trauriger war es zu beobachten, wie gleichzeitig die Aufgeschlossenheit ihres Geistes und ihres Gemüts immer mehr abnahm. Früher war es nie ausgeblieben, daß sie mit ihrer großen Wißbegierde, ihrer impulsiven Anteilnahme auf jeden neuen Reiz sofort reagierte. Jetzt waren diese Reaktionen zwar nicht völlig erloschen, aber doch eher nebensächlich geworden, denn all ihre Gedanken kreisten nur noch um ihre Krankheiten. Die Visite des Arztes, die tägliche Verdauung, wie ein Kopfkissen lag, wo eine Lampe stand – das hatte Vorrang vor allem anderen. Langsam wurden aus den Gegenständen, die ihrem Wohlbefinden dienten, wie Wolldecken, Wärmflaschen, weiche Teppiche

und Kissen, Kaminfeuer und Kaminschirme ihre Meister, die
fortan ihr Leben beherrschten. Nach und nach und gnadenlos
übernahm der Körper die Herrschaft über den Geist.

Dann brach der Zweite Weltkrieg aus. Sobald klar war, daß
Italien bald mit hineingezogen werde würde, stand ebenso klar
fest, daß meine Mutter nicht dort bleiben durfte. Vielleicht wäre
es sogar möglich gewesen, für sie und Percy eine Sondererlaub-
nis zu erwirken, bei mir und meinem Mann in unserer Villa auf
dem Land in La Foce zu leben, statt in ein entlegenes Bergdorf in
den Abruzzen oder in Kalabrien interniert zu werden, wie viele
andere Engländerinnen. Doch selbst wenn sie bei uns gewohnt
hätte, hätten wir denn garantieren können, daß wir für die auf-
wendigen Speisen und die tropische Wärme sorgen könnten, die
sie brauchte? Auch England, Churchills England voll «Blut,
Schweiß und Tränen», kam für sie natürlich ebenso wenig infrage. Ich mußte viele Beziehungen spielen lassen, um für sie die
Erlaubnis zu erhalten, daß sie in die Schweiz ausreisen durfte. Das
war drei Tage bevor Italien den Krieg erklärte. In Vevey, und in
den Sommermonaten dann in einer Villa an den Hängen des
Mont Pélerin brachte sie ihre letzten Lebensjahre zu.

Im Winter 1941 konnte ich sie dank meines amerikanischen
Passes noch einmal in der Schweiz besuchen. Ich kam nach Vevey ins *Grand Hotel* aus einem Land, das sich im Krieg befand, das
bereits bombardiert wurde und in dem schon Mangel an Lebensmitteln herrschte. Ich kam mitten aus der Arbeit in der Abteilung
für Kriegsgefangene des Italienischen Roten Kreuzes, wo mich
nach dem Vordringen der Alliierten in Afrika Tag für Tag Frauen
voller Angst um Auskunft über das Schicksal ihrer Männer und
Söhne anflehten, ob sie gefallen, verwundet oder in Gefangenschaft geraten waren; von den Suppenküchen Roms, von denen
die hungernden Flüchtlinge versorgt wurden; aus den bombar-
dierten Städten der Campagna. Was ich vorfand, war eine
Schweiz, die so wohlhabend, schmuck und wohlgenährt war wie
eh und je. Im gut geheizten, gut ausgestatteten Speisesaal war
jeder Tisch besetzt mit älteren, gut angezogenen, begüterten
Flüchtlingen. Jeden Morgen unternahmen sie einen kleinen Spaziergang zum Zeitungsstand, wo sie *The Times, Il Corriere della
Sera* oder *Le Figaro* kauften. Am Mittagstisch tauschten sie dann
die neuesten Nachrichten aus oder klatschten über jeden

Neuankömmling und beklagten sich über das Essen. Nachmittags und abends spielten sie Bridge. Ab und zu fuhr jemand übertags nach Genf und kam dann von seinem Konsulat mit Informationsfetzen zurück, die er einem sorgfältig ausgewählten Kreis seiner Freunde ausbreitete.

«Natürlich darf das nicht noch weitergehen. Aber die Geheimwaffe ...» «Ich weiß es ganz sicher, einer im Konsulat hat einen Cousin, der ...»

Manchmal kam die Königin von Spanien von Lausanne herüber zum Tee und zu einer Partie Bridge und sorgte dadurch zwei Abende lang für neuen Gesprächsstoff.

«Arme Königin Ena! Meine Schwester lebte früher in Madrid und sie hat mir erzählt ...»

Sie waren die Aasgeier des Kriegs und aggressiver als jeder Frontkämpfer.

Oben in ihrem Zimmer verhungerte meine Mutter inmitten all dieses Überflusses, und das im wahren Sinn des Wortes. Ob nun die Darminfektion, die sie aus Ceylon mitgebracht hatte, wirklich so viel schlimmer geworden war, ob ein Körper, der über Jahre hinweg dem ständigen Wechsel von Beruhigungspillen, Abführmitteln, Aufputschmitteln ausgesetzt war, nun auf nichts mehr ansprach oder ob ihr vegetatives Nervensystem zusammengebrochen war, ist unerheblich. Sie hatte einfach kein Verlangen mehr, etwas zu sich zu nehmen, und war auch nicht mehr in der Lage, Nahrung zu verwerten. Ihre Finger waren immer schon lang und schmal gewesen, aber jetzt waren sie so dünn, daß ihr die Ringe herunterrutschten. Arme und Körper waren so ausgezehrt wie bei einem Baby, das Opfer der Hungersnot in Indien geworden war. Im ersten Jahr wurde sie an besonders schönen Tagen noch manchmal im Rollstuhl den langen Gang zum Aufzug gefahren, und Percy hob sie zusammen mit dem Chauffeur in den Wagen, in dem sie eine kurze Fahrt durch die Weinberge am Hang unternahmen. Doch im zweiten Winter verließ sie ihr Zimmer überhaupt nicht mehr.

Zum letzten Mal sah ich sie im November 1942. Ich hatte eine Woche Urlaub vom Roten Kreuz bekommen, weil abzusehen war, daß wir völlig von der Schweiz abgeschnitten sein würden, sobald es vorrückenden alliierten Truppen gelänge, bis nördlich von La Foce vorzudringen, und daß ich sie dann erst nach Kriegsende wieder sehen könnte. Ich hatte ihr Fotos von ihrer Enkelin Benedetta mitgebracht, die erst zur Welt gekommen war, nachdem sie Italien verlassen hatte. Doch war ihr Interesse daran ebenso gering wie an den Nachrichten aus England, die sie von ihrer Schwester erhielt. Alles war auf die engen Dimensionen der vier Wände ihres Krankenzimmers geschrumpft.

Ein paar Wochen lang erreichten mich über Percy noch Nachrichten über ihre zunehmende Hinfälligkeit. Dann brach jede Verbindung mit der Schweiz ab, selbst Nachforschungen über das Rote Kreuz blieben ohne Antwort. Im Januar 1943 schließlich öffnete ich einen Briefumschlag mit den Zügen einer mir unbekannten, ungelenken Handschrift, der in Turin abgestempelt war. «*La nostra amata Contessa è spirata il 26 dicembre, senza soffrire*» [19]. Das war alles. Eine Mitteilung, die von einem Partisanen über die Alpen geschmuggelt worden war.

ZWEITER TEIL

5.

Kindheit in Fiesole

Sally go round the moon, Sally
Sally go round the sun,
Sally go round the omnibus
On a Sunday afternoon.

Nursery Rhyme

Wie es dazu kam, daß meine Mutter die Villa Medici am Südabhang der Hügel von Fiesole hoch über Florenz erwarb, weiß ich nicht mit Sicherheit zu sagen. Doch ich erinnere mich lebhaft an den Frühlingstag, an dem sie mit mir von der kleinen Villa in Rifredi, die wir für ein paar Monate gemietet hatten, im Auto weit den Hügel hinauffuhr. Erst ging es zwischen hohen Mauern dahin, über die Kaskaden von gelben Banksia-Rosen[1] und Glyziniendolden hingen, dann durch Olivenhaine, von denen aus, je höher es hinaufging, man einen immer weiteren Ausblick genoß, schließlich eine lange Zufahrtstraße hinunter, über die Stecheichen ihr dunkles Blätterdach breiteten, und die an einer weitläufigen Terrasse endete. Dort standen zwei Paulownien, riesige Bäume, die auf dem Rasenteppich große, mauvefarbene Blüten verstreut hatten wie ich zuvor noch nie welche gesehen hatte. Am Ende dieser Geländeterrasse stand ein Gebäude auf quadratischem Grundriß mit einer tiefen Loggia, die nach Westen ausgerichtet war. Von da aus hatte man einen herrlichen Blick über das ganze Arnotal, der bei Sonnenuntergang ganz besonders schön war. Im Erdgeschoß gab es drei Räume, mit chinesischen Tapeten voller Vögel und Blumen in lebhaften Farben ausgeschlagen, die Böden aus bunten Majolikafliesen. Oben zeigte meine Mutter mir ein kleines quadratisches Zimmer mit einfachen resedagrünen Möbeln, die alle mit Genien und Blumengirlanden bemalt waren, und sie sagte, daß das mein Zimmer sein würde.

«Hier werden wir wohnen.»

So wurde dies für die nächsten vierzehn Jahre mein Zuhause, und gewiß gab es kein schöneres Zuhause für ein Kind. Die Villa war von dem berühmten Florentiner Architekten Michelozzo für Cosimo de' Medici auf den Fundamenten eines Vorgängerbaus errichtet, einer Villa mit dem Namen *Belcanto*, die den Bardi gehört hatte. Es hat mich immer gewundert, warum Cosimos Enkel Lorenzo ihren ursprünglichen Namen nicht beibehalten hat, war es doch in dieser Villa, wo der toskanische Humanismus seine höchste Blüte erreichte, ebenso wie in seiner Villa Careggi, die am Fuß des Hügels lag und der Sitz der Platonischen Akademie[2] war. In Careggi gab Lorenzo der Prächtige jedes Jahr eine Einladung zu Platos Geburtstag, auf der Pico della Mirandola und Marsilius Ficinus über die Mysterien der Alten diskutierten. In der Medici-Villa von Fiesole lebte auch Cristoforo Landino ein Jahr lang und verfaßte seine Kommentare zu Dante. Poliziano dichtete dort seine lange Pastorale *Rusticus*, bevor er als Lehrer der Medici-Sprösslinge auf die entlegene Burg Cafaggiolo im Mugello geschickt wurde, wo er sich mit der langweiligen Gesellschaft von Lorenzos Frau Clarice begnügen mußte. Hier in Fiesole hielten die beiden Medici-Brüder in schönen Frühlings- und Sommernächten auch große Bankette ab, nach denen Gedichte vorgetragen wurden, getanzt, musiziert und geliebt wurde, alles mit der Begeisterung und der Vitalität, die Lorenzos Aktivitäten auszeichneten. Anderntags ritt oft die ganze Gesellschaft schon im Morgengrauen aus, um im Mugello auf die Jagd zu gehen. Eine dieser Einladungen, die am 25. April 1478 stattfand, hätte ums Haar tragisch geendet. Hatten doch die Pazzi, die erbitterten Rivalen der Medici, geplant, das Bankett, das Lorenzo und sein Bruder Giuliano zu Ehren des Kardinal Riario[3] in Fiesole gaben, zu nützen, um ihre Gastgeber an ihrer eigenen Tafel zu ermorden. Nur ein unvorhergesehener Gichtanfall Giulianos ließ sie den Anschlag auf den folgenden Tag verschieben. Die Mörder schlugen im Dom von Florenz zu. Ein Dolchstoß streckte Giuliano zu Füßen des Hochaltars nieder, Lorenzo rettete nur mit knapper Not sein Leben.

Wenn ich artig Gäste durch die Villa führte und ihnen wie ein eifriger kleiner Papagei von diesen Ereignissen berichtete, bedauerte ich immer, daß sich diese dramatische Szene der Verschwörung nicht doch in unserem Haus abgespielt hatte. Manch-

mal, wenn meine Mutter außer Hörweite war, erfand ich eine
Geschichte von einer Tochter der Medici, die von ihren Brüdern
ermordet worden war, weil sie ihrem Verlobten nicht treu war,
und deren Leiche bei uns unter der Treppe vergraben war. Ein
anderes Mal, wenn meine Zuhörer besonders vertrauensselig
schienen, flüsterte ich ihnen zu, daß ihr Geist nachts im Haus
umgehe.

Der Baukörper des Hauses mit den zwei tiefen Loggien (in einer stand die Büste Gian Gastones, des letzten Großherzogs der
Toskana) war noch derselbe wie zu Lorenzos Tagen. Im 18. Jahrhundert aber ging die Villa in den Besitz Lady Orfords über, Horace Walpoles Schwägerin, einer Dame von zweifelhaftem Ruf,
aber von erlesenem Geschmack, der wir die exquisiten chinesischen Tapeten verdankten, die eigens für die Salons entworfen
worden waren. Auch sie gab in der Villa Medici Gesellschaften,
zu denen der englische *minister* in Florenz, Sir James Hill, auch
Horace Walpole und alle die schicken Reisenden der damaligen
Zeit nur so strömten. Das Haus war noch immer im Besitz von
Engländern, als meine Mutter es im Jahr 1911 erwarb.

Sie ließ die frühere geometrische Gartenanlage der Villa nach
den Originalplänen wieder herstellen und stattete das Haus mit
Mobiliar und Kunstwerken aus, die sie bei den Florentiner Antiquitätenhändlern auftat, und zwar zu einem Preis, der einem damals vielleicht hoch vorkommen mochte, heute aber mäßig erscheint. Dabei halfen ihr zwei begabte, junge Architekten,
Geoffrey Scott und Cecil Pinsent, die damals für den berühmten
Kunsthistoriker Bernard Berenson in seiner Villa *I Tatti* in Settignano arbeiteten. Manchmal gab ihr B. B. sogar höchst persönlich seinen olympischen Rat. Gespannt, was es heute wieder an
Neuem geben würde, kam ich dann immer aus meinem Schulzimmer zum Mittagessen herunter. Einmal war es ein Porzellan-
vogel aus der Capodimonte Manufaktur[4], der das rote Lack-
gesims der Bibliothek schmücken sollte, dann wieder ein
mechanischer Vogel mit bunten Federn in einem goldenen Käfig, der mit den Flügeln schlug und eine kleine melancholische
Melodie pfiff, wenn man ihn aufzog; oder es war ein eingelegter
Sekretär oder eine kleine Bronzefigur für die Brunnenschale; ein
andermal war es (ein Beitrag Geoffreys) der neueste Vorfall in der
Loeser – Berenson Fehde, oder aber von Cecil eine Landkarte

mit einer noch unerforschten Landstraße im Mugello, die zu einer heruntergekommenen Villa führte. Ein Picknick oder ein Ausflug ohne Cecil war nicht mehr denkbar, ebenso wenig, wie ein Lunch oder eine Dinnereinladung ohne Geoffreys Geschichten.

Für meine Mutter muß das damals eine erfüllte und anregende Zeit gewesen sein. Daß ich selbst aber so früh schon und so intensiv mit so viel Kunst und Kultur konfrontiert wurde, hatte, wie ich gestehen muß, bei mir nur den einen Effekt: Jedes Gespräch über Gartenarchitektur, venezianische Schreibtische, Florentiner Hochzeitstruhen, *cassoni*, oder Lackschränkchen langweilte mich zutiefst. Das gab sich erst wieder, als ich selbst ein Haus und einen Garten mein eigen nannte. Da erst merkte ich, daß ich Sachkenntnisse auf diesem Gebiet besaß, denen ich mich bis dahin trotzig verschlossen, die ich unbewußt aber doch aufgenommen hatte, und die jetzt zum Vorschein kamen wie Strandgut, das die Ebbe zutage fördert. Ob dies nun dafür oder dagegen spricht, daß man Kindern zu früh Dinge beizubringen versucht, die sie noch nicht interessieren können, das weiß ich bis heute nicht.

Ich erwähnte, daß ich für all die Schönheit, die mich umgab, kein Auge hatte. Heute aber weiß ich, daß ich sehr viel mehr davon in mich aufgesogen hatte, als ich dachte; auch, daß ich der Weitläufigkeit und der Einsamkeit des Gartens der Villa Medici, die ich als Kind dort erleben durfte, unendlich viel verdanke. Für mich war einer der kreativsten Aspekte in Maria Montessoris Lehren das Verständnis der elementaren Bedürfnisse eines Kindes. Diese verstand sie nie als bloße Ungezogenheit, sondern sie sagte dazu: «Das Kind schützt sein eigenes Leben vor der Belästigung durch die Erwachsenen». Jeden freien Augenblick, den ich nicht mit meinen Gouvernanten zubringen mußte, nutzte ich, um in den Garten zu entkommen. Nicht auf die geometrisch angelegte Terrasse mit den von Buchs gesäumten Blumenbeeten und den Brunnen, wo meine Mutter hofhielt. Ich zog mich in den Wald von Stecheichen oberhalb der Villa zurück oder auf die steil übereinander liegenden Terrassen des *podere*, des Guts, die teils mit Weizen, teils mit Leguminosen bebaut waren, teilweise aber auch von hohem Gras überwuchert und von unbeschnittenen, verschlungenen Büschen der wilden kleinen toskanischen

Rosen, die das ganze Jahr über blühen, *le rose di ogni mese*. Das wurde mein Reich. Die großen Steinquader der etruskischen Mauer, in denen die Füße leicht Halt fanden, eigneten sich ebenso gut zum Klettern wie die Olivenbäume mit ihren tiefreichenden Ästen. Das hohe Gras zwischen den Rosensträuchern war ideal, um sich an einem Sonnentag darin niederzulegen und in diesem Versteck ein Buch zu verschlingen, ohne daß man gesehen wurde, hinunterzuspähen auf die winzigen Gestalten der Erwachsenen, die weit drunten auf der Terrasse in gesetzte Konversation vertieft waren. Die tiefe etruskische Grotte mitten im Stecheichenwald, deren Öffnung Äste und Blätter fast ganz verbargen, war an Winterabenden so dunkel und klamm, daß sie dem harmlosen, sonnigen Abhang einen Anflug des Schauderns und des Grauens verliehen. Heute weiß ich, daß der Wald in Wirklichkeit sehr klein war, aber groß genug, um mir das Gefühl zu geben, allein zu sein. Schon das Wagnis, sich in sein schattiges Zwielicht zu begeben, den Fäulnisgeruch seiner Blätter einzuatmen und in der glitschigen Erde neben der Grotte den Halt zu verlieren, war für ein einsames Einzelkind wie mich ein Abenteuer. Es war nicht das Grauen vor «Räubern» oder vor einem Gespenst aus der Vergangenheit, das mich dann überfiel, sondern eine uralte, atavistische Angst – halb wohlig zwar, aber sie ging mir durch und durch. Es gehört zu dem Preis, den man fürs Erwachsenwerden entrichten muß, daß diese Ahnungen und Eingebungen ganz allmählich verschüttet werden. Die Mauer zwischen uns und dieser anderen Welt wird immer undurchdringlicher. Was einst eine beständige, wenn auch unausgesprochene, bewußte Erfahrung gewesen war, wird zur bloßen Erinnerung. Mit den Jahren geschieht es immer seltener, daß sich ein Fensterchen im Gedächtnis öffnet, durch das ein Hauch längst vergessener Düfte, ein Abglanz vergangener Mysterien noch einmal zu uns dringt.

Natürlich verbrachte ich den größten Teil meiner Kindheit nicht in diesem geheimen Reich, sondern in dem Alltag, der einem als «das wirkliche Leben» vorgestellt wurde: Mahlzeiten und Unterrichtsstunden, Aufstehen, Schlafengehen, Zähneputzen, Gebete aufsagen. Mir ging es nicht anders als vielen Kindern meiner Generation: Meine Zeit verbrachte ich meist oben im Kinder- oder Schulzimmer. Nur zum Mittagessen kam ich zusammen mit meiner Gouvernante ins Eßzimmer herunter. Später, falls meine Mutter sich einigermaßen fühlte, ging ich nach dem Tee auf eine Stunde zu ihr in den Salon, wo wir uns dann gegenseitig vorlasen. Doch der Rest des Tages verstrich in der monotonen Abfolge von Unterrichtsstunden, Spaziergängen und dem frühen Abendessen in meinem Schulzimmer, Mahlzeiten, die so einförmig waren wie mein Tagesablauf.

Da meine Mutter jahrelang wegen einer chronischen Darmentzündung in ärztlicher Behandlung war, befolgte sie strengstens eine Heildiät nach Dr. Combe, einem Schweizer Spezialisten. Sie beschloß, daß ich ebenfalls seine strenge Diät einhalten mußte, um einer eventuell vorhandenen Anlage zu dieser Krankheit bei mir vorzubeugen. Deshalb setzte man mir über zwei Jahre lang die ewig gleichen, heilsamen, wenig appetitanregenden Mahlzeiten vor. Ich war als Kind nicht übermäßig aufs Essen aus, aber an manchen Tagen konnte ich die fade Kost einfach nicht hinunterwürgen. Lebhaft erinnere ich mich daran, wie ich den anderen Kindern bei Kinderfesten neidisch zusah, wenn sie sich Schokoladenkuchen und Eis auf den Teller türmten. Bekannte, die uns zu Hause besuchten, machten alles nur noch schlimmer, wenn sie mich auch noch dafür bedauerten. Ganz besonders die liebe, aber dumme Frau des berühmten französischen Nervenspezialisten Dr. Vittos, die uns zu jener Zeit einen Besuch abstattete.

«*Pauvre petite,*» rief sie jedesmal, als sie mein Essen sah, «*c'est affreux! C'est une torture!*» (Das ist ja entsetzlich! Das ist eine Folter!)

Noch heute spüre ich, wie die Tränen des Selbstmitleids, die so locker saßen, in mir hochstiegen, und höre auch noch, wie ihr Mann trocken antwortete:

«*Mais non, ma chère, c'est une discipline comme une autre.*» (Das ist eine Form von Disziplin wie jede andere auch.)

Ich mochte Dr. Vittos, und der geradlinige, gesunde Menschenverstand, der aus seinen sachlichen Worten sprach, überzeugte mich sofort. Nie mehr beklagte ich mich fortan über mein Essen.

Als Spielgefährten suchte mir meine Mutter kleine Mädchen aus, die am Sonntag zum Tee eingeladen wurden. Am häufigsten kam ein wohlerzogenes, sanftes Kind namens Marie-Lou Bourbon del Monte, die halb italienisch und halb amerikanisch war.

Ich betrachtete sie viele Jahre lang als «meine beste Freundin», nicht weil wir viele gemeinsame Interessen gehabt hätten, sondern weil sie so lieb war, daß man sie einfach gern haben mußte. Später kam dann auch noch ein sehr hübsches und gewandtes englisches Mädchen, Elnyth Arbuthnot dazu (die einmal, ebenso wie ich, einen Italiener heiraten sollte, nämlich Conte Ferrante Capponi, einen reizenden Florentiner Marineoffizier) und ein begabtes, musikalisches kleines Mädchen aus Amerika, Paquita Hagemeyer. Wir vier bildeten den Kern einer Gesellschaft, die wir hochtrabend CLADS, *Cosmopolitan, Literary, Artistic, and Dramatic Society* nannten. Wir trafen uns einmal in der Woche und gaben viermal im Jahr eine Zeitung heraus. Regelmäßig am Samstag fand als aufregendstes Ereignis der Woche die Tanzstunde statt. Meine größte Wonne waren die Kinderfeste zu Weihnachten und zu Ostern, die wenigen und viel zu seltenen Einladungen, auf die ich gehen durfte. Meine Vorfreude auf diese Feste war riesig. Nur ein Kind, das den täglichen Umgang mit Altersgenossen entbehren mußte, kann das nachempfinden. Enttäuschungen waren deshalb so gut wie unvermeidlich, denn meine Erwartungen waren natürlich viel zu hoch gespannt.

Ich spüre noch, wie ich in der kleinen Garderobe des Palazzo in Florenz, in dem Miss Flint ihren Tanzunterricht abhielt, vor Aufregung den Atem anhielt. Wir zogen die Tanzschuhe an, strichen die Ziehharmonikafalten unserer Röcke glatt und sausten, sobald das blecherne Klavier einsetzte, auf unsere Plätze. Seilhüpfen, Keulenübungen, die fünf Grundpositionen, die klassischen Tanzschritte von Menuett und Gavotte, von Walzer und Polka. Als Krönung dann Miss Flints Spezialität: «Ausdruckstanz».

«Und jetzt der Tanz an den Sonnengott. Iris, heute versuchst du ihn mal ganz allein!»

Stolz, Bestürzung, Ekstase. Gehemmt von all diesen Gefühlswallungen wirbelte ich umher, kniete nieder, hob meine Hände gen Himmel, sank in Anbetung zu Boden. Als ich geendet hatte, sprach Miss Flint ihr Urteil: «Du könntest das sehr hübsch, wenn du dich nicht so krampfhaft bemühen würdest.»

Auf Kinderfesten bemühte ich mich erst gar nicht. Ich begnügte mich damit, «dazustehen und zu staunen».[5] In meiner Erinnerung bleiben sie strahlende Phantasmagorien. So der Tag in der Casa Rucellai, an dem ich mein erstes Kinderstück sah und

mich die älteste Schwester Nennina unter ihre Fittiche nahm, die
eine Freundin fürs ganze Leben werden sollte. Oder die Weih-
nachtsfeiern bei den Actons, wo Christbaum und Geschenke
größer und teurer waren als irgendwo sonst, wo aber die kostbar-
sten Besitztümer unserer jungen Gastgeber, wie seltene Muscheln
aus der Südsee und kleine *objets d'art* in Glasvitrinen weggesperrt
wurden, bevor wir kamen. Schließlich noch der fantastische Ko-
stümball bei uns zu Hause, als ich um die zehn war. Für die Kinder begann er um vier Uhr, und für die Erwachsenen endete er
nicht vor dem Morgengrauen. Marie-Lou und ich aber durften
bis zum Schluß aufbleiben, denn wir waren als Pagen verkleidet
und reichten einen silbernen Freundschaftsbecher herum.

Diese Gesellschaften, so zauberhaft sie auch in meiner Erinnerung fortleben, fanden viel zu selten statt, als daß man echte
Freundschaften mit anderen Kindern hätte schließen können,
selbst wenn ich überhaupt gewußt hätte, wie man eine Freundschaft schließt. Ich tat ja nichts anderes, als einfach zuzuschauen –
wunschlos glücklich. Ich war mir nicht einmal bewußt, daß die
anderen Kinder mein Dasein alles andere als beneidenswert fanden, denn sie erlebten mich nie anders als in der Obhut einer
Gouvernante, wußten, daß ich nichts anderes als strenge und fade
Gesundheitskost zu mir nehmen durfte, daß ich Ausgangsverbot
hatte, sobald schlechtes Wetter herrschte, und daß man mich
häufig schon vor Ende des Fests einfach wegholte.

Im großen und ganzen war ihr Mitleid fehl am Platz. Meine
Kindheit war zu jener Zeit nicht wirklich unglücklich. Schwer zu
ertragen war eigentlich nur der abrupte Wechsel zwischen über-
schwenglicher Freude und Sterbenslangweile, zwischen Kaviar
und Milchsuppe. Schön war zum Beispiel, daß ich in den letzten
Wochen vor Kriegsausbruch in London zum ersten Mal mit ins
Theater durfte und mit zwölf den *Merchant of Venice* erlebte im
Old Vic. Ich war so sehr von der Illusion der Theaterwelt gefangen, daß ich meiner Mutter ernsthaft böse war, weil sie ein nach-
sichtiges Lächeln nicht unterdrücken konnte, als zu den Worten:
«*How far a little candle throws its beams*», ein heller Lichtstrahl von
der Rampe die ganze Szene erhellte. Ein paar Tage danach nahm
sie mich ins Königliche Opernhaus von *Covent Garden* zum Russischen Ballett mit. Das war das letzte Jahr, in dem Nijinsky in
London tanzte. Ich sah ihn in *Le spectre de la rose.* Am unvergeß-

lichsten hat sich mir aber die Pavlowa als *Sterbender Schwan* eingeprägt. Zum ersten Mal erreichten mich Schönheit und ästhetischer Genuß unmittelbar durch eigene Anschauung und nicht
durch das Medium der Lektüre. Bald darauf fuhren wir nach
Amerika, um ein paar Monate später wieder nach Italien zurückzukehren. Vor meinem 17. Geburtstag bin ich dann nie mehr in
ein Theater gekommen, geschweige denn in ein Kino.

Auch in der Villa Medici kann man sich kaum einen krasseren
Unterschied vorstellen als den zwischen dem gesellschaftlichen
Leben im Erdgeschoß, von dem ich manchmal einen flüchtigen
Blick erhaschte, und meinem Schulzimmer oben, wo ich ständig
der unverdünnten Gesellschaft meiner Gouvernanten ausgesetzt
war. Das war eine lange und langweilige «Dynastie» von Herr-
scherinnen. Fräulein Hodel, ein dralles, fröhliches Mädel, war
vielleicht die dümmste von all diesen Damen. Sie hatte nichts im
Kopf außer ihrem jungen italienischen Buchhalter, der ihr des
nachts unter ihrem Fenster auf seiner Gitarre Ständchen dar-
brachte, was natürlich mein größtes Interesse erweckte. Mademoiselle Nigg war die gefühlsduseligste, Mademoiselle Sanceaux
die neurotischste, Mademoiselle Gonnet, die nicht aufhörte zu
betonen, daß ihr immer wieder gesagt werde, ihr Hals gliche dem
der Duchess of Marlborough, die eitelste. Diese Schwächen
nahm ich mit den eiskalten, unbestechlichen, mitleidlosen Augen
eines Kindes wahr. Die einzige Gouvernante, von der ich etwas
Brauchbares lernte, nämlich ein bißchen Deutsch und Interesse
für Geschichte und Geographie, war Fräulein Weibel. Sie war
eine gute Lehrerin und eine tüchtige und, wie ich heute weiß,
eine tief unglückliche Frau. Sie hatte eine uneheliche Tochter,
die sie als ihre Nichte ausgab, und war verbittert, weil sie für das
Kind einer fremden Frau sorgen mußte statt für ihr eigenes. Sie
mißgönnte mir die hübschen Kleidchen und die Vergnügungen,
die sie ihrer Liselotte nicht bieten konnte. Damals ahnte ich nur
undeutlich, daß sie mich aus einem mir unbekannten Grund
nicht mochte und daß ich in ihren Augen ihrer bezopften
«Nichte», deren Foto ihren Nachttisch schmückte, in allem und
jedem nachstand. «Liselotte würde so etwas nie tun!» bekam ich
Tag für Tag zu hören. Ich haßte Liselotte!

Der ewige Wechsel dieser Ladies fügte meiner kindlichen
Seele doch Schaden zu. Zum einen war ich ständig hin- und

hergerissen zwischen den Anforderungen des Salons und denen
des Schulzimmers – ein Konflikt, den Kinder von heute nicht
mehr kennen. Dazu kam, daß alle meine Gouvernanten meine
Mutter nicht ausstehen konnten. Teils weil sie eifersüchtig waren, daß sie so gut aussah, so schöne Kleider besaß, so schlagfer-
tig und geistreich war und daß sie immer reizende Verehrer um
sich hatte, zu Hause und zum Ausgehen, schließlich, daß sie in
allem ein Hauch von Luxus umgab. Vor allem aber, weil ihr
charmantes Auftreten ihre grenzenlose Gleichgültigkeit gegenüber ihrer Person nur sehr unvollkommen verbergen konnte.
All das wurde mir, sobald ich wieder nach oben kam, brühwarm
hinterbracht, naserümpfend und mit boshaften Anspielungen
versehen.

Andererseits sprach meine Mutter mit mir nie offen über
meine Gouvernanten, außer in Floskeln des Respekts: «Ich hoffe,
mein Liebling, du tust in allem das, was Fräulein Weibel dir auf-
gibt.» «Ich wünschte mir wirklich, dein französischer Akzent
wäre ebenso gut wie der von Mademoiselle Gonnet.» Man
müßte als Kind schon blind und taub gewesen sein, um nicht ihre
leise Bemerkung aufzuschnappen, mit der sie, als Mademoiselle
Nigg den Raum verließ, eine ihrer Freundinnen wissen ließ, daß
Schweizerinnen eine sentimentale Rasse seien, beziehungsweise,
um nicht zu beobachten, daß meine Mutter die Gesellschaft des
Fräulein Weibel keine zehn Minuten lang aushielt, es sei denn,
sie hatte mit ihr etwas über meinen Unterricht zu besprechen.

Kurz, ich fühlte mich unbehaglich, sobald Gouvernante und
Mutter gleichzeitig anwesend waren. Außerdem litt ich auch
richtig unter meinen Gouvernanten. Von Natur aus war ich ein
gehorsames kleines Mädchen, dem es geradezu ein Bedürfnis
war, älteren Menschen Bewunderung und Respekt entgegenzu-
bringen. Wenn ich ausgeschimpft wurde, reagierte ich nie mit
einer Rechtfertigung, wie z. B. «Das Fräulein ist heute so unausstehlich», wie ich das oft von meinen eigenen Kindern hörte.
Vielmehr suchte ich die Schuld bei mir selber und sagte mir:
«Wie unartig ich doch wieder war!» Dieser Instinkt in mir wurde
allerdings dadurch untergraben, daß Fräulein Weibel so unbeherrscht und mir gegenüber einfach ungerecht war. Und Mademoiselle Gonnet flirtete unübersehbar mit den verwundeten britischen Offizieren, die nach der Schlacht von Gallipoli[6] bei uns

zur Genesung untergebracht waren, schüttelte ihre kastanien-
braunen Locken und bog ihren Schwanenhals auf eine Art hin
und her, die ebenso peinlich wie ordinär war. Das waren Tatsachen, die auch ich bemerken mußte. Ich beobachtete das alles still
für mich und verachtete die Ladies dafür, konnte aber natürlich
nicht ahnen, daß sich hinter Mademoiselle Gonnets Flirterei tiefe
Einsamkeit verbarg und daß sich hinter Fräulein Weibels Verdrießlichkeit die Sehnsucht versteckte, ihre eigene Tochter bei
sich haben zu dürfen. Weil ich Mademoiselle Gonnet für dumm
hielt, weigerte ich mich, bei ihr das zu lernen, was sie mich wirklich hätte lehren können, nämlich gutes, fließendes Französisch.
Das bedauerte ich ein Leben lang. Jedenfalls wurde ich auf diese
Weise ein hochmütiger, selbstgerechter, eingebildeter kleiner
Fratz.

Als ich vierzehn war, nahm ich den Stier bei den Hörnern. Es
war das letzte Jahr, in dem Mademoiselle Gonnet regierte. Ich
machte meiner Mutter klar, daß mein Lehrer für Latein und
Griechisch in Florenz mir alles, was ich lernen wollte, viel besser
beibringen konnte als sie und daß sich um meine Gesundheit und
meine Kleider ja ihre eigene Zofe kümmern könne. Wenn sie es
schon unerträglich fände, die Gesichter meiner Gouvernanten
auch nur beim Mittagessen ansehen zu müssen, so fände ich es
noch weitaus unerträglicher, den ganzen Tag in ihrer Gesellschaft
verbringen zu müssen. Ich fragte sie, ob es nicht doch in Zukunft
möglich sei, mir Gouvernanten ganz zu ersparen. Meine Mutter
war einverstanden. Von da an war ich selig, daß ich mein Zimmer für mich alleine hatte.

Zwei Menschen allerdings, die ich von Herzen liebte, brachten echte Freude in mein Leben. Das war meine erste Italienisch-
Lehrerin, Signora Signorini, und schon seit den ersten Kinderta-
gen Kate Leuty, die Zofe meiner Mutter, die ich liebevoll Doody
nannte. Die Gouvernanten kamen und gingen, Doody aber war
immer da. Sie war schon Zofe bei meiner Mutter gewesen, lange
bevor diese heiratete und war ihr dann überall hin gefolgt. Sie
war die Personifikation einer Ergebenheit und Treue, die sie niemals daran hinderte, das zu tun, was sie für richtig hielt, die Verkörperung von Beständigkeit, Liebenswürdigkeit und dem typisch britischen, unbestechlichen *common sense*. Stets gepflegt in
ihrem schwarzen Kostüm mit langem Rock stapfte die unter-

setzte Gestalt hinter ihrer Herrin her, ob über die Felsenterrassen
des Grand Canyon, durch griechische Tempelruinen oder orien-
talische Basare, und häufig schleppte sie auch noch einen Klappstuhl oder eine Wärmflasche für sie mit. Bolzengerade saß sie in
venezianischen Gondeln auf dem Sitz im Bug, der für niedrig ge-
stellte Personen bestimmt war, und ließ ihre Augen starr und ausdruckslos über die Lagune schweifen. In dem gleichen schwarzen
Kostüm, auf dem Kopf einen Tropenhelm, ritt sie auf einem Kamel durch die Wüste. Wenn man sie fragte, ob sie nicht müde
sei, gab sie stereotyp zur Antwort: *«No, m'lady, we are here for plea-
sure.»*

Schiffsstewards, Schweizer Portiers, syrische Dragomane, ara-
bische Boys, italienische Hausmädchen, alle erkannten sogleich
ihre Autorität an und das Prestige der Lady, in deren Dienst sie
stand. Auf ihr Geheiß wurden Fußböden geschrubbt, Zelte aufgestellt, Wasserkessel aufgesetzt, Hühnern der Hals umgedreht.
Wieder und wieder wurde ich Zeuge, wie das Wunder sich vollzog: Nachdem wir einen ganzen langen Tag im Auto gesessen
hatten, kamen wir am Abend in irgend einer heruntergekommenen Herberge in Nordafrika oder Griechenland an, die unzähligen Koffer, Mäntel und Reisetaschen, mit denen wir unterwegs
waren, wurden ausgeladen, und meine Mutter zog mit ihren Be-
gleitern und mir los zu irgend welchen Ruinen, deretwegen wir
die ganze Reise unternommen hatten.

«Um das Gepäck brauchen Sie sich nicht zu bemühen, Leuty
kümmert sich schon um alles.»

Wenn wir nach einer Stunde zurückkehrten, hatte die Meta-
morphose stattgefunden: Im Zimmer meiner Mutter war das Bett
mit ihrer eigenen Bettwäsche und mit Kaschmirdecken bereitet,
die Wärmflaschen lagen bereits an den richtigen Stellen, das Ta-
blett war schon für den Tee gedeckt, die Flakons und die Bürsten
mit ihren Initialen waren auf dem Toilettentisch arrangiert, der
Arzneikasten stand offen, Reiseführer und Landkarten, dazu vielleicht eine Taschenausgabe des *Golden Treasury of Songs and Lyrics*[7] oder der *Divina Commedia* warteten auf dem Nachttisch, das
Moskitonetz war übers Bett gespannt, der Duft nach gebratenem
Hähnchen entströmte der Küche wie dem Bad das Parfum von
Condy's Fluid. Und wieder war ein Stückchen Fremde für immer
ein Teil Englands geworden.

Meiner Mutter brachte Leuty eine Mischung aus Ehrerbietung und Barschheit entgegen, ein Sonderrecht, das nur dem höher gestellten englischen Personal zukam. Sie gab den Capricen meiner Mutter nach, ließ aber keinen Zweifel daran aufkommen, daß sie sie als solche durchschaute. Doch immer, wenn meine Mutter wirklich krank war oder echten Kummer hatte, stand sie ihr gütig und hilfreich bei. Mein Großvater wußte ihre Fähigkeiten durchaus zu würdigen. Während des Krieges schrieb er mir einmal: «Du mußt Leuty unbedingt sagen, wie dankbar wir ihr alle sind, daß sie *Mummy* so gut versorgt, und wie sehr wir alles, was sie tut, zu schätzen wissen. Sie ist uns allen eine wahre und treue Freundin; keine Familie hat je eine bessere gehabt. Vergiß auf keinen Fall, ihr das zu sagen.»

Mich nannte sie immer nur «das Kind», auch als ich schon längst erwachsen war. («Das Kind braucht neue Flanellhemden.» «Das Kind schaut käseweiß aus; zu viele Parties!») Offenbar war sie der Meinung, daß sie ihre rückhaltlose und doch nie unkritische Ergebenheit dadurch verbergen konnte, daß sie beim Reden jedwelche Zärtlichkeit vermied.

Die Wohnungen wechselten, die Gouvernanten lösten einander ab, Pläne wurden umgeworfen, Doody war der Fels, auf den ich bauen konnte. Sie packte mich Nacht für Nacht ins Bett und fischte später die Taschenlampe wieder unter der Bettdecke heraus, in deren Schein ich heimlich geschmökert hatte. Sie stand mir in allen Kinderkrankheiten und kindlichen Kümmernissen bei. Sie kaufte mir, ohne je Dank dafür zu ernten, die warmen Hemdhosen und die langen, schwarzen Strümpfe aus Wolle, sie brachte mir bei, daß man die Wahrheit sprechen und sich den Hals waschen muß. Sie war auch ein sehr lieber Reisekamerad. Zwar tat sie so, als könne sie nichts beeindrucken, aber sie konnte sich geradezu kindlich an den kleinen Freuden des Reisens ergötzen. Ich weiß noch, wie ich meine Mutter als Zwölfjährige damit ärgerte, daß ich einmal all meinen Mut zusammennahm und ihr gestand, daß ich keine große Lust hatte, die Gemälde Carpaccios mit ihr zu betrachten, und dafür viel lieber zusammen mit Doody den Markt am Rialto durchstreifen wollte, um dort Murmeln und Glastierchen zu erstehen und in einem Café Eis zu schlecken. Zwar ließ sie sich nicht anmerken, daß sie das mißbilligte, doch war mir zunächst einmal die Lust gründlich vergangen, denn ich wußte nur zu gut, daß ich meine «Unkultiviert-heit» offen zur Schau getragen hatte.

Mit Doody zusammen verbrachte ich bei dieser und bei zahl-reichen anderen Gelegenheiten die glücklichsten Stunden meiner Kindheit. Bei ihr fühlte ich mich sicher und geborgen und frei von dem ewigen Zwang, besser oder gescheiter zu erscheinen als ich in Wirklichkeit war. Nicht mit Worten, nur mit einem un-bewegten Gesicht zeigte sie mir, daß sie nicht bereit war, mir An-gebereien oder später dann alle möglichen Allüren durchzulassen. Sie hatte Verständnis für wirkliche Probleme, und jedwede kleine Demütigung wischte sie dadurch vom Tisch, daß sie sie einfach ignorierte. Sie ließ mein Konfirmationskleid anfertigen und zog es mir an, sie nahm meine Gouvernanten ebenso in Au-genschein wie meine Freundinnen und fällte ihr Urteil über sie, sowie sie es später dann bei meinen Verehrern tat, was bei mir je-desmal Besorgnis und Befürchtungen auslöste. Glücklicherweise gefiel ihr Antonio, mein Verlobter, trotz ihres anfänglichen na-tionalen Vorurteils, daß er kein Engländer war. Am Tag unserer Hochzeit umkränzte sie in einer Anwandlung romantischer Ge-fühle meinen Spiegel mit der Jasmingirlande, in der die Braut – wie ihre Mutter ihr gesagt hatte – am Morgen der Hochzeit als erstes ihr Gesicht erblicken sollte. Und da meine Mutter wieder einmal krank zu Bett lag, war Doodys gedrungene Gestalt, die reglos in der Loggia stand, das letzte, was ich von meinem Zu-hause sah, als wir zur Hochzeitsreise aufbrachen.

Als mich sechs Jahre danach in Venedig ein Telegramm er-reichte, daß sie in London, wohin sie meine Mutter begleitet hatte, von einem Bus überfahren worden war, nahm ich den nächsten Zug nach England – aber zu spät! Wenn ich daran denke, wie viele Stunden sie wohl vergeblich auf «das Kind» ge-wartet haben mag, kann ich das bis heute noch nicht verwinden. Da erst kam mir zu Bewußtsein, daß ich in all den Jahren meiner Kindheit und Jugend niemals auch nur daran gedacht hatte, ihr «Danke» zu sagen. Dies ist ein Versuch, es nachzuholen.

Der Dank, den ich Signora Signorini schulde, ist etwas völlig anderes, aber kaum Geringeres. Als sie zu mir kam, war sie, wie ich heute weiß, eine junge Frau unter dreißig. Sie muß einmal sehr schön gewesen sein, aber ihre Schönheit war schon etwas verwelkt, ihre jugendliche Frische vergangen durch schwere Arbeit und Resignation. Vierzehn Jahre ihres Lebens hatte sie in einer Klosterschule zugebracht, wo sie kein Buch lesen durfte, das ihr nicht die Klosterschwestern vorsetzten, die ihr auch nie erlaubten, ein Theater oder ein Konzert zu besuchen. Anschließend heiratete sie und führte sechs Jahre lang eine glückliche Ehe, bis das Glück zerstört wurde, als ihr Mann zunehmend häufiger von Anfällen akuter Depression heimgesucht wurde und schließlich in regelmäßigen Abständen in eine psychiatrische Anstalt eingewiesen werden mußte. Dadurch war sie gezwungen, den Lebensunterhalt für sich und ihre Kinder durch Unterrichten zu verdienen. Fünf Jahre lang kam sie an zwei Nachmittagen der Woche zu mir. Mit ihr las ich *Pinocchio*, dann *Cuore* und *Le mie prigioni*[8]. Wie üblich lernte ich nach und nach *Rondinella pellegrina* und *O vaghe montanine pastorelle* auswendig, schließlich noch *Il cinque maggio*.[9] In ihrer sanften, ruhigen Stimme diktierte sie mir die Themen für meine Aufsätze, Themen, die eher dazu geeignet waren, Herz und Gemüt zu entfalten denn Intelligenz. *«Stasera Pierino è andato a letto contento di aver compiuto una buona azione»*, *«Una festa di famiglia»*, *«Chi dona ai poveri dona a Dio.»* (Heute ist Peterchen glücklich schlafen gegangen, weil er eine gute Tat vollbracht hat. Eine Familienfeier. Wer den Armen gibt, gibt Gott.)

Manchmal brachte sie am Samstag auch ihre Kinder mit, zwei kleine Mädchen in meinem Alter in weißen, herausgelassenen und sorgfältig gebügelten Sonntagskleidchen. Beide waren sie viel adretter und wohlerzogener als ich und, wie ich zu spüren glaubte, auch viel selbstsicherer. Irgendwie beneidete ich sie, ich wußte nicht recht, warum. Wahrscheinlich, weil sie mit anderen Kindern zusammen in die Schule gehen durften und weil sie ihre Mutter am Abend ganz für sich alleine hatten. Heute sehe ich es so, daß sie über die Widerstandsfähigkeit von Kindern verfügten, die in einer durch und durch in sich ruhenden Welt lebten, in der ständig gegen vornehm verborgene Armut und Existenzangst gekämpft wurde, nicht aber in der seelischen Konfusion, die mir als Kind beschieden war, weil ich in einer Welt leben mußte, die für mich viel zu raffiniert, unruhig und prächtig war. Durch die beiden Signorini-Mädchen lernte ich ein Leben der kleinen, bescheidenen Freuden kennen, denen wir immer schon lange vorher entgegenfieberten. Der Ausflug mit der Straßenbahn nach

Settignano, das neue Haarband als «Fleißbillettchen» in der Schule, der seltene Genuß, am Sonntag Abend in einem Café Eis essen zu dürfen, der Blaskapelle auf der *piazza* zu lauschen, die Sommerfrische in einem ärmlichen kleinen Dorf in den Hügeln von Pistoia. Ich konnte es einfach nicht fassen, daß es zu ihren größten Vergnügungen gehörte, wenn sie mit mir in der Villa Medici spielen durften. Ich konnte mir nicht vorstellen, warum.

Als die Jahre so dahingingen und wir in eine ganz unterschiedliche Form des Lebens hineinwuchsen, schlief der Kontakt zu den Signorini-Töchtern allmählich ein. Doch meine tiefe Zuneigung zu ihrer Mutter und ihrer unversiegbaren Liebe blieb bis zu ihrem Tod vor einigen Jahren erhalten. Es reichte schon, die steile Stiege zu der Wohnung zu erklimmen, in der sie zusammen mit einer ihrer verheirateten Töchter lebte, in das kalte, mit Möbeln vollgestopfte gute Zimmer einzutreten, wo sie nun in einem dezenten schwarzen Kleid als alte Dame in einem Sessel saß – und schon fühlte ich mich zurückversetzt in das Schulzimmer, in eine kleinere, sicherere Welt.

«Donata (meine zweite Tochter) hat also ihre *terza media* Prüfung[10] gut bestanden? Was für eine *consolazione* für Sie, meine Liebe!»

Niemals ließ sie auch nur durch die leiseste Andeutung einer Kritik einen Schatten auf ihre Anteilnahme an meinen Erzählungen über Reisen und mein Leben in der Gesellschaft fallen. In ihren Augen war das ganz einfach nichts als ein Spiel, Welten entfernt von dem, was sie für sich selbst oder für ihre Töchter vom Leben erwartete oder ersehnte. *La discrezione, saper essere discreti,* war die Tugend, die ihr Leben bestimmte. Selbst als sie älter wurde, und Bronchitis sowie schmerzhaftes Herzasthma sie immer häufiger ans Bett fesselten, blieben ihre Erwartungen ans Leben bescheiden. Sie war eine gläubige Frau, aber ihre Frömmigkeit hatte nichts Mystisches an sich. Ihr Herz war voller Liebe, und sie liebte selbstlos. *«E troppo bello per me!»*, sagte sie, wenn ich ihr einen Strauß Rosen, eine hübsche Hausjacke oder pelzgefütterte Hausschuhe brachte, und versuchte dabei, ihren Husten zu unterdrücken und ihre zitternden Hände stillzuhalten. Das war nicht nur eine bloße Redensart. Ich wünschte, ich könnte beschreiben, wie echt das alles war, alles andere als falsche Bescheidenheit. Sie war in der wahren Tradition der Toskana aufge-

wachsen und lebte sie so, wie sie sich seit dem Mittelalter unverändert bis zum heutigen Tage erhalten hat, die Tradition «des
rechten Maßes». Genügsamkeit, Enthaltsamkeit, Rechtschaffen-
heit (die schon fast übertrieben war), ausgeprägter Familiensinn
und Pflichtbewußtsein, Güte, über die nur Menschen verfügen,
die für sich selbst nichts erwarten, würdevolle Selbstverleugnung
– das waren ihre Charaktereigenschaften, dazu eine gewisse
Nüchternheit und Klugheit in ihren Urteilen und kritischen Bemerkungen, was ebenfalls typisch toskanische Eigenschaften sind.
Immer war sie liebenswürdig, gleichzeitig aber durch und durch
realistisch. Ihr verdanke ich den ersten Einblick in diese, ihre
Welt und ihre Einstellung zum Leben. Es entspräche nicht der
Wahrheit, würde ich behaupten, daß dieser Einblick mein Leben
oder mein Verhalten verändert hätte, doch die Erinnerung daran
ist nie verblaßt. Nur manchmal kam mir mein Leben in Luxus ein
wenig seicht vor.

Das Wort «seicht» trifft allerdings das bewegte und intellektu-
ell anregende Leben nicht ganz, dessen Widerhall in der Villa
Medici ab und zu in mein Schulzimmer hinaufdrang, auch wenn
meine Mutter wahrscheinlich zu Recht bestimmt hatte, daß ich
dort relativ abgeschieden leben sollte. Mit der Zeit bekam ich
schon mehr mit von dem, was unten vorging, besonders dann,
wenn Irene Lawley, die fröhliche junge Kusine meiner Mutter,
aus England zu Besuch kam, die nur zehn Jahre älter war als ich.
Sie blieb immer wochenlang und brachte frischen Wind, un-
bekümmerte Freude und viel Spaß ins Haus, was mich gleichzeitig berauschte und verstörte. In einem farbenfrohen und recht
durchsichtigen Morgengewand leistete sie mir beim Frühstück
im Schulzimmer Gesellschaft (sehr zum Mißvergnügen der Gouvernante!) und lenkte mich dann mit ihrem Gitarrenspiel vom
Unterricht ab. Sie kaufte sich eines der Banner des Sieneser *Palio*
und übte mit ihren jungen Freunden auf dem Rasen, wie man es
nach den Regeln der Kunst herumwirbelt. Sie ritt mit einem jungen Kavallerieoffizier in blauer Uniform aus, und ich schaute ihr
vom Gangfenster mit offenem Mund nach. Sie veranstaltete
Mondscheinpicknicks. Sie führte ein Kinderstück auf, das ich geschrieben hatte, und spielte selbst eine Rolle in einer Komödie
über einen ausländischen Spion, die mir höchst gewagt vorkam.
Sie wurde zu Gunsten des Roten Kreuzes aufgeführt, denn wir

schrieben das Jahr 1915. Wo sie auftauchte, gab es fröhliches
Gelächter und Spaß und einen Troß von Verehrern. Unter ihnen
war auch Charles Lister, der, wie auch Rupert Brooke und so
viele andere begabte junge Engländer, in den Dardanellen bei
Gallipoli gefallen ist. Er kam in die Villa Medici, um ihr Lebewohl zu sagen und schenkte ihr zum Abschied ein Pärchen *love-
birds*[11], Wellensittiche, die er auf dem Markt von Fiesole erstanden hatte, die ich dann schließlich erbte, die sich aber
bedauerlicherweise gegenseitig tothackten.

Irene kam immer in Begleitung ihrer bezaubernden Mutter
Constance, Lady Wenlock, die ich «Aunt Concon» nannte. Sie
war noch eine richtige *Edwardian Soul*, hatte aber nichts von der
Gewöhnlichkeit an sich, die so typisch war für die Regierungszeit Edwards VII., sondern sie schien eher noch dem 18. Jahrhundert anzugehören. Sie war so geistreich wie Mme de Sévigné
und so anmutig wie Mme de Sabran. Sie war hoffnungslos romantisch und eroberte sich das Vertrauen von Jung und Alt, auch
dann noch, als sie in hohem Alter so taub geworden war, daß sie
ein langes Hörrohr brauchte, das stets mit Spitze in der gleichen
Farbe wie ihr Kleid überzogen war. Wollte man ihr ein Geheimnis anvertrauen, mußte man ihr in einen abgeschiedenen Teil des
Rosengartens folgen. In ihren enganliegenden, zartfarbenen Ge-
wändern aus indischem Kaschmir huschte sie wie eine elegante
und zerbrechliche Elfe durch den Garten, ein Silberschimmer
gleich den Blättern der Ölbäume. In der Morgendämmerung
oder bei Sonnenuntergang konnte man sie immer auf einem
Klappstuhl vor ihrer Staffelei antreffen, denn dies waren die einzigen Stimmungen, die sie ihres Pinsels für wert befand. Sie steigerte die Wirkung der Landschaft zu ihren Füßen, indem sie hier
eine ideale klassische Säule, dort einen *tempietto* hinzufügte. Auf
ihren Aquarellen waren die Zypressen noch dunkler als in Wirklichkeit, die Sonnenuntergänge schillerten in noch glühenderen
Farben, und ihre Fantasie krönte die Hügel in der Ferne mit Tür-
men und Türmchen. Als ich bereits verheiratet war, kam sie zu
uns ins Val d'Orcia zu Besuch und hätte zu gern unsere *maremmano* Ochsen gemalt, aber da sie glaubte, sie seien so wild wie die
Büffel der Indianer, wagte sie nicht, sich mit ihrer Staffelei mitten unter sie zu setzen. Doch ob sie nun zu Hause war oder unterwegs, immer stand sie sehr früh am Morgen auf, sei es, um zu

malen, sei es um ihre Rosen aus einer kleinen Gießkanne mit
Jauche zu düngen, was nicht ganz zu ihren zarten Händen passen
wollte. «Die Rose ist ein richtiger Vielfraß,» sagte sie dann und
steckte sich eine voll erblühte *Crimson Glory* in ihrem zarten Spit-
zenfichu am Kleid fest. Selbst das Alter vermochte ihre Lebensfreude, ihre Leidenschaft für alles Schöne nicht zu dämpfen. Am
Morgen des Tages, an dem sie im Alter von achtzig Jahren starb,
war sie ganz früh aufgestanden, um die Morgendämmerung zu
malen.

Ab und zu kamen auch meine Großeltern in die Villa Medici,
um ihre Tochter zu besuchen. *Gran* hatte ihre besondere Freude
an Haus und Garten, *Gabba* an Spaziergängen und Autofahrten
durch die Hügellandschaft. Doch beiden ging das Gerede über
Philosophie, Literatur und Kunst auf die Nerven. Sie trösteten
sich gegenseitig, indem sie sich sagten: «Wir wissen ja, daß dieses
Zeug Sybil schon immer gefallen hat.»

Sie brachten jedesmal ein Stück England mit; aber natürlich
war England bereits präsent. Die Florentiner Gesellschaft war zu
jener Zeit nicht eigentlich kosmopolitisch, vielmehr ein Konglo-
merat aus eigenartig disparaten Elementen – ein Archipel von
kleinen Inseln, die nie zu einem Kontinent zusammenwuchsen.
Die Lebenssphären der verschiedenen Kolonien, der russischen,
französischen, deutschen, schweizerischen, amerikanischen, englischen, wiesen zwar manchen Berührungspunkt auf, verschmol-
zen aber nur selten zu einer Einheit. Selbst die englische Kolonie,
die größte und wohlhabendste, war nach ihrem eigenen Urteil
weit davon entfernt, eine in sich geschlossene Gemeinschaft zu
sein. «Sie sind selbstverständlich nicht alle gleich ... », wie E. M.
Forster seinen Geistlichen sagen läßt, «manche sind aus geschäftlichen Gründen da.»[12] Abgrundtief war der Unterschied nicht so
sehr zwischen den verschiedenen Klassen der Ortsansässigen, sondern zwischen dem Bildungsreisenden und dem Anglo-Florenti-
ner, der sich in der Stadt niedergelassen hatte und der sich als Teil
der Florentiner Gesellschaft fühlte. Manche unter ihnen waren
dort so verwurzelt, daß eine Anzahl von einsamen alten Damen
sich hartnäckig weigerte, Florenz zu verlassen, als das Britische
Konsulat sie bei Ausbruch des Zweiten Weltkriegs zu repatriieren
versuchte. Sie führten ins Feld, daß sie fünfzig Jahre lang in Florenz gelebt hatten und lieber das Risiko auf sich nehmen würden,

in ein KZ verschleppt zu werden als nach England zurückzukehren, wo sie längst kein Zuhause und keine Freunde mehr hatten.

Die in Florenz lebenden Engländer trafen sich regelmäßig in
der Englischen Kirche in der Via Lamarmora, in Maquay's Bank
in der Via Tornabuoni, in Miss Penroses Schule, wo ihre Kinder
mit den kleinen Florentinern zusammenkamen, deren Eltern
Wert darauf legten, daß sie fließend Englisch sprechen lernen
sollten, im Englisch-Amerikanischen Kaufhaus in der Via Ca-
vour, in Vissieuxs Leihbücherei, die jungen Leute auch im Ten-
nisclub in den Cascine. Um diese Treffpunkte herum spielte sich
sozusagen ihr ganzes Leben ab. Wenn sie in einem Florentiner
Palazzo wohnten, in dem die schönsten steinernen Kaminver-
kleidungen und die alten Fußböden aus gebrannten Tonfliesen
oder Marmor erhalten waren, verwandelten sie ihn umgehend in
einen Salon im South Kensington Stil, in dem Chintzvorhänge,
gerahmte Aquarelle, silberne Rosenschalen und die Bibliothek
nicht fehlen durften, dazu der Duft nach frischgebackenen *scones*
und frisch gebrühtem Tee : «Keine Italienerin wird je die Tee-
kanne vorwärmen, wie es sich gehört, meine Liebe!» Wenn sie
eine Villa ihr eigen nannten, ließen sie zwar gewissenhaft die be-
schnittenen Buchs- und Zypressenhecken im traditionellen «Italienischen Garten» unangetastet, verliehen ihm aber dennoch ein
wenig heimatliches Ambiente: Eine *Dorothy-Perkins*-Rose, die
sich zwischen den Rebstöcken und den Glyzinien an der Pergola
emporrankt, ein Staudenbeet auf der unteren Terrasse, dazu
überall bequeme Korbstühle auf dem Rasen. «*Bisogna begonia!*»
hörte ich einmal Mrs Keppel ihrem toskanischen Gärtner so zu-
rufen, daß die beiden Wörter sich reimten. Dabei stieß sie den er-
schrockenen Mann mit ihrem langen Parasol an, ohne ihren
stocksteifen Rücken im edwardianischen Kleid zu beugen und
markierte dann damit genau die Stellen im Beet, wo er die Pflanzen setzen sollte. Als wir sie das nächste Mal besuchten, standen
die Begonien so üppig und stramm im Garten wie in den Blumenbeeten von Sandringham.

Genau diese Villenbesitzer konnte man bei den Sonntagsein-
ladungen meiner Mutter antreffen. Aber sie «erledigte» am selben
Tag auch noch andere Besucher, die zufällig auf der Durchreise
waren. («Die Brackenburghs, ach die erledigen wir gleich am
Sonntag mit.») Das Ergebnis war eine reichlich seltsame Mi-

schung von Besuchern bei uns, was auch dem Auge eines Kindes nicht entgehen konnte. Doch an bestimmte Personen kann ich mich nicht erinnern, abgesehen von den paar Menschen, an denen ich wirklich hing. Da war eine süße, blauäugige Irin, Nesta de Robeck, die sich bereit erklärte, mir Klavierstunden zu geben und der ich viele glückliche Stunden verdanke und eine Freundschaft, die bis heute besteht. Der Freund meines Vaters, Gordon Gardiner, der lange Abenteuergeschichten aus seinem Leben im afrikanischen Grasland und im australischen Busch zum Besten gab und mir *Ticonderoga*[13] vorlas, der mich auslachte, als ich mir einmal Honig ins Haar schmierte. Dann Patience Cockerell, meine Patentante, die die ersten Jahre nach dem Tod meines Vaters fast ganz bei uns zubrachte. Unweigerlich trug sie einen Rock aus grauem Tweed und dazu eine Bernsteinkette – wie daheim in ihrem Häuschen in Sussex. («Ich habe kein Geld und will auch nicht so wirken, als hätte ich welches.») Sie half uns, die Villa einzurichten und den Garten anzulegen, doch sie betrachtete die neuen «Künstlerfreunde» meiner Mutter mit spöttischem Augenzwinkern. «Zu gescheit für uns!», kamen sie und Gordon überein. Als es sich abzuzeichnen begann, daß dies fürderhin der Umgang meiner Mutter sein würde, verschwanden beide immer mehr aus unserem Gesichtskreis.

All die anderen Gestalten, die auf den Parties meiner Mutter auftauchten, blieben für mich Schemen, auch wenn ich ihnen gehorsam die *scones* mit Butter reichte und sie durch den Garten führte. Zwar kann ich ein paar Namen aufzählen, aber ich sehe keine Menschen aus Fleisch und Blut vor mir. Da war die alte Lady Paget von *Bellosguardo*, ein Kinderschreck. Manchmal kam Vernon Lee mit ihren kurzgestutzten grauen Haaren in strengem Herrenhemd mit Krawatte auf dem Heimweg von unserem Nachbarn Charles Strong bei uns vorbei, zu dessen Villa sie einmal in der Woche hinaufstapfte. Dort schrien sie einander philosophische Weisheiten über das Schöne und das Gute zu, denn sie waren alle beide stocktaub. Hin und wieder kam der Dichter Herbert Trench mit weitausholenden Schritten von Settignano über die Hügel zu uns herüber, begleitet von seinen hübschen Töchtern, drei schweigsamen Grazien. Viel lieber kam er allerdings allein, um seine Gedichte vorzutragen oder das lange Drama, das er soeben über Napoleon schrieb. Carlo Placci

schaute immer herein, wenn er gerade von Duino kam, wo er bei
der Fürstin Thurn und Taxis geweilt hatte, und erzählte, daß
Rilke, der Ärmste, wieder einmal schwer krank war, oder auch,
wenn er von Paris kam, wo ihm Clemenceau erzählt hatte ...
oder auch von Hatfield (denn seine Beziehungen reichten weit),
wo Lord Salisbury ... Für mich waren das natürlich nichts als Namen, aber ich beobachtete, wie die Erwachsenen gebannt lauschten, und schloß daraus, daß dieser langnasige alte Herr eine sehr
bedeutende Persönlichkeit sein mußte. Warum aber lachte dann
Herr Berenson, wenn ihm anderntags die Geschichten wiederer-
zählt wurden, und sagte: «Armer alter Placci – es gibt halt nichts
in Europa, wo er nicht seine Nase reinstecken muß.»

Manchmal ließen sich sogar Florentiner blicken, aber nur sehr
wenige, die Mütter meiner Freundinnen, die sich für diesen Besuch fein gemacht hatten, oder die flotten jungen Freunde von
Irene. Auch altmodisch gekleidete, distinguierte alte Paare aus
der Generation meiner Großeltern kamen vom Hotel *Grand Bre-
tagne* oder aus Miss Peters *pensione* herauf, um zu inspizieren,
«what sort of place Sybil has settled in». Oft besuchten uns auch amerikanische Freunde, meist emsig und unermüdlich auf der Jagd
nach Sehenswürdigkeiten und ganz erpicht auf Hinweise und
Erklärungen. Ab und an war sogar «Old New York» bei uns vertreten und gelegentlich kam auch eine Abordnung aus Bloomsbury oder Chelsea, die weder mit Anerkennung noch Kritik
zurückhielt. «Wenn ich mir vorstelle,» rief John Masefields Frau
aus, als wir die Gartenterrasse abschritten, «daß diese große Mauer
von Sklaven errichtet ist!» Doch der Tee und das Gebäck, das ich
beflissen herumreichte, waren köstlich, der Garten stand in voller
Blüte, meine Mutter war die gewinnendste Gastgeberin, die man
sich denken konnte, die routiniert eine Herde von Gästen, die
nicht im geringsten zusammenpaßten, in kleine Grüppchen zu-
sammenbugsierte, die sich blendend unterhielten.

«Iris, bist du so gut und zeigst Mrs X und Colonel Y die
Pfingstrosen in der Rabatte, so lange ich hier Lady Z und Signor
Placci noch Tee serviere, und Irene, ich denke, Marchese D und
Conte R möchten vielleicht einmal den Blick von der Westter-
rasse genießen!»

Nach Sonnenuntergang begaben sie sich schließlich alle wieder von unserem Hügel ins Tal hinunter mit dem befriedigten

Gefühl, einen anregenden, wenn auch leicht chaotischen Nachmittag verbracht zu haben. Meine Mutter sank erschöpft aufs
Sofa, und ich war froh, endlich in mein Schulzimmer hinauf und
in meinem Buch weiterlesen zu dürfen. Damals beschloß ich, daß
ich später, sollte ich dann immer noch in Italien leben, nur einen
Italiener zum Mann nehmen würde. Ich wollte einfach nicht länger zur «Englischen Kolonie» gehören.

Leider kann ich von den anderen «interessanten Leuten», die
damals in Florenz lebten, wenig berichten. Diejenigen wie Nor-
man Douglas und Gordon Craig, später D.H.Lawrence und
die Huxleys, von denen ich heute wünschte, daß ich sie kennengelernt hätte, mieden die Villa Medici. Sie speisten in billigen
trattorie, sprachen eine eigene, höchst farbige Sprache, die die
Toskaner *anglo-becero* nannten, Bauern-Englisch. Dann wieder
verschwanden sie für lange Zeit von der Szene und zogen sich in
noch unberührte Gegenden zurück, die den Reiz des Ursprünglichen noch nicht verloren hatten und von denen uns Geoffrey
Scott und Cecil Pinsent hin und wieder eine kleine Vorstellung
gaben. Gelegentlich fuhr ich mit meiner Mutter nach Poggio
Gherardo hinüber. Das war eine der Villen, in der Boccaccios
junge Herren und Damen 1348 vor der Pest Zuflucht gesucht hatten, und in der manche der Geschichten des Decamerone erzählt
worden waren. Dort besuchten wir Mrs Ross, die wir dann im
Olivenhain antrafen, wo sie den Ertrag aus der nächsten Ernte
kalkulierte. Darin war sie so gewieft, daß sie es mit jedem toskanischen Bauern aufnehmen konnte. Es kam auch vor, daß sie uns
willig in das heimelige Durcheinander ihres viktorianischen Salons einließ, wenn sie dazu aufgelegt war, und uns erzählte, wie
sie einmal *«a dish of tea»* zu sich genommen hatte mit Miss Berrys,
die sie dann von *«Il Signor»* (Watts[14]) porträtieren ließ. Oder wie
sie auf den Knien von Meredith, *«my poet»,* gesessen hatte. Ein
oder zweimal durfte ich später sogar in einer Ecke von Charles
Loesers schönem Musikzimmer sitzen, wenn dort das Lener
Quartett spielte. An den Wänden hingen frühe Cézannes – Loeser hatte diesen Maler als einer der ersten entdeckt –, und durch
die halbgeöffnete Tür lugte Matilda, die kleine, elfenzarte Tochter unserer Gastgeber herein. Auch den allerschönsten, und in
meinen Augen romantischsten Park der Villa Gamberaia besuchten wir hin und wieder. Ich wanderte dann umher und hoffte ins-

geheim, einen Blick auf die Besitzerin zu erhaschen. Prinzessin Ghika war eine bekannte Beauté gewesen und hatte sich, als ihre Schönheit schwand, mit ihrer englischen Gesellschafterin ganz in ihre Villa zurückgezogen. Niemand sollte sie mehr unverschleiert zu Gesicht bekommen. Ich hatte gehört, daß sie in der Morgendämmerung manchmal in den Becken der Wasserspiele im Park badete oder des nachts durch die lange Zypressenallee wandelte. Doch alles, was ich je zu Gesicht bekam, war der Schatten einer verschleierten Gestalt an einem Fenster im oberen Stockwerk. Oder war es nur ein Trugbild meiner blühenden Fantasie?

Auch von der prägnantesten und berühmtesten Persönlichkeit der Florentiner Szene jener Zeit habe ich aus diesem Abschnitt meines Lebens wenig mehr zu berichten. Der bekannte Kunstkritiker und Sammler Bernard Berenson kam oft zu Besuch zu meiner Mutter, und ich ging auch recht oft zu ihm nach *I Tatti* hinüber. Doch wenn ich an diese Besuche zurückdenke, steigt in der Erinnerung nur die enorme Hemmung auf, die ich dabei empfand. Nicht daß es mir nicht bewußt gewesen wäre, daß *I Tatti* ein ganz besonderer Ort war und daß es für mich ein großes Glück bedeutete, dort eingeladen zu werden. Die große, schmucklose Bibliothek, die alle Bücher der Welt zu enthalten schien, der in Terrassen abfallende Garten am steilen Hang und die lange Reihe der auf Goldgrund gemalten Bilder der italienischen Schule des späten Mittelalters, die in jedem Raum und in jedem Korridor hingen. Alles war faszinierend und hätte mich begeistert, wenn man mich nicht ständig belehrt, sondern mich damit allein gelassen hätte. Ich wäre zu gern von einer wehmütig blickenden Madonna zur nächsten gewandert, um mir Geschichten auszudenken über die Heiligen und die Mönche, die schönen Damen und das fremdartige Getier und die zarten Landschaften im Hintergrund und den Ritter, der auf seinem weißen Roß zur Burg hinanreitet. Aber nur zu selten überließen sie mich mir selbst, und wenn es doch einmal vorkam, fühlte ich mich auf seltsame Art beunruhigt. Für mich war das ganze Haus auf Jahre hin beherrscht von einem Wesen, auf das beim Eintreten der Blick als erstes fiel, nämlich von einer großen ägyptischen Katze, die in der Eingangshalle auf einer toskanischen Hochzeitstruhe des 14. Jahrhunderts thronte – elegant, geheimnisvoll, von unwiderstehlicher Anziehungskraft. Erst wenn man sie streicheln wollte, wurde man gewahr, daß sie aus Bronze war.

Für die Kinderfeste, die Berensons Frau für ihre Enkel gab, hatte sie sich immer Spiele ausgedacht, die unsere Fantasie anregen sollten. So bekamen wir den Auftrag, den kleinen Bach unten im Garten, die Mensola, bis zu seiner Quelle zu verfolgen. Oder sie hatte eine Schatzsuche im Musikzimmer vorbereitet. Wir aber standen voller gegenseitigen Mißtrauens teilnahmslos herum, über uns die erhobenen Hände von Sassettas Heiligem Franziskus, und sprachen kein Wort miteinander. Frau Berenson, die mit ihrer sanften Quäkerstimme und ihrer üppigen Figur doch gewiß genügend Ruhe ausstrahlte, spornte uns vergeblich an, die kleinen Fähnchen einzusammeln, die sie ausgelegt hatte, und singend im Kreis herumzuhüpfen. Zufällig hörte ich einmal, wie sie zu einer erwachsenen Freundin sagte: «Wenn ein Kind erst einmal die Gebärden des Glücks vollführt, dann wird es allein dadurch schon glücklich.»

Ob das unter anderen Umständen gestimmt hätte, weiß ich nicht. Aber dies war nun einmal eine zutiefst komplexbeladene Schar von Kindern, die in *I Tatti* hintereinander her schlichen und dazu einen dünnen, jämmerlichen Gesang von sich gaben.

Der Grund für meine eigenen Hemmungen war, daß ich immerzu fürchtete, Herr Berenson könne jeden Moment hereinkommen. Nie war er anders als lieb und nett zu mir gewesen bei einem seiner zahlreichen Besuche in der Villa Medici, und doch war ich ihm gegenüber niemals unbefangen. Die Erlesenheit seiner äußeren Erscheinung, stets im tadellos geschnittenen, hellgrauen Anzug mit einer roten Nelke im Knopfloch, die absolute Ruhe in seiner Stimme, die Eleganz seines Auftretens – all das, zusammen mit dem, was ich von anderen über seine vernichtenden Äußerungen und über sein enzyklopädisches Wisssen gehört hatte, war schlicht zu viel für mich. So konnte es vorkommen, daß ich mich in der Treppenkehre versteckte, wenn er meiner Mutter zur Teezeit einen Besuch abstattete und dazu oft auch seine eigenen Gäste mitbrachte, wie zum Beispiel Logan Persall Smith, Edith Wharton oder Robert Trevelyan. Dort wartete ich dann so lange, bis ich das Auto wieder wegfahren hörte. Nahm er meine Mutter in seinem Wagen in die Hügel mit, so lud er auch mich manchmal dazu ein mitzukommen. Dann saß ich immer vorn neben dem Chauffeur und hoffte inständig, daß von mir nichts anderes erwartet würde, als die Picknickkörbe auszupacken, wenn wir den Wald erreichten, und ich mich dann mit meinem Buch fortstehlen könne. Bei solchen Gelegenheiten wirkte B. B. allerdings weit weniger furchteinflößend auf mich, als wenn er den zuvorkommenden Gastgeber auf *I Tatti* spielte. Alles Affektierte war dann von ihm abgefallen, und er rannte den Hang mit solcher Behendigkeit und Zielstrebigkeit hinauf, als sei er noch immer der junge Student der Kunstgeschichte, der 1888 zum ersten Mal überwältigt vor der italienischen Kunst stand. Sein intuitives Verständnis dafür war noch ebenso unverbraucht wie damals, nur bereichert und geschärft durch jedes Jahr, das seitdem vergangen war. Ob er uns nun ein verblassendes Fresko in einer einsamen kleinen Dorfkirche zeigte oder nur in einem duftenden Hain von Zypressen oder Pinien stand und die klare Silhouette eines Hügels in der Ferne betrachtete oder den märchenhaft unter einer Baumgruppe gelegenen Bauernhof mit dem Taubenhaus («Sehen Sie, ein Corot!» sagte er dann, oder «Ein Perugino!») – in seiner Gesellschaft lernte man fürs ganze Leben, was das war: Die Kunst des Sehens. Eines Tages hatte er uns ein paar Fresken gezeigt und erzählte uns dann das indianische Märchen, wie der Gott von Pfeil und Bogen seinem kleinen Sohn beibrachte, wie man das Ziel traf. «Er führte ihn in einen Wald und fragte ihn, was er sähe. Der Sohn sagte: ‹Ich sehe einen Baum.› – ‹Schau nochmal hin.› – ‹Ich sehe einen Vogel.› – ‹Schau nochmal.› – ‹Ich sehe einen Kopf.› – ‹Nochmal.› – ‹Ich sehe sein Auge.› – ‹Dann schieß›. Mit dem Sehen», sagte B. B., «ist es genauso. Ein Augenblick genügt, wenn die Konzentration vollkommen ist».

Wenn ich ihn dann viel später einmal etwas fragte, dann antwortete er so: «Ja, auf dem Lorenzetti Fresko des *Martirio dei Francescani a Ceuta* in *San Francesco* in Siena gibt es Portraits von Tartaren Sklaven.» Oder: «Bernardinos erste Kanzel können Sie in einer kleinen Klosterkirche 3 km südlich von Montalcino finden. Sie ist sehr klein und wurmstichig.» Oder: «Das beste Buch zu *diesem* Thema ist nur auf Deutsch erschienen, aber es gibt eine ganz gute kleine Monographie darüber auf Italienisch. Sie können morgen kommen und sie sich bei mir ansehen.» Seine Bibliothek stand ebenso wie sein Wissen jedermann uneingeschränkt zur Verfügung, der wirklich etwas wissen wollte, so unbekannt er auch sein mochte.

Es gehört zu den Dingen, die ich heute noch bereue, daß ich
in diesen frühen Jahren nicht mehr von ihm in mich aufnahm, ja,
daß ich nicht einmal Freude aus dem Zusammensein mit ihm
schöpfte. Ist es nicht so, daß Kinder manchmal instinktiv etwas
zurückweisen, das für sie eine zu schwere Kost ist, für die sie noch
nicht reif sind, ebenso wie Tiere Futter nicht annehmen, das ihnen nicht bekommt? Diese vielschichtige Persönlichkeit verwirrte mich damals noch und war für mich ein Rätsel.

Noch immer kann ich mir kaum vorstellen, daß sich das Leben, so wie ich es hier beschreibe, in den Jahren zwischen 1914
und 1917 während des Ersten Weltkriegs abspielte. (Meinen Lesern wird es ähnlich ergehen.) Doch die Wahrheit ist, daß der
Krieg zu meiner Mutter in ihrem Elfenbeinturm wie auch zu vielen anderen Ausländern, die in den Villen in den Hügeln um Florenz lebten, nur als fernes Donnergrollen drang, ein störender, lä-
stiger Lärm hinter den Kulissen. Damit will ich natürlich nicht
sagen, daß nicht doch bei den Gesellschaften meiner Mutter, und
mehr noch auf *I Tatti,* viel über Politik diskutiert wurde, wenn
auch häufig mit einer solch kultivierten und überheblichen Distanz, daß es für den naiven und blinden Patriotismus einer Vier-
zehnjährigen empörend war. Des öfteren weckte mich in aller
Frühe der Lärm marschierender Stiefel und singender Soldaten.
Wenn ich dann auf die untere Gartenterrasse hinunterrannte, sah
ich einen Trupp junger Rekruten die Via Vecchia Fiesolana her-
untermarschieren und hörte sie singen: *«Addio, mia bella,addio»*
oder *«Bel soldatin, che passi per la via».*

Woche für Woche versetzte mich ein Brief von meinem
Großvater aus England zurück in ein völlig anderes geistiges
Klima. Er schrieb dann so ziemlich die gleichen Kommentare zu
den neuesten Kriegsereignissen oder zur Politik Englands, wie er
sie Freunden seines Alters geschrieben hätte, obwohl ich noch
nicht dreizehn war, als dieser Briefwechsel begann. Er bedauerte
zutiefst, daß ich in solchen Zeiten in einem «fremden Land» lebte,
denn er war trotz seines fairen Charakters und seiner großen Erfahrung auf dem Gebiet des internationalen Rechts im Grunde
seines Herzens ein Engländer alten Stils geblieben. Er war fest
entschlossen, mich auf dem Laufenden zu halten, ein Ziel, das er
zweifellos erreichte. Die Briefe enthalten natürlich nichts, was
heute nicht allgemein bekannt wäre. Aber für mich war alles ganz

neu. Er beschrieb, wie London während der Verdunkelung aussah, berichtete von den Zeppelinangriffen. Von Freunden und
Verwandten schrieb er, die an die Front mußten. Nachdem Italien in den Krieg eingetreten war, pries er immer wieder den Mut
und die Ausdauer der italienischen Soldaten in Istrien auf dem
Karst. («Napoleon plante nur, die Alpen zu *überqueren*, nicht aber
dort zu kämpfen.») Häufig befahl er mir geradezu ausdrücklich,
ich solle mir der Bedeutung der Zeit, in der ich lebte, bewußt
werden. «Du kannst Dich darauf verlassen, daß es in der Geschichte nichts oder so gut wie nichts gab, das dem Ausmaß dieses Kampfes zwischen ungeheuren Kriegsmächten und zwischen
Gut und Böse auch nur annähernd gleichkommt. Die Zukunft
der Welt hängt vom Ausgang dieses Kampfes ab. Du und Deine
Generation, Euer und nicht unser Leben dürfte wesentlich davon
abhängen.»

Einer dieser frühen Briefe enthielt eine lange Beschreibung des
Rückzugs des 1. Britischen Expeditionscorps, das ausschließlich
aus Freiwilligen bestand, aus Mons in Belgien. Selten zeigte er so
offen seine Gefühle. «Sie waren zahlenmäßig hoffnungslos unter-
legen, fanden weder Schlaf noch Rast, sie waren zutiefst demo-
ralisiert durch den Befehl zum Rückzug, der oft durch die erdrückend starken feindlichen Verbände zum Stehen gebracht
wurde. Diese setzten alles daran, ihre Linien zu durchbrechen
und ihren Heldenmut zu erschüttern. Aber vergebens. Durch
ihre ungeheure Tapferkeit verschafften sie den Franzosen Zeit,
ihre Verteidigung zu organisieren. Damit retteten sie Paris und
ebneten den Weg für die Marneschlacht, indem sie die ganze
Strategie der Deutschen vereitelten, die ja um ein Haar geglückt
wäre. 100 000 Mann kämpften damals gegen annähernd 800 000.
Ich glaube nicht, daß es auf der ganzen Welt so etwas schon
einmal gegeben hat. Wie schnell wird das in diesem sich immer
länger hinziehenden Feldzug vergessen sein, aber ich will, daß
Du es nicht vergißt und es später einmal Deinen Kindern erzählst.»

Ein kindlicher Aufsatz, den ich 1916 geschrieben habe, hatte
den Titel: «Die Welt nach dem Kriege.» Meine Mutter muß ihm
eine Abschrift davon geschickt haben, und er bereitete ihm große
Freude. «Er ist sehr gut durchdacht und auch gut zu lesen. *Sincères
félicitations*. Nun solltest Du Dir einmal Gedanken darüber ma-

chen, was die idealen Bedingungen für einen Friedensschluß wären. Wenn Du das in verständliche Worte kleiden kannst, dann wirst Du die einzige Person in meinem ganzen Bekanntenkreis sein, die das fertig gebracht hat. Ich sage ‹ideale› Bedingungen, denn das Ideale wird in der Realität niemals erreicht.» Später, im Jahr 1917, schrieb er: «Bist Du nun zufrieden, meine kleine englisch-amerikanische Enkeltochter, daß Amerika von jetzt an auf unserer Seite kämpft? Der Kriegseintritt Amerikas wird vielleicht die Entscheidung bringen.»

Nach der Niederlage von Gallipoli in den Dardanellen muß in meiner Mutter, trotz der Oberflächlichkeit ihrer Florentiner Freunde, wie damals im Jahr 1914 schon, erneut der Wunsch aufgestiegen sein, «etwas zu tun», denn sie schrieb an das Britische Rote Kreuz und bot ihre Villa wie auch Häuser von anderen englischen und amerikanischen Freunden als Erholungsheime für Verwundete aus der Dardanellenschlacht an. Die kamen denn auch in Gruppen von jeweils zwanzig. Acht davon nahm meine Mutter auf, und die übrigen wurden in die Obhut ihrer Freunde gegeben. Jede dieser Gruppen blieb ungefähr drei bis vier Wochen. Diese Aktion registrierte mein Großvater mit großer Genugtuung. «Ich glaube», so schrieb er, «das ist eine Zeit, die Du nie vergessen wirst.» Für mich war die Erwartung, daß diese Soldaten zu uns kommen, das aufregendste Ereignis des ganzen Krieges. Doch die Enttäuschung ließ nicht lange auf sich warten. Ich weiß nicht mehr genau, worauf sich meine hochgespannten Erwartungen richteten, aber sicher rechnete ich mindestens mit so etwas wie der Ankunft der Argonauten, angeführt von Jason persönlich. Stattdessen sah ich nichts als ein paar junge Männer, die sehr niedergeschlagen wirkten und von Ruhr oder Gastritis gepeinigt waren. Manche von ihnen waren sichtlich enttäuscht, daß man sie nach Italien verfrachtet hatte statt sie auf Krankenurlaub nach Hause zu schicken. Und alle langweilten sich fast zu Tode, je länger ihr Aufenthalt dauerte. Meine Mutter erteilte ihnen ausgezeichnete Ratschläge, was für eine Diät sie mit ihren diversen Magen- und Darmkrankheiten befolgen sollten, und war, wie gewohnt, eine reizende und perfekte Gastgeberin. Doch ich war alt genug, um mit einigem Unbehagen festzustellen, daß ihnen die Gesellschaft ihrer intellektuellen und kunstverständigen Freunde nicht sehr behagte, daß sie es vielmehr vorzogen, auf der

Terrasse in der Sonne zu sitzen, ein bißchen mit meiner französischen Gouvernante herumzuflirten oder mit meiner Kusine
Irene. Die Unternehmungslustigeren unter ihnen gingen abends
auf ausgelassene und schicke Parties, wo es Whisky und Champagner gab und schöne Mädchen. Nur über ein Thema mochten
sie nicht sprechen, das war der Krieg. Kein einziger sah für mich
aus wie ein Held. Als nach ein paar Monaten der unglückselige
Kampf um die Dardanellen beendet war, kamen keine Soldaten
mehr zu uns, und die Villa Medici wurde wieder zu einer abgeschiedenen Oase.

1917 kam dann Caporetto, die Schlacht an der Piave. Sie gab
mir meine erste Vorstellung von der Realität des Kriegs. Eines
Morgens kam Professor Vaccari zu spät zum Unterricht. Er war
mein Lehrer für Naturgeschichte und stammte aus dem Veneto.
Er sah traurig und verstört aus.

«Ich kann heute nicht bleiben,» sagte er, «ich bin die ganze
Nacht über auf dem Bahnhof gewesen, um die Flüchtlinge zu be-
treuen, und ich muß sofort wieder hin.»

«Die Flüchtlinge?»

An jenem Morgen beschrieb er mir etwas, wovon ich damals
noch keine Vorstellung haben konnte, was inzwischen jedoch jedermann weiß, nämlich was mit einer Zivilbevölkerung passiert,
wenn ihr Gebiet gegen den Feind verteidigt wird, und was in jener Woche gerade in seinem heimatlichen Veneto geschehen
war. Die Evakuierung der Dörfer nach der Niederlage von Caporetto, der Exodus der ratlosen Landbevölkerung mit Kind und
Kegel und mit unhandlichen Bündeln beladen auf den sowieso
schon von den sich zurückziehenden Truppen völlig verstopften
Straßen, die noch dazu unter feindlichem Beschuß lagen. Dazu
die Konfusion, die Angst, Alte und Kinder, die vor Erschöpfung
nicht mehr weiter konnten, Menschen, die in Straßengräben tau-
melten, in Flüsse stürzten, − der apokalyptische Anblick des Menschengeschlechts auf der Flucht. Seit jener Zeit sind uns allen solche Szenen nur zu vertraut, wenn nicht durch eigenes Erleben,
so doch durch hunderte von Wochenschauen. Doch damals war
das etwas völlig Unerhörtes, und der Mann, der mir das alles beschrieb, sprach von seinen Nachbarn in seiner eigenen Heimat.

«Kannst du deine Mutter vielleicht um ein paar Decken bitten», fragte er, «um warme Kleidung, Stiefel, Lebensmittel, alles,

was man so brauchen kann? Ich leihe mir ein Auto und komme dann wieder.»

Seit ich dabei geholfen hatte, Kleidungsstücke von mir und von meinen Eltern für die Opfer des Erdbebens in Messina in Pakete zu verstauen, war das das erste Mal, daß mich jemand darum bat, nicht bloß zu reden, sondern aktiv etwas zu tun.

Als Vaccari zurückkam, hatte ich mit dem Chauffeur in Mamas Wagen alle ihre Freunde abgeklappert. In meinem Schulzimmer türmten sich Stöße von Decken und Kleidungsstücken.

«Ich werde dir nicht groß danke sagen,» meinte Vaccari kurz angebunden, «aber wenn *la mamma* es erlaubt, dann nehme ich dich mit hinunter.»

Eine Stunde später war ich bereits mit ihm am Bahnhof von Florenz und wickelte frierende, todmüde Kinder in Decken, half beim Austeilen von Kaffee und Milch aus der Rotkreuz-Feldküche. Aber die meiste Zeit stand ich doch bestürzt in einem Winkel, wußte nicht, was ich als Nächstes tun sollte, sah nur zu, wie ein Zug nach dem anderen hereindampfte. Die Familien, die aus den Waggons herausquollen, waren meist Bauern aus den Dörfern an der Piave. Alle waren ganz benommen vor Müdigkeit und wußten nicht, wie ihnen geschah. Die älteren Frauen waren in schwarze Tücher gehüllt, die jüngeren preßten ihre Kinder an sich, die alten Männer (junge gab es natürlich keine) sahen niedergeschmettert und mit leerem Blick vor sich hin, fühllos angesichts des unbegreiflichen Unglücks. Die Familien drängten sich um ihr Gepäck zusammen und waren nur darauf bedacht, nicht auseinandergerissen zu werden. Alle wollten sie lieber auf dem Bahnsteig nächtigen, dort, wo sie gerade waren, als in verschiedene Häuser einquartiert zu werden. Eine Frau, deren Kind beim Überqueren einer Brücke im dichten Gedränge in die Fluten der Etsch gestürzt war, lief wie von Sinnen von Gruppe zu Gruppe und zerrte jedermann am Ärmel, der so aussah, als hätte er hier etwas zu sagen.

«Haben Sie meinen Bartolo gesehen? Auf der Brücke war er noch bei mir.» Wieder und wieder suchte ihr Blick im nächsten Gesicht nach Antwort: «Haben Sie nicht meinen Bartolo gesehen?»

Ich kehrte nach Fiesole zurück und überredete meine Mutter, eine der Flüchtlingsfamilien im ersten Stock des Gärtnerhauses aufzunehmen. Mit Doodys Hilfe kaufte ich das Nötigste an Einrichtungsgegenständen ein, Kochgerät und Kleidung. Nach ein paar Monaten konnte die Familie wieder auf ihren Hof bei Belluno zurückkehren.

Danach war das Leben in der Villa Medici für mich nie mehr dasselbe wie vorher. Im darauffolgenden Herbst tat ich einen weiteren Blick auf die Realität des Lebens, der mir die Augen öffnete. Ich weilte mit meiner Mutter in einer Villa zwischen Capri und Anacapri, als die schreckliche Epidemie der Spanischen Grippe dort ausbrach, die im Herbst 1918 über ganz Europa hinwegfegte und mehr Todesopfer forderte als der ganze Erste Weltkrieg. Auf Capri, wo die kleinen kubischen weißen Häuser so nahe zusammenstanden, daß man mit einem großen Schritt von einem Dach zum anderen gelangen konnte, verbreitete sich die Seuche wie die Pest im Mittelalter. Kaum ein Haus, das nicht ein Opfer zu beklagen hatte. Damals sah ich einem Mann bei der Arbeit zu, von dem ich bis dahin angenommen hatte, daß er einer der «schicken» Freunde meiner Mutter sei, auch, wenn er als Persönlichkeit eine größere Ausstrahlung hatte, als die übrigen. Es war Dr. Axel Munthe. Den Sommer über waren wir viel mit ihm zusammen gewesen, so manches Mal unter einer Pergola aus antiken Säulen auf San Michele, seiner Villa in Anacapri, «eine wunderliche Mischung aus skandinavischer Gotik und dem Rom der Kaiserzeit», wie Compton Mackenzie witzig bemerkte, manchmal auch in dem sarazenischen Turm, der *Materita*, der mitten in einem Olivenhain gelegen war und in den er sich zurückgezogen hatte, als die Touristen begannen, das Eiland zu überlaufen, und wo er Abgeschiedenheit und Ruhe suchte und fand. Hier hörte ich zu, wenn er meiner Mutter die unglaublichsten Geschichten erzählte von dem Einfluß, den er auf Könige und Königinnen ausübte (deren Portraits und Souvenirs in Hülle und Fülle über alle Räume verteilt waren), aber auch über den Frieden, den er Sterbenden im Ersten Weltkrieg zuteil werden ließ, indem er sie hypnotisierte bis sie ihre Schmerzen nicht mehr spürten. Über den «Heiligen Vogelhain», zu dem er die Abhänge des Monte Barbarossa und des Monte Solaro an der Küste der Insel machen wollte, damit die Myriaden von Wachteln, die im Frühling nach ihrem langen Flug übers Mittelmeer auf der Insel landeten, nicht qualvoll in den für sie ausgelegten, mit Pech beschmierten Netzen zugrunde gingen. Wenn ich schweigend im Hintergrund saß, hypnotisiert von seiner Art zu reden und gleichzeitig mit einer Spur von Mißtrauen, dann fragte ich mich immer, ob er wirklich einer der bedeutendsten Männer sei, denen ich je begegnet war oder vielleicht doch ein Scharlatan mit einem Stich Cagliostro. Doch während die Epidemie wütete, lernte ich ihn von einer ganz anderen Seite kennen. Furchtlos, einfallsreich, freundlich wie er war, schritt er von Haus zu Haus. Nie ließen sein Mut und seine Ausdauer nach. Er rettete unzähligen Menschen das Leben und brachte Trost, wenn er sonst nichts mehr bringen konnte. Wie ein bärtiger alter Wikinger ging er weit ausschreitend durch die engen Gassen von Capri, wo Frauen ihm ihre Hände hilfeflehend aus den Hausgängen entgegenstreckten. So werde ich ihn in Erinnerung behalten, nicht als den Helden seiner eigenen Legende, sondern als wahren Arzt und Heiler.

Damals begann für mich ein neuer Lebensabschnitt, und als mein Großvater mir aus London von den Freudenfesten zur Feier des Waffenstillstands berichtete, war mein einziger Wunsch, so schnell wie möglich zu ihm nach England zu reisen.

Im Lauf jenes Sommers stellte ich zum ersten Mal selbst fest, daß ich zwar kein Kind mehr war, aber auch noch nicht zur Welt der Erwachsenen gehörte. Ich befand mich in einem Zwischenstadium, das jeder Heranwachsende durchmacht, aber durch unsere Lebensumstände empfand ich das noch intensiver. Es war der erste Sommer, nachdem meine Mutter Geoffrey Scott geheiratet hatte. An jedem Wochenende kam er von der britischen Botschaft in Rom zu uns herunter, und ich war sozusagen das fünfte Rad am Wagen bei allen Picknickausflügen und abendlichen Unternehmungen. Ich empfand zwar keine Eifersucht, aber ich fühlte mich einsam. Ich saß dann immer vorn am Bug des Boots, mit dem wir nachts zu einer einsamen Landzunge oder in eine verlassene Bucht hinausruderten zu einem Picknick, und meine Mutter und Geoffrey plauderten leise zusammen hinten im Heck. Wenn ich nach dem Mahl allein über die Felsen kletterte, sehnte ich mich einfach mit der leidenschaftlichen Auflehnung und Heftigkeit einer Sechzehnjährigen nach einem eigenen Leben und eigenen Freunden.

Hin und wieder kamen auch andere Freunde meiner Mutter
auf Besuch: Algar Thorold, der sanft und gütig über Buddhismus
predigte und mir ein Büchlein dazu schenkte, das ich heute noch
besitze. Oder Herbert Trench, der uns auf unseren Picknickausflügen im Mondenschein begleitete und Gedichte über die Zer-
brechlichkeit der Frau, die Ritterlichkeit des Mannes rezitierte,
während ich hinter ihm den Felspfad hinauf stolperte und versuchte, mit dem Picknickkorb, den ich schleppen mußte, nicht
das Gleichgewicht zu verlieren. Oder aber er trug uns die Blank-
verse seines schwülstigen und endlosen Dramas über Napoleon
vor. Vor kurzem erst schlug ich einen Band von Compton
Mackenzies Memoiren auf und las amüsiert, wie diese Begebenheit aus dem Blickwinkel eines neutralen Beobachters wiedergegeben ist.

«‹Ich las dieses Stück gestern abend Sybil und Iris vor›, sagte
der Dichter Herbert Trench zu Compton Mackenzie, ‹und zum
Schluß waren sie so ...› Er machte eine Geste der Bewunderung
und des Staunens, einen Augenblick unfähig, Worte zu finden.
Als er mir das erzählte, dämpfte er seine Stimme zu einem ehr-
furchtvollen Raunen: ‹Sie werden mich nicht mißverstehen,
mein Lieber, wenn ich sage, das ist genial.›» Mackenzie fährt fort:
«Am folgenden Tag kamen Lady Sybil und Iris zu uns zum Mittagessen in die *Casa Solitaria*. ‹Oh, Ihr Lieben›, sagte Lady Sybil,
‹gestern las Herbert Trench Iris und mir seinen *Napoleon* vor. Es
dauerte Stunden, und zum Schluß waren wir beide so ...› – doch
die Geste der Lady Sybil drückte weder Bewunderung noch
Staunen aus, sondern totale Erschöpfung.»

Die *Casa Solitaria* war die bezaubernde weiße Villa der
Mackenzies, die sich direkt oberhalb der Insel Faraglioni in die
Felsen schmiegte. Der Sage nach hörte Odysseus von diesen drei
Felsen aus einst den Gesang der Sirenen. In dieser Villa erlebte ich
anregende, wenn auch manchmal etwas anstrengende Sommer-
abende. Auf der geschweiften Terrasse über dem Meer lauschten
wir gebannt den Geschichten, die unser Gastgeber über seine
Heldentaten in Griechenland zum besten gab, während Renata
Borgatti Chopin spielte oder die dröhnenden Stimmen von zwei
russischen Sängern, einem Bariton und einem Baß, denen
Mackenzie die Spitznamen Bim und Bam gegeben hatte, von den
Felsen widerhallten. Compton Mackenzie schrieb später in seinen

Memoiren, er habe damals schon gewußt, daß ich «mir einen Namen in der Literatur machen würde». Wenn er mir das doch *damals* schon gesagt hätte! Er und seine Frau Faith waren immer liebenswürdig, aber auf ihren geistreichen Bohèmefesten kam ich mir immer wie ein besonders stocksteifer und linkischer Backfisch vor. So viel lieber wäre ich oft statt dessen auf den ausgelassenen und anspruchslosen musikalichen Belustigungen dabeigewesen, die die Burschen und Mädchen in meinem Alter in der kleinen Stadt veranstalteten – aber niemand forderte mich dazu auf.

Auf der *piazza* von Capri erlebte ich auch zum ersten Mal im Leben einen wirklich historischen Augenblick, nämlich die Ausrufung des Waffenstillstands. Alle Kirchenglocken auf der Insel läuteten, auf dem kleinen Platz wimmelte es von Menschen, denn die ganze Bevölkerung der Insel wie die Ausländer, die auf der Insel lebten, waren zusammengeströmt. Der *sindaco*, der Bürgermeister, hatte seine Schärpe in den Nationalfarben angelegt, und Compton Mackenzie hielt in seiner britischen Marineuniform in Morganos Café vor den versammelten Stadträten eine Rede im Stil d'Annunzios zu Ehren der italienischen Tricolore: «... *rosso col sangue dei combattenti eroi, verde come la terra della nostra Italia irredenta* ...» (rot wie das Blut unserer Helden in der Schlacht, grün wie die Erde unserer unerlösten Heimat Italien ...)

All das fand am 4. November 1918 statt, eine Woche vor der Ausrufung des Waffenstillstands in England. Wir kehrten so geschwind wie möglich nach Florenz zurück, wo schon ein Brief meines Großvaters auf uns wartete, in dem er die Freudenfeiern in London beschrieb. Ich antwortete ihm umgehend, daß ich nichts so sehr wünschte, als so schnell wie möglich zu ihm nach England zu kommen.

«Das kann ich Dir nur zu gut nachfühlen,» schrieb er. «Um nichts in der Welt hätte ich jetzt aus London fortgehen wollen, es sei denn um einer Mission für mein Land willen, und ich bedaure es zutiefst, daß Du diesen nationalen Gefühlsausbruch mitten im Zentrum unseres geeinten Empire nicht miterleben konntest, ... denn in der Fremde kann ein Freudenfest das Herz nicht derart bewegen wie in der Heimat.» Typisch für ihn war, daß er fortfuhr: «Keine Generation hat je größere Tage gesehen als unsere, aber niemand kann, so glaube ich, die Probleme der Zu-

kunft voraussagen, die diese großen Tage zum Vorschein gebracht haben und die unbedingt gelöst werden müssen. Inmitten
der Freudenfeiern müssen die Nationen um nüchternen Verstand
beten.» – ein Gebet, das, wie wir heute wissen, nur sehr teilweise
erhört wurde.

Im folgenden Frühling war ich wieder bei ihm und *Gran* in
England, dann auf Desart. Der Besuch dort war natürlich überschattet von seiner Enttäuschung über das Mißlingen der *Dublin
Convention* und seine Sorge um die Zukunft Irlands. Doch die
Beziehung zu meinen Großeltern war so eng wie früher. Auch
wenn ich schon wenige Monate später wieder zu meiner Mutter
nach Italien zurückkehrte – meine Kindheit in Fiesole war vorüber.

6.

Lesen und Lernen

... Wie Pinien
die Form des Windes bewahren
auch wenn der Wind gewichen ist und nicht mehr da,
so bewahren Worte
die Form eines Menschen.

Giorgios Seferis

Was heißt das: Alleinsein? Rumer Godden behauptet, ein Kind
ist von dem Tag an nie mehr allein, an dem es lesen kann, und
wird es auch nie mehr sein. «Wenn du lesen lernst», sagte sie zu
ihrer Tochter, wirst du noch einmal geboren, und es ist ein Jam-
mer, daß man schon so früh wiedergeboren wird. Sobald du lesen lernst, wirst du nie mehr etwas nur als das sehen, was es ist.
Alles wird sich ständig ändern durch das, was du liest. Du wirst
nie mehr ganz allein sein.»

Ich glaube, daran ist etwas Wahres. Wir schauen eine Landschaft nicht mehr mit denselben Augen an, nachdem wir einmal
gesehen haben, wie ein großer Maler sie dargestellt hat. Die
blauen Berge des Veneto erinnern uns an die Berge im Hintergrund von Bellinis Madonnenbildern, die *crete sienesi* verwandeln
sich in Landschaften von Sassetta oder Sodoma. Doch für mich
ist das kein Argument, daß man Kindern das Lesen nicht beibringen sollte. Wenn es eines wäre, dann dürfte man Kindern
auch keine Geschichten erzählen. *The Three Bears* und *Little Black
Sambo, Der Hund mit Augen so groß wie Teetassen* ebenso wie *Der
standhafte kleine Zinnsoldat*[1] sind uns längst Vertraute geworden
und bevölkern bereits unsere Welt, bevor wir lesen können. Das
selbständige Lesen des Kindes bewirkt lediglich, daß es diese andere Welt heraufbeschwören kann, wann immer ihm danach ist.
«Mein ganzes Dasein,» schrieb Coleridge über seine Kindheit,
«bestand darin, die Augen vor jedem Gegenstand der realen Welt
zu verschließen, mich in einem sonnigen Winkel zu verkriechen

und dort zu lesen, zu lesen und zu lesen, mich auf *Robinson Cru-
soes* Insel zu versetzen, sie mir dann als einen Berg von Rosinen-
kuchen vorzustellen, in den ich ein Zimmer für mich hinein fraß
und dann die Formen von Tischen und Stühlen.»

Die Fantasie eines Kindes ist derart konkret, daß es aus jedem
Buch nicht nur das herauslesen kann, was es braucht – Menschen,
Schutzgeister, Tische, Stühle –, sondern auch seine Welt buch-
stäblich damit ausstaffieren. In meiner Erinnerung gibt es keine
Zeit, in der ich das nicht gemacht hätte, aber ich kann mich auch
nicht erinnern, wann ich lesen lernte. Ich weiß nur, daß es ziemlich früh gewesen sein muß, denn meine Mutter erwähnt in
einem Brief, daß es mir, als ich gerade vier war, leichter fiel, Italienisch zu lesen als Englisch; mit sechs konnte ich auch Französisch lesen. Deutsch sprach ich schon mit vier, aber lesen lernte
ich es erst später. Leider hat mich dieser frühe Unterricht später
dann doch nicht zu einem Sprachgenie gemacht, aber er hatte
mir immerhin die Erkenntnis vermittelt, daß man eine Geschichte in jeder beliebigen Sprache erzählen kann. *Struwwelpeter*
und *Sophie* waren ebenso vertraute Gestalten in meinem Kinderzimmer wie *Humpty Dumpty*, *Pinocchio* ebenso wie *Alice*.[2] Erst ein
wenig später begann ich zu ahnen, daß manches in der einen
Sprache besser und natürlicher klang als in der anderen, und daß
ich auch wirklich nicht ganz dasselbe sagte und nicht einmal dieselbe Person war, je nachdem, ob ich Italienisch oder Englisch
sprach.

An Lesestoff herrschte kein Mangel. Ich wußte, daß immer genug Bücher da waren: Bilderbücher, Märchenbücher, Gedicht-
sammlungen; «schwierige» Bücher, aus denen die Erwachsenen
vorlasen, und «leichte» Bücher für mich selbst. Nur meine englische Großmutter war nicht ganz damit einverstanden, daß ich so
viel las. Ihre stehende Redensart war: «Iris, weil du gerade nichts
tust und nur liest …», und dann kam irgendein Auftrag wie:
«Komm' mal und hilf mir die Wolle abwickeln», oder «Hilf mir
Wicken pflücken». Manchmal sagte sie auch noch: «Wenn du
jetzt so viel liest, hast Du keine Bücher mehr zu lesen, wenn du
einmal erwachsen bist!»

Daß das der schiere Unsinn war, wußte ich sogar damals
schon, so sehr ich *Gran* auch liebte und respektierte. Von allen
Quellen der Lebensfreude ist nur diese eine zu keiner Zeit ver-

siegt. Aber es konnte natürlich nicht ausbleiben, daß ich auf anderen Gebieten dafür bezahlen mußte. Charles Lamb schrieb einmal: «Ich kann nicht einfach dasitzen und denken; Bücher denken für mich.» Viele Jahre lang galt das auch für mich; ich dachte nicht nur nicht, sondern ich schaute weder hin, noch hörte ich zu. Ich hörte den *aziola cry*, den Ruf des Käuzchens aus Shelleys Gedicht[3], verschloß aber meine Ohren vor dem nächtlichen Ruf der Eule an meinem Fenster. Ich kannte alle Blumennamen aus *Ophelias* Garten, aber kaum eine Blume, die in unserem Garten wuchs. Vor allem standen die Buben und Mädchen aus meinen Büchern so lebendig vor mir, daß mir die, die ich im wirklichen Leben kennenlernte, richtig fad vorkamen.

Als kleines Kind bestimmten zwei gegensätzliche Vorlieben die Auswahl meiner Bücher. Die eine galt dem längst Vergangenen, dem Fantastischen, dem Heroischen, die andere dagegen einer Welt, die der meinen in allem glich, nur ein wenig gesicherter, harmonischer und vollkommener war. Letztere befriedigte mein Bedürfnis nach dem inneren Halt, den ein fester moralischer Maßstab gibt, erstere meine Sehnsucht nach einem «grenzenlosen Universum». Als ich noch sehr klein war, besaß ich allerdings ein paar Bücher, die ich heiß liebte und die beide Vorlieben zugleich befriedigten, die sozusagen das Fantastische und das Wunderbare durch die Tür oben an der Treppe zum Kinderzimmer einließen. *Pinocchio* wurde von einem Wal verschlungen und von *la fata dai capelli turchini*, der Fee mit den türkisfarbenen Haaren gerettet[4], aber seine langen Beine aus Holz standen fest auf dem vertrauten Boden der Realität. Er mußte in die Schule gehen wie jeder andere kleine Bub, und *Geppetto* mußte seinen Mantel versetzen, um ein ABC-Buch zu kaufen. Wenig später stieß ich auf *The Cuckoo Clock* von Mary L. Molesworth, wo sich das Fantastische auf ähnliche Weise mit dem Alltäglichen vermischte wie auch in den Geschichten von Francis Hodgson-Burnett, und zwar nicht in dem widerlichen *Little Lord Fauntleroy*, sondern vielmehr in *The Secret Garden* und in *Sara Crewe*. Beide, der indische Diener mit seinem Turban, der sich über die Dächer in *Saras* Dachkammer stahl und diese verwandelte, und *Dickon*, der Bauernbursch, der mit Vögeln und wilden Tieren reden konnte und *Mary* dabei half, den verwilderten Garten wieder zum Leben zu erwecken, beide hatten sie etwas von echter Magie. Doch *Sara* und *Mary* waren auch wirkliche Kinder, in denen sich ein kleines Mädchen wie ich wiedererkennen konnte.

Wirkliche Kinder, brave und ungezogene, das war es, was ich suchte; sie erfüllten meine Sehnsucht nach Gesellschaft. Keine Familie war dafür zu groß, nicht einmal die in *The Daisy Chain*[5], kein Ereignis zu dramatisch. Außerdem hatte ich einen starken Hang zu allem, was damals schon als altmodisch galt. Ich hatte eine ausgesprochene Vorliebe für Geschichten, die eine Moral hatten; Kinder von heute würden das sicher als einen krankhaften Geschmack bezeichnen. *Leila on the Island, In England* und *At Home*[6]- ein unglaublich dicker Wälzer, aus dem ich mich nur noch an die arme *Leila* besinnen kann, die jeden Tag eine halbe Stunde lang in den Sand der einsamen, verlassenen Insel gesetzt wurde, auf der sie gestrandet war, um nach einer verlorengegangenen Stecknadel zu suchen –, *Holiday House*[7], mit *Harry* und *Laura*, die so herrlich ungezogen waren und ihren Geburtstagskuchen vom Gipfel des *Arthur Seat* in Edinburgh hinunterrollerten. Das waren die klassischen, viktorianischen Kinderbücher, die auch mich noch entzückten und die dann die Geschichten von Mary Molesworth, Juliana Ewing, Charlotte Yonge und Louisa May Alcott fortsetzten.

Lesen Kinder heutzutage diese Bücher überhaupt noch? Wahrscheinlich nicht, mit Ausnahme von *Little Women* vielleicht, das ein Dauerbrenner zu sein scheint. Ich glaube auch heute noch, daß sie gut waren. Die Welt, die sie beschrieben, war zwar beschränkt: Auf der einen Seite des Zauns die «kleinen Damen und Herren», auf der anderen Seite die «Dorfkinder». Gute, allwissende Papas, die entweder Landedelleute waren, pensionierte Marineoffiziere oder Geistliche, dazu liebe, kultivierte Mamas, oft von zarter Gesundheit, die alle in einer Landschaft mit großen Bäumen, grünen Wiesen, strohgedeckten Hütten und geräumigen Herrenhäusern lebten, in denen eine *Nanny* mit einer großen, weißen Schürze ihre Schützlinge mit *Miss* und *Master* anredete (auch wenn sie sie verdrosch), und in denen der Teekessel immer am Haken im Kamin bereit hing für die Teestunde im Kinderzimmer. Wenn auch das Dekor altmodisch war, so waren die Personen doch voller Leben, die moralischen Werte klar und wahr und oft auch mit trockenem Humor und mit Autorität zum Ausdruck gebracht.

Noch eine weitere, ganz anders geartete Welt lockte aus
Büchern, nämlich das Reich der Magie und der Fantasie. Es war
die gleiche Welt wie die, die sich ein Kind aus geheimen Ritua-
len und Zauberformeln zusammenbraut: Die Linie zwischen den
Pflastersteinen, auf die man nicht treten darf, der Zauberspruch,
der einen an dem finsteren Winkel im Treppenhaus beschützt.
Manchmal reichte ein einziger Satz, und schon war man weit
weg entführt – *How many miles to Babylon?*[8] – «Es lebte einmal
eine Prinzessin, deren Gewand war *de la couleur du temps*» – oder
das kleine weiße Haus im Wald, wo *Goldilocks* drei Stühle, drei
kleine Betten und drei Schüsseln mit Brei fand, der verzauberte
Garten aus *La Belle et la Bête*, die Marmortreppe, über die der
Prinz heruntereilte, *Aschenbrödel* sah und bei der Hand nahm. Das
war das andere Land, das Land unserer Träume.

Nach und nach verschwanden *Aschenbrödel* und *Goldilocks* aus
meinem Gesichtskkreis und andere Geschichten lockten: *The
Lady of Shalott, La Belle Dame sans Merci, Christabel*[9]. Jetzt wollte
ich auch nicht mehr allein reisen:

> *Kennst Du das Land, wo die Zitronen blühn?*
> *Allons, faisons un rêve, montons sur deux palefrois.*[10]

Die Welt der Fantasie ging über in eine Welt der Abenteuer- und
Liebesromanzen. Vorbei war die Kindheit.

Zu jener Zeit las ich immer eifriger, nicht nur, um in eine andere Welt zu entfliehen, sondern, wie ich damals glaubte, um etwas über das Leben zu erfahren. Mauriac hat in seinen *Mémoires
Intérieures* sehr richtig bemerkt: «Die Personen, die der Roman-
schriftsteller erdacht hat, erwachen nur auf unser Geheiß zum Leben, so wie die Musik, die auf Schallplatten festgehalten ist. Wir,
die Leser, geben diesen imaginären Geschöpfen die Zeit und den
Raum, so daß sie in uns ihr Schicksal entfalten und ihre Spur hinterlassen können.» Indem wir uns mit diesen Gestalten identifizieren, nehmen wir in gewisser Weise auch Lebenserfahrung
vorweg. Wie unser erstes Erwachsenenkleid probieren wir sozusagen die Rolle der Liebe, des Hasses, der Eifersucht und des
Begehrens an. Nacheinander war ich selbst *Maggie Tulliver* und
Jane Eyre, Catherine Morland und *Natascha*[11]: «*Elles incarnaient mon
destin encore voilé*», «sie verkörperten mein Schicksal, das sich noch
hinter Schleiern verbarg». Ihre Silhouetten zeichnen sich noch

heute im Schattentheater meiner Jugendjahre schärfer ab als die
meisten Menschen von Fleisch und Blut.

Während dieser ganzen Zeit genoß ich natürlich regulären
Schulunterricht. Aber der hat wesentlich weniger Spaß gemacht.
Von meinen Gouvernanten lernte ich ein wenig Französisch und
Deutsch, wenn auch nicht so viel, wie ich hätte lernen können,
wären mir diese Damen nur sympathischer gewesen. Ein anregen-
des, aber kurzes Semester lang im Jahr 1914 durfte ich in London
den ausgezeichneten Unterricht von Miss Woolf in der South
Audley Street besuchen, wenn ich mich auch todunglücklich
fühlte in meinem schwarzen Samtkleid von *Liberty's*, das in so auf-
fallendem Gegensatz stand zu den viel praktischeren Tweedkostü-
men, die die anderen Mädchen dort trugen. Ich war außer mir vor
Freude, daß ich in Literatur und Geschichte zusammen mit den *se-
niors* unterrichtet wurde, die drei Jahre älter waren als ich. Doch
auch dieser Unterricht fand wieder ein Ende. All meine inständi-
gen Bitten, mich doch auf ein englisches Internat zu schicken, halfen nichts. Ich mußte wieder zurück nach Fiesole zu meinen langweiligen, einsamen Stunden mit meinen Gouvernanten.

Als ich zwölf war, widerfuhr mir jedoch ein großes Glück. Bernard Berenson, dem ich ewig dafür dankbar sein werde, riet meiner Mutter, mich in klassischen Sprachen unterweisen zu lassen
und nannte ihr auch gleich den Namen des glänzenden Lehrers,
der mich für die nächsten drei Jahre unterrichten sollte, nämlich
Professor Solone Monti. Mit ihm verbrachte ich die glücklichsten
Stunden meiner Mädchenzeit, wenn nicht sogar die glücklichsten meines ganzen Lebens.

Meinen ersten Eindruck von ihm bekam ich, als ich die Tür
zu seinem Arbeitszimmer öffnete und durch die nahezu undurchdringlichen Rauchschwaden am anderen Ende des großen
Raums voller billiger Bücherregale nur mit Mühe eine kleine,
gedrungene Gestalt am Schreibtisch erspähen konnte. Er war ein
dunkler Typ, hatte Schuppen auf dem Kragen und so dicke Bril-
lengläser, daß sie Autoscheinwerfern glichen.

«Passen Sie auf die Bücher da auf, *signorina*», begrüßte er mich,
als ich über einen Haufen Bücher stolperte, der an der Tür auf-
gestapelt war, «die sind zum Lesen da und nicht zum darauf Her-
umtrampeln.»

Gern hätte ich ja gefragt, warum sie dann in Bergen auf dem Fußboden herumlagen. Aber dann schaute ich mich um und stellte fest, daß nirgendwo mehr Platz für Bücher war, weil jeder Zentimeter in den Regalen vollgestopft, jeder winzige Fleck auf den Tischen mit Büchern belegt war.

«Warten Sie einen Augenblick, das Lexikon hier kann auch noch auf den Boden. So, jetzt können Sie hier Platz nehmen, und wir gehen auf die Reise nach Griechenland und Rom. Sie können kein Latein, nehme ich an? Griechisch natürlich auch nicht?»

Ich schüttelte den Kopf.

«Und Dante haben Sie auch noch nicht gelesen?»

«Nein.»

«Carducci und Pascoli sind nichts als Namen für Sie?»

Ich murmelte etwas von *Valentino vestito di nuovo*.[12]

«Ja, gewiß», unterbrach er ungeduldig, «allerdings meine ich den anderen Pascoli, den großen klassischen Gelehrten. Nun gut, wir werden eine lange Reise vor uns haben, aber unterwegs werden wir viele schöne Blumen pflücken.» Dann nahm er unversehens seine Brille ab und blickte mir mitten in mein rundes, verdutztes Gesicht, und es brach ganz plötzlich aus ihm heraus: «Aber Sie *lieben* doch Dichtung in den Sprachen, die Sie beherrschen, nicht wahr? Sie haben Keats, Shelley, Milton, vielleicht etwas Goethe und etwas Corneille gelesen? Sie lesen Dichtung doch aus *Freude*, oder?»

«Ja, oh ja!»

«Gut, dann wollen wir anfangen. Hören Sie gut zu, *signorina*. Heute brauchen Sie nur gut zuzuhören.»

So nahm er Pascolis *Epos*, seine Anthologie lateinischer Epen vor. Sein Vorwort dazu und seine Anmerkungen regen unsere Fantasie an und sind noch immer so mitreißend, daß Valgimigli, Pascolis Schüler und ein großer Gelehrter der klassischen Sprachen, sie einmal mit dem «Schlagen von Flügeln» verglich.

Monti hatte die berühmte Stelle gewählt, wo die trojanischen Lagerfeuer in der Ebene beschrieben werden.

«So hat Pascoli die Szene beschrieben für Leute wie Sie, die sie noch nicht auf Griechisch lesen können:

Da una parta la pianura scintillante di fuochi, con un cielo sereno di stelle (i Troiani erano all'aperto, in faccia alla loro grande città, e mille fuochi ardevano, e a ogni fuoco erano cinquanta guerrieri, e i cavalli sta-

vano presso i fuochi, stritolando fra i denti l'orzo bianco e la spelta, e
attendevano l'aurora); dall'altra il mare, tutto rumori e bisbigli. Giunti
alle capanne e alle navi dei Mirmidoni, giunti a quella capanna, udirono
un canto. Era Achille, che accompagnandosi sulla cetra predata, cantava
le glorie dei guerrieri.[13]

Monti legte das Buch beiseite.

«Nein, Sie brauchen jetzt nicht zu versuchen, einen intelligenten Kommentar abzugeben. Ich habe schon bemerkt, daß sie zu-
gehört haben. Und nun sehen wir, was einer Ihrer englischen
Dichter, nämlich Tennyson, daraus gemacht hat.

So many a fire between the ships and stream
Of Xanthus blazed before the towers of Troy,
A thousand on the plain; and close by each
Sat fifty in the blaze of burning fire;
And eating hoary grain and pulse the steeds
Fixt by their cars, waited the golden dawn.[14]

Er schloß das Buch, nahm seine Brille ab und putzte sie umständlich.

Das ist also die Welt, die Sie sehen werden, wenn Sie Griechisch lernen, auch wenn Sie es nicht weiter als bis zu Homer
bringen.» Ich brachte kein Wort heraus. «Bis dahin wollen Sie
doch kommen, oder? Also ja. Hier haben Sie eine griechische
Grammatik. Bis zum nächsten Mal lernen Sie die Schrift und die
Deklinationen, damit wir gleich mit dem Lesen anfangen können. Sie können doch Deutsch und wissen, was eine Deklination
ist? Also Schluß für heute. Ach ja, kaufen Sie sich noch ein Wörterbuch. Ein kleines genügt, denn Homers Wortschatz ist sehr
beschränkt. Und dazu ein lateinisches Wörterbuch. Hier haben
Sie noch eine lateinische Grammatik. Am besten ist, Sie lernen
diese Deklinationen auch gleich mit, wenn Sie können. Am
Donnerstag fangen wir dann richtig an.»

Noch bevor ich die Tür hinter mir geschlossen hatte, war er
schon wieder in sein Buch vertieft.

Heute weiß ich, daß Professor Monti mit mir ein Experiment
anstellte. In mir hatte er eine Schülerin, die nicht an Lehrpläne
und Prüfungstermine gebunden war. So beschloß er, an mir
die humanistische Erziehung nachzuvollziehen, mit der Vitto-

rino da Feltre im 15. Jahrhundert Cecilia Gonzaga und ihre Brüder in Mantua unterwies. Sie lernten dabei Griechisch und Latein gleichzeitig, und zwar als lebende Sprachen. «Immer mit dem Besten beginnen», war das Motto der Erziehung in der Renaissance, denn in jenen Tagen galt Dichtung als das geeignetste Instrument, den Geist zu schulen. Leonardo Bruni, detto l'Aretino, schrieb in einer Abhandlung zum ersten Mal in der Renaissance über die Erziehung der Frau. Darin heißt es: «Niemand hat das Recht, sich gebildet zu nennen, der von Dichtung nichts weiß oder nichts wissen will, die eine so wertvolle Hilfe auf dem Weg zum Wissen und eine so adelnde Quelle der Freude ist.» [15]

Monti teilte Brunis Meinung. Zwar erfanden wir nicht gerade die griechische Sprache gemeinsam, doch fingen wir sofort an, die *Ilias* zu lesen, wie Benjamin Constant mit seinem Lehrer, wobei mir Monti bei der Lektüre natürlich die meisten Wörter übersetzte, mich auf Entsprechungen und Ableitungen im Lateinischen oder in modernen Sprachen hinwies, ohne dabei je im geringsten pedantisch oder herablassend zu wirken.

«Sehen Sie, die englische Übersetzung dieser Stelle ist hier besser als die italienische, finden Sie nicht auch? Oder gefällt Ihnen die deutsche besser?» Dann lasen wir den gleichen Absatz nochmals auf Griechisch, und diesmal mußte ich mich so gut ich eben konnte, allein durch die Übersetzung kämpfen.

«Übersetzen Sie es in die Sprache, die Ihnen am meisten liegt, Hauptsache ist, sie spüren die Dichtung.»

«Und nun Vergil», sagte er, als der erste Vormittag verstrichen war. «Wir wollen mit etwas Leichtem anfangen: *Sicelides Musae*.[16] Dies ist das Gedicht des Goldenen Zeitalters.»

An jenem Tag kamen wir nicht sehr weit. Denn als im zweiten Vers *humilesque myricae* vorkam, die bescheidenen Tamarisken, beschrieb er mir, wie eine Tamariske aussah, nahm Pascolis *Myricae*[17] aus dem Bücherregal und las mir daraus vor.

Darauf wieder zu Vergil. Als wir aber ein paar Verse weiter auf das *Kind der Prophezeiung* stießen: *Tu modo nascenti puero*, merkte er plötzlich an meinem verständnislosen Blick, daß ich keine Ahnung hatte, wie das Mittelalter diese Stelle interpretierte und warum sich Dante von all den lateinischen Dichtern ausgerechnet Vergil zu seinem Führer durch das *Inferno* auserkor, Vergil, der zeigte, was unsere Sprache vermag, *mostrò ciò che potea la lingua nostra*. Daraufhin wandte sich Monti dem ersten Gesang der *Hölle* zu und las:

> *Tu se' lo mio maestro e il mio autore;*
> *Tu se' solo colui, da cui io tolsi*
> *Lo bello stile, che m'ha fatto onore.*[18]

So verflog der Vormitag im Nu, und schon war es Zeit, nach Hause zu gehen und zu arbeiten, um wenigstens einen Versuch zu machen, die Anfangsgründe zu erwerben, damit ich ihn beim nächsten Mal besser verstünde.

Monti ersparte mir natürlich nicht, Grammatikregeln zu lernen, nur verlangte er eben, daß ich mich allein damit herumschlage, denn er wollte nichts von der Zeit, die wir zusammen verbrachten, mit solchen Nebensächlichkeiten vergeuden, es sei denn, ich hatte eine Frage dazu oder wir stießen auf ein Sprachproblem, das er mir erklären wollte. Immer war er nachsichtig gegenüber Unwissenheit. Wenn man etwas nicht wußte, fragte man ihn, und er erklärte es einem. Doch für Dummheit oder Faulheit hatte er keinerlei Verständnis. Wenn man unter einem dieser Mängel litt, warum, um Himmels willen, war man dann in sein kleines Arbeitszimmer eingedrungen?

Ich kann mich nicht mehr im einzelnen entsinnen, wie unsere Arbeit voranging. Ich weiß nur, daß ich fast drei Jahre lang, zwischen meinem dreizehnten und sechzehnten Lebensjahr, dreimal in der Woche zu ihm pilgerte, wenn wir uns in Florenz aufhielten. Auch, daß meine Fantasie ganz erfüllt war von der Welt, die er für mich heraufbeschwor. Ich verdanke ihm nicht nur das, was er mich damals gelehrt hat, sondern auch die Leidenschaft und die Methode, und dadurch eigentlich alles, was ich später gelernt habe. In all diesen Jahren blieb unsere Beziehung merkwürdig unpersönlich. Ich kann mich nicht erinnern, daß er auch nur einmal in die Villa Medici gekommen wäre oder daß ich mit ihm irgend etwas gesprochen hätte, das nicht mit meinem Unterricht zusammenhing. Doch all die Zeit, die ich bei ihm zubrachte, war ich zum einen ganz und gar gefesselt von der Art seines Unterrichts, zum anderen durch und durch überzeugt, daß dies Schönheit und Wahrheit in Vollkommenheit waren, wie eben ein Schüler, der zu Füßen seines Guru sitzt.

Der Pfad des Lernens wurde mir manchmal auch leicht gemacht und interessant durch immer neue kleine Überraschungen.

«Wissen Sie, was Pascoli zu dem Kochtopf sagte, in dem
das Wasser nicht zum Kochen kommen wollte, als er sich
sein Nachtmahl bereitete?» fragte Monti unvermittelt eines Morgens. ‹*Pentola, pentola, pentola, bolli. Pentola, bolli!*› Dann fuhr er
fort und wandte sich an einen ebenfalls hungrigen Freund: ‹*Che
bell' esametro!*›, «Was für ein schöner Hexameter!» (Diese Geschichte habe ich später auch in einer Arbeit von Manara Valgimigli über Pascoli gefunden.)

Monti nahm einen Bleistift zur Hand und schrieb den Spruch
nieder und setzte die Zeichen für die langen und die kurzen Sil-
ben. Auf diese Weise hatte ich mir in drei Minuten den Rhythmus des Hexameters für immer eingeprägt.

Am Ende jeder Unterrrichtsstunde sagte er immer: «Und nun
eine Überraschung», und las mir dann einige vollendete Verse
vor. Die sollte ich im Kopf nachklingen lassen, während die
überfüllte Tram eine Stunde lang mühsam den Berg nach Fiesole
hinaufkroch. Auf diese Weise begegnete ich zum ersten Mal
L'ora che volge il desio ai naviganti von Dante und Leopardis *Le vie
dorate e gli orti* und Pascolis *L'ultimo viaggio di Ulisse.* Niemals ließ
Montis Stimme beim Vorlesen auch nur vermuten, daß ihm eine
dieser Stellen bereits geläufig war. Er grub sie den leeren Tafeln
meines Geistes auf eine Weise ein, als ob auch er sie eben erst entdeckt hätte.

Ein wenig später kam Lesbias *Sperling*[19] und Alkmans *Eisvogel,*
«*nie eine Sorge im Herzen – der meerblaue Vogel des Lenz*» und im
letzten Jahr, in dem er mich unterrichtete, Sapphos letzter Apfel
auf dem höchsten Zweig und die große *Ode an Aphrodite.* An einem Morgen im Mai hatte Montis Frau sogar auf seinen staubigen Schreibtisch eine kleine Vase mit einer dunkelroten Rose gestellt. Ich las die *Ode an Aphrodite,* und mit den honigsüßen
Worten atmete ich den Rosenduft ein. Ich war fünfzehn Jahre
alt, ein plumpes, linkisches Schulkind, das weit weniger wußte als
jede Klosterschülerin. An jenem Morgen jedoch bebte ich ganz
benommen vor Fragen, vor vagen Träumen und Sehnsüchten.

Wenn sie Dich jetzt nicht liebt, wird sie bald lieben ...

Meine schwankende Stimme ließ sogar Monti unvermittelt
von seinem Buch aufblicken.

«Das ist genug für heute, meine Liebe», sagte er gütig. «Nehmen Sie es mit nach Hause und lesen Sie es allein. *È primavera*, es ist Frühling.»

Während ich unter den silbrigen Olivenbäumen nach Fiesole hinauf fuhr, verwandelte sich die quietschende Straßenbahn in Aphrodites von Schwalben gezogenen Triumphwagen.

Nur einmal sah ich Monti an einem anderen Ort als in seinem Arbeitszimmer. Das war in dem kleinen verfallenen Amphitheater von Luni, dem Schauplatz der «weißen Nächte» in *Marius, der Epikuräer*[20]. Es liegt eingebettet zwischen Olivenhainen und Weinbergen auf der schmalen Landzunge zwischen Sarzana und dem Meer, einer sanften und klassischen Landschaft der Toskana. Damals war es so gut wie unbekannt, denn keine Straße führte dorthin. Wenn man von einem Bauernhof aus einen kleinen gewundenen Pfad bis zum Ende hinaufstieg, stieß man unversehens auf die Ruinen, wo knorrige Feigenbäume im Mauerwerk wuchsen. Die Bauern benutzten das Rund des Amphitheaters als Dreschboden, und dann türmte sich in seiner Mitte der Weizen. Wenn es wieder freigeräumt war, tanzten sie dort in den Sommernächten. Ich hatte nicht gewußt, daß Monti und seine Frau oft die Ferien bei Freunden nahe der Mündung der Magra verbrachten. Meine Mutter hatte einen Sommer lang eine Villa am Meer ganz in der Nähe gemietet. Am Ende eines heißen Tags fuhr ich einmal mit dem Fahrrad nach Luni, und es war für mich fast so etwas wie ein Wunder, unvermutet die vertraute Stimme zu hören, als ich mich den Ruinen näherte. Auf einer der untersten Stufen des Theaters sah ich den lieben, alten Monti sitzen und mit den beiden Söhnen seiner Gastgeber reden. Er hatte seinen abgewetzten schwarzen Stadtanzug an, dem nur ein sehr alter Panamahut etwas Schwung verlieh. Auf dem Schoß hatte er Pfirsiche und eine Tüte Kekse. Als wir uns begrüßt hatten, die Kekse aufgegessen waren, bettelten wir, er möge uns vor dem Heimweg noch ein paar Verse vortragen.

«Es ist schon spät», wandte er ein, «und ich bin faul». Doch dann sagte er: «Ihr habt Recht, Kinder. Dies ist die rechte Zeit am rechten Ort.»

Er lehnte sich gegen die Steine, schob seinen Hut über die Augen, damit ihn die untergehende Sonne nicht blendete, und rezitierte sehr langsam, sehr ruhig die berühmten Verse, in denen Vergil den Bienen etwas vom göttlichen Wesen verleiht:

His quidam signis atque haec exempla secuti
esse apibus partem divinae mentis et haustus
aetherios dixere; deum namque ire per omnia,
terrasque tractusque maris caelumque profundum;
hinc pecudes, armenta, viros, genus omne ferarum,
quemque sibi tenuis nascentem arcessere vitas;
scilicet huc reddi deinde ac resoluta referri
omnia, nec morti esse locum, sed viva volare
sideris in numerum atque alto succedere caelo. [21]

«Sie fliegen empor zu den Sternen und finden Ruhe im Himmel.» Während er sprach, summten die Bienen noch in den Blüten der Minze und des Thymians um uns. Dann ging die Sonne unter, und sie kehrten in ihre Bienenstöcke heim.

«Schaut, da geht der Alte aus Corycus heim.»[22]

Und wirklich ging unten auf dem Pfad ein alter Mann zu seinem Hof zurück, ‹wie ein König›, mit seinem Korb voller ‹Früchte des eigenen Felds› – frisch geernteten Zwiebeln und Bohnen, ein paar Pfirsichen, einer Gurke – eine alte Ziege hoppelte hinter ihm drein.

«*Buona sera, signori*».

«*Buona sera, nonno, vai a cena? Buon appetito!*»

Zum ersten Mal wurde mir bewußt, daß Dichtung nicht losgelöst ist vom Leben, sondern ins Leben eingebunden, und ich erkannte, wie lebendig in der mediterranen Welt die Antike heute noch fortlebt, nicht nur im Klang der Sprache, sondern auch in der Natur und in den gewöhnlichsten Gegenständen des täglichen Lebens. Wenn ich mich umsah, sah ich nichts, was nicht Vergil auch gesehen haben könnte: Ölbäume, Feigenbäume und Rebstöcke, der dickbäuchige Kürbis im Gras (*tortusque per herbam cresceret in ventrem cucumis)*, die Buschen von Lilien (*albaque circum lilia*) neben dem Hoftor, der herb duftende Thymian unter unseren Füßen, die Ochsen, die langsam heimwärts trotteten, die Ziege (auch Vergil wußte schon, daß Ziegen in der Natur mehr Schaden anrichten als Dürre oder früher Frost), auch die hölzernen Dreschflegel, die an einer Mauer des Amphitheaters lehnten, die kleine, geschwungene Sichel, mit der ein dunkelhäutiges Mädchen mit bloßen Armen ein Büschel Gras schnitt, und die runden Bienenstöcke, die so, wie der Dichter geraten hatte, an einem kleinen Wasserlauf aufgestellt waren. Das gleiche Erlebnis hatte ich Jahre später, als ich zum ersten Mal Phaistos besuchte. Unter dem Sommerpalast der Könige von Kreta sah ich in der unterirdischen Vorratskammer einen hölzernen Schöpflöffel, mit dem vor 3000 Jahren das Öl aus den großen kretischen Amphoren geschöpft wurde und der genau die gleiche Form hatte wie die, die wir noch heute zum selben Zweck auf unserem Gut in der Toskana verwenden.

Vergil benützt dasselbe Wort *arma* für die Geräte des Bauern wie für dessen Waffen. Sind vielleicht auch die Worte eines Dichters nicht nur Werkzeuge, sondern auch Waffen, mit denen er ein Vorbild von Schönheit, eine bestehende Ordnung verteidigt, so wie eine Zauberformel einen alten Brauch erhält. In der Toskana, mehr als anderswo in Italien, kann man noch manchen von Vergils Wörtern in der Alltagssprache begegnen. Als wir nach *La Foce* kamen, bezeichnete sich ein Landmann gerne selbst noch als *bifolco*[23], ein Wort, dessen Klang für uns eine vergleichbare Patina hat wie eine römische Waffe oder eine etruskische Vase, die der Pflug eben dem Erdreich entrissen hat. Aber das sind natürlich Reflexionen, die ich erst später anstellte.

Zu weise, um den schönen Augenblick noch schöner machen zu wollen, oder vielleicht auch nur, weil er des Lehrens überdrüssig war, lehnte sich Monti zurück und träumte, bis die Buben ungeduldig wurden und versuchten, eine Eidechse aus ihrer Ritze zwischen den Steinen herauszulocken.

«Kommt, Kinder, es ist spät geworden, wir müssen heim».

Wäre es mir möglich gewesen, noch einige Jahre bei Monti weiter zu lernen, hätte ich vielleicht versucht, klassische Philologie oder Archäologie zu studieren, und mein Leben hätte eine ganz andere Wendung genommen. Doch 1917 starb er ganz plötzlich. Als wir im Jahr darauf nach Rom zogen, kam ich zu einem Lehrer, der für meinen Wissensstand ein viel zu überragender Gelehrter war. Professor Nicola Festa hatte immer nur Schüler unterrichtet, die bereits den üblichen Unterrichtsstoff der Schule beherrschten, und realisierte nicht, daß die englische Schülerin, die er nur deswegen angenommen hatte, weil sie von Monti kam, unter viel Begeisterung solche Abgründe von Ignoranz verbarg, daß sie ihm oft einfach nicht folgen konnte. Heute weiß ich, daß es Montis Absicht war, den üblichen Vorgang des Lehrens umzukehren und zunächst meinen Geschmack und mein Ohr zu bilden und meine Begeisterung anzufachen, dann erst die unerläßliche Paukerei nachzuholen, für die ich dann auch motiviert gewesen wäre. Nun war ich wie eine Pflanze ohne Wurzeln, bemühte mich auch intensiv, meine riesigen *lacunae* schon um Montis Willen vor seinem ehemaligen Lehrer zu verbergen. Die Stunden, in denen wir Sophokles lasen, verlangten daher verzweifelte Kraftakte an Kombinationsgabe von mir, wenn ich versuchte, etwas von dem zu verstehen, was Professor Festa offensichtlich als Elementarkenntnisse voraussetzte. Zwischen den Unterrichtsstunden mühte ich mich zu Hause mit Grammatikbüchern und Schwarten ab. Doch wenn ich auch von Festas Gelehrsamkeit und seinen trockenen, tiefschürfenden Kommentaren beeindruckt war, das alte Feuer war für immer erloschen. Ich hatte meinen Guru verloren.

7

Jugendjahre und Einführung
in die Gesellschaft

Das Erwachsenwerden ist nicht zuletzt deshalb so mühsam, weil einem Vergleichsmaßstäbe fehlen. Wie soll man denn Vorgänge einordnen, wenn alles für einen neu ist? Wie soll man andere Menschen beurteilen, wie sich selbst einschätzen? Haben andere junge Mädchen insgeheim die gleichen Gefühle oder ist man vielleicht doch ein Einzelfall? Sind Aufsässigkeit und Unzufriedenheit ein Zeichen dafür, daß man außergewöhnlich schlecht ist oder sind sie so natürlich wie körperliche Wachstumsschmerzen?

Diese Fragen wurden noch weitaus drängender, weil ich so schüchtern, einsam und innerlich ungefestigt war.

Die einzige Unterweisung in Religion, an die ich mich erinnere, erhielt ich als kleines Kind auf Desart von *Gran*. Ihr Glaube glich dem eines fröhlichen, braven Kindes, das blind alles glaubte. Sie erzählte uns Geschichten aus der Bibel, ließ uns für den Kirchgang das Wochengebet auswendig lernen und sagte, wir müßten in der Kirche den Bibellesungen und der Predigt aufmerksam zuhören, damit wir danach zu Hause ihren Inhalt wiedererzählen konnten. Auch bei meinen Besuchen in Amerika ging ich regelmäßig in die kleine Kirche von Great River in der Nähe von Westbrook. Es blieb mir nicht verborgen, daß meine amerikanische Großmutter eine gläubige Frau war. Aber wahrscheinlich las ich nur deswegen jeden Abend zur Schlafenszeit ein Kapitel aus dem Neuen Testament, weil ich ja meine Vorbilder lieber in Büchern suchte als im Leben und mich Charlotte Yonges fromme Heldinnen dazu inspirierten. Später waren es dann Kapitel aus Thomas von Kempens *Imitatio Christi* oder aus Augustins *Confessiones*. Ich redete nicht gern über diese Dinge, doch als mich meine Mutter bald nach meinem vierzehnten Geburtstag fragte, ob ich gern konfirmiert werden würde, sagte ich ja. Ich erhoffte wahrscheinlich davon ein Wunder: vollkommene Erleuchtung und ... Flügel.

> The skin and shell of things
>   Though faire
> Are not thy wish nor pray'r
> But got by mere despair
>   Of wings.[1]

Die Monate, die folgten, brachten mich oft ganz aus der Fassung. Der amtierende Priester der Anglikanischen Kirche in Florenz war ein älterer Kanoniker mit einer riesigen Hakennase, die er selbst sehr aristokratisch fand, aufgeblasen, schwülstig und falsch. Wenn er sich wortreich über Gott und die Liebe verbreitete, überfiel mich Verlegenheit. Wenn er sagte: «Lasset uns niederknien und ein kurzes Gebet verrichten», und sich dazu mit seiner schwerfälligen Gestalt neben dem Sofa in meinem Schulzimmer auf den Boden sinken ließ, sich dann umständlich wieder erhob und von dem feinen schwarzen Wollstoff seiner Hosen mit der Hand den Staub abstreifte, konnte ich mir jedesmal kaum das Lachen verbeißen. Da es jedoch außer ihm niemanden gab, den ich hätte fragen können, versuchte ich doch, ihm Antworten auf Fragen zu entlocken, die mich bewegten. Es waren sehr einfache Fragen. Ich wollte, wollte unbedingt an das göttliche Wesen Jesu glauben können. Ich wollte die Welt, die ich bis dahin kannte, in Einklang bringen mit einem Leben in Glauben und Gebet. Ich wollte eine Anleitung, wie man «ein guter Mensch» wird. Was ich bekam, war Staub, kein Fels, an den ich mich klammern konnte. Langatmige und hohle Auslassungen über die Anglikanische Kirche, Anweisungen, das Athanasische Glaubensbekenntnis auswendig zu lernen, eine Versicherung, daß Stolz meine hartnäckigste Sünde sei, Auslegungen des siebten Gebots, die er offensichtlich auskostete, wobei er besonders bei den «unreinen Gedanken» verweilte (ich hatte keine Ahnung, was damit gemeint war), schließlich eine Zusicherung, daß mir am Tag meiner Konfirmation ganz gewiß Gnade zuteil werde und daß ich dann nie mehr von Zweifeln bedrängt würde. Langsam und schmerzhaft wurde mir bewußt, daß *Canon* D. nur leere Reden schwang. «Und ist deine liebe Mutter auch zu Hause?» fragte er regelmäßig, wenn unsere «kleine Unterhaltung» beendet war. Wenn ich ihn dann in den Salon hinunterführte, wurde mir klar, was der Grund dafür war, daß mir das Privileg einer «besonderen Vorbereitung zu Hause» gewährt wurde.

In dieser Zeit war die Atmosphäre daheim der Frömmigkeit auch nicht gerade förderlich. Geoffrey Scott, der andere Menschen köstlich imitieren konnte, erweiterte sein Repertoire um eine Parodie auf die feinen Manieren des Kanonikus. Meine Mutter begnügte sich damit, die Parodie zu unterbrechen: «Aber Geoffrey, doch nicht jetzt!» Als ich einmal einen Aufsatz über «Die apostolische Nachfolge der *Church of England*» schreiben mußte, erklärte er sich bereit, das für mich zu erledigen unter der einen Bedingung, daß ich ihn ohne ein Wort zu ändern abgebe. Ein anderer Gast lieferte eine komische Beschreibung des Bischofs von Gibraltar, zu dessen ausgedehnter Diözese auch Florenz noch gehörte. Natürlich lachte ich darüber, als ich unten im Salon war. Doch danach in meinem Zimmer überfiel mich ein Gefühl der Schuld. Aber ich hoffte immer noch, daß am Tag der Konfirmation alles ganz anders werden würde: Gnade würde mir zuteil werden.

Als der Tag gekommen war, ein kalter, nasser Sonntag im März, dröhnte mir der Kopf von einer Erkältung. In weißem Kleid und Schleier fuhr ich hinunter in die häßliche, kleine Kirche in der Via Lamarmora und hatte nur die eine Angst, daß ich nicht gerade in dem Moment niesen müßte, wenn ich das Heilige Abendmahl empfing. Außer mir warteten nur drei weitere Konfirmanden: Zwei Frauen in mittlerem Alter, wovon die eine das Hausmädchen einer englischen Familie war, die in Florenz lebte, und ein kleiner Bursche mit lockigem Haar, der im nächsten Semester auf die Internatsschule nach Dartmouth gehen sollte. Die übrige Gemeinde bestand aus seiner Mutter, meiner Mutter und Doody. Der Bischof von Gibraltar war ein Anhänger des sportlichen Christentums und bedachte uns wahrscheinlich mit derselben Ansprache, die er für Knabenschulen in Gibraltar und auf Malta oder für Schiffsmannschaften im Mittelmeer bereit hatte. Er nahm uns das Versprechen ab, «uns tapfer zu schlagen» und «fair zu sein». Hinter meinem Schleier zitterte ich und nieste pausenlos. Vergeblich versuchte ich zu beten. Als der große Augenblick kam, machte ich den Versuch, mich durch Selbsthypnose in einen Zustand der Erhebung zu versetzen. Im Grund meines Herzens wußte ich jedoch, daß ich absolut nichts dabei empfand.

Als wir nach Hause kamen, fragte mich ein Gast: «Nun, Iris, fühlst du dich jetzt auch richtig christlich?»

Ich lief in mein Zimmer hinauf und brach in Tränen aus.

Die Verletzung, die mir diese Episode zufügte, war unverhältnismäßig tief. Natürlich war mir schon seit geraumer Weile aufgefallen, daß viele Menschen aus unserem Kreis keine praktizierenden Christen waren, und daß auch meine Mutter nur ein Lippenbekenntnis ablegte zu dem, was man sie in ihrer Jugend gelehrt hatte, weil es sich eben so schickte. Aber es war schon bedauerlich, daß ich zum ersten Mal im Leben bewußt Scheinheiligkeit und Snobismus ausgerechnet an einem Mann erleben mußte, den ich zu gern als Priester verehrt hättte. Ein unkomplizierteres oder von innen heraus frommes Kind hätte ohne Zweifel weiterhin seine Gebete verrichtet und sich nach jemand anderem umgesehen, der ihm Halt hätte geben können. Ein mit gründlicherer Bildung gewappnetes Kind hätte unter so einem Geistlichen gar nicht erst gelitten. Ich aber hatte niemanden, der mir Halt gegeben hätte. Eine Quelle, die eben erst entsprungen war, wurde so für viele Jahre wieder unter die Erde verbannt.

Dann kam die «Einführung in die Gesellschaft». Komplexe und Schüchternheit verdarben mir die Zeit zwischen meinem siebzehnten und neunzehnten Lebensjahr, viele meiner gesellschaftlichen Vergnügungen waren dadurch getrübt. Daß ich meiner selbst so unsicher war, hatte gute Gründe. Der eine war, daß ich in kürzester Folge in die Gesellschaft dreier verschiedener Länder eingeführt wurde – Italien, England und Amerika – und lernen mußte, mich an die unterschiedlichen Nuancen korrekten Benehmens in jedem dieser Länder anzupassen. Der andere war die selbstkritische Erkenntnis, daß ich nicht hübsch war. Schon als Kind hatte ich, wie auch heute noch, ein leidenschaftliches Verlangen nach körperlicher Schönheit. Ich wußte auch genau, wie ich aussehen wollte, auch wenn sich meine Vorbilder im Lauf der Jahre änderten. Als ich noch ein kleines Mädchen war, sah ich mein Ideal in den Töchtern einer großen russischen Familie, die in einer Villa bei Florenz lebte. Die Schwestern waren alle schlank und geschmeidig wie Ballettänzerinnen, hatten große, mandelförmige Augen, lange Zöpfe, und das dunkelbraune Haar lag eng an den kleinen Köpfen an, so daß sie wie Kastanien glänzten. Ich betrachtete mich im Spiegel, aus dem mir ein rundes Gesicht voller Pickel mit einer unförmigen Nase und einem zu großen Mund entgegenblickte. Mein Haar war dünn, stumpf und aschblond. Jeden Abend wurde es feucht gemacht und in feste Zöpfe geflochten, damit es sich in kleine Wellen kräuselte, die mir absolut nicht standen. Außerdem hatte ich eine pummelige, unförmige Figur. Wenig später verschwanden die Pickel, aber mein Haar blieb ebenso aschfarben, meine Figur rundlich wie zuvor. Mit fünfzehn war meine Begeisterung für die antike Welt auf ihrem Höhepunkt angelangt, da wollte ich unbedingt so aussehen wie die trauernden Jungfrauen auf einer antiken griechischen Vase oder, wenn mir fröhlicher zumute war, wie Persephone beim Blumenpflücken. Ich legte ein goldenes Stirnband um mein Haar, doch das brachte mich meinem Ideal auch nicht näher. Mit siebzehn hörte ich den französischen Ausdruck *jolie laide*, schöne Häßliche, und befragte den Spiegel prüfend. ob ich vielleicht in diese Kategorie fallen könnte. Nein, ich kam zu dem Schluß, daß mich niemand als apart oder verführerisch bezeichnen könne. Ich war einfach unscheinbar.

All das war natürlich trivial, aber die Minderwertigkeitskomplexe, die so entstanden, gingen wirklich tief. Noch heute gibt es mir immer einen schmerzhaften Stich, wenn mir bei einer meiner Freundinnen eine gewisse Distinguiertheit des Äußeren in die Augen fällt, Zierlichkeit der Gestalt und Eleganz der Bewegung. Das geht aber schnell vorbei. In meiner Jugend jedoch vergeudete ich mit dieser übertriebenen Beschäftigung mit mir selbst viel Zeit. Keine Art der Eitelkeit ist beunruhigender und nachhaltiger als die, die aus Unsicherheit geboren ist. Die leiseste Andeutung von Lob sog ich in mich auf und hegte sie mehr als jedes hübsche Kind es je getan hätte. Als ich mit fünfzehn für eine kleine Rolle in einem Stück, das für eine Wohltätigkeitsveranstaltung in der Britischen Botschaft aufgeführt wurde, zum ersten Mal ein wenig geschminkt wurde, hörte ich zufällig, wie Geoffrey zu meiner Mutter sagte: «Mit dreißig wird sie vielleicht ganz attraktiv aussehen.» Wochenlang schwebte ich im siebten Himmel.

Die andere Ursache für meine Ängste hätte durch ein bißchen «Nachhilfeunterricht» beseitigt werden können. Als erstes wurde ich in die altmodische Gesellschaft von Florenz eingeführt, die provinziell und traditionsbewußt war. Die Namen der Florentiner Familien, zu deren sittsamen Bällen ich regelmäßig eingeladen war, die Rucellai, Pazzi, Strozzi, Gondi, Gonori, Frescobaldi, Pandolfini, Guicciardini, Niccolini, Capponi, Ricasoli, waren in den langen Gobelin der Geschichte von Florenz verwoben. Manche lebten in den Palästen, die von Architekten wie Michelozzo, Alberti oder Benedetto da Maiano gebaut waren, manche Familien hatten ihre Kapellen sogar von Ghirlandaio oder Filippino Lippi mit Fresken ausschmücken lassen. Ihre Vorfahren waren Prioren in der *Comune*, Handelsfürsten in der Renaissance oder im 19. Jahrhundert dann liberale Landedelleute. Jahrhundertelang hatten sie die Stadt regiert und verwaltet und ihr Land kultiviert. Manche waren stolz darauf, der großen, wohltätigen Bruderschaft der *Misericordia* anzugehören, die im 13. Jahrhundert gegründet worden war, um Kranken und Armen beizustehen. Auf Leichenprozessionen schritten sie noch immer in schwarzen, langen Kutten unter mittelalterlichen Pestkapuzen, die nur die Augen freiließen, durch die Stadt, hielten brennende Fackeln in der Hand und psalmodierten ihre Gebete. Einer alten Überlieferung zufolge brachte Pazzo de' Pazzi bei seiner Rückkehr vom Kreuzzug aus dem Heiligen Grab den Feuerstein mit, mit dem am Karsamstag die Rakete gezündet wird, die die Form einer Taube hat und an einem Draht vom Hochaltar des Doms aus auf einen mit Feuerwehrkörpern geschmückten Karren heruntersaust. (Diese *festa* heißt *Lo scoppio del carro*, die Explosion des Karrens. Wenn das Feuerwerk in die Luft fliegt, gilt das als gutes Zeichen für eine reiche Ernte.)

Ein Capponi trotzte den Invasionstruppen Karls VIII. von Frankreich mit dem hochfahrenden Ausspruch: «Wenn ihr in eure Trompeten stoßt, lassen wir unsere Glocken erschallen.» Ein Ricasoli machte aus der Toskana den ersten wirklich liberalen Staat nach englischem Muster auf dem europäischen Kontinent.

Ihre Ländereien waren im Gegensatz zu so manchen großen Domänen in Süditalien niemals vernachlässigt, sondern wurden gemäß der Verträge und Traditionen aus dem 14. Jahrhundert vom Gutsherrn selbst sparsam und umsichtig bewirtschaftet. Sie erstreckten sich von den fruchtbaren Weinbergen des Chianti zu den Wäldern und Weidegründen des Mugello, von den Weizenfeldern des Val di Chiana bis zu den endlosen Niederungen der Maremma am Meer, wo noch immer wilde Büffel grasten und in den Sümpfen Wildenten und Schnepfen gejagt wurden. Die Kinder dieser Familien wurden einfach und vernünftig erzogen und hatten strenge englische Kindermädchen und französische oder deutsche Gouvernanten. Die langen Sommerferien verbrachten sie zwar in monotoner Einförmigkeit, doch frei und ungebunden auf dem Familiensitz; höchstens ein Monat am Meer in einem kleinen *villino* in Forte dei Marmi brachte ein wenig Abwechslung. Wenn sie erwachsen waren, heirateten sie sich untereinander, und alles ging wieder von vorne an.

In diese konservative, provinzielle und in sich geschlossene Gesellschaft wurde ich Hals über Kopf gestürzt, immer von der Mutter eines anderen Mädchens begleitet und eifrig bemüht, mich wie ein Chamäleon meiner Umgebung anzupassen. Der Standard für formvollendetes gutes Benehmen war sehr hochgeschraubt: Ein junges Mädchen mußte bescheiden und zurückhaltend auftreten, aber gleichzeitig selbstbeherrscht und aufgeweckt sein. Außerdem stellte ich fest, daß meine kleinen italienischen Freundinnen, die noch ein Jahr zuvor in ihren dunkelblauen Gabardinekleidchen und den langen schwarzen Wollstrümpfen ebenso linkisch waren wie ich und ständig kicherten, übergangslos zu graziösen, charmanten jungen Damen erblüht waren, die offenbar instinktsicher wußten, was sie bei den verschiedensten Gelegenheiten zu tun oder zu sagen hatten. Ich beobachtete zum Beispiel, daß sie auf einem Hausball, sobald eine verheiratete Dame, die sie nicht kannten, eintrat, anmutig den ganzen Raum durchschritten, um ihr vorgestellt zu werden – mit einem angedeuteten Knicks, wenn es sich um eine ältere Dame handelte. Sie unterbrachen sogar ihren Tanz, um sie so, wie es sich gehörte, zu begrüßen, und kehrten dann ganz selbstverständlich zu ihrem Tanzpartner zurück. Doch wie konnte man diese natürliche Selbstverständlichkeit erlangen? Manchmal tat ich so, als sähe ich schlecht, wenn eine dieser Damen erschien, manchmal bat ich aus Übereifer, einer Dame vorgestellt zu werden, die mich längst kannte und die dann nur wohlwollend lächelte und sagte: «Aber *cara*, ich bin doch Fiammettas Großmutter!» Häufig stolperte ich ihnen dabei auch noch über die Füße. Diese Damen saßen alle zusammen in respekteinflößender Reihe am einen Ende des Saals auf Stühlen, die mit goldenem oder karmesinrotem Damast bezogen waren, und sahen der Jugend beim Tanzen zu. Doch das schlimmste aller Erlebnisse hatte ich in der *Casa Niccolini*. Während einer Pause auf einem Tanztee hatte ich mich schüchtern von der Hausherrin verabschiedet, wendete mich um und wollte so schnell wie möglich die Tür erreichen. Dabei hatte ich vergessen, wie spiegelglatt der Fußboden gebohnert war, glitt aus, fiel hin und rutschte quer durch den ganzen Ballsaal, und zwar mit solchem Schwung, daß ich sogar durch die Tür schleuderte und schließlich draußen auf dem Treppenabsatz landete. Als die Tür zurückschwang, folgte mir brüllendes Gelächter – oder sollte ich es mir bloß eingebildet haben? Ich nahm meine Beine unter den Arm, rannte die breite Marmortreppe hinunter und schwor mir, nie, nie mehr wieder dorthin zu gehen!

Der einzige Hausball, an den ich mit ungetrübter Freude zurückdenke, weil ich keine Angst zu haben brauchte, nicht aufgefordert zu werden, war der, den meine Mutter für mich in der Villa Medici in einer Mondnacht im Juni gab. Zum ersten Mal trug ich eine Ballrobe von einem wirklichen Modeschöpfer mit langen, weiten Tüllröcken in abschattierten Blautönen, dazu silberne Schuhe, und mein Haar war in eine richtige Frisur gelegt. Als Doody mein Kleid zuknöpfte und ich mein erwartungsvolles Gesicht und meine glänzenden Augen im Spiegel sah, dachte ich einen Augenblick lang mit innerem Jubel, wie ihn eine anerkannte Schönheit sicher nie empfinden kann: «Ich glaube wirklich, daß ich eigentlich hübsch bin!» Die Gartenterrasse, wo das Abendessen an kleinen Tischen serviert wurde, war von Lampions erleuchtet. Glühwürmchen huschten drunten im Weizenfeld des Guts umher. Der schwere Duft von Jasmin und Rosen erfüllte die Luft. Um Mitternacht stieg ein Feuerwerk wie Fontänen aus Edelsteinen von der Westterrasse über dem Arno-Tal hoch in die Lüfte. Es war eine Nacht, wie sie sich jedes junge Mädchen erträumt – Nataschas erster Ball – und vielleicht gerade deswegen um so schöner, als ich noch ungebunden war und so romantisch, in jedem Tänzer meinen Prinzen André zu sehen.

Ganz anders mein erster englischer Ball. Ich war übers Wochenende auf Lord Ilchesters Schloß nach Melbury in Dorset zum Jagdball eingeladen, weil Mary Fox-Strangways, die Tochter des Hauses, im Sommer zuvor Gast in der Villa Medici gewesen war, als sie in Florenz Italienisch lernen wollte. Zwar habe ich in meinem Leben oft echtes Unglück durchgemacht, doch hat mir dieses Leben nie wieder drei Tage von so ununterbrochenem Unbehagen beschert. Ich kam einen Tag später an als die anderen Gäste und kannte niemanden außer Mary, und die nur flüchtig. Meine liebenswürdige, aber etwas dominierende Gastgeberin führte mich in einen Salon, in dem zahlreiche, mir fremde junge Leute um einen runden Tisch herum saßen, die schon einen Tag Zeit gehabt hatten, sich miteinander anzufreunden. Sie spielten *Animal Grab*.[2] Selig, daß ich mich in Anonymität verkriechen konnte, wählte ich die Maus zu meinem Tier und brauchte nur ein paar Quiekser beizusteuern. Als das Spiel zu Ende war, führte mich Mary die Treppen hinauf, dann durch ein Labyrinth von Korridoren zu meinem kalten, viktorianischen Zimmer, damit ich mich zum Dinner umkleiden konnte. Ich zog das geschmacklose, metallischblaue, paillettenbesetzte Satinkleid an, das eher zu einer fünfzigjährigen Zirkusreiterin gepaßt hätte, das ich mir aber selber in einem kleinen Geschäft beim Hanover Square gekauft hatte ohne zu sehen, daß es mir überhaupt nicht stand. Aber wie, um Himmelswillen, sollte ich nun allein wieder nach unten zurückfinden?

In der Ferne dröhnte ein Gong. So schnell es eben ging, stakste ich in meinen engen Pumps mit den hohen Absätzen durch einen Gang nach dem anderen, aber keiner führte zu einer Treppe. Ganz außer Atem und aufgelöst kehrte ich schließlich wieder in mein Zimmer zurück, wohin man Mary bereits ausgeschickt hatte, um mich zu holen. «Schnell, schnell, Papa wartet schon!», war alles, was sie sagte. Als wir in den Salon kamen, war die ganze Gesellschaft bereits versammelt. Ich merkte, daß es schon schlecht angefangen hatte.

Der Ball selbst war dann doch nicht so schlimm, zumindest nicht ganz so schlimm, wie ich befürchtet hatte, von einem bangen Moment vor dem Aufbruch abgesehen. Mary kam die große Treppe herab zu ihrem ersten Ball, bezaubernd und mädchenhaft in weißem Tüllkleid mit Gardenien geschmückt. Kindermädchen, Kinderfrauen, Hausangestellte richteten bewundernd ihre Blicke auf sie. Wie ein Kometenschweif folgte ihr die Schar ihrer Freundinnen in ebenso geschmackvollen Tüllkleidern in Pastelltönen von hellblau bis gelb und rosa, die ich verlegen mit meinem Satinkleid für eine Dame mittleren Alters verglich.

«Wie ... prächtig Sie aussehen, mein Kind!», sagte meine liebenswürdige Gastgeberin zu mir. Aber sie konnte mich nicht täuschen.

Im Ballsaal war die Menschenmenge so groß, die Szenerie so neu für mich, daß meine Unsicherheit sich legte. Während der ganzen Fahrt im Auto hatte ich inständig gebetet, daß jemand, irgend jemand mich zu Tisch führen möge. Aber gleich bei unserer Ankunft kam ein großgewachsener, blonder Gardeoffizier auf mich zu, der schon beim Dinner mein Tischherr gewesen war und mir erzählt hatte, daß er im Regiment meines Vetters Gerald diente, und er fragte mich, ob er mich zu Tisch führen dürfe. Hatte Lady Ilchester ihm das aufgetragen oder etwa Gerald, fragte ich mich, war aber viel zu dankbar, um dadurch in meinem Stolz verletzt zu sein. Da meine schlimmste Befürchtung nicht eingetreten war, konnte ich sogar das amüsante Spektakel genießen: Gut aussehende Herren in ihren scharlachroten Jagdröcken; die herzhaften, selbstbewußten Mädchen; das Gefühl aller, an einem großen Familienfest teilzunehmen, das sich noch steigerte, als wir alle zusammen den *Sir Roger de Coverley* tanzten, der in einem wilden Galopp gipfelte. So gut wie alle jungen Herren unserer Ballgesellschaft tanzten mit mir. Da kehrte ich außer mir vor Glück und Erleichterung zurück und hatte das Gefühl, daß ich vielleicht doch ein ganz normales junges Mädchen sei.

Der nächste Tag aber zerstörte diese Illusion schon wieder. Niemand hatte es für nötig befunden, mir zu sagen, daß man ohne Tweedkostüm und vernünftige feste Schuhe nicht auf ein englisches Herrenhaus gehen sollte. Wie ich also in meinem ziemlich abgewetzten Gabardinekleid, das noch aus meiner Schulzeit stammte, und in schwarzen Stadtschuhen herunterkam, fühlte ich mich so wohl wie ein Pekinese in einer Meute von Jagdhunden, wo ich nur gelitten wurde, weil ich so offenkundig einer anderen Spezies angehörte.

«Darf ich dir meine festen Schuhe leihen», drang Mary mit leicht zu durchschauendem Takt in mich, «nachdem du vergessen hast, deine mitzubringen?»

Ich dankte ihr kleinlaut. Und da sie eine Nummer zu groß waren, kehrte ich von unserem Spaziergang über die Rübenäcker mit großen Blasen an der Ferse zurück.

Es war wie eine Erlösung für mich, als der Hausherr sich trotz seiner vielen Verpflichtungen netterweise eine halbe Stunde nahm, um seinem jüngsten und unbeholfensten Gast Bücher und Kunstschätze auf *Melbury* vorzuführen. In seiner Bibliothek und bei der Betrachtung seiner alten Gemälde fühlte ich mich ganz zu Hause. Doch der einzig wirklich glückliche Augenblick meines Besuchs auf *Melbury* war, als ich am Montag Morgen in den Zug kletterte, der mich wieder nach London brachte.

Die erste Saison, die ich im Sommer darauf in London erlebte, ist mir nur sehr schattenhaft im Gedächtnis haften geblieben – abgesehen von meinen ständigen Ängsten. Widerstrebend, aber pflichtbewußt hatte meine Mutter meine Tante Constance gebeten, ihr das entzückende Haus am Portland Place zur Verfügung zu stellen. Dort gab sie eine Reihe von langweiligen Dinnerparties für mich, zu denen sie meist grüne, mundfaule Knaben nur deswegen gebeten hatte, weil diese anschließend auf denselben Ball gingen. Einer jedoch von ihnen, ein gutaussehender, rothaariger junger Gardeoffizier, den seine Kameraden viel zu «kunstbeflissen» fanden, erschien mir herrlich unkonventionell, weil er, statt mich zum Tee bei *Gunter's*[3] zu führen, mich zu einer Busfahrt durch die City einlud und mir die Kirchen von Christopher Wren dort zeigte. Wie freute ich mich, als ich ihn beim Hofball im Buckingham Palace in seiner prächtigen Galauniform wiedertraf. Wie *Catherine Morland* hatte ich das Gefühl, «einen Bekannten in Bath» zu haben.

Der Hofball bereitete mir riesiges Vergnügen. Mir gefiel einfach alles: Von meinem traditionellen weißen Ballkleid mit Schleppe, meinem albernen, federbesetzten Kopfschmuck bis hin zu der snobistischen Genugtuung, daß ich das Privileg einer *entrée* genoß, weil meine Tante damals *lady-in-waiting*, Hofdame war, dazu die gaffende Menge, die uns empfing, als wir aus dem Wagen stiegen, die schönen Uniformen und die Diademe der Witwen aus dem Hochadel, pfauenradgroß wie Kamingitter, und die juwelenbesetzten Turbane der indischen *Radjas*. Auch an manchen der anderen Bälle hatte ich meine Freude, wenn auch meist nur die Vorfreude groß war – der Ball selbst dann eher enttäuschend. Ein Anflug von unverbesserlichem Optimismus raunte mir immer vor jedem festlichen Anlaß zu, daß heute die Nacht der Nächte gekommen sei!

Viel Vergnügen bereiteten mir auch etliche der anderen Attraktionen der Saison: *Trooping the Colour*[4], die wir aus der Admiralität, von den Fenstern eines Freunds meines Großvaters aus verfolgen konnten. Dabei avancierte mein Vetter Gerald für mich zur Verkörperung eines Symbols, denn er war einer der jungen Offiziere bei der Fahnenparade. Schön waren auch die Tage, die wir beim Polo in *Hurlingham,* beim Cricket bei *Lord's* und bei der Regatta in *Henley* verbrachten, kurz all die Veranstaltungen, bei denen ich nichts zu tun brauchte außer zuzuschauen. Wenn ich in meinem besten, hellblauen Kleid mit einem der Freunde meines Vetters aus Eton-Zeiten bei *Lord's* immer dieselbe Runde drehte oder zum Lunch in einen der großen Stellwagen stieg, konnte ich mir durch eine Art Selbsthypnose einreden, daß ich gar nicht wahrnehme, wie unglaublich langweilig diese jungen Männer in Wirklichkeit waren, wie wenig ich mir aus Cricket machte und daß mir Erdbeeren mit Schlagrahm zum Hals heraushingen. Manchmal flüsterte mir eine heimliche innere Stimme zu: «Das nennt man also Vergnügen! Aber ich vergnüge mich *nicht*!»

Wenn diese Beschreibung meiner Zeit in London den Eindruck erwecken sollte, daß ich damals bereits blasiert gewesen sei, so ist dies irreführend. Während der langen Kriegsjahre in Italien hatte ich eine große Liebe zu England entwickelt, das heißt zu dem Bild, das ich mir von England gemacht hatte und das hauptsächlich auf den Briefen meines Großvaters beruhte, den Unterhaltungen mit meiner Mutter und einer guten Auswahl von Büchern, die ich gelesen hate – von *Six to Sixteen* bis zu *The Most Popular Girl in the Fifth*, später dann von Jane Austen bis Rose Macaulay, von *St. Agnes' Eve* bis *The Shropshire Lad*.[5] Die Welt, die ich mir in meiner Fantasie erdacht hatte, glich keinem wirklichen Land, sondern war ein Phantasiegebilde aus *Queen-Anne*-Schlössern, *College*-Gebäuden und Bibliotheken wie in Oxford, Cricket auf dem Dorfplatz und Kindereinladungen, von blühenden Malven in den Gärten der strohgedeckten Bauernhäuser und dem spitzen Turm der Kathedrale von Salisbury und bevölkert von Freunden, Freunden, Freunden, mit denen ich ungezwungen umgehen konnte, dazu ein tiefer, geschwinder Fluß, der endlos zwischen grünen Ufern dahinglitt, während ein junger Mann, dessen Gestalt ich nur nebelhaft erkennen konnte, mir Gedichte vorlas. Wann immer ich im wirklichen England etwas entdeckte, was auch nur im entferntesten diesem Traumbild glich, überfiel mich die große Liebe zu diesem Land aufs neue.

Ich schwärmte für Eton, als ich dort zum ersten Mal den
4. Juni[6] erlebte, völlig hingerissen von der Schönheit der alten
Gebäude, von den Sportplätzen und dem Knabenchor bei der
Abendandacht in der gotischen Kapelle der Schule. Fest war ich
entschlossen, einen Engländer zu heiraten, damit ich meine
Söhne einmal nach Eton auf die Schule schicken könne, aber leider zeigte sich weit und breit kein Kandidat.

Ein langes Wochenende verbrachte ich in Rutland bei der Familie des jungen Manns, der mir die Wren-Kirchen in der City
gezeigt hatte. Drei Tage lang glaubte ich, daß dies das Leben sei,
welches ich in Zukunft führen wollte. Ich war dabei, als in der
Schule von Uppingham die Schulpreise verliehen wurden, und
zwar durch meinen Gastgeber, einen vornehmen, alten General.
Ich reichte beim Tennisturnier die Zitronenlimonade. Ich half
der Dame des Hauses, die abgeblühten Rabatten zu stutzen und
die Blumen für die Tischdekoration zu arrangieren. An einem
Morgen stand ich sehr früh auf und ging mit John vor dem Frühstück in den saftig grünen Wiesen im Tal Champignons sammeln, als in den Halmen noch die Tautropfen glitzerten. An einem andern Tag fuhren wir mit dem Fahrrad durch die halbe
Grafschaft, um in einer kleinen Dorfkirche Messinggrabplatten
aus dem 18. Jahrhundert auf Papier abzureiben. Ich verliebte mich
in das ganze Ambiente: die kleine romanische Kirche aus grauem
Stein, in der auch Vorfahren meines Gastgebers begraben lagen,
das Kreuz der Kreuzritter auf der Brust, und wo der General im
Gottesdienst die Wochentexte aus der Bibel vorlas, so wie mein
Großvater auf Desart, wenn auch lange nicht so schön. Ich verliebte mich in mein Zimmer, in dem Vorhänge und Bezüge aus
Chintz waren. Man hatte einen wunderschönen Blick auf sanfte
Wiesen und Äcker, hörte das Summen der Bienen und war
betäubt vom Duft der Reseden. Vielleicht verliebte ich mich sogar in die älteren Herrschaften, die tief verwurzelt und fest ver-
ankert in dieser Landschaft waren und zu ihr paßten wie die
grauen Steine ihrer Kirche. Doch ich war vernünftig genug einzusehen, daß ich ihren liebenswerten Sohn zwar mochte, aber
nicht wirklich liebte, und vor allem, daß er sich nichts aus mir
machte. Wir gingen als gute Freunde auseinander, wenn ich auch
ein paar Tränen vergoß, als ich im Zug nach London saß, nicht
so sehr, weil ich ihn verloren hatte, als vielmehr, weil ich dieses

England verloren hatte, denn ich wußte instinktiv, daß ich dort nie richtig hingehören würde. Was ich allerdings nicht wissen konnte, war, daß es dieses England bald schon nicht mehr geben würde.

Aus dieser Gesellschaft fuhr ich im Herbst 1920 nach einem kurzen Aufenthalt in der Villa Medici in die völlig andersgeartete Szene von New York, wo ich nochmals die Prozedur des Gesellschaftsdebüts über mich ergehen lassen mußte. Während des ganzen Kriegs war ich vier Jahre lang völlig von meiner Familie in Amerika abgeschnitten. Ich hatte allerding schon im Jahr 1919, als ich gerade siebzehn geworden war, meine amerikanische Großmutter besucht. Obwohl nur kurz, war dieser Besuch doch lang genug, um meine Liebe zu meiner Großmutter und zu Westbrook wiederzuerwecken. Er reichte aber auch aus, um mir die Kluft zwischen ihr und meiner Mutter vor Augen zu führen, die bereits entstanden war, als meine Mutter entschied, daß ich in Italien aufwachsen sollte, und die sich vertieft hatte, als sie sich im Jahr 1914 bei Kriegsausbruch so wild entschlossen zeigte, nach England zurückzukehren.

Deshalb machte ich mich zu meiner Einführung in die amerikanische Gesellschaft allein auf die Reise oder vielmehr zusammen mit Alice Walsh, der süßen irischen Gesellschafterin, die nur ein paar Jahre älter war als ich und deren Leben von da an mit dem meinen über viele Jahre hinweg mehr oder weniger eng verflochten war. Schon während der Überfahrt wurde mir klar, wie sehr ich hin- und hergerissen war zwischen meinen Bindungen zu Mutter und Großmutter. Schon beim Auspacken wurde ich diesbezüglich auf die Probe gestellt. Sobald meine Großmutter, ein Vorbild an Eleganz und gutem Geschmack, einen Blick auf den Inhalt meiner Koffer geworfen hatte, das graugrüne Wollkleid von *Woollands*, das Abendkleid aus Silberbrokat, das aus einem ägyptischen Schal geschneidert war, das handgestickte, aber schlecht geschnittene Leinenkleid aus der *Via della Vigna Nuova*, schickte sie mich schleunigst in die Fifth Avenue zu *Bendel's*, um mich dort völlig neu auszustaffieren. Ich hatte in meinem Leben noch nie so fantastische Kleider gesehen. Noch heute, fünfzig Jahre später, sehe ich das altrosa Abendkleid von *Lanvin* vor mir. Es war aus Taft, der Rock in tiefe Kellerfalten gelegt, wie aus einem Bild von Nattier. Ich spürte sogleich, daß sogar ich mich darin sicher fühlen würde. Aber war es meiner Mutter gegenüber nicht unfair, so viele Geschenke anzunehmen, die nicht nur die Kleider, die sie mir gekauft hatte, ersetzten, sondern auch demonstrierten, daß diese vor den Augen meiner Großmutter keine Gnade gefunden hatten? Meine Lösung für diesen Gewissenskonflikt war nicht gerade fein. Ich trug zwar die schönen Kleider, doch bedankte ich mich dafür nur widerwillig und spärlich (zumindest in Gegenwart meiner Großmutter).

Im New York von 1920 war die Prozedur, durch die man erst zur Debütantin wurde, ein riesiger Aufwand. Sogar für junge Mädchen, die vor dem Debüt zusammen die gleichen Kinderfeste, Tanzschulen und Bälle mitgemacht hatten und deren Brüder und Vettern durch eine ähnlich harte Schule gehen mußten, war das Tempo, in dem die Veranstaltungen abliefen, der reine Streß. Für einen Neuankömmling wie mich war die ganze Prozedur eine Qual. So ein Tag begann mit einem großen Lunch für die Debütantinnen, bei dem kein einziger Mann zugegen war. Dreißig bis vierzig jungen Damen, die ihre besten Samt- und Seidenkleider trugen, wurde ein aufwendiges Menu serviert. Die Unterhaltung bestand ausschließlich aus Klatsch und Tratsch und kreischendem Gelächter über Leute, die ich nicht kannte, oder aus Gesprächen über Bälle und Tanzpartner, in denen eine die andere übertrumpfen wollte. Einer Fremden wie mir blieb praktisch nichts anderes übrig, als ihr Brot zu zerkrümeln und zu essen. Es folgte ein Konzert oder eine *matinée*, und je näher der Abend rückte, desto mehr wurde ich von einem neuen Gefühl der Angst gepackt: Ob wohl eine weiße Schachtel auf meinem Toilettentisch liegen und ob sie vom richtigen Mann kommen würde? Denn ein *corsage*, ein Ansteckbouquet tragen zu können (meist Orchideen oder Gardenien, die so kostspielig waren, daß der Spender sie sich eigentlich nicht leisten konnte), galt als Zeichen des Erfolgs, bzw. umgekehrt, wenn man keines hatte, war es ein unübersehbares Zeichen dafür, daß man ein Versager war, nicht nur in den Augen der Freunde, sondern auch der eigenen Familie. Ich hatte sogar gehört, daß weniger beliebte Mädchen sich selbst die Schachtel mit dem Bouquet schickten! Wenn am selben Tag zwei Schachteln eintrafen, erhob sich das Problem, was man später dem edlen Spender sagen sollte, dessen Gabe man nicht angesteckt hatte. Doch diesem Dilemma war ich so gut wie nie ausgesetzt. Es folgte das große Diner, bei dem ich sofort Beliebtheit erlangte, wenn auch nur sehr ephemere: Ich verteilte nämlich meine Austern an meine beiden Tischnachbarn. Es folgten dann zwei oder drei Bälle hintereinander.

Dann kam die eigentliche «Kokurrenz». Das «Abklatschen» schien eigens dazu erfunden, um ein populäres Mädchen noch populärer zu machen, während ein Mauerblümchen im Verlauf des Abends alle Hoffnung fahren lassen mußte. Die Herren standen auf der einen Seite des Ballsaals in der sogenannten «Junggesellenreihe», der *stag line*, und schauten zu. Sie konnten jederzeit ein Mädchen abklatschen, indem sie deren Partner einen leichten Schlag auf die Schulter gaben. Ein beliebtes Mädchen tanzte oft nur ein paar Schritte mit ein und demselben Partner bis sie wieder abgeklatscht wurde. Doch ein Mädchen, das entweder wenig attraktiv war oder schlecht tanzte oder lediglich nur wenige Herren kannte, tanzte langsam Runde um Runde mit ihrem Partner, mit dem sie gnadenlos zusammengekettet blieb, zwei Gestalten aus Dantes *Inferno* gleich. Je länger sie in dieser mißlichen Lage ausharren mußte, desto geringer wurde ihre Chance, daß sie jemand erlöste. Denn nur ein sehr artiger junger Mann oder ein sehr treuer alter Freund würde es dann noch riskieren, sie vielleicht für den Rest des Abends «auf dem Hals zu haben».

Dazu kam noch, daß 1920 ein Prohibitionsjahr war. Das hieß nicht, daß kein Alkohol getrunken wurde, sondern lediglich, daß die jungen *college boys*, die unsere Tänzer waren, im Elternhaus nicht gelernt hatten, wie man Wein oder guten Whisky in Maßen trinkt. So tranken sie eben heimlich auf der Toilette aus dem Flachmann lauwarmen Schnaps, der häufig schieres Gift war und ihnen schnell zu Kopf stieg. Es war daher sehr nützlich, einen guten Freund in der *stag-line* zu haben, dem man hilfeheischende Zeichen machen konnte, wenn man an einen Tänzer geraten war, der offensichtlich zu betrunken oder zu liebestrunken war.

Ebenso wie in London fühlte ich mich hier bei Veranstaltungen wie festlichen Opernabenden am wohlsten, weil ich mich dabei aufs bloße Zuschauen beschränken konnte. Mein Großvater besaß ja von Anfang an eine Loge in der *Metropolitan Opera*, und ich sehe heute noch die glitzernden Juwelen und exquisiten Roben vor mir, die in der Met bei einem Galaabend getragen wurden. Auch erinnere ich mich an die große Schar berühmter Sänger, die ich dort zum ersten Mal hörte. Regelmäßig erhob sich jede Woche vor dem großen Ereignis das gleiche gesellschaftliche Problem: «Haben wir für Donnerstag Abend auch schon Herren?» Musikliebhaber, die Zeit und Muße hatten und gern einen ganzen Abend lang eine Oper über sich ergehen ließen, waren rar. Deswegen passierte es häufig, daß sie schon wochenlang vorher von den Frauen der Logenbesitzer eingeladen waren. Noch rarer waren *junge* Männer dieser Spezies, so daß ich (zu meiner heimlichen Erleichterung) in meinem schönsten Kleid und in langen, weißen Handschuhen kerzengerade zwischen meiner Großmutter und einer Dame ihres Alters vorne in der Loge saß, begleitet von zwei liebenswürdigen, musikbegeisterten alten Herren. Auf diese Weise konnte ich ungeniert und in Frieden der Musik zuhören. Ich erlebte die Jeritza als *Elsa* bei ihrem New Yorker Debüt, und später auch als *Walküre*. Bei der Galavorstellung, die zu Ehren König Alberts von Belgien stattfand, der gleich nach dem Ende des Ersten Weltkriegs in New York in einem Begeisterungstaumel begrüßt wurde, hörte ich Caruso als *Bajazzo* und Lucrezia Bori in *Chowanschtschina*. Auch war ich zugegen, als Schaljapin zum ersten Mal nach dem Krieg als *Boris Godunovs*[7] zu seinem New Yorker Publikum zurückkehrte, das ihm zu Füßen lag. Als er nach der Vorstellung zum Applaus auf die Bühne kam, sich Königsmantel und Gewand vom Leib riß und im Kittel des einfachen *Muschik* dastand, rasten die Russen im Publikum vor Begeisterung, kletterten über die Rampe und trugen ihn auf ihren Schultern von der Bühne. Als mich Minuten später einer seiner Freunde hinter die Kulissen mitnahm, wurde ich Zeuge einer reizenden Begebenheit: Die verhältnismäßig zierliche Lucrezia Bori war zu klein, um den Giganten richtig umarmen und küssen zu können, und er hob sie einfach auf einen Tisch, von dem aus sie bequem die Arme um seinen Hals schlingen konnte.

Wenn ich heute auf diese drei Jahre zurückblicke, bin ich geneigt zu glauben, daß sie nichts als eine unglaubliche Zeitverschwendung waren. Vielleicht ist es unerläßlich, früher oder später zu lernen, wie man sich innerhalb der gesellschaftlichen Rangordnung verhalten muß, aber ich glaube, ich wäre ein glücklicherer und auch netterer Mensch geworden, wenn ich meinem Wunsch hätte folgen dürfen, in Oxford zu studieren, und wenn ich nicht in eine Form gepreßt worden wäre, die meiner Natur widersprach. Dort hätte ich mich mit den Themen beschäftigt, die mir wirklich am Herzen lagen, hätte vieles lernen können, was ich mir später ohne Lehrer ganz allein aneignen mußte, und hätte meine wahre Bestimmung gefunden. Als Debütantin in London und in New York war ich ständig mit Wertvorstellungen konfrontiert, die nicht die meinen waren, aber ich war nicht mutig genug, oder vielleicht einfach noch zu jung, um mich über sie hinwegzusetzen. So verbrachte ich die Zeit damit, hinter Auszeichnungen herzujagen, die mir in Wahrheit gar nichts bedeuteten. Nur um mir selbst und anderen zu beweisen, daß auch ich Verehrer haben konnte, ermunterte ich junge Männer, die ich in Wirklichkeit gar nicht besonders mochte, und war dann überrascht und bedrückt zugleich, wenn sie sich in mich verliebten. Aus Angst, daß man mich für einen eingebildeten Blaustrumpf halten könnte, lernte ich darauf zu verzichten, über Dinge zu reden, die mich wirklich interessierten, hatte aber zugleich keinerlei Talent, eine Konversation über andere Themen zu führen. All das war aber nicht nur Verschwendung von Zeit und Energie. So wie es Bücher gibt, die Salvemini *libri fecondatori,* befruchtende Bücher nannte, aus denen neue Ideen entstehen, so gibt es Lebensabschnitte, die den Keim zu neuer Entwicklung in sich tragen, andere wieder nicht. In jenen Jahren war ich durch Eitelkeit, Zerstreutheit und Unsicherheit von meinem wahren Weg abgelenkt worden. Ich war ein unfertiger Mensch, das heißt, ich war weniger ich selbst, als das unreife Schulkind, das unter Montis Anleitung Vergil gelesen hatte.

In der Zwischenzeit wurde ich trotz all dieser Hindernisse erwachsen. Nach und nach verliebte ich mich ziemlich oft und heftig, ohne mir darüber klar zu werden, was eigentlich in mir vorging, denn trotz all der Bücher, die ich viel zu früh schon gelesen hatte, konnte ich nichts daraus auf eine konkrete Situation im «richtigen Leben» übertragen. Dann entbrannten tatsächlich ein paar junge Männer für mich. Manchmal fragte ich mich, ob einer von ihnen überhaupt merkte, daß ich aus purer Dankbarkeit, aber auch aus Unwissenheit auf ihre Avancen einging. Der einzige, der mich wirklich beeindruckte, war mein zukünftiger Mann. Zum ersten Mal traf ich ihn, als ich noch nicht achtzehn und ein pummeliges Schulmädchen war. Er dagegen war ein junger Mann von achtundzwanzig, hochgewachsen, ein dunkler Typ, zurückhaltend, aber von geradezu unerlaubtem Charme. Er begleitete seine jüngere Schwester zu einem Hausball. Es kam mir so seltsam vor, ja geradezu unglaublich, daß er nicht nur mit mir tanzte, sondern daß es ihm offensichtlich sogar Spaß machte, sich anschließend mit mir zu unterhalten. Als er mir nach einem Monat auf einer Ansichtskarte freundliche, wenn auch nichtssagende Grüße schickte, gab das einen ganzen Sommer lang Stoff für Tagträume. Wir sahen einander allerdings erst nach zwei Jahren wieder, und zwar unter traurigen Umständen. Sein Vater hatte Krebs und lag im Sterben. Aufopfernd pflegte er ihn. Oft stieg er nach einer langen Nacht, die er am Bett seines Vaters zugebracht hatte, nach Fiesole hinauf, und es konnte vorkommen, daß wir ein paar Minuten allein für uns hatten. Manchmal stahlen wir uns auch davon und machten kurze Spaziergänge auf Feldwegen, wo wir hofften, niemandem zu begegnen, der uns kannte. (Natürlich begegneten wir prompt eines Tages einer Freundin meiner Mutter, aber sie war so dezent, nichts davon zu erzählen.) Damals «trafen wir ein Übereinkommen», das besiegelt wurde, als wir uns im Herbst in Venedig wiedersahen. Doch meine Mutter hatte mir schon einige Zeit vorher das Versprechen abgerungen, mich nicht vor meinem einundzwanzigsten Geburtstag zu verloben, und bestand nun darauf, daß wir uns sechs Monate nicht mehr sehen durften. Und das, obwohl sie keine ernsthaften Einwände gegen diese Heirat aufführen konnte, außer daß Antonio eben Italiener und auch katholisch war und, wie sie sagte, zu gut ausssah und zu erwachsen war für mich. Wir hielten uns streng an unser Versprechen. Nur einmal verstieß Antonio dagegen, als er mir zu Weihnachten eine kleine Kristallschatulle voller Maiglöckchen schickte (ohne Begleitkarte), die meine Mutter prompt in ihr Zimmer entführte, weil sie es immer noch unbegreiflich fand, daß mir jemand Blumen schicken sollte. Aber genau an dem Tag, als die sechs Monate um waren, wartete schon ein Brief auf mich. Im Sommer darauf kam Antonio kurz nach England, um sich meinen Großeltern dort vorzustellen, und dann nach Westbrook, wo ich mich bereits befand. Dort wurde unsere Verlobung endlich bekanntgegeben.

Antonio Origo
zur Zeit der Verlobung mit Iris Origo

Als ich beschloß, Antonio zu heiraten, den ich innig liebte, traf ich nicht nur die rein persönliche Wahl, die mit jeder Heirat einhergeht, sondern ich entschied mich bewußt für ein Leben in Italien, gegen England, gegen Amerika. Obgleich mir vieles von dem, auf das ich mich damit eingelassen hatte, unbekannt war, war ich fest entschlossen, mich ganz der Lebensweise anzupassen, die mein Verlobter und ich gewählt hatten. Jeder von uns schleppte eine starke Aversion gegen die Art von Leben, die unsere Eltern für uns vorgesehen hatten, mit sich herum. Ich gegen die hochgestochene und überintellektuelle Gesellschaft, die ich zu Hause erlebt hatte, Antonio gegen die Welt von Handel, Banken und Geschäft, auf die seine Ausbildung ihn vorbereitet hatte und die ganz und gar nicht seiner Veranlagung und Neigung entsprach und ebenso wenig zu der Atmosphäre paßte, in der er im Haus seines Vaters aufgewachsen war. Marchese Clemente Origo, ein geborener Römer, hatte eine russische Mutter, Paolina Polyectoff und machte in seiner Jugend eine gute Figur als fescher Kavallerieoffizier in der *Genova Cavalleria*. Er war so hoch gewachsen und hager wie Don Quijote und hatte, ebenso wie dieser, etwas von Großtuerei an sich. Seine Pferde erwarb er in Dublin und seine Hemden schickte er zur Wäsche nach London. Doch die zweite Hälfte seines Lebens widmete er der Kunst, und er wurde ein bekannter Maler und Bildhauer. Einen Teil des Jahres verbrachte er in Florenz, den anderen in Motrone an der Küste von Versilia in einem kleinen Haus, das an einem damals noch wilden, einsamen Strand in einem Pinienwald stand. Dazwischen fuhr er häufig nach Paris, Venedig, Bayreuth und München, kurz überall dorthin, wo es erstklassige Kunst, anregende Konversation und schöne Frauen gab. Rosa Tarsis, seine Frau (zuvor mit dem Herzog Pompeo Litta verheiratet) war mit einzigartiger Liebenswürdigkeit und mit einer bezaubernden Stimme begabt. Ihr Haus wurde bald zum Treffpunkt vieler hervorragender Musiker, Maler und Schriftsteller wie Puccini und Catalani, Cannicci und William Story, Mario Praga und Ugo Ojetti, allen voran Gabriele d'Annunzio, der viele Jahre das Haus der Origos als das seine betrachtete und seine besten Gedichte von *Alcione* in Motrone schrieb. Meine Schwiegermutter war die einzige schöne Frau in seinem Leben, der er Liebesbriefe schrieb, die zwar zärtlich waren, aber frei von erotischem Begehren.

In diesem gesellschaftlichen Rahmen wuchs Antonio heran. Doch sobald er das Schulalter erreicht hatte, schickte ihn sein Vater in die Schweiz, wo er zu einem tüchtigen Geschäftsmann ausgebildet werden sollte. Danach arbeitete er ein Jahr lang in einer Bank in Brüssel, dann in Reims in der *Mumm* Champagnerkellerei. Als der Erste Weltkrieg ausbrach, meldete er sich sofort als Freiwilliger. Nach drei Jahren im Karst von Istrien und einem Jahr in der italienischen Militärmission in London kehrte er nach Florenz zurück, wo wir übereinkamen, zusammen ein Leben zu beginnen, das für uns beide etwas völlig Neues sein würde. Einige Wochen vor unserer Hochzeit hatten wir *La Foce*, ein heruntergekommenes Gut im Süden der Toskana erworben und hofften, dort nicht nur das ersehnte Zuhause zu finden, sondern auch die Aufgabe fürs Leben, die wir beide suchten. Antonio fühlte sich, wie so viele Italiener, zum Land hingezogen und wollte in einer landwirtschaftlich unterentwickelten Gegend, wo man erst harte Vorarbeit leisten mußte, das Land bebauen und fruchtbar machen. Ich interessierte mich für Sozialarbeit, auch wenn ich davon wenig Ahnung hatte. Beide wollten wir so weit wie möglich weg von der Stadt ein Leben führen, das wir uns als idyllische Pastorale im Stil Vergils vorstellten.

Unsere Hochzeit mußte noch ein paar Monate hinausgeschoben werden wegen des schlechten Gesundheitszustands meiner Mutter, die durch die Scheidung von Geoffrey Scott, die damals gerade im Gange war, in große seelische Not geraten war. Das ging so lange, bis unser Hausarzt uns frank und frei sagte, wenn wir jetzt nicht gleich heirateten, würden wir es nie mehr schaffen. So wurden wir am 4. März 1924 in der Kapelle der Villa Medici getraut. Die englische Seite meiner Familie war nur durch die Schwester meiner Mutter, Lady Joan Verney mit ihrem Sohn Ulick vertreten, die amerikanische durch meine Tante Justine Ward. Von Antonios Seite waren seine Schwester Carla Franceschi mit ihren Schwiegereltern gekommen. Dazu eine Handvoll unserer Florentiner Freunde – und Doody, die uns zum Abschied nachwinkte, als wir im Wagen davonfuhren.

8.

Schreiben

A man will turn over half a library to make one book.

Dr. Johnson

Warum schreibt man überhaupt? Nachdem ich gut sechzig Jahre lang die Schriftstellerei betrieben habe, weiß ich es noch immer nicht. Das erste meiner Elaborate, das gedruckt wurde, verfaßte ich mit zehn, und es wurde in *Little Folks* veröffentlicht. Ich bekam dafür einen Preis, nämlich eine halbe Guinee und Dickens' *The Christmas Carol*, dazu einen Augenblick schierer und ungetrübter Freude, wie ich dergleichen nie wieder nach dem Öffnen eines Briefumschlags empfunden habe! Der Aufsatz war allerdings oberflächlich und ahmte nur Gelesenes nach, wie alle meine kindlichen Schreibereien. Wie ein «emsiges Äffchen» schrieb ich zwischen zehn und siebzehn sehr viel Papier voll. Meine Produktion bestand aus etlichen langen Abenteuer- und Liebesromanen, zahlreichen lyrischen Versuchen, Übersetzungen von Sappho-, Leopardi- und Pascoli-Texten, einer biographischen Studie über die Medici-Kinder. Diese Arbeiten verraten viel Eifer, auch Vielseitigkeit – und wenig Talent. Darüber war ich mir selbst im klaren.

Auch heute reichen meine Gaben nicht viel weiter. Manche Menschen schreiben wohlgesetzte, elegante Sätze direkt nieder, die sie anschließend nur noch ein wenig zu polieren brauchen. «*Ich* denke nach», sagte mein Stiefvater Percy Lubbock, als ich mich einmal zu den penibel ordentlichen und exquisit dekorativen Seiten seines Manuskripts äußerte, auf denen nichts verbessert war, «*ich* denke nach, *bevor* ich schreibe.» Leider gleiche ich ihm nicht. Selten habe ich einen einzigen Satz geschrieben, den ich nicht nachher ändern, kürzen oder oft auch völlig neu formulieren mußte. Auch habe ich noch nie ein Buch geschrieben, bei dem ich nicht eine Phase durchmachte, in der ich mich fragte, ob je ein Mensch auf die Idee kommen würde, es lesen zu wollen. Ich schreibe deswegen, weil es für mich schwieriger ist, nicht zu schreiben, so mühselig es auch sein mag, aber auch deswegen, weil man im Geheimen ja doch wider alle Vernunft und so sehr man sich auch seiner beschränkten Begabung bewußt sein mag, die Hoffnung hegt, daß dieses Buch, an dem man gerade arbeitet, ganz anders werden würde: Dies wird das vollendete Werk sein, die vollkommene Erfüllung allen Strebens. Nie erfüllte sich diese Hoffnung. Trotzdem schreibe ich immer noch.

Zwischen dem 21. Lebensjahr, als ich mich verlobte, und dem 35. schrieb ich überhaupt nichts. Es waren die ersten Jahre meiner Ehe, der Kindheit meines Sohns Gianni und meines Versuchs, auf *La Foce* ein völlig neues Leben zu führen. Ich wollte mich mit der Arbeit auf dem Gut und mit den Interessen meines Mannes identifizieren und, wenn möglich, ein ganz neuer Mensch werden. Erst 1933, nach dem Tod Giannis, machte ich einen angestrengten Versuch, eine Arbeit zu finden, die meine Gedanken wenigstens zum Teil in Anspruch nehmen und ablenken würde. So fing ich aufs neue an zu schreiben.

Damals kam mir zugute, daß ich während des Ersten Weltkriegs, als ich bei Professor Monti studierte, täglich mit der Tram von Fiesole nach Florenz hinunterfahren mußte. Damals dauerte das eine Stunde. Die alten Waggons fielen fast auseinander, durch das Dach regnete es herein, oft fand man keinen Sitzplatz. Doch da es die einzige Zeit des Tages war, zu der ich meine Hausaufgaben machen konnte, lernte ich meine griechischen Vokabeln und meine lateinischen Gedichte eben dort. Dabei eignete ich mir eine Fähigkeit an, die mir mein Leben lang von Nutzen war. Weit davon entfernt, ein schalldicht gepolstertes Arbeitszimmer zu besitzen wie Carlyle, habe ich in Zügen und Flugzeugen geschrieben oder im Krankenbett, im Luftschutzkeller, im Kinderzimmer und inmitten des normalen Tohuwabohu, das Kinder und Familie produzieren. Zwar brachte mich das immer wieder aus dem Konzept, wie ich zugeben muß, aber wenigstens kam ich weiter mit dem Buch. Ich glaube nicht, daß das mir oder meiner Schriftstellerei jemals ernsthaft geschadet hat.

Als ich das Schreiben wieder aufnahm, dachte ich, ich sollte es am besten mit etwas Biographischem versuchen. Ich wußte, daß ich weder schöpferische Phantasie noch ein besonderes Gespür für Dialoge hatte, – aber beides braucht man, um einen guten

Roman zu schreiben. Längst hatte ich die Hoffnung aufgegeben, Dichterin zu werden. Auch die Ausbildung zur Historikerin fehlte mir, die ich hätte erwerben können, wenn mir meine Mutter erlaubt hätte, nach Oxford zu gehen, was ich viel lieber getan hätte, als in die Gesellschaft eingeführt zu werden. Doch über viele Jahre lang hatte ich Memoiren und Briefe jeder anderen Lektüre vorgezogen. Da dachte ich, ich hätte vielleicht ein gewisses Talent, die vielfältigen Facetten eines Menschen aufzuspüren und diese zu einer Person und einem Lebenslauf zusammenzusetzen, bis sie sich zu einem Gesamtbild fügten, das, wie Virginia Woolf es formulierte, einem Menschen «nach seinem Tod von neuem Gestalt verleiht».

Als erstes fand ich ein Thema, das wie maßgeschneidert war für mich, nämlich eine Biographie Giacomo Leopardis. Über ihn gab es zu jener Zeit noch keine einzige Arbeit in englischer Sprache, abgesehen von einem interessanten Aufsatz von James Thomson und die wissenschaftliche Einführung zur Übersetzung seiner Werke ins Englische von Geoffrey L. Bickersteth. Leopardi ist nicht nur einer der größten Dichter Italiens, er war in den dreißiger Jahren eine nahezu ideale Gestalt für eine Biographie, zumal für eine Generation, deren Geschmack von Lytton Strachey, André Maurois, Harold Nicolson und Virginia Woolf geprägt war. Er war jung, mißgestaltet, einsam, ehrgeizig und verbittert. Er lebte in einer kleinen Stadt in den Marken bei seiner stockkonservativen, tief gläubigen Familie, die dem Provinzadel angehörte. Leidenschaftlich begehrte er gegen die dominierenden Eltern sowie gegen die Beschränkungen auf, die ihm seine Umwelt auferlegte. Er war ein Meister der Sprache und brachte seine Gefühle der Einsamkeit, seinen Kummer, seine Verachtung gegenüber seinen Mitbürgern, seine Sehnsucht nach Freundschaft und Liebe und seine literarischen Ambitionen zu Papier. Daraus wurden schließlich fünf Bände Briefe und sieben Bände seines Tagebuchs, *Lo Zibaldone di pensieri*, Gedankensammelsurium. Er selbst formulierte es so: «Wenn er seine Verzweiflung und seine abgrundtiefe Desillusionierung malte, nahm er die Farben dazu aus seinem Herzblut.»

Außerdem gehörte er sozusagen einer geschlossenen Gesellschaft an, zu der englische Reisende nur sehr selten Zutritt hatten und auf die sie daher ganz besonders neugierig waren. Sein

Zeitgenosse Byron war vielleicht der erste, dem es gelang, in diese Gesellschaft einzudringen, aber das war ihm nur durch seine italienische Geliebte ermöglicht worden. Basil de Selincourt schrieb in einer der ersten Kritiken über mein Buch: «Bis jetzt haben Sie sich vielleicht gefragt, was in den riesigen Räumen der scheinbar unbewohnten *palazzi* vorging ... Hier ist das Buch, das Ihnen den Schlüssel des Geheimnisses in die Hand gibt.»

Diesem Umstand schreibe ich den beachtlichen Erfolg meines ersten Buches zu, der vielleicht größer war, als verdient. Aus meiner heutigen Sicht war der Hauptvorzug des Werks die Fülle der Zitate aus den Briefen und Notizen Leopardis. Denn beim Lesen seiner Briefe, die häufig weitschweifig und voller Selbstmitleid sind, oft aber unerträglich bitter, hatte für mich ein Mensch Gestalt angenommen, den ich mit der Zeit besser kannte als alle meine Freunde. Ihm wollte ich den einzigen Tribut zollen, den ein Biograph seinem Helden zollen kann, nämlich so weit wie möglich die Wahrheit über ihn zu sagen.

Dies war von jeher eines der Grundprobleme jeder Biographie: Bis zu welchem Grad kann oder soll man die Wahrheit sagen? Und was ist überhaupt die Wahrheit über einen Menschen? Diese Frage ist noch schwerer zu beantworten. «Die Welt wird mein Leben niemals kennenlernen», sagte Carlyle. Diese Worte stehen immerhin auf der ersten Seite seines *Life*, das sein bester Freund Froude geschrieben hat. «Selbst dann nicht, wenn sie hundert Biographien über mich schreiben und lesen würde. Die wichtigsten Fakten meines Lebens sind nur mir und wahrscheinlich mir allein unter allen Geschöpfen dieser Erde bekannt.» Es gibt nicht nur Tatsachen, über die wir nicht sprechen, sondern auch solche, die nicht einmal wir selbst wahrnehmen. Wenn es hoch kommt, fällt einmal ein Lichtstrahl auf ein Stückchen Wahrheit, und die muß der Biograph versuchen festzuhalten. «Denn in der Wahrheit», sagte Virginia Woolf einmal, «liegt große Tugend: Sie hat eine nahezu mystische Kraft. Wie Radium spendet sie für alle Zeiten Partikel von Energie, Quanten von Licht.» (*Granite and Rainbow*, S. 149: *The New Biography*)

Sogar der berühmte Dr. Johnson behauptete, «um das Leben eines Menschen aufzuschreiben», müsse man zumindest «mit diesem gegessen und getrunken und gesellschaftlichen Umgang mit ihm gepflogen haben.» Ob wenigstens Boswell Dr. Johnsons

Wahrheit erkannt hat? Würde der berühmte Doktor der Ansicht gewesen sein, daß Boswell sie in ihrer Essenz erfaßt hat? Vor ein paar Tagen erhielt ich einen Brief von Archibald MacLeish, in dem er sich genau über diese Frage Gedanken macht. «Wir können eine Aufzählung von Ereignissen niederschreiben, die Form und Bedeutung zu haben scheinen: Erwartung, Erfüllung, Niederlage, Tod; ein Drama mit Anfang, Mitte, Ende, ein oft interessantes, spannendes, bewegendes Drama. Aber ist das ein Leben oder bloß eine Biograpie?»

Sollte der Biograph nicht vielleicht doch weniger ehrgeizig sein? Wenn man nicht Boswells unschätzbaren Vorteil hat und man über einen Toten oder einen Menschen schreibt, den man nur oberflächlich kannte, dann muß man es in der Tat dabei bewenden lassen. Der Biograph muß schon zufrieden sein, wenn er ab und an den Blick auf ein Gesicht oder den Klang einer Stimme einfangen kann. Allein dafür muß er schon ungeheuer viel Material sammeln, das er dann, wenn die Biographie literarischen Ansprüchen genügen soll, wieder ausjäten muß ... Aber ist es überhaupt möglich, vorurteilslos auszuwählen, etwas als untauglich zu verwerfen, ohne dabei das Ganze zu verfälschen?

In *A Writer's Diary*[1] findet sich zu dem Thema eine aufschlußreiche Stelle, in der Virginia Woolf, die zugleich Künstlerin und eine sehr wahrheitsliebende Frau war, genau diesen Schöpfungsprozeß anspricht. Nach sechs Seiten akribischer Beschreibung ihres Besuchs bei Thomas Hardy und seiner Frau, sachlich, detailliert, überzeugend, dazwischen Gesprächsfetzen, verfällt sie am folgenden Tag, bevor sie das alles in einen Artikel umformt, ins Grübeln über das Wesen der Kunst und des Denkens. «Wenn die Kunst auf Denken beruht, was geht dann vor bei der Verwandlung von Denken in Kunst? Ich erzählte mir selbst die Geschichte unseres Besuchs bei den Hardys und fing an, diesen zu komponieren, das heißt, ich malte aus, wie Thomas Hardy sich auf den Tisch stützte und in die Ferne schaute, teilnahmslos, geistesabwesend. Auf diese Weise stimmte ich den Text auf dieses beherrschende Thema ab. *Der wirkliche Besuch war ganz anders.*»

Muß «das wirkliche Ereignis» immer anders sein? Ich glaube ja. Wir können in jeder Ecke Spiegel aufhängen, wie Virginia Woolf vorschlug, wir können dem Gegenstand unserer Biographie aus jedem Winkel und bei jedem Licht ins Gesicht sehen. Wir können wunderliche und kuriose Einzelheiten aufstöbern wie zum Beispiel, daß Dr. Johnson gern ein Stück Orangenschale in der Tasche mit sich herumtrug, daß Aristoteles eine lederne Wärmflasche benützte, die mit heißem Öl gefüllt war, und daß Leopardi in den kalten Wintern von Bologna die Tage in einem federgefütterten Sack zubrachte, dem er wie ein leibhaftiger Papageno entstieg. Trotzdem können wir niemals genug sehen. Howells beschreibt Mark Twain als alten Mann: «Er konnte einen mit hintergründigem, gewinnendem Lächeln ins Gesicht blicken, doch war da gleichzeitig eine Andeutung von Abwesenheit: Man war ganz für ihn da, aber er, er war für einen nicht ganz da.»

Wann aber ist ein Mensch denn wirklich ganz für einen anderen da? Das ist vielleicht nur Liebenden einen kurzen Augenblick lang vergönnt. Virginia Woolf sah das zentrale Problem beim Verfassen einer Biographie darin, wie man den granitharten Block der Wahrheit «mit der Persönlichkeit, die sich wie ein schillernder Regenbogen dem Zugriff entzieht» in ein nahtloses Ganzes zusammenschweißen kann. Dies Problem faszinierte sie nicht nur in der Literatur, sondern auch im Leben. «Erzähl' weiter, das fesselt mich», sagte sie gern zu Freunden, wenn diese mit irgend einem aufregenden Klatsch ankamen. «Ich komme mir vor wie ein Archäologe, vor dessen Augen eine Statue Stück für Stück aus der Erde zutage gefördert wird.» Einer ihrer Freunde erzählte, daß er sie einmal an einem kalten, nebeligen Novemberabend neben einem Obstkarren angetroffen hätte, wie sie gerade die Marktfrau mit ihrer tiefen, ruhigen und eindringlichen Stimme fragte: «Sagen Sie, wie ist das so, wenn man an einem dunklen Abend im Nebel steht und Äpfel verkauft?» Ich kann mich nicht für die Echtheit dieser Geschichte verbürgen, aber sicher ist, daß sie gern solche Fragen stellte. Lebhaft erinnere ich mich noch an den Tag, an dem ich, mit Zweifeln beladen, das getippte Manuskript meiner *Allegra*[2], das eben von der *Hogarth Press* angenommen worden war, an den Tavistock Square brachte in das Verlagsbüro, das unten im Parterre lag. Als ich weggehen wollte, flutete Virginias Stimme durch das Treppenhaus: «Führe sie herauf, Leonard, bring sie doch herauf.» Ein paar Minuten später saßen wir schon an einem runden Tisch, meine Gastgeberin schenkte uns Tee aus einer großen braunen Kanne ein und fragte: «Sagen Sie doch, wie ist das so, wenn man am Morgen auf einem Gut in der Toskana aufwacht?» Ich fürchte, ich starrte sie nur erstaunt an, unfähig, eine halbwegs vernünftige Antwort zu geben. [3]

Doch sie hatte recht. Nur dadurch, daß wir herausfinden, wie der Mensch, dessen Lebensgeschichte wir darzustellen versuchen, das Leben wenigstens in flüchtigen Augenblicken empfunden hat, können wir ihn überhaupt erst in seiner Ganzheit erfassen. Das bedeutet, daß wir unbedingt versuchen müssen, ihn in jeder Lebenslage zu beobachten, nicht nur, wenn er im Triumph an der Spitze seiner siegreichen Truppen reitet oder in Frack und Zylinder ein Denkmal enthüllt, sondern, so weit eben möglich, auch in intimen, ungeschützten Momenten. In dieser Hinsicht hätte die Biographie der Antike ein ähnliches Ziel wie die moderne, im Gegensatz zur mittelalterlichen, die das «Leben der Großen» in erster Linie zur Erbauung darzustellen trachtete und daher Menschen zum Gegenstand nahm, die den göttlichen Schöpfungsplan versinnbildlichten. Der Geschmack des 17. Jahrhunderts wandte sich dann wieder der Einstellung der klassischen Antike zu. Insbesondere Dryden bewunderte Plutarch genau deswegen, weil er es gewagt hatte, seine Helden nackt zu zeigen. «Man kann zuschauen, wie Scipio und Laelius am Strand Muscheln suchen», schrieb er, «wie Augustus Steine auf dem Wasser hüpfen läßt und wie Agesilaus inmitten seiner Kinderschar auf dem Steckenpferd reitet. Ohne den hohlen Schein sehen wir das arme, vernunftbegabte Tier in seiner ganzen natürlichen Nacktheit, lernen seine Leidenschaften und Narrheiten kennen und finden im Halbgott den Menschen.»

Dies ist zweifellos der Auftakt zur modernen Biographie. Doch mit dem Zugeständnis, daß auch Helden in ihrer Nacktheit und Fehlbarkeit vorgeführt werden dürfen, stellte sich das Problem, ob dieses Bild den Leser nicht vielleicht beirren oder moralisch verderben könne und, falls diese Gefahr besteht, ob der Biograph dann das Recht habe, so offen zu sein.

Pascal behauptete, es sei deshalb so gefährlich, sowohl die Laster als auch die Tugenden eines Helden zu beschreiben, weil stets nur die Laster Nachahmung fänden. Er schrieb: «Das Vorbild von Alexanders Keuschheit hat weniger Menschen enthaltsam gemacht als seine Trunksucht Menschen zur Unmäßigkeit verleitet hat.» Dr. Johnson war jedoch gegenteiliger Ansicht. Als er gefragt wurde, ob es denn richtig sei, Addisons Geiz gegenüber seinem Freund Steele aufzudecken, erwiderte er, daß die Fakten beim Namen genannt werden sollten, ohne Rücksicht darauf, wie sie ausgelegt werden könnten, «denn wenn lediglich die strahlenden Seiten einer Persönlichkeit aufgezeigt werden, wären wir nach der Lektüre völlig verzagt, weil wir es dann für unmöglich halten, ihnen auch nur in einem einzigen Punkt nachzueifern.» Kurz, er war davon überzeugt, daß man die Tatsachen unbeschönigt darstellen solle, und zwar aus einem für ihn charakteristischen Grund: «Das bewahrt die Menschheit vor der Verzweiflung.» Im 19. Jahrhundert aber wurde es wieder Mode, die unerquicklichen und unerbaulichen Fakten zu unterschlagen. «Zu lang und zu götzendienerisch!» kommentierte Leslie Stephen einen der drei Bände *Victorian Lives.* Und Carlyle klagte: «Wie feinfühlig, wie sittsam sind doch englische Biographien heutzutage! Gepriesen sei ihr schönfärberisches Maul!»

Die Versuchung, etwas frei zu erfinden, ist jedoch weit heimtückischer, als die, etwas zu verbergen. Ein glänzendes Beispiel dafür gibt Trevor Roper in seiner gnadenlosen Attacke auf Lytton Strachey[4]: Es geht dabei um die Länge von Dr. Arnolds Beinen. Strachey hatte sich im Kopf ein konkretes Bild von Dr. Arnold zurechtgelegt: Er stellte sich ihn als eine stattliche, pompöse Figur vor, und um ihm dazu einen richtigen Stich ins Absurde zu geben, ihm etwas von seinem Nimbus zu nehmen, mußten eben seine Beine zu kurz sein. Leider gibt es absolut keinen Beweis dafür, daß Dr. Arnolds Beine im Verhältnis zu seinem Körper kürzer gewesen wären als die eines Durchschnittsmenschen, wie Strachey einmal einem Freund gegenüber zugab.

Wenn nun ein Biograph so etwas dazu erfindet, die Wahrheit aber herauskommt, besteht die Gefahr, daß wir ihm überhaupt nichts mehr glauben. Dr. Johnson sagte einmal: «Eine Geschichte ist das Bild eines Individuums oder des Lebens im allgemeinen. Wenn sie nicht wahr ist, ist sie das Bild von nichts.» Sobald man nur eine winzige Kleinigkeit hinzuerfindet, kann das die ganze Glaubwürdigkeit untergraben. «Nehmen wir einmal an, wir glauben die Hälfte von dem, was er sagt», bemerkte Lord Mansfield zu Dr. Johnson über einen gemeinsamen Bekannten, dessen Geschichten «unserer Meinung nach unglücklicherweise zu sehr

dem Reich der Fantasie entsprungen sind». «Schon», erwiderte
Dr. Johnson, «doch wissen wir nicht, *welche* Hälfte wir glauben
dürfen. Durch seine Lügengeschichten verlieren wir nicht nur
jede Hochachtung vor ihm selbst, sondern auch jede Freude an
seiner Konversation».

Lytton Strachey selbst sagte, das Rüstzeug eines Biographen
bestünde aus drei Eigenschaften, und das seien «die Fähigkeit,
sich Fakten einzuverleiben, die Fähigkeit, diese darzustellen, und
dazu ein persönlicher Standpunkt.» Diese Definition trifft das
Wesentliche, denn man kann keine Geschichte schreiben ohne
daß man einen persönlichen Standpunkt bezieht, doch läuft man
dabei auch Gefahr, die Tatsachen nicht nur zu gestalten, sondern
auch zu verzerren. Der Autor, der den Gegenstand seiner Biographie seinen geistreichen Einfällen unterordnet, wird bald nur
noch über einen einzigen Menschen schreiben, nämlich über sich
selbst. Nach über dreißig Jahren habe ich *Eminent Victorians* von
Lytton Strachey wieder einmal gelesen. Was ich persönlich daran
auszusetzen habe, ist nicht so sehr die Ungenauigkeit, sondern die
Seichtheit und eine Blutarmut, die aus einer gewissen Herablas-
sung entspringt. Wenn man einen Menschen sehen will, darf man
nicht damit anfangen, durch ihn hindurch zu sehen.

Selbstverständlich ist es die Aufgabe eines Biographen, die
Schwächen, Leidenschaften und Idiosynkrasien festzuhalten, die
aus dem Gegenstand seiner Recherchen erst einen lebendigen
Menschen machen. Dennoch wäre das Resultat mehr als dürftig,
wenn diese individuellen Charakterzüge nicht gleichzeitig als
Teil eines allumfassenden Dramas gesehen würden. Denn das Le-
ben jedes Individuums ist auch die Geschichte des Jedermann.
Natürlich hat jeder Biograph seine eigene Methode. Er ist, wie
Desmond MacCarthy sagte, «ein Künstler unter Eid». Doch seine
Fantasie und Intuition werden kaum weniger gefordert als die eines Romanciers oder Dramatikers. Auch diese schaffen schließ-
lich ihre Gestalten nicht aus dem leeren Raum, sondern aus der
Lebenserfahrung heraus oder aus der Intuition. Selbst Shake-
speare erfand so gut wie keine seiner Handlungen frei. Erst wenn
er ein Verhaltensmuster für eine seiner Personen konzipiert hatte,
konnte er sich ganz darauf konzentrieren, aus dieser einen
Menschen aus Fleisch und Blut zu machen. Die wahre Arbeit des
Biographen ist ebenfalls die überzeugende Darstellung von

Menschen und kann daher im Rahmen des Genres der Biographie durchaus als Schöpfungsprozeß gelten.

Überdies muß sich der Biograph vor den Fallstricken schlichter Unwissenheit hüten und sich gründlich in das Umfeld der Person, die er beschreibt, einlesen und einleben. Hinter jeder Biographie sollte ein reicher Schatz an verborgenem Wissen stehen, wie ein Gobelin, der dann gar nicht aufgerollt wird. Allein aus diesem Grund sind, um nur zwei Beispiele zu nennen, David Cecils *Lord M* und Sandburgs *Abraham Lincoln* so gute Bücher. Wir sollten mehr, sehr viel mehr wissen als das, was wir letztlich zu Papier bringen.

Ich kann mich sehr lebhaft daran erinnern, wie ich mich einmal blamiert habe, weil es mir eben an diesem Hintergrundwissen mangelte. Rebecca West machte mich in einem Brief schonend darauf aufmerksam. Als Beispiel für die Überempfindlichkeit von Carlyles Frau Jane hatte ich das unglückselige Weihnachtsfest auf *The Grange* angeführt. Lady Ashburton hatte ihr als Weihnachtsgeschenk ein Seidenkleid unter den Baum gelegt. Jane war daraufhin beleidigt und ging stracks auf ihr Zimmer. Meiner Meinung nach hatte sie unnötig Theater gemacht. Rebecca West wies mich aber darauf hin, daß ich damit unrecht hatte. Ihre Großtante, Isabella Campbell, die zum Freundeskreis der Carlyles gehörte, hatte oft von diesem Vorfall gesprochen. Immer wieder wunderte sie sich, «daß ausgerechnet Lady Ashburton so einen faux pas begehen konnte», denn ein Seidenkleid war damals das übliche Weihnachtsgeschenk für eine Hausdame. Eine Freundin der Familie hatte allen Grund, über so einem Geschenk die Fassung zu verlieren. Denn es galt als ein Zeichen dafür, daß man einem niedrigeren sozialen Stand angehörte, wenn man ein Kleid trug, das nicht, vom Stoff angefangen, persönlich ausgewählt und dann maßgeschneidert war. Kurz, Jane war in diesem Fall zu Recht brüskiert, und ich hatte keine Ahnung, wovon ich sprach.

In meinem ersten Buch gab ich mir die größte Mühe, Fehler dieser Art zu vermeiden. Zwar hatte ich seit meinem achten Lebensjahr in Italien gelebt, doch mit der Provinzgesellschaft, in die der Dichter hineingeboren war, und von der in manch einem Landstädtchen noch Rudimente erhalten waren, mußte ich mich nun mit Hilfe von Büchern und Menschen vertraut machen. Ich bat italienische Freunde und Gelehrte um Rat und versenkte mich völlig in Leopardis Werke. Ich dachte an so gut wie nichts anderes mehr. Und selbstverständlich besuchte ich immer wieder Recanati, denn ich bin davon überzeugt, daß, wenn schon keine Möglichkeit besteht, Dr. Johnsons Anweisung zu befolgen, man es sich wenigstens zur Aufgabe machen muß, das Heim des Menschen aufzusuchen, den man beschreiben will. Nichts, was man Artikeln und Büchern, ja nicht einmal, was man authentischen Zitaten entnehmen kann, ersetzt den unmittelbaren visuellen Eindruck, die Empfindung, in derselben realen Umgebung gelebt zu haben, selbst wenn es nur ein paar Stunden oder Tage sind. Ich hatte mir ja nicht vorstellen können, unter welchen Bedingungen Leopardi viele Stunden über seiner Arbeit verbrachte, bevor ich nicht selbst an einem Wintertag in der eiskalten großen Bibliothek seines Vaters stand. Neben mir sein Schreibpult und der abgesperrte Bücherschrank mit all den Schriften, die auf dem Index standen und zu denen seine Schwester Paolina eines Tages traurig auch seine *Operette Morali* stellen mußte. Erst als ich die dünnen Wolldecken anfühlte, konnte ich nachempfinden, wie er vor Kälte zitterte, selbst wenn er sie über Knie und Schultern gelegt hatte in den langen Nächten, die er bei Kerzenlicht über seiner Arbeit verbrachte. Bevor ich nicht sein Zimmer gesehen hatte, in das er, ebenso wie seine Brüder, nur durch das Schlafzimmer seiner Mutter gelangen konnte, war es mir nicht möglich, nachzuvollziehen, was er damit meinte, wenn er sagte, als Kind habe er ein Gefühl «der Unterjochung und Abhängigkeit» gehabt, «so, als ob ich mein Leben nicht selbst bestimmen könne und als ob ich nicht einmal ein vollständiger Mensch sei, sondern nur ein Teil, ein Glied von jemand anderem» – und wie tief dieses Gefühl ging. (*Poesie e Prose*, S. 5–6: *Pensieri*, II) Ich lief durch die Straßen von Recanati und spähte in die Höfe der großen Paläste, deren Fensterläden geschlossen waren, ich spürte den beißenden Atem der *tramontana*, die durch die Straßen fegte und dem Dichter den schwarzen Umhang von den Schultern zerrte, während die Buben ihm nachplärrten: «*Ecco il gobbetto!*», «Buckliger Zwerg!» Ich ging in die Pfarrkirche hinein, wo er die erste Kommunion empfing, betrachtete die Kirchenbank, die heute noch die Inschrift *Gentis Leopardae* trägt. Im Sommer kam ich wieder und wanderte in der Umgebung von Recanati, sah dort mit eigenen Augen *le vie dorate e gli orti*, die Gassen im Goldlicht und die Gärten (*A Silvia*), die grasbewachsenen Böschungen der Landstraßen, wo seine *donzelletta* ihr Büschel Gras schnitt, und auch die Kirchenstufen, auf denen in der Dämmerung die alten Männer saßen wie ehedem und über ihre eigene Jugend schwatzten. Von da schaute ich über den Platz hinüber zu dem Fenster, an dem er Silvia erblickte, wie sie an ihrem Webstuhl sang. Ich stieg den Hügel hinauf, von dem aus er der fernen Horizonte des *Infinito* ansichtig wurde, ich hörte den Wind in den Zweigen seufzen. Ich sah, wie der Mond in einer stillen Sommernacht aufging:

> *Dolce e chiara è la notte e senza vento*
> *E queta sopra i tetti e in mezzo agli orti*
> *Posa la luna e da lontan rivela*
> *Serena ogni montagna.*
>
> *La sera del di festa*[5]

Das alles mußte ich sehen und in mir wirken lassen; dann erst konnte ich daran denken, mit dem Schreiben anzufangen. Denn solche Reisen an authentische Orte sind mehr als nur sentimentale Pilgerschaften. Sie gleichen dem Bedürfnis eines Menschen, dessen Augenlicht getrübt ist, mit der Hand ein Gesicht zu ertasten.

Dennoch war ich mit dem Buch achtzehn Jahre danach nicht mehr zufrieden. Manche meiner kritischen Bemerkungen darin, vor allem die zur Familie Leopardi und zum Milieu von Recanati, kamen mir nun oberflächlich und ungenügend recherchiert vor, ebenso wie mir die Stellen über seine Werke dürftig und aus zweiter Hand erschienen. Deshalb beschloß ich, das ganze Buch noch einmal zu schreiben. Im Vorwort zur neuen Fassung, die ich *Leopardi, A Study in Solitude* nannte, und die 1953 herauskam, führte ich zur Erklärung dazu an, daß in der Zwischenzeit zwei weitere Bände seiner Briefe veröffentlicht worden waren sowie einige wichtige Biographien und Sekundärliteratur in italienischer Sprache. Doch der eigentliche Grund war ein anderer: Ich hatte ihn (und auch sein Land) erst noch besser kennenlernen müssen, so wie einen Freund, dessen Leben man durch viele Jahre hindurch geteilt hat.

Nebenbei war ich in dem speziellen Fall Leopardi nicht die einzige, die das Bedürfnis hatte, für seine Biographie den Spuren seines Lebens und Schaffens von neuem nachzugehen. Giuseppe de Robertis, der berühmte Leopardi-Forscher und Literaturkritiker, saß damals an der Wahnsinnsarbeit, ein Sachregister zum *Zibaldone* anzulegen. Ich erinnere mich, wie ich ihm erzählte, daß ich eben dabei sei, eine zweite Biographie des Dichters zu schreiben. Da fing er zu lachen an und sagte: «Sie hat er also auch erwischt, *il vizio leopardino*, der Leopardi-Virus! Das wird nicht Ihr letztes Buch über ihn bleiben», prophezeite er. Recht hatte er damit, denn erst vor zwei Jahren machte ich zusammen mit John Heath-Stubbs ein Buch *Selected Prose and Poetry*. Heath-Stubbs übersetzte dabei die Gedichte Leopardis, ich die Prosa ins Englische. Dazu schrieb ich biographische Erläuterungen. Da dies Buch Leopardis dichterisches Werk an den englischen und amerikanischen Universitäten einführen sollte, war vor allem der Prosa-Teil ganz neu konzipiert. Nur wenn es nicht anders ging, benützte ich meine eigenen Worte, um ein Faktum darzulegen, das Milieu in großen Zügen darzustellen oder den Rahmen für ein Bild zu liefern. Alles übrige sind Leopardis eigene Worte.

Je mehr ich über andere Menschen gelesen und geschrieben habe, desto mehr möchte ich den Helden selbst zu Wort kommen lassen. Wenn ein Biograph festhalten kann, was ein Mensch gesagt hat, besitzt das so viel mehr Überzeugungskraft, als jede andere Art von Erzählkunst. «Ich weiß nicht, warum ich die Vergangenheit so hasse», sagt Howells nachdenklich zu Mark Twain; und wenn dieser darauf antwortet: «Sie ist so verdammt erniedrigend», dann weiß jeder genau, daß der große Mann das wörtlich gesagt hat. Solchem Material, dem Stoff, aus dem das Leben ist, konnte ich noch nie widerstehen, und eben das brachte mich ein paar Jahre nach der Leopardi-Biographie dazu, zwei Bücher über Menschen zu schreiben, die ansonsten (und zwar jeder aus ganz verschiedenen Gründen) nicht mein Fall waren. Lord Byron und der Kaufmann von Prato, Francesco Datini, der im 14. Jahrhundert lebte.

Spätestens zu diesem Zeitpunkt mußte ich mir die Frage stellen, ob es da nicht doch eine gewisse Verbindung zwischen den Persönlichkeiten gibt, die ich mir ausgesucht hatte. Abgesehen von meinem kleinen Kriegstagebuch, das ein literarisch anspruchsloser Bericht über meine persönlichen Erfahrungen ist, kreisen

meine Arbeiten um zwei Schwerpunkte: Menschen im Italien
des 14. und 15. Jahrhunderts und Menschen im Italien und auch
im England des 19. Jahrhunderts. Die mittelalterlichen Studien
befassen sich mit einem Kaufmann und mit einem Heiligen. Die
aus dem 19. Jahrhundert mit zwei großen Dichtern. Und dann,
wenn auch in kleinerem Rahmen, mit Byrons Tochter Allegra,
die schon als Kind starb, und mit Byrons Venezianer Geliebten,
der Contessa Marina Benzon – liebenswürdig, blühend, sinnlich,
immer mit einem Stück warmer *polenta* an ihrem üppigen Busen,
an der sie ab und zu knabberte, wenn sie sich in ihrer Gondel
durch die Kanäle Venedigs rudern ließ.[6] Außerdem mit etlichen
Persönlichkeiten der viktorianischen Ära. Eine Arbeit beschäftigt
sich mit Mazzini, wie er Carlyle und Jane in ihrem Haus in der
Cheyne Row endlose Vorträge hält, worauf er seinerseits wieder
ihre Vorträge anhören muß.[7] Eine damit, wie Carlyle und Lady
Ashburton sich in den Schlingen ihrer verworrenen, emotions-
geladenen, unschuldigen Freundschaft verfingen.[8] Eine andere
schließlich mit einer Frau, die in keiner Weise zu den übrigen
paßt, nämlich mit Marie Lenéru, der französischen Schriftstellerin und Dramatikerin, deren außerordentliches *Journal* offenbart,
was sie in ihren eigenen Worten den «Triumph» über die vielen
Jahre, in denen sie taub und blind war, nennt.[9]

Wieder muß ich mir die Frage stellen, was mich an solch ge-
gensätzlichen Menschen und ihrem Umfeld fesselte. Ich glaube,
die Antwort ist ganz einfach: Ich suchte sie mir nicht deswegen
aus, weil ich mich besonders zu Dichtern, Kaufleuten oder
berühmten Frauen hingezogen fühlte, zu Mißgebildeten oder gar
zu Heiligen, sondern vielmehr aus einem leidenschaftlichen Interesse an *Menschen*. Marc Bloch sagte: «Der *Historiker* ist wie der
Menschenfresser aus der Fabel. Da, wo er Menschenfleisch (la
chair humaine) riecht, weiß er seine Beute.» Ja, das war es, was
ich finden wollte. Wie E. M. Forster glaube ich, daß die «wahre
Geschichte des Menschengeschlechts die Geschichte der zwischenmenschlichen Beziehungen» ist. Es klingt zwar anmaßend,
aber die eigentliche Aufgabe des Biographen ist ganz einfach:
Tote zum Leben erwecken. Wenn ihm das gelingt, dann spielt es
keine Rolle, ob sein Held bedeutend oder bescheiden ist, gut
oder schlecht. Alles, was sonst noch an Informationen im Laufe
des Stoffsammelns ans Licht kommen mag, ist nur insofern von

Bedeutung, als es den toten Menschen ein wenig lebendiger macht. Selbstverständlich kann man über Leopardi oder Byron kein Buch schreiben, ohne sich vor Augen zu halten, daß sie Dichter sind, ebenso wenig wie man über Datini schreiben kann, ohne auf die Welt des Handels im 14. Jahrhundert einzugehen, und schon gar nicht über San Bernardino ohne zu berücksichtigen, daß er ein berühmter Prediger war. Doch wenn dem Buch nicht ein so lebendiger Mensch entsteigt, daß man das Gefühl hat, man könnte ihm morgen schon auf der Straße begegnen, dann ist das Buch einfach keine gute Biographie.

Die Art und Weise, wie man eine Person wirklich lebendig werden läßt, mag sehr unterschiedlich sein. Manchmal reicht ein einziger Satz. «Dies war freilich ein gutes Dinner; aber keines, zu dem man jemanden einlädt.» Aus wessen Mund kann so etwas wohl stammen, wenn nicht von Dr. Johnson? «Wenn Poodle Byng herkommt, dann riechen alle Hecken nach Piccadilly.» Diese Bemerkung über einen Gast, der mit ihm zusammen auf einem viktorianischen Herrensitz eingeladen war, ist typisch für Sidney Smith. Und hier haben wir Carlyle an seinem 80. Geburtstag, zu dem ihm ein paar Damen eine Uhr schenkten. «Ei sieh da, was soll ausgerechnet ich mit Chronos anfangen?» In vielen Fällen ist es allerdings mit dieser Art von Kurzschrift nicht getan. Francesco Datini zum Beispiel ist als Person so unlösbar mit seinen Besitztümern und seinen Handelsaktivitäten verknüpft, daß ich aus ungezählten Tatsachen ein sehr kleinteiliges Mosaik zusammensetzen mußte, bevor der Mensch erkennbar wurde. Bei San Bernardino, dessen Medium der meisterhafte Umgang mit der Sprache war, schroff oder mitfühlend, unwiderstehlich, geistreich, eindringlich, mußte ich viele und lange wörtliche Zitate bringen, um seine Vision des Diesseits und des Jenseits herauszuarbeiten.

Dazu muß ich allerdings etwas gestehen: An Byron und Datini zumindest war ich nicht wirklich interessiert, ja nicht einmal an ihrem Schaffen und ihrem Werk. Ich konnte nur dem fantastischen Quellenmaterial nicht widerstehen, über das ich rein zufällig gestolpert war. So sollte man freilich nicht an eine Sache herangehen. Was für das Leben gilt, gilt auch für die Literatur: In die Menschen, die man am liebsten hat, kann man sich auch am besten einfühlen. Das Gegenbeispiel findet man bei Voltaire: «*Écra-*

sez l'infâme!» – die Antriebsfedern sind Haß und Verachtung. Es
ist aber eben doch eine große Verführung, aus solchem Material
etwas zu machen. Sobald man erst einmal herausgefunden hat,
wie man es aufbereiten kann, wie man unter der Oberfläche wei-
terspürt, kurz, wie man dabei in eine völlig neue Welt eintauchen
kann, wird das Ganze faszinierend. Der große französische Historiker Marc Bloch sagte einmal: *«Le spectacle de la recherche est ra-
rement ennuyeux. C'est le tout fait qui répand la glace et l'ennui.»* («Der
Vorgang des Quellenstudiums ist selten langweilig. Erst das fer-
tige Produkt verbreitet dann Eiseskälte und Langeweile.»)

Ich werde jetzt ohne jeden Rechtfertigungsversuch einige persönliche Erfahrungen zu diesem Thema beschreiben und hoffe,
damit meinen Lesern zeigen zu können, wie wahr dieser Ausspruch ist.

Auf Lord Byrons Welt stieß ich unmittelbar, nachdem ich
mein erstes Buch, das über Leopardi, geschrieben hatte. Natürlich hatte ich schon vorher Briefe und Gedichte von Byron gelesen. Doch dann hatte ich die Idee, dem Schicksal der Kinder
großer Schriftsteller des 19. Jahrhunderts nachzuspüren und nach-
zuforschen, ob das «Treibhaus», in dem sie aufgezogen worden
waren, ihr Wachstum förderte oder hemmte. Das Buch sollte
«Poets' Children» heißen und die Sprößlinge einiger berühmter
Dichter zum Thema haben, nämlich die von Leigh Hunt
(«dreckiger und mutwilliger als Schweine» beschrieb sie Byron),
von Coleridge, von Byron selbst und Pen, den vergötterten und
verzogenen Sohn der Brownings, der in seinem Samtanzug in einem Ponywägelchen durch die Straßen von Florenz kutschierte.
Dies Buch wurde nie geschrieben. Es entstand nur ein kurzer Ab-
riß über Hartley, den Sohn von Coleridge. Einzig die Geschichte
von Allegra, der unehelichen Tochter Byrons und seiner Geliebten Claire Clairmont, vollendete ich. Er nahm sie ihrer Mutter
weg, um sie bei sich zu haben, erst in Venedig, dann in Ravenna,
bis er genug von ihr hatte und sie schließlich in eine Klosterschule mitten in den Sümpfen der Romagna steckte. Dort starb
sie noch vor ihrem fünften Geburtstag. Damals lernte ich einen
ganz neuen Byron kennen, den Mann, der sich damit brüstete,
daß er durch seine Affaire mit Teresa Guiccioli Zugang zur Gesellschaft der italienischen Provinz gefunden habe. «Nun habe ich
wirklich unter echten Italienern *gelebt»*, schrieb er, «bin nicht für

ein paar Monate nur *florenziert, romasiert, gallerisiert, konversationiert*
worden und dann – nichts wie heim. Vielmehr war ich Teil ihrer Familien, Teil ihrer Freundschaften und Feindschaften, ihrer
Freuden, Familientreffen, und das in einem Teil Italiens, den
Ausländer so gut wie nicht kennen. Ich war mitten unter ihnen
allen, vom Grafen bis zum Bauern, ohne Rücksicht auf Klassen-
unterschiede. (*Letters and Journals*, V, S. 79. An John Murray,
23. September 1820)

Es schien mir, daß ich sehr viel mehr über diesen unbekannten Aspekt in Byrons Leben in Erfahrung bringen sollte. Deshalb
machte ich mich etwas beklommen auf die Reise nach Florenz.
Denn dort wollte ich versuchen, den Grafen Carlo Gamba, den
Großneffen und Erben der Contessa Guiccioli, zu überreden, daß
er mir erlaube, die schriftliche Hinterlassenschaft seiner
Großtante durchzusehen. Meine Befürchtung, abgewiesen zu
werden, war nicht unbegründet. Graf Gamba, ein alter Herr von
exquisitem Geschmack, war erstens altmodisch und zweitens
stocktaub. Schon ein paarmal hatte er jemandem den Zugang zu
den Dokumenten «der armen Tante Teresa» verweigert, darunter auch André Maurois. Ich weiß nicht, wie es mir gelang, ihn
dazu zu bringen, seine Meinung zu ändern, denn es ist sehr
schwierig, jemanden laut schreiend zu beschwatzen oder zu beruhigen. Ich glaube fast, daß nicht, was ich sagte, ihn dazu bewegte, sondern schlicht der Umstand, daß seine Nichte mich
kannte und ich in seinen Augen nicht zu ausländisch und einigermaßen vertrauenswürdig aussah. Jedenfalls ging er auf mein
Versprechen ein, daß ich ihm alles, was ich zu veröffentlichen ge-
dachte, vorher zeigen würde. Dann läutete er seinem Diener und
trug ihm auf, «Gräfin Teresas Truhe» herunterzubringen. «Dies
alles steht Ihnen zur Verfügung», sagte er zuvorkommend, hob
den Deckel der geschnitzten Mahagoni-Truhe und zeigte auf
zahllose Briefe, die mit Bändchen zu Bündeln geordnet waren.
«Dies hier sind, glaube ich, die von Lord Byron, aber von wem
die anderen sind, weiß ich nicht.» Dazu vielerlei Objekte, die Teresa immer als Byrons «Reliquien» bezeichnete. Ein Medaillon
mit einer Haarlocke von ihr trug Byron an einer aus ihrem Haar
geflochtenen Schnur um den Hals, als er starb. Augusta Leigh
schickte es Teresa zurück. Ein anderes Medaillon, das er Teresa
schenkte, als er nach Griechenland segelte, enthielt eine Locke

von Byrons Haar. Außerdem enthielt die Truhe eine Reihe kleiner Päckchen, die sorgfältig von Teresa selbst geschnürt und beschriftet waren: ein Stück der Wandbehänge des Raums im Palazzo Gamba, in dem Byron sie immer besuchte, Byrons Taschentuch, ein Fragment eines seiner Hemden und ein zerbröselndes Rosenblatt, ein kleiner Zweig von einem Baum und eine Eichel von Newstead Abbey. Darüber hinaus enthielt die Truhe noch weitere Haarlocken ohne Zahl. Zum Schluß zog der Graf ein dickes, in violetten Plüsch gebundenes Buch heraus, in dem Byron und Teresa oft zusammen gelesen hatten. Es war *Corinne* von Madame de Staël. Auf das Vorsatzblatt hatte Byron einen seiner bekanntesten Liebesbriefe (25. August 1819) [10] an sie geschrieben, und zwar auf Englisch. Als sie zu ihm zurückkehrte, weigerte er sich, ihn für sie ins Italienische zu übersetzen.

Im Buch waren zahlreiche Stellen mit derselben Tinte unterstrichen, mit der der Liebesbrief geschrieben war, darunter folgende: «Ich lernte die Liebe von den Dichtern, aber wirkliche Liebe ist ganz anders. Den Realitäten des Daseins haftet etwas Nüchternes an. Jeder Versuch, das zu ändern, ist vergeblich.» Ganz am Ende, unten auf Seite 92 stand eine Anmerkung in Byrons Handschrift: «Ich kannte Madame de Staël gut, besser als sie jemals Italien kannte, aber nie war mir der Gedanke gekommen, daß ich eines Tages *mit ihren Gedanken denken* würde ... Manchmal hat sie recht, oft unrecht, wenn sie über Italien oder über England schreibt. Doch wenn sie über das menschliche Herz schreibt, trifft sie so gut wie immer ins Schwarze.»

Graf Gamba zeigte mir diese Stellen und legte dann das Buch zu den anderen «Reliquien» in die Mahagoni-Truhe zurück. Die gebündelten Briefe dagegen wanderten in einen Koffer, den ich mitnehmen durfte. Auch wenn ich dabei nur einen flüchtigen Blick von ihnen erhaschte, sah ich doch außer Byrons Handschrift noch viele andere: Ich entdeckte die Unterschriften von Lamartine, Lady Blessington, Pietro Gamba und die von Teresa selbst. Ich fragte den Grafen, ob die Briefe registriert seien und ob er sich bewußt sei, wie wertvoll sie sind. (Sie waren noch viel wertvoller, als ich dachte. Eben erst wurde bei Sotheby's ein Brief von Byrons Hand für 500 Pfund versteigert.) Doch er wischte meine Bedenken vom Tisch: Keine Sorge, er wisse nicht genau, was es mit diesen Briefen für eine Bewandtnis habe. Vielleicht könne ich es ihm ja erklären, wenn ich sie zurückbrächte. Ich aber ließ nicht locker und fragte, wieso er sich so sicher sei, daß ich sie nicht verliere oder sie gar an eine Bibliothek in Amerika verkaufen würde, ob er es nicht doch besser fände, wenn ich auf der Stelle ein Verzeichnis anlege, das sein Anwalt beglaubigen könne. Seine Antwort darauf war, daß er einem Diener auftrug, den Koffer in meinen Wagen zu bringen. (Nach und nach sortierte ich mit Elsa Dallolios Unterstützung alle Schriftstücke, datierte sie, soweit möglich, und legte ein ordentliches Verzeichnis von ihnen an, bevor ich sie Graf Gamba zurückgab. Dieser stiftete sie der *Biblioteca Classense* in Ravenna.) Fasziniert verbrachte ich dann die Nacht im Hotel über diesen Schätzen, nachdem ich den Inhalt des Koffers auf dem Bett ausgebreitet hatte. Denn als ich Byrons Liebesbriefe an Teresa flüchtig durchsah, von denen manche in einem Stil abgefaßt waren, die einem italienischen Leitfaden der Kunst des Briefschreibens glichen, und die 1700 Seiten von Teresas *Vie de Lord Byron en Italie* überflog, wurde mir klar, daß ich tatsächlich auf eine neue Seite seines verworrenen und facettenreichen Charakters gestoßen war. Nun stellte ich mir die Frage, ob es mir nicht doch noch gelingen könnte, vor Ort weiteres Material auszugraben, das ihn in dieser italienischen Welt aus dem Blickwinkel derer, die ihn dort beobachtet hatten, zeigen würde, und nicht aus seinem eigenen. So machte ich mich denn auf die Suche. Von Conte und Contessa Pasolini d'Onda in Ravenna erhielt ich lebensvolle Berichte über die Gesellschaft in der Provinzstadt Ravenna in den zwanziger Jahren des vorigen Jahrhunderts, dazu noch die Erlaubnis, Dokumente ihres Familienarchivs zu verwenden. Ich forschte in den Bibliotheken und in den Archiven von Venedig, Bologna, Forlì, Florenz und Lucca. Allmählich entstand ein sehr seltsames Bild. Ich sah Byron nicht nur mit den Augen der Gamba und der Guiccioli und seiner übrigen italienischen Bekannten, sondern auch mit denen seiner Mitverschwörer bei den *Carbonari*[11] sowie der päpstlichen, österreichischen und toskanischen Spione, die ihm ständig auf den Fersen waren. (Es gab da beispielsweise die Anekdoten des Conte Francesco Rangone, des schriftstellernden Adeligen und Klatschmauls aus Ferrara, der ein Pamphlet schrieb mit dem Titel: «Verstohlener Blick auf einen sehr kultivierten, reichen, aber wunderlichen Mylord … den Gebildeten teuer, doch den Schönen nicht weniger.» Dann das Tagebuch des Cavalier Angelo Mengaldo, der beharrlich auf Boswells Spuren wandeln wollte, der mit Byron um die Wette schwamm im Canale Grande und es sogar wagte, Byron wegen seiner Affairen Vorhaltungen zu machen, *«mais mes sermons n'étaient pas de son goût»,* «doch meine Predigten waren nicht nach seinem Geschmack». Dann die Berichte des toskanischen Spions Angelo Valtancoli, der sich vor lauter Ehrfurcht vor Mylord nicht nahe genug an ihn heranwagte, und daher nur unter Schwierigkeiten seine Aktivitäten in Bologna überwachen konnte und über ihn kolportierte: «Der wahre Grund seines Aufenthalts in Bologna sind weiterhin weder seine literarische Arbeit noch seine amourösen Abenteuer, sondern die Zerstörung der bestehenden Regierung.» Schließlich noch die Erzeugnisse des Cavaliere Luigi Torelli aus Pisa, berüchtigt als «der Spion aller Spione», dessen Darstellung die Regierung des Großherzogs der Toskana dazu veranlaßte, die Familie Gamba aus der Toskana zu verbannen.)

Das Ausgraben dieser Dokumente war ein seltsamer Prozeß. Das Ganze war, wie jede Forschung, so spannend wie ein Kreuzworträtsel, gleichzeitig aber auch wie ein Gang durch Madame Tussauds Spiegelkabinett, durch eine Welt, in der alles unscharf war (Byron selbst am meisten), jedes Motiv verzerrt, jedes Bild vergrößert oder verkleinert. Ich erfuhr aber auch Neues über einen sehr viel sympathischeren Charakterzug Byrons, der ihm letztendlich vielleicht die Poets' Corner in Westminster Abbey öffnete, nämlich «die Intensität und Energie, seine Kraft und Leidenschaft ..., mit der er die Gegner der Freiheit bekämpfte». (Aus der Ansprache von William Plomer am 8. Mai 1969 anläßlich der Enthüllung einer Gedenktafel für Byron in Westminster Abbey.) Diese Eigenschaften kamen im Austausch mit den Gamba zur vollen Entfaltung, denn sowohl Teresas Vater, Conte Ruggero, als auch ihr jüngerer Bruder Pietro («wild auf Freiheit», wie Byron schrieb) galten bei der österreichischen und der päpstlichen Regierung gleichermaßen als *pecore segnate*, als schwarze Schafe. Durch sie lernte Byron die dortigen *Carbonari* kennen und wurde bald Anführer der *Cacciatori Americani*, einer ihrer Banden. Im Pinienwald traf er sich mit den Verschwörern, ihre Waffen versteckte er in seinem Haus. Endlich durfte er ein Mann der Tat sein.

Kurz bevor ich das Buch[12] fertigstellte, bekam ich noch die Erlaubnis, in Settimello bei Pistoia die Villa zu besuchen, die im Besitz Teresas war und in der sie als Witwe des Marquis de Boissy die letzten Jahre ihres Lebens verbrachte. Dort bewahrte sie ihre Bücher auf und die «Byron Reliquien». Es war ein merkwürdiges Gefühl, ihre Bücher in die Hand zu nehmen und darin ihre traurigen und entrüsteten Kommentare zu lesen zu der Art und Weise, in der Byrons Freunde das, was sie selbst für die vollkommene und ideale Liebesromanze hielt, in den Schmutz zogen. Sie waren in ihrer feinen, steilen Handschrift geschrieben, die sie sich in Santa Chiara angeeignet hatte. Häufig beschränkte sie sich auf Ausrufungszeichen oder Wörter wie: «*Non!*», «*Mensonge!*», «*Lüge!*» oder auch «*Pah!*», «*Pfui!*» In Leigh Hunts *Lord Byron and His Contemporaries* las ich: «*Faux! Faux! Hypocrite! Menteur!*» «Falsch! Falsch! Heuchler! Lügner!» In ihre Ausgabe von Lady Blessingtons *Conversations with Lord Byron* kritzelte sie dort, wo «der schlechte und ordinäre Geschmack in allen Gegenständen des persönlichen Gebrauchs Lord Byrons» erwähnt wird, wütend an den Rand: «*Mais ce sont des mensonges, pour faire plaisir à Dorset!*», «Das sind doch Lügen, um Dorset Freude zu machen.» Während die schlichte Bemerkung «Byron's was a fine nature» ihr die Worte: «Wie wahr!» entlockte, so wie auch die Stelle ihren Beifall fand, wo Lady Blessington schrieb, «all seine Bosheit wohnte in seinen Lippen und in den Fingern seiner rechten Hand – denn ich bin davon überzeugt, daß sein Herz frei davon war.» Über die Byron-Biographie von Thomas Moore war sie jedoch zutiefst aufgebracht. «Das Wort ‹Ehebruch› ist *grausam*», schrieb sie, «und man könnte es zumindest durch ein weniger abscheuliches sostituieren.» (sic) Am Ende des Buchs schrieb sie als Resumé: «Es wäre die Pflicht der Freunde (Byrons) gewesen, mit *Delikatesse* vorzugehen. Die Art und Weise, wie sie dieser Aufgabe nachgekommen sind, beweist dieses Buch zur Genüge.»

Arme Teresa! Und doch war ich mir keiner Schuld bewußt, das Vertrauen ihres Großneffen zu mißbrauchen, wenn ich all dies veröffentlichte. Wenn er sich bislang der Veröffentlichung ihrer schriftlichen Hinterlassenschaft widersetzt hatte, dann war das Motiv dafür die Sorge um ihren guten Ruf; tatsächlich aber muß man sagen, daß nun, da die *ganze* Geschichte vor uns liegt, sie es ist, die am besten dasteht. Sie und ihr Bruder Pietro waren die einzigen von Byrons zahlreichen Freunden, die ihn durch und durch ernst nahmen, die getreulich, rückhaltlos und obwohl alles gegen ihn sprach, an ihn glaubten. Sie glaubten nicht nur an sein dichterisches Genie und an sein edles Trachten, sondern auch an seine romantischen Attitüden, seine Güte, seinen Heroismus. Zwei Jahre nach dem Dichter starb Pietro, ebenfalls in Griechenland und für dieselbe Sache, für die Byron sich eingesetzt hatte. Teresa hatte im Alter ihre Albernheit und ihre Eitelkeit abgelegt und verfügte schriftlich, es sei ihr ausdrücklicher Wunsch, daß *alle* ihre Schriftstücke veröffentlicht werden sollten, «ohne Rücksicht darauf, ob sie meinem Ruf schaden», um «Lord Byrons gutes und hilfsbereites Herz» zu bezeugen .

Meine Recherchen über den «Kaufmann von Prato» führten mich auf ganz neue Pfade. Ich hatte einen Artikel verfaßt über den Sklavenimport vom Schwarzen Meer, aus dem Balkan und aus Afrika nach Florenz, nachdem die Pestepidemie von 1348 die Bevölkerung so stark dezimiert hatte[13]. Im Verlauf meiner Nachforschungen stieß ich auf eine Urkunde, in der der Verkauf eines zehnjährigen Tatarenmädchens als Sklavin an einen gewissen Francesco di Marco Datini dokumentiert war. In dem Brief, in dem er seinen Agenten in Genua anwies, ein Mädchen für ihn ausfindig zu machen, legte er seine Wünsche präzise dar. Sie sollte «jung und von derbem Schlag sein, so zwischen acht und zehn Jahre alt, von gesunder und gutartiger Natur, so daß ich sie mir nach meinem Geschmack ziehen kann». Jetzt wollte ich wissen, ob der Sklavenhandel Teil der vielfältigen Handelsaktivitäten dieses Kaufmanns war oder ob es dabei nur um ein privates Dienstbotenproblem ging. Wie sich herausstellte, traf letzteres zu. Dabei wurde mir klar, daß Datinis schriftliche Hinterlassenschaft eine unerschöpfliche Fundgrube war. Die Korrespondenz, die er über Jahrzehnte hin mit seiner Frau, seinen Geschäftspartnern in Italien und in der Fremde, mit seinen Faktoren, Verwandten und Freunden geführt hatte, lieferten genug Material, um ein Bild einer Familie 14. Jahrhundert ausführlich und lebendig darzustellen, so wie wir es aus den *Paston Letters*[14] kennen oder aus den Briefen des *Menasgier de Paris* an seine junge Frau[15]. So war es denn auch. Datinis schriftlicher Nachlaß bestand nicht nur aus 575 umfänglichen Geschäftsbüchern und Hauptbüchern, die in weißes Pergament gebunden waren und alle mit den Worten «Im Namen Gottes und des Geschäfts» begannen, sondern darüber hinaus aus nahezu 126.000 Geschäfts- und Privatbriefen. Über 300 Jahre lang hatten sie in Säcken verpackt in einem Winkel unter der Treppe seines Hauses in Prato in einem Dornröschenschlaf gelegen, Würmer und Mäuse hatten sie hier und dort angenagt, aber nicht zerstört. Im Jahr 1870 wurden sie wiederentdeckt und registriert, doch konzentrierten sich Historiker und Wirtschaftswissenschaftler bei der Auswertung dieser Dokumente fast ausschließlich auf Datinis Wirken als Kaufmann. Alle Dokumente, die über sein Privatleben hätten Aufschluß geben können, wurden lediglich kursorisch in Augenschein genommen. Sobald diese privaten Schriftstücke mit Hilfe des erfahrenen Archivars Dr. Gino Corti transkribiert waren, konnte ich erkennen, daß in ihnen genau das stand, wovon ich träumte. Sie erlaubten uns einen Blick darauf, wie im 14. Jahrhundert ein toskanischer Familienverband im Alltag lebte und in welcher Beziehung seine Mitglieder zueinander standen. Vor allem zeigten sie auch, wie Francesco mit seiner tatkräftigen, intelligenten und auch streitsüchtigen Frau umging. Ein derart ausführlicher Briefwechsel zwischen Eheleuten war zu jener Zeit etwas Außerordentliches. Mann und Frau hatten wenig Anlaß, einander Briefe zu schreiben. Denn wenn damals der Ehemann überhaupt einmal von zu Hause weg war, dann befand er sich vielleicht auf einem Kreuzzug oder auf Handelsreisen in ferne Hafenstädte. Und dort gab es wenig Möglichkeiten, einen Brief aufzugeben. Doch hier haben wir eine Frau, die in Prato lebt und das Haus ihres Ehemanns besorgt, während dieser seinen Geschäften in Pisa und Florenz nachgeht. Auf dem Rücken eines Maultiers wanderten ihre Briefe ein- oder zweimal in der Woche hin und her, zusammen mit der schmutzigen Wäsche, die in Prato gewaschen wurde, oder mit dem frischgebackenen Brot, Gemüse und Obst von ihrem Hof. Das war das *chair humaine*, das «Menschenfleisch», das ich gesucht hatte.

Allerdings war es oft ein langwieriges, mühsames Unterfangen, die Fakten zusammenzutragen. So war es zum Beispiel unerläßlich, unzählige Wäschelisten, Haushaltsbücher und Briefe durchzukämmen, um herauszufinden, wieviele Exemplare eines Wäschestücks Margherita besaß, nur um am Ende eines Tags hinschreiben zu können: «Sieben Unterhemden». Um festzustellen, was Francesco gegessen und getrunken hatte, mußte ich ebenfalls erst alle seine Rechnungen und Haushaltsbücher durchforsten, dazu noch seine Briefe an seinen Apotheker und an seine Ärzte. Die verboten ihm, als er älter wurde, seine Speisen stark zu würzen und merkwürdigerweise auch, zu viel frisches Obst zu verzehren, mit der Begründung, daß er an Konstipation litt. Für mich hatten diejenigen Notizen die stärkste Aussagekraft, die zeigten, was Francesco für Geschenke machte, denn nichts offenbart besser, was einer für ein Mensch ist, als zu wissen, wofür er sein Geld ausgibt. Er beglückte die Großen und die Reichen mit extravaganten Geschenken, die Verwandten und Armen mit bescheideneren Gaben, wie Heringsfäßchen oder Kisten mit Orangen. Nachdem er den tödlichen Schrecken erlebt hatte, den im Jahr 1400 die wiederaufflackernde Pest über die ganze Toskana verbreitete, und als er spürte, daß das Greisenalter nahte, gab er immer großzügiger bemessene Almosen. Armen jungen Mädchen bezahlte er die Mitgift, Gefangene löste er mit seinem Geld aus dem Kerker aus, Hospizen und Klöstern übermachte er Schenkungen. Schließlich hinterließ er sein gesamtes Vermögen dem *Ceppo dei Poveri*, seiner Stiftung für die Armen von Prato «um der Liebe Gottes willen, um Seinen Armen zurückzuzahlen, was Er mir als Geschenk seiner Gnade gewährt hat.»

Im Rückblick bedauere ich nicht, daß ich so viel Zeit mit solchen Recherchen und mit meinen Biographien zugebracht habe. Allerdings wünschte ich mir manchmal, ich hätte statt dessen meine Energie auf zwei ungeschriebene Bücher konzentriert, die es bis heute (1970) noch nicht auf Englisch gibt: Zum einen die dem neuesten Forschungsstand entsprechende Biographie von Kaiser Friedrich II., zum anderen die von Lorenzo de' Medici, beides Männer, die eine neue Ära nicht nur heraufdämmern sahen, sondern diesen Umbruch weitgehend selbst bewirkt hatten. Würde ich sie heute schreiben, würde ich ihnen im Vergleich zu den vorangegangenen Biographien einen anderen Tonfall, eine andere Gestalt verleihen. Der Grund dafür war mir vor ein paar Jahren durch eine Unterhaltung mit George Santayana klar geworden. Als dieser in den letzten Jahren seines Lebens sein *Life of Reason* überarbeitete, fragte ich ihn, ob er denn heute andere Ansichten vertrete als vor vierzig Jahren. «Nein», antwortete er liebenswürdig, «nein, ich glaube, daß ich noch immer die gleichen Dinge zu sagen habe, – doch möchte ich sie in einem anderen Ton sagen.»

In der Essenz spiegelt das eine innere Haltung wider, die der von Dr. Johnson nicht unähnlich ist, der zehn Tage vor seinem Tod erklärte: «Jetzt bin ich viel eher bereit als früher, einen Menschen einen guten Menschen zu heißen.» Mit den Jahren urteilt ein Schriftsteller meist toleranter und äußert seine Meinung in ausgeglichenerem Tonfall. Dazu kommt noch, daß er in der Zwischenzeit oft dazugelernt hat. Damit will ich nicht sagen, daß die Werke aus den späten Jahren eines Autors unbedingt besser sind als die aus seiner Jugendzeit. Manches mag abhanden gekommen sein, dafür manches dazugewonnen. Sicher ist, daß das Spätwerk anders ist.

Anders ist es auch aus weniger persönlichen Gründen. Jeder Schriftsteller, der über viele Jahre hinweg schreibt, unterliegt unausweichlich den Veränderungen, die der «Zeitgeist» während dieser Zeitspanne bewirkt hat. Und das ist mehr als eine Veränderung des literarischen Stils. Er erkennt, daß seine Werke aus früheren Jahren inzwischen mehr oder weniger stark den Stempel ihrer Entstehungszeit tragen. Was Virginia Woolf in den Dreißigern «die neue Biographie» nannte, womit sie Lytton Strachey, Harold Nicolson und deren Schüler meinte, war nicht mehr sehr lang «neu». In der Tat ist in jüngster Zeit – vor allem in Amerika – eine deutliche Tendenz zurück zur guten, alten mehrbändigen Lebensbeschreibung zu beobachten, in der Haltung zwar weniger moralisierend als ihre viktorianischen Vorbilder, dafür meist gut dokumentiert und vor allem objektiv. Meiner Meinung nach ist das eine positive Wendung. Daneben entstand ein neuer Literaturzweig, nämlich der ausführliche Bericht über ein einziges Ereignis, eine Präsidentenwahl, einen politischen Mord, die Cuba-Krise etc. Solche Bücher bedienen sich zu einem gewissen Grad der Technik einer Wochenschau und vermitteln das Gefühl, daß ein Dokumentarfilm vor einem abläuft. Eine Technik dieser Art mußte einfach entwickelt werden für die Kunst der Biographie, wenn man bedenkt, welches enorme Material einem Autor heutzutage zur Verfügung steht, vor allem wenn es sich um eine Persönlichkeit des öffentlichen Lebens handelt. Wie mag sich der Biograph Franklin Roosevelts wohl gefühlt haben angesichts der 40 Tonnen von Dokumenten, die er für sein Werk durchackern mußte! Wir leben in einem historisch oder zumindest journalistisch ausgerichteten Zeitalter. Ich habe gehört, daß ein gewisser amerikanischer Politiker sogar alle seine Telefongespräche routinemäßig in dicken Akten festhalten ließ. Natürlich haben Rundfunk und Fernsehen die Szene stark verändert, denn sie befriedigen die Neugier des Menschen, alles über das Leben ihrer Nachbarn in Erfahrung zu bringen, auf viel unmittelbarere und dramatischere Weise, als das geschriebene Wort es je vermöchte. Jede amerikanische Hausfrau konnte den Prozeß gegen Alger Hiss wegen Hochverrats am Radio verfolgen, ebenso wie am Fernsehen die Trauerkondukte für J. F. und Bob Kennedy. Und im Sommer dieses Jahres 1969 hielten wir alle den Atem an, als wir Zeuge wurden, wie zwei Astronauten als erste Menschen ihre unsicheren Schritte auf dem Mond wagten.

Ich glaube jedoch nicht, daß die neuen Medien sozusagen als Tummelplatz der Fantasie die herkömmliche Art, den Wunsch nach Information zu befriedigen, überflüssig machen. Das allmähliche Entwickeln einer Gestalt, die Denkvorgänge von Autor und Künstler, allem voran die Darstellung der zwischenmenschlichen Beziehungen, all das kann glücklicherweise nicht simplifiziert werden und muß stets in Worten, so unvollkommen sie auch sein mögen, zu Papier gebracht werden. Nur, daß wir heute einen etwas andersgearteten Wortschatz verwenden und unsere Schwerpunkte anders setzen.

Als Marie Lenéru nach Jahren in Taubheit und Blindheit den Anschluß ans Leben gefunden hatte, äußerte sie: «Ich habe das Verlangen zu schreiben, und zwar nicht als eine Möglichkeit, mich auszudrücken oder gar nur um des Schreibens willen, sondern einfach, um zu *sein,* um tiefer und tiefer in die eigenen Gedanken und ins eigene Herz einzutauchen.» Man braucht nicht taub oder blind gewesen zu sein, um das nachempfinden zu können. So ein Motiv setzt allerdings voraus, daß sich in einem Menschen ein Wandel vollzogen hat. Wenn ich heute noch einmal zu schreiben anfangen könnte und mir Energie und Muße für zwanzig oder auch nur zehn Jahre zur Verfügung stünden, ich glaube, ich würde ganz andere Bücher schreiben als früher. Nicht um mich an die neuen Moden und Methoden anzupassen, sondern

deswegen, weil ich mich selbst gewandelt habe. Auch wenn ich
nicht immer mit allem einverstanden bin, was junge Autoren von
heute zu sagen haben, und mir auch der Ton, in dem sie es sagen, durchaus nicht immer behagt, so interessiert mich die Welt,
in der sie leben, weitaus mehr, als die meiner Jugend. Natürlich
ist sie gewalttätiger und roher, doch vielleicht auch vitaler und
ganz bestimmt sozial, religiös und politisch engagierter. Dieses
Engagement respektiere ich, und ich kann mich selbst heute
nicht einfach davon distanzieren. Die Bücher, die ich, wenn
überhaupt, heute gern schriebe, würden die Themen behandeln,
die mich am meisten beschäftigen und die zumindest teilweise im
Umkreis der Vision angesiedelt sind, die das Vermächtnis des
Zweiten Vatikanischen Konzils[16] an uns sind. Ich würde mich
darin wahrscheinlich mit soziologischen oder religiösen Problemen befassen. Selbst wenn ich mich mit der Vergangenheit aus-
einandersetzen würde, wären sie vermutlich nicht so unberührt
von der sich so schnell verändernden Welt, in der wir leben, wie
die Bücher, die ich in jungen Jahren geschrieben habe.

Nicht daß ich mir Illusionen machen würde, eine teilweise
Akzeptanz der Ideologien der jungen Generation oder auch nur
ein waches Interesse an ihrer Existenz würde mich ihr zwangsläufig näherbringen. Im Gegenteil, meiner Überzeugung nach
sollten Menschen meiner Generation den Mut haben, sich zu
dem Stil zu bekennen, den sie sich durch viele Jahre hindurch angeeignet haben, in denen sie künstlerisch tätig waren, und sich
offen dazu bekennen, was ihnen gefällt und was nicht. So braucht
man eine Wagner-Oper heute nicht mehr über sich ergehen zu
lassen, nur weil sie eben zur Bildung gehört, genausowenig wie
man aus diesem Grund die Romane von Stendhal oder die
Werke der Simone de Beauvoir lesen oder Bilder von Dalì bewundern muß. Doch was für ein subtiles Vergnügen empfindet
man oft, wenn man Werken wiederbegegnet, deren Flair sich
über die Jahre gehalten hat, oder wenn man das neueste Buch eines unbekannten jungen Autors entdeckt, das einen intensiven,
angenehmen Nachgeschmack hinterläßt, ein Vergnügen, das
noch vertieft und gesteigert wird durch all das, was man schon
kannte, bevor man darauf stieß. Irgendwo beschreibt Virginia
Woolf einmal einen Abend, in dessen Verlauf Roger Fry im Haus
eines Freundes aufgefordert wurde, seine Meinung zu äußern, ob

ein bestimmtes Bild dort von Degas sei oder nicht. «Es war ohne jeden Zweifel ein sehr gutes Gemälde, signiert *Degas*. Fry war drauf und dran, es für einen echten Degas zu halten. Und doch – irgend etwas stimmte nicht ... Um sich abzulenken, beteiligte er sich an einer Diskussion, die in einem anderen Teil des Raums im Gange war ... Dann verstummte das Gespräch. Unvermittelt sah er auf und sagte: ‹Nein, das Bild ist kein Degas.›»

Ich weiß nicht, wie alt Roger Fry war, als diese Begebenheit sich ereignete, aber ich möchte wetten, daß er nicht mehr jung war oder daß er zumindest schon lange Jahre als Kunstkritiker tätig gewesen war. Denn es setzt große Erfahrung voraus, Abstand zu gewinnen, die Gedanken sich setzen zu lassen, vielleicht sogar unterbewußt Vergleiche anzustellen mit Hunderten von ähnlichen Objekten, die man im Lauf der Jahre gesehen hat. Daß man dazu fähig ist, ist die große Belohnung dafür, daß man das erste Objekt ausführlich untersucht und ausgekostet hat, bis der Augenblick kommt, an dem man über ein so sicheres Urteil verfügt, daß man sagen kann: «Nein, das ist kein Degas», oder nach der Lektüre eines Buchs von einem neuen jungen Autor: «Doch, das ist ein gutes Buch.»

All dies gilt allerdings nur für die Gabe, das Werk anderer kritisch zu bewerten und einzuordnen. Wie aber steht es mit eigenem Schaffen? Ist es richtig, mit dem Schreiben nicht aufzuhören, so lange man zuhören, reden, urteilen kann und seine Freude daran hat? Das ist natürlich eine sehr persönliche Entscheidung und hat nichts mit dem kalendarischen Geburtsdatum zu tun. Im Grunde wendet man sich ja doch immer an eine bestimmte Person. Schauspieler und Redner suchen sich häufig aus der Masse des Publikums ein aufgeschlossenes Gesicht und richten sich im Sprechen an diese Person, damit sie nicht über die Köpfe hinweg sprechen. Auch wir Schriftsteller schreiben, ob nun bewußt oder unbewußt, für jemand Bestimmten, für einen Freund, für Freunde, von denen wir wissen, daß sie auf der gleichen Wellenlänge liegen wie wir selbst, die verstehen, was wir meinen oder in einer Weise Kritik üben, die konstruktiv zu neuem Denken anregt.

In meinem Alter fragt man sich fast automatisch, für wen man denn eigentlich noch schreibt. Das Problem stellt sich freilich den meisten Schriftstellern, die nicht mehr jung sind, und es ist schmerzlich und beunruhigend zugleich. Denn viele Freunde sind schon gegangen oder sind dabei, Abschied zu nehmen, die Augen im Publikum, deren Blick man immer gesucht hat, sind nicht mehr da, und mit ihnen sind auch die ermunternde Bestätigung und die Begeisterung verschwunden. Wenn ich das Ganze jedoch einmal unvoreingenommen betrachte, bin ich mir sicher, daß nicht hier das eigentliche Problem liegt. Natürlich darf man nie aufhören, nach neuen Ansätzen zu suchen, in Form und Gehalt, so lange man überhaupt noch fähig ist, zu denken und zu fühlen. Wenn man Schriftsteller ist, soll man nicht aufhören zu schreiben, so lange man glaubt, man habe noch etwas Allgemeingültiges mitzuteilen, selbst wenn die Leserschaft nicht mehr die gleiche sein sollte und vielleicht auch nicht mehr ganz so zahlreich wie früher. Kurz, ich würde mir im Alter denselben Rat geben, den ich schon so oft jungen Schriftstellern gegeben habe, wenn sie mich fragten, ob sie den entscheidenden Schritt wagen sollen, ein Buch zu schreiben: «Schreibe nur, wenn du schreiben *mußt*. Aber wenn du wirklich mußt, laß dich weder durch deine Jugend noch durch dein Alter davon abhalten. Wenn man einmal damit angefangen hat, dann wird man noch viele Bücher schreiben.»

DRITTER TEIL

9.

La Foce *— Mündung Langenscheid*

& vd 259

. . . superata tellus
sidera donat.

Boëthius

An einem stürmischen Oktobernachmittag sahen wir zum ersten Mal das Orcia-Tal und die Villa, die unser Zuhause werden sollte. Das war im Jahr 1923, also heute vor 47 Jahren. Wir wollten bald heiraten, und wir hatten schon monatelang in verschiedenen Gegenden der Toskana Landgüter in Augenschein genommen, die zum Verkauf standen, aber bis dahin keines gefunden, das unseren Vorstellungen entsprach.

Wir wußten, was wir suchten. Wir wollten etwas finden, das unsere ganze Arbeitskraft in Anspruch nehmen würde und unserem Leben einen Sinn geben, hofften aber zugleich, daß dieser Ort in einer schönen Umgebung gelegen wäre. Insgeheim träumte ich von einer der Villen aus dem 14. oder 15. Jahrhundert, die damals beinahe ebenso Teil der toskanischen Landschaft waren wie die Hügel, auf denen sie thronten, oder die langen Zypressenalleen, die zu ihnen hinführten. Villen, deren schmucklose Fassade nur von einer tiefen Loggia aufgebrochen war, deren Räume hohe Gewölbe in vollkommenen Proportionen trugen, dazu große steinerne Kamine, vielleicht noch ein kleiner Hof mit einem Ziehbrunnen und ein Garten mit einem Springbrunnen und wuchernden Buchshecken. (Heute gibt es viele solcher Häuser, die verlassen sind und dem Verfall entgegenmodern.) Was wir nicht bedacht hatten, als wir uns auf die Suche machten, war, daß solche Häuser meist nur auf Land zu finden waren, das schon seit Jahrhunderten bestellt wurde. Die Hänge waren in Terrassen angelegt und mit Ölbäumen und Weinstöcken bepflanzt, die seit den Tagen des Decamerone Frucht trugen und gehegt worden waren. Hätten wir uns für einen solchen Besitz entschieden, so wäre uns nichts anderes übriggeblieben, als in den hergebrachten

Bahnen der Tradition zu leben. Die schwere Arbeit hätten wir unserem *fattore* überlassen und nur hin und wieder einen wohlgefälligen Blick auf das getane Werk geworfen, wie es von jeher Brauch war. Genau das wollten wir nicht.

Auf unserer Liste war schließlich noch ein einziges Anwesen übriggeblieben: Etwa 1400 ha angeblich ziemlich unfruchtbarer Boden im Süden der Provinz Siena, etwa acht Kilometer entfernt von einem neuen kleinen Thermalbad, das gerade bei Chianciano aufblühte. Von dort aus fuhren wir ein steiniges, kurviges Sträßchen bergauf, dann durch eine Furt, vorbei an heruntergekommenen Höfen, noch höher hinauf auf einer steilen Fahrspur, die immer wieder durch Eichengehölz führte, um von ganz oben das gesamte Anwesen überblicken zu können. Die Straße war lediglich ein Ziehweg, auf den sich wohl bis dahin noch nie ein Auto verirrt hatte. Der Wald zu beiden Seiten war teils gerodet, teils verwahrlost. Endlos ging der Weg hinauf und wieder hinunter, und wir verloren schon fast den Mut, als wir unversehens den höchsten Punkt erreichten. Wir standen auf einer kahlen, windgepeitschten Bergkuppe, zu unseren Füßen breitete sich das ganze Orcia-Tal.

Es war ein weites Tal, aber in jenen Tagen bot sich unserem Blick kein Schimmer von Grün, nichts schien die Hoffnung zu rechtfertigen, daß hier einmal fruchtbare Äcker entstehen könnten. In dem flachen, ausgewaschenen Flußbett schlängelte sich ein spärliches Rinnsal, ein paar Maultiere streiften in dieser Steinwüste umher. Im grauen, nackten Lehmboden hatten sich lange, scharfe Grate gebildet, die _crete_ sienesi, die vom Berg flußwärts liefen und die Landschaft mit ihren zahllosen, steilen, ausgetrockneten Wasserrinnen zerteilten. Kein Baum, kein Strauch weit und breit außer ein paar Ginsterbüschen, fahl und unwirklich lag diese Mondlandschaft aus tiefgefurchten Graten vor uns. An diesem Abend im Herbst hatte sie etwas von der Trostlosigkeit, aber auch von der Faszination der Wüste an sich. Im Süden zeichneten sich die schwarzen Felsblöcke und der Turm von Radicófani gegen den Himmel ab – ein gewaltiges Bollwerk, das sich jedem Eindringling, wie schon so manches Heer erfahren mußte, als unüberwindbar entgegenstellte. Im Westen zog uns hingegen die großartige Silhouette eines erloschenen Vulkans in ihren Bann. Er beherrschte, wie der Fujiyama, die ganze Landschaft und ließ al-

les andere winzig erscheinen, als ob er in einem größeren, maje-
stätischeren Maßstab erschaffen sei – der Monte Amiata.

Die Geschichte dieser Region reicht weit in die Vergangenheit zurück. Schon im 5. Jahrhundert v. Chr. gab es dort etruskische Siedlungen, Nekropolen und Heilbäder. Die Kastanienwälder an den Hängen des Monte Amiata hatten während des
Zweiten *Punischen* Krieges das Holz für die römischen Galeeren
geliefert. Von den Lombarden und den Karolingern zeugen die
großen Benediktinerabteien von Sant'Antimo und San Salvatore,
die Stiftskirche von San Quirico d'Orcia und zahllose kleinere
romanische Kirchen und Kapellen aus dem 8. bis zum 11. Jahrhundert. Manche werden heute noch als Gotteshäuser benutzt,
andere sind dem Verfall preisgegeben oder dienen als Kornspeicher und Schuppen. Auch die gewundene Straße, die wir jenseits
des Tals ausmachen konnten, folgt noch immer der gleichen
Trasse wie eine der berühmtesten Pilgerstraßen nach Rom, die
via francigena, die Frankenstraße, die im Mittelalter dieses verlassene Tal mit dem ganzen übrigen christlichen Europa verband. Es
folgte das Zeitalter, in dem wilde und gewalttätige Ritter ihre
Vesten bauten, allen voran die Aldobrandeschi, Grafen von Santa
Fiora, die sich brüsteten, daß sie so viele Burgen besaßen, daß sie
jede Nacht des Jahres in einer anderen zubringen konnten. Sie
hinterließen dem Orcia-Tal die Ruinen ihrer Türme, Festungen
und Wehranlagen, die fast jeden Hügel krönen. Nur zu erahnen
waren von dort, wo wir standen, auf der anderen Seite des Tals
die Umrisse von Pienza, einer der vollkommensten Idealstädte
der Renaissance, eine Schöpfung des Aeneas Silvius Piccolomini,
des späteren Papstes Pius II., dieses weltzugewandten und sar-
kastischen Intellektuellen und ersten Ästheten Italiens, der Kunst
und Natur gleichermaßen schätzte, und der an heißen Sommertagen seine Kardinäle in die Kastanienwälder des Monte Amiata
einberief, um mit ihnen dort Rat zu halten, «unter dem einen
oder anderen Baum, zum sanften Murmeln eines Bachs.»

Doch von all dem wußten wir damals natürlich nichts. Noch
weniger konnten wir ahnen, daß wir noch erleben würden, wie
eben diese Wälder hier und drüben am Monte Amiata erneut
zum Zufluchtsort für Verfolgte werden würden, so wie sie seit jeher den Gesetzlosen und Gejagten als Versteck gedient hatten,
nur eben diesmal für antifaschistische Partisanen und alliierte

Kriegsgefangene. Wir wußten bloß, daß diese weite, verlassene und abweisende Landschaft uns faszinierte und überwältigte. Im Schatten dieses geheimnisvollen Berges leben, der Erosion dieser steilen Grate Einhalt gebieten, den nackten Lehm in Weizenfelder verwandeln, die Höfe wieder aufbauen und neuen Wohlstand in ihnen einziehen lassen, die zerstörten Wälder wieder ergrünen sehen – war es nicht genau das, was wir uns als Lebensaufgabe vorgestellt hatten?

Als wir in den folgenden Tagen die Situation etwas genauer unter die Lupe nahmen, landeten wir wieder auf dem Boden der Tatsachen. Das Gut hatte etwa 1400 ha Grund, der größte Teil der Fläche war bewaldet (abgesehen von Krüppeleichen gab es an der höchsten Stelle des Bergrückens einen einzigen schönen Buchenwald) oder erbärmliches Weideland, nur ein geringer Teil des Grunds war guter Boden, und auch davon wieder nur ein Bruchteil mit Rebstöcken und Olivenbäumen bepflanzt. Das eigentliche Ackerland lag weitgehend brach. Gebäude gab es nicht viele. Abgesehen von der Villa, die inmitten der Wirtschaftsgebäude lag, waren 25 kleine Gehöfte über den ganzen Besitz verstreut, manche kaum zugänglich, alle aber mehr oder weniger baufällig. Gut einen Kilometer vom Haupthaus entfernt erhob sich eine kleine Burg, *Castelluccio Bifolchi*, kleine Kuhhirten-Burg, genannt. Sie war über einer etruskischen Siedlung errichtet, die zu dem ausgedehnten Herrschaftsgebiet von Clusium, dem heutigen Chiusi, gehörte. Das bezeugen die prächtigen Vasen, Grabbeigaben, die in der Nekropolis nahe der Burg gefunden worden waren und die nun im Museum von Chiusi ausgestellt sind. Als «befestigter Ort» wird das *Castelluccio* allerdings erstmals im 10. Jahrhundert erwähnt. Dann hören wir erst im 16. Jahrhundert wieder davon, als es in den endlosen Kämpfen zwischen Siena und Florenz um das Sieneser Territorium eine gewisse Rolle spielte. Daß das Val d'Orcia damals so menschenleer und von der Außenwelt abgeschnitten war, wie wir es vorfanden, ist noch auf jenen Krieg zurückzuführen. Die Truppen Kaiser Karls V. kämpften auf der Seite Sienas, die von François I. auf der Seite von Florenz. Eines Tages zog Papst Clemens VII., der insgeheim mit den Franzosen verbündet war, auf einer kleinen Straße durch das Tal der Orcia in Richtung Montepulciano. Als er am Castelluccio angelangt war, wünschte er, dort zu speisen. Doch der

Burgherr, ein getreuer Anhänger der Ghibellinen, verweigerte ihm den Zutritt, «so daß der Papst gezwungen war, unter großer Beschwernis und mit hungrigem Magen nach Montepulciano weiterzureiten», wie Malavolti in seiner Chronik berichtet.[1] In der Folge eroberten die Kaiserlichen, dann die Franzosen die Burg. Nach dem Fall von Montalcino geriet sie 1559 mit dem gesamten Gebiet unter die Herrschaft von Cosimo de Medici, des Großherzogs von Toskana.

Einst hatte die Burg mit La Foce einen zusammenhängenden Besitz gebildet. Als wir sie zum ersten Mal besichtigten, wohnte dort noch eine alte Dame, die nicht bereit war, uns die Burg zu verkaufen, selbst wenn wir das nötige Geld dazu besessen hätten. Zur Burg gehörten 870 ha Land, und sie beherbergte in ihren Mauern unsere Pfarrkirche, die dem Heiligen Bernardino von Siena geweiht ist. Erst im Jahr 1934 gelang es uns, sie zu erwerben und damit den ursprünglichen Besitz wieder in seiner alten Ausdehnung zu vereinen.

Die Villa von La Foce selbst soll an der Straße, die Papst Clemens einst heraufgezogen war, als Poststation gedient haben, doch dafür gibt es kein schriftliches Zeugnis. Gesichert ist nur, daß im Jahr 1557 die dazugehörigen Ländereien zusammen mit denen des Castelluccio dem *Ospedale Santa Maria della Scala* in Siena übertragen wurden. Davon zeugt das steinerne Wappen an der Villa mit der von einem Kreuz gekrönten Leiter, dem Emblem dieses Hospitals, das auch an den älteren Höfen zu finden ist. Das Haus selbst war alles andere als die Villa meiner Träume, vielmehr ein mittelgroßes Landhaus. Der harmonische Baukörper war im Erdgeschoß von einer Loggia aufgebrochen, deren Bogenstellungen aus rotem Ziegelstein sich ebenso von der Fassade abhoben wie die Fensterrahmungen aus demselben Material. Das Innere hätte nicht weniger uninteressant und unattraktiv sein können. Eine steile steinerne Treppe führte in einen dunklen zentralen Raum, in den lediglich durch blaue und rote viktorianische Glasscheiben in den Türen etwas trübes Licht fiel. Die Wände der umliegenden kleineren Räume waren mit schäbigen, ausgeblichenen Tapeten beklebt, die Türen aus dem Holz von Kiefern oder gelblichen Pechfichten, die Fußböden aus ungewachsten Ziegelsteinen, von denen viele zerbrochen waren. Überall herrschte ein durchdringender Geruch nach Moder,

Staub und Verfall. Da der kleine Brunnen nur das Nötigste an
Trinkwasser lieferte, gab es natürlich kein Badezimmer, geschweige denn einen Garten. Von elektrischem Licht, Zentral-
heizung oder gar Telefon nicht zu reden.

Unter dem Haus lagen tiefe Weinkeller voll riesiger, uralter
Eichenfässer, darunter welche, die 10 000 Liter faßten. Das
Haupthaus war durch einen Flügel mit der *fattoria* verbunden,
dem Gebäude, in dem der Gutsverwalter oder *fattore* mit seinen
Gehilfen wohnte. Gleich daneben die Ölmühle, wo die Oliven
gepreßt und das Öl gelagert wurden, die Kornspeicher, das offene
Waschhaus und etwas weiter die Schreinerei, die Schmiede und
die Stallungen. Das kleine, dunkle Zimmer, das als Schule her-
halten mußte, schloß sich an unsere Küche an. Im Hof wurden
die Ochsenkarren entladen, die Weizen, Wein und Trauben von
all den umliegenden Höfen herantransportierten. Nach alter toskanischer Tradition bildeten Herrschaftshaus und *fattoria* eine in
sich geschlossene kleine Welt.

Als wir dann aber diejenigen unserer Bekannten, die etwas von
Landwirtschaft verstanden, um ihren Rat fragten, machten sie
uns nicht gerade Mut. In den *crete sienesi* Landwirtschaft zu betreiben, meinten sie, sei nicht nur ein mühsames und mörderi-
sches Unterfangen, sondern verlange vor allem Geduld, Energie
und – Kapital. Als erstes müsse der seit Jahrhunderten herrschen-
den Erosion Einhalt geboten werden, als nächstes müßten wir alle
Kräfte auf die Aufforstung konzentrieren, auf den Straßenbau
und auf Neuanpflanzungen. Wie wir bereits festgestellt hatten,
waren alle Wälder rücksichtslos gerodet worden, ohne daß jemand Anstalten gemacht hätte, regelmäßig Jungbäume nachzu-
setzen. Die Olivenbäume waren nicht richtig beschnitten, die
Äcker waren schlampig gepflügt oder lagen brach, das Vieh war
unterernährt. Seit dreißig Jahren war praktisch nichts mehr in
landwirtschaftliche Geräte, Düngemittel oder Reparaturen investiert worden. In den heruntergekommenen Höfen waren die
Dächer undicht, die Treppen unsicher, viele Fenster vernagelt
oder mit Lumpen zugestopft. Die notleidenden Familien bestanden oft aus zwanzig Personen, die in einem einzigen dunklen,
fensterlosen Raum hausten. Ein paar Monate später fanden wir
einmal einen sterbenden Alten im selben Bett liegen wie eine
junge Frau, die gerade ein Kind gebar. Das Schulzimmer neben

der *fattoria* war das einzige weit und breit. Doch für viele Kinder war der Schulweg einfach zu weit, die Pfade waren im Winter sowieso unpassierbar, so daß nur wenige regelmäßig zum Unterricht kommen konnten. Es gab nur zwei Straßen, die eine nach Chianciano, die andere nach Montepulciano; beide endeten an unserem Haus, das auf der Wasserscheide zwischen den Tälern der Orcia und der Chiana steht. Daher wahrscheinlich auch der Name *Foce* für «schmaler Übergang». Die entlegeneren Höfe konnte man nur auf holperigen Feldwegen erreichen. Wenn wir überhaupt an eine intensivere Bewirtschaftung des Bodens denken wollten, mußten wir ihre Zahl mindestens verdoppeln. Wir würden staatlichen Zuschuß benötigen und auf die gute Zusammenarbeit mit unseren Nachbarn angewiesen sein. In einer Gegend, in der nur wenige Grundbesitzer über Investitionskapital verfügten oder bereit waren, neumodische Landwirtschaftsmethoden zu erproben, würden wir sicher auch auf Widerstand von seiten der Bauern selbst stoßen, die weder lesen noch schreiben konnten, eigensinnig, halsstarrig, mißtrauisch waren, wie alle Bauern, eingeschworen auf ihren alten Trott.

An gutgemeinten Warnungen fehlte es nicht. War es unser Wagemut, schiere Unkenntnis oder jugendlicher Unternehmungsgeist, daß wir sie alle in den Wind schlugen? Bereits fünf Tage nach unserem ersten kurzen Besuch im Orcia-Tal hatten wir im November 1923 den Erwerb von La Foce mit einem Kaufvertrag besiegelt. Im darauffolgenden März heirateten wir. Unmittelbar nach der Hochzeitsreise kehrten wir ins Tal zurück und nahmen unser neues Leben in Angriff.

Wie kann ich den Zauber dieses ersten Jahres dort einfangen? Wenn man sich an einem Ort erst einmal richtig eingelebt hat, kommt einem die Frische der ersten Eindrücke abhanden. Der Alltag, Pläne, Schwierigkeiten, Enttäuschungen, all das setzt sich langsam und unerbittlich wie eine klebrige Staubschicht auf der Erinnerung fest. Doch manchmal kann mich auch heute noch ein besonderes Licht, ein unerwartetes Geräusch die inzwischen verflossenen Jahre vergesssen machen und diese ersten Monate voller Hoffnung und Erwartung wieder in mir wachrufen, als noch jeder Tag das beglückende Gefühl barg, etwas vollbracht zu haben und als wir uns auf die Geburt unseres ersten Kinds freuten.

In jenem Jahr lernte ich zum ersten Mal, was jedes Bauernkind weiß, denn nun lebten wir unter Menschen, deren Lebensrhythmus nicht von willkürlichen Kalenderdaten bestimmt war, sondern vom Lauf der Jahreszeiten. Im frühen Frühjahr wurde erst der Boden gepflügt, dann der Mais gesät und der Klee. Im März und im April warfen die Schafe ihre Lämmer, dann wurde der köstliche Schafskäse bereitet, der *pecorino*, der zu den Spezialitäten dieser Gegend gehört, weil auf den Weiden viel Thymian wächst, *timo sermillo* oder *popolino* genannt. («*Chi vuol buono il caciolino, mandi le pecore al sermolino*», heißt es im Volksmund, «Wer guten Käse will, schickt die Schafe zum Thymian.») Dann kam die Heumahd im Mai, im Juni die Getreideernte und das Dreschen, die Weinlese im Oktober, wenn auch gepflügt und die Wintersaat ausgebracht wurde. Die Olivenernte beschloß im Dezember das Jahr des Bauern, und das junge Öl wurde gepreßt. Wir lernten jetzt, das Wetter nicht einfach in schönes und schlechtes Wetter einzuteilen, sondern es mit den Augen des Bauern zu sehen. Im April und im Mai beobachteten wir gespannt jedes Wölkchen, ob es uns nicht doch einen Tag Regen bescheren könnte, der die Weizenähren fett macht und eine zweite Ernte Futterklee für unser Vieh wachsen läßt bevor im Sommer die große Dürre über das Land hereinbrach. Meist aber zog es vorbei, ohne daß ein Tropfen gefallen wäre. Ein später Frost im Frühling war ebenso unheilvoll wie ein heißer, trockener Wind im Sommer oder gar die sommerlichen Hagelwetter, die den Weizen niederwalzten und die Weintrauben zerschlugen. Nach der Herbstaussaat beteten wir um sanften, weichen Regen. Ein altes Sprichwort geht: «*Il gran freddo di gennaio, il mal tempo di febbraio, il vento di marzo, le dolci acque di aprile, le guazze di maggio, il buon mietere di giugno, il buon battere di luglio, e le tre acque di agosto, con la buona stagione, valgon più che il tron di Salmone.*»[2]

Vieles, was wir in der Landwirtschaft in jenen ersten Jahren im Tal sahen, gehörte in der übrigen Toskana längst der Vergangenheit an. Der Weizen, zum Beispiel, wurde noch von Hand geerntet. Vom Morgengrauen bis zum Abend arbeiteten sich die Schnitter in langen Reihen durch die Felder und sangen dazu im Rhythmus ihrer auf- und niederschwingenden Sensen. Ihnen folgten die Garbenbinder und Ährenleser in tief gebückter Hal-

tung, ein Bild wie in der biblischen Geschichte von Ruth. Wein
und Wasser, mit denen die Männer von Zeit zu Zeit ihre ausgetrockneten Kehlen netzten, kamen aus ledernen Kürbisflaschen,
die in schattigen Gräben kühl gehalten wurden. Von den Höfen
brachten die Frauen mehrere Male am Tag ganze Körbe voll
Brot, Käse und selbst geräuchertem Schinken, die Brotzeit, *spun-
tini* genannt, und mittags dampfende Schüsseln voll *pastasciutta*
und Fleisch. Vor ein paar Wochen sprach ein Neunzigjähriger,
einer der ältesten *contadini, laudator temporis acti,* der noch in La
Foce lebte, mit meinem Mann über vergangene Zeiten. «Damals
arbeiteten wir noch von früh bis nachts und sangen zur Arbeit.
Heute erledigen Maschinen die Arbeit, aber uns ist auch die Lust
am Singen vergangen.»

Das Dreschen war ein noch größeres Ereignis als das Schneiden des Getreides. Es war ein Fest, die Krönung des bäuerlichen
Jahres. Noch kurze Zeit bevor wir La Foce erwarben, hatte jeder
Bauer neben seinem Haus einen Dreschboden aus gestampftem
Lehm oder aus Ziegeln, wo das Korn mit hölzernen Flegeln aus-
gedroschen wurde. Zu unserer Zeit gab es schon eine dampfge-
triebene Dreschmaschine. Da kamen alle Bauern aus den umliegenden Höfen zusammen und halfen sich gegenseitig. Jeder legte
Hand an, wenn die riesigen Strohschober so dicht und kunstvoll
aufgetürmt wurden, daß man später im Jahr Scheiben aus ihnen
herausschneiden konnte wie aus einem Kuchen. Dichter Getrei-
destaub erfüllte die Luft, der im Sonnenlicht golden schimmerte.
Korbflaschen gingen von Hand zu Hand, die Kinder kletterten
auf die Karren und die Strohhaufen. Mittags wurde dann neben
dem Dreschboden ein großes Festmahl abgehalten. Als erstes
wurden Suppe und hausgemachter Schinken aufgetischt, dann
randvoll gefüllte Schüsseln mit Spaghetti. Als nächstes zwei Sorten
Braten, einer davon der traditionelle *ocio*, ein mächtiger Ganter,
der schon Wochen vorher für diesen Tag gemästet worden war.
Schließlich große Holzteller mit Schafskäse, den die *massaia*, die
Hausfrau eigenhändig zubereitet hatte, zum Abschluß *il dolce.*
Dazu Rotwein in Hülle und Fülle. Das waren Feste, die ich nie
vergessen werde. Wie die schönen Bauernmädchen die Berge
von leuchtend gelber *pasta* herbeischleppten und eine Korbflasche nach der anderen. Das Scherzen und Lachen. Wie die Sonne
heiß auf das fahle und ausgedörrte Tal herunter brannte, das nun

seiner Reichtümer beraubt war. Das beglückende Gefühl, die
Ernte als Belohnung für die schwere Arbeit eines ganzen Jahres
eingetragen zu haben.

Dann kam die Weinlese. Der alte Brauch, daß die Bauern die
Trauben mit bloßen Füßen in den Bottichen zerstampften,
gehörte damals längst der Vergangenheit an. Die Schriftsteller aus
dem Norden haben das häufig als überschäumendes Bacchanal
beschrieben, vielleicht verführt von Darstellungen auf etruskischen Fresken. Zu unserer Zeit wurden die Reben mit dem
Ochsenkarren in großen Bütten, den *bigonce*, zur *fattoria* gebracht,
in denen sie mit dicken Holzprügeln zerstampft wurden. Der
Brei aus Stielen, Schalen und Saft vergor erst einige Wochen lang
in offenen Bottichen, bevor er in Fässer umgefüllt wurde, in denen der Gärungsprozeß während der Wintermonate zu Ende
kam. Nun trennte eine Maschine, die *diraspatrice*, die Stiele von
den Trauben, dann wurden die Trauben gepreßt, und der Saft
floß direkt in die Weinfässer. Für den blaßgelben Weißwein, *vergine* genannt, werden die Schalen der Trauben schon vor dem
Gärungsprozeß entfernt, denn erst die Schale gibt dem Rotwein
die Farbe.

Die Olivenernte beschloß das Bauernjahr. In Griechenland
und in Spanien und in manchen Gegenden Süditaliens läßt man
die Oliven am Baum reifen, bis sie von selber zu Boden fallen.
Dadurch wird das Öl dort viel fetter und schmeckt schärfer. Ganz
anders in der Toskana, wo man die Oliven von den Zweigen
streift, sobald sie den richtigen Reifegrad erreicht haben. Wenn
sie dann auf den Ochsenkarren in die *fattoria* gebracht und auf
langen flachen Rahmen so ausgebreitet sind, daß sie nicht aufeinander liegen, beginnt die eigentliche Ölzubereitung. Fieberhaft wird Tag für Tag bis tief in die Nacht geschuftet. In unseren
ersten Jahren auf La Foce wurden die Oliven unter einem
großen, runden Mühlstein von etwa zwei Metern Durchmesser
zerquetscht. Gedreht wurde er von einem geduldigen Esel, der
mit verbundenen Augen endlos im Kreis gehen mußte. Der
Fruchtbrei wanderte dann in geflochtene Körbe, die unter eine
schwere Ölpresse geschoben wurden, die vier starke Burschen
mit einem hölzernen Balken drehten. Bei dieser ersten Pressung
kam das *estra vergine*, das feinste Öl heraus. Dann wurde der ganze
Vorgang unter einer zweiten, schwereren Presse wiederholt. Das

Öl wurde zum Lagern in Tonkrüge gefüllt, die so riesig waren, daß sie Ali Baba und seinen Räubern Platz geboten hätten. Der Ölkuchen, das ausgepreßte Fruchtfleisch, wurde verkauft, weil er noch 10% Öl enthält, denn in der Toskana läßt man nichts umkommen. Im Krieg verwendeten wir sogar noch die Kerne als Brennmaterial. Mit schweißbedecktem Oberkörper arbeiteten die Männer in Acht-Stunden-Schichten Tag und Nacht. Nachts bot sich im Schein der Öllampen ein urzeitliches Bild von michelangelesker Großartigkeit. Die glänzenden, dunklen Oberkörper, die angespannten Muskeln, der große, graue Mühlstein, das mühselig im Kreis trottende Tier, dazu der Geruch nach Schweiß und Öl. Heute erledigen elektrische Ölpressen die gleiche Arbeit im zehnten Teil der Zeit mit weit größerer Effizienz und geringerem Einsatz an menschlicher Schwerarbeit. Sie steht in einem weiß gekachelten Raum, und Bauern aus dem ganzen Distrikt bringen ihre Oliven zum Pressen zu uns. Man sollte dem Alten nicht nachtrauern, aber es ist doch wert, zumindest im Gedächtnis bewahrt zu werden.

Noch etwas ist so gut wie ganz aus dem Landschaftsbild des Val d'Orcia verschwunden: die großen, grauen *maremmano* Rinder. Der Überlieferung nach hatte sie Attila aus der ungarischen Puszta nach Norditalien gebracht, und von da waren sie in die Niederungen der Maremma gelangt. In unseren ersten Val d'Orcia-Jahren zogen sie noch den Pflug durch den schweren Ackerboden. Doch dann kam der Tag, an dem wir unseren ersten Traktor kauften. Niemals werde ich vergessen, wie wir ihn, Antonio an der Spitze, in einer kleinen Prozession von Menschen, die ihn bestaunten, auf seinem Weg hinunter ins Tal begleiteten und zusahen, wie er in einem Acker beim Fluß unten seine erste Furche zog. Tief, tief schnitt sich die blitzende Pflugschar in die fette, schwarze Erde, viel tiefer als eine Pflugschar je zuvor. Die Kinder rannten lachend und schreiend hinter dem Traktor her, hinterdrein die Schweine, die ihre langen, schwarzen Rüssel tief in die feuchte Erde bohrten. Es war ein Freudentag, doch für die *maremmano* Ochsen bedeutete er den Anfang ihres Aussterbens und, ohne daß wir es damals ahnten, einen tiefgreifenden Wandel eines ganzen Lebensstils. Dem ersten folgten weitere Traktoren, dann ein Mähbinder und ein Mähdrescher. Nach dem Krieg kamen zwei Planierraupen dazu, um die Flächen des Anwesens

landwirtschaftlich zu erschließen, die bis dahin noch brach gelegen hatten. Ein paar Ochsen wurden noch weiterhin zum Pflügen steiler Hänge verwendet, aber nach und nach kreuzten wir
sie mit dem schöneren weißen Rind aus dem Val di Chiana, den
chianini. Nach dem Krieg importierte Antonio dann die braunweiß gefleckten Simmenthaler als Schlachtvieh. Auch heute kann
man ab und an noch einem Gespann von *chianini*, «sanft wie
Nachtfalter», vor einem Karren auf einer Bergstraße oder vor
dem Pflug an einem steilen Hang begegnen. Wenn man aber einen der wenigen übrig gebliebenen *maremmani* sehen will, muß
man schon in die einsamen Hügel der Maremma gehen, wo sich
noch kein Traktor hin verirrt hat, oder in die wenigen noch erhaltenen Steppen am Meer, wo sie noch in ihrer natürlichen
Freiheit wild umherziehen oder an heißen Sommertagen im
Schatten der dichten Baumkronen von Korkeichen stehen.
Wenn auch diese letzten Niederungen vom Traktor erobert werden, wie das vor unseren Augen schon geschieht, dann werden
wir in den Zoo gehen müssen, um die Könige der Maremma bewundern zu können.

Tief beeindruckt war ich damals, daß heidnische Zeremonien
und Bräuche in La Foce immer noch begangen wurden, häufig
toleriert von der Kirche, die so klug gewesen war, sie mit christlichen Feiertagen zusammenzulegen. Zu den schönsten Brauchtümern des Jahres gehörten die Gottesdienste der *quattro tempora*,
die, nachdem vorher einen Tag lang gefastet worden war, zu Beginn jeder Jahreszeit abgehalten wurden, und auch die Bittprozessionen durch die Flur. Dem Priester mit dem Kruzifix und den
heiligen Reliquien folgte die ganze Gemeinde und sang beim
Gang durch die Felder Litaneien, mit denen sie den Segen Gottes herabflehten. Die Frauen im schwarzen Schleier fielen in die
Responsorien ein, die Kinder rannten dazwischen immer wieder
hierhin und dorthin und pflückten wilde Blumen im Weizen.
Diese feierlichen Zeremonien gingen beide auf die alten Römer
zurück und fanden in unseren ersten Jahren auf La Foce noch regelmäßig statt. (Es gab einen großen und einen kleinen Bittgang.
Der große wurde am 25. April abgehalten. Das war die Zeit, zu
der der Weizen von Rost befallen werden konnte. Der kleine
fand drei Tage vor Christi Himmelfahrt statt, wenn der Weizen
zu reifen anfängt. Er entsprach den römischen *ambarvalia*. Vergil

beschreibt sie in den *Georgica*, Cato gibt in *De Agricultura* die An-
rufung wieder, die die blumenbekränzten Bauern aufsagen. Der
Heilige Calistus nahm die Gebete der *quattro tempora* in den
christlichen Kanon auf.) Inzwischen werden diese Feste nicht
mehr als Teil des Kirchenjahrs begangen, doch sollen ältere Bauern immer noch zu Bittgängen um ihre Felder ziehen und ein
hölzernes Kreuz im reifenden Weizen aufstellen.

In jenen ersten Jahren im Val d'Orcia waren auch noch andere
Bräuche lebendig, die heidnischen Glauben und christliche
Frömmigkeit vereinten, und von denen manche noch fortbeste-
hen. So brachten die Bauern am Tag des Heiligen Antonius
(nicht dem des Heiligen Antonius von Padua, sondern des Heiligen Abts Antonius, des Schutzheiligen der Tiere) einen Arm voll
Heu in die Kirche, damit der Heilige es segne und damit es dem
Vieh das Jahr über nicht an Futter fehle. Ein paar Alte halten es
noch heute so. Am Monte Amiata stellten Frauen am Abend vor
Christi Himmelfahrt Milch auf das Fensterbrett und hofften, daß
Schwalben sie im Zug segnen würden. Am Himmelfahrtstag
tranken sie dann diese Milch. Vielleicht hat das sogar etwas mit
dem Brauch zu tun, der auf dieser Seite des Tals noch eingehalten wird, nämlich daß man an Christi Himmelfahrt keine Schafe
melken darf. Sogar heute noch trägt jede Bauernfamilie, auch
wenn sie noch so kommunistisch indoktriniert ist, am Palmsonn-
tag einen Buschen Olivenzweige in die Kirche, damit der Priester ihn weiht.

Ebenfalls drüben am Monte Amiata, wo sich die Armen
noch immer zum großen Teil hauptsächlich von Eßkastanien
ernähren, zog am Tag des Heiligen Markus eine Prozession durch
die Straßen von Abbadia San Salvadore zu den Klängen des alten
Bittgesangs:

> *San Marcu, nostru avvucatu,*
> *fa che nella castagna non c'entri il bacu.*
> *Trippole e lappole, trippole e lappole, ora pro nobis.*[3]

Noch vor ein paar Jahren betete ein Bauer von Rocca d'Orcia
mit seiner Familie erst den Rosenkranz und fügte dann noch ein
Vater Unser und ein Gegrüßest seist Du Maria für einen Heiligen
an, den man in keinem Heiligenkalender findet, den San Fisco
Fosco, einen schrecklichen Heiligen, der in der Tiefe des Meeres

wohnte und die Armen haßte und deswegen mild gestimmt werden mußte. (Diese Geschichte und viele Redensarten aus unserer Gegend hier habe ich von Clemente Bologna, einem alten Nachbarn, der sich für alte Sitten und Gebräuche aus dem Orcia-Tal interessierte und der auch auf seinem Besitz in der Maremma den berüchtigten Briganten Tuburzi zum Freund gewonnen hatte.)

Auch andere Praktiken waren ganz eindeutig heidnischen Ursprungs. So gingen in den Dörfern des Tals Wunderdoktoren und Hexen ihrem Handwerk nach. Vor ein paar Jahren trugen zwei unserer Landarbeiter ihnen die Borsten eines unserer Schweine hin, das der Tierarzt nicht von der Schweinepest hatte kurieren können. Zunächst wurden die Borsten einer genauen Untersuchung unterzogen, dann mit einem «Pülverchen» bestreut; darauf erhielten sie Kräuter, die im Schweinekoben verbrannt wurden, und die Schweine waren wieder gesund. Auch für das Rindvieh wendete man sich manchmal an sie. In Campiglia d'Orcia wohnte eine sehr tüchtige Hexe, die inzwischen gestorben ist, aber ich glaube, sie hat eine Nachfolgerin. Die Leute brachten ihr einfach ein Kleidungsstück oder ein Haar von einem Kranken, den der Doktor nicht heilen konnte, weil das Übel angeblich vom bösen Blick ausgelöst worden war. Sie aber kurierte ihn mit Hilfe von Kartenlesen und diversen Tränkchen. Manches Mal löste sie mit ihren Rezepten allerdings Konflikte aus. So brach zwischen den Familien von zweien unserer Pächter ein endloser Zwist aus, nur weil sie der Tochter der einen gesagt hatte, daß einer ihrer Nachbarn «ihr Böses wünscht». Damit diese Wunderkuren wirkten, müsse man unbedingt fest daran glauben, wurde mir gesagt. Alle, die nur so zum Spaß kämen, warteten vergebens auf Heilung.

Auch die Kunst des Wahrsagens war bei den Älteren unserer Bauern noch im Schwange. Ein alter Mann, der noch am Leben ist, hatte sich darauf spezialisiert, im Winter für jeden Monat des kommenden Jahres das Wetter vorherzusagen. Zu diesem Behuf streute er in zwölf Zwiebelschalen, von denen jede für einen Monat des Jahres stand, kleine Häufchen Salz. Diese beobachtete er dann sorgfältigst. Wenn er das Salz in einer Schale unverändert vorfand, bedeutete das Trockenheit, wenn das Salz sich in einer Schale aufgelöst hatte, prophezeite er für den entsprechenden Monat Regen.

Am stärksten hat mich aber doch der Wunderglaube beeindruckt, der sich mit einer Höhle hier auf unserem Land verband, und der wahrscheinlich auf eine primitive Naturreligion zurückgeht. Ich war selbst dabei, wie stillende Mütter, deren Milchquelle versiegt war, dorthin pilgerten und wie Bauern ihre unfruchtbaren Kühe in diese abgelegene Höhle führten, die sich inmitten erstarrter Lehmwände auf halber Höhe in einer steilen Schlucht öffnete. An den Wänden sickerte das Wasser einer verborgenen Quelle herab, so daß im Lauf der Zeit stalaktitenartige Gebilde entstanden waren, die aussahen wie Kuh- oder Ziegeneuter und Frauenbrüste, aus denen sacht Wasserperlen tropften. Deswegen hießen sie *poccie lattaie*, Milcheuter. Und sobald die Betroffenen, Frauen wie Kühe, von dem Wasser genossen hatten, vollzog sich das Wunder. Als Opfergabe brachten die Bauern sieben Früchte der Erde: eine Handvoll Weizen, Gerste, Mais, Roggen, Erbsenschoten, getrocknete Erbsen und manchmal auch eine Schale Milch.

Inzwischen ist nahezu ein halbes Jahrhundert vergangen, und die Erinnerung hat manches vergoldet. Ich darf aber nicht verschweigen, wie mutlos ich manchmal war. Ich weiß noch genau, wie ich an einem grauen Herbstnachmittag auf einem kleinen, grauen Esel zu abgelegenen Höfen hinübergeritten war, denn damals führte noch keine Straße durch das Tal. Antonio war mit dem *fattore* zu einem anderen Hof gelaufen, und ich wartete allein in einer Mulde zwischen den kegelförmigen Lehmhügeln. Sie waren nach jahrhundertelanger Erosion so nackt und ausgelaugt, daß sogar jetzt kein Versuch unternommen worden war, auf ihnen etwas anzupflanzen. Ich saß neben einem Gestrüpp aus Ginster, der einzigen Pflanze, die dort überhaupt gedieh, auf einem Boden, der nach der Sommerdürre steinhart war. So weit das Auge reichte, nichts als diese trostlosen Lehmkegel. Kein Baum, kein Fleckchen Grün, keine Spur einer menschlichen Behausung. Nur ein zerfallener Wachturm hob sich gegen den Himmel ab. Vielleicht war er auf etruskischen Fundamenten erbaut, dann wieder von den Lombarden und später im Mittelalter neu errichtet worden und hatte in einer Reihe von Kleinkriegen eine Rolle gespielt. Nun hauste ein schwachsinniger Schäfer in dem Gemäuer, der neben seiner zottigen Herde in seinem Schatten hockte. Am Fluß unter mir gab es Ackerland. Im Prinzip war der Boden durchaus fruchtbar, aber er lag damals brach; sobald der Regen den Fluß über die Ufer treten ließ, stand dort alles unter Wasser. Hinter den schwarzen Felstürmen von Radicofani zogen sich dunkle Gewitterwolken zusammen, und als der aufkommende Wind das Tal erreichte, wirbelte er den Staub vor sich her. Da packte mich eine unwiderstehliche Sehnsucht nach der lieblichen und gepflegten Landschaft meiner Kindheit in Florenz oder nach den grünen Fluren und den großen Bäumen Englands, vor allem aber nach einem gemütlichen Haus mit Garten, in das man des Abends zurückkehrt. Die Landschaft, die mich hier umgab, bedrückte mich, fremd und menschenfeindlich wie sie war und in ihren Dimensionen für Halbgötter oder Giganten geschaffen, nur nicht für uns. Wie sollten wir sie je bezwingen und die Wüstenei in fruchtbares Land verwandeln? Sollten wir denn unser ganzes Leben im vergeblichen Kampf gegen übermächtige Gewalten zubringen müssen?

Mag sein, daß meine anfängliche Verzagtheit damit zusammenhing, daß unser eigenes Haus noch nicht bewohnbar war. Nach Plänen unseres alten Freundes, des Architekten Cecil Pinsent, waren die allernötigsten baulichen Veränderungen vorgenommen worden, während wir auf Hochzeitsreise waren. So wurde in die Decke des Hauptraums ein Oberlicht eingesetzt, damit er wenigstens etwas Tageslicht bekam. In einem anderen Zimmer waren ringsum an den Wänden Bücherregale für die zukünftige Bibliothek angebracht worden. Dort und im Eßzimmer wurden offene Kamine gebaut und mit Travertin verkleidet, der aus den Steinbrüchen von Rapolano ganz in der Nähe gebrochen war. Es gab sogar ein Badezimmer, wenn das Wasser dort in der trockenen Jahreszeit auch nur spärlich floß. Das ganze Haus wurde schließlich einer Reinigung unterzogen und frisch gestrichen. Dabei war es aber auch geblieben. Die Kisten und Kasten, in denen unsere Habe verstaut war, türmten sich ohne Angabe des Inhalts im Speisezimmer. Als wir dann nach so etwas Lebensnotwendigem wie Bettwäsche oder Kochtöpfen zu suchen anfingen, fiel uns statt dessen todsicher das komplette Sèvres-Service in die Hände oder die riesige Gruppe Bronze-Büffel, die Antonios Vater geschaffen hatte. Wir richteten uns fürs erste in einem Mädchenzimmer im ersten Stock ein und machten uns ans Werk. Nach ein paar Wochen war das Haus halbwegs bewohn-

bar. Die roten Ziegelfußböden waren abgeschliffen und mit
Wachs eingelassen, alle Möbel hatten ihren Platz gefunden; auch
wenn mir nicht alle gefielen, mußten wir eben mit denen vorlieb
nehmen, die wir besaßen. An den Fenstern hingen Chintz- oder
Leinenvorhänge, die Bücherregale waren locker bestellt. Das
sollte das einzige Jahr in meinem ganzen Leben sein, in dem ich
mehr als genug Platz für Bücher hatte! Doch gab es natürlich
noch immer kein elektrisches Licht, kein Telefon. Mein innigster
Wunsch, nämlich einen Garten anzulegen, war schlicht unerfüll-
bar, solange wir nicht genug Wasser hatten, das ja viel dringen-
der für die Höfe benötigt wurde. Beide hatten wir einmütig beschlossen, daß alle persönlichen Vorhaben für Haus und Garten
zunächst hinter den Bedürfnissen der Landwirtschaft und der
Bauern zurückzustehen hätten. Aller Reingewinn aus der Ernte,
alle Geldgeschenke, mit denen uns Verwandte bedachten, wurden sofort wieder in die Landwirtschaft gesteckt. Mein Geschenk
für Antonio zu unserem ersten Hochzeitstag war ein Gespann
junger Ochsen, und ich erinnere mich gern daran, wie sie unter
sein Fenster geführt wurden mit vergoldeten Hörnern und silbernen Sternen, die auf ihre Flanken gepappt waren. Schade nur,
daß sie nichts taugten und wir sie so schnell wie möglich wieder
verkaufen mußten.

Einerseits erfüllten uns all diese Anstrengungen natürlich mit
großer Zufriedenheit, andererseits aber brachten sie auch eine
Reihe von Frustrationen mit sich, denn, wie unsere Ratgeber
vorausgesehen hatten, leisteten unsere konservativen *contadini* gegen jede Neuerung passiven Widerstand, was alles nur noch
schlimmer machte.

Unser Land wurde nach dem *mezzadria* – System bewirtschaftet, das fast überall in der Toskana seit 600 Jahren praktiziert
wurde. Bei diesem Pachtsystem waren Rechte und Pflichten
zwischen Grundbesitzer und Pächter folgendermaßen aufgeteilt:
Der Besitzer mußte das Haus des Bauern errichten und instand
halten und 50% des Kapitals zum Erwerb des Viehbestands, des
Saatguts, der Düngemittel, der landwirtschaftlichen Maschinen
etc. stellen. Der *mezzadro*, *colono* oder *contadino*, also der Pächter,
brachte dagegen seine Arbeitskraft und die seiner ganzen Familie
ein. Nach der Ernte teilten Grundbesitzer und Pächter den Ertrag
zu gleichen Teilen. In schlechten Jahren trug der Grundbesitzer

die Verluste zu 100% und streckte seinem Pächter noch das
nötige Geld vor, mit dem dieser die auf ihn fallenden 50% an
Saatgut, Vieh und Düngemittel kaufen konnte. Der Pächter
zahlte diesen Vorschuß erst zurück, wenn ein besseres Jahr kam.
Dieses System war auf La Foce noch intakt, als wir es 1924 erwarben.

Auf größeren Gütern wie La Foce, zu denen viele Bauernhöfe
gehörten, war der Mittelpunkt im allgemeinen die *fattoria*, der
große Hof, der meist neben dem Herrenhaus stand. Dort wohnten der *fattore*, der Gutsverwalter, und seine Gehilfen, und von
dort aus wurde der ganze Betrieb verwaltet. Der Gutsbesitzer
oder auch sein *fattore* legten den Fruchtwechsel fest, bestimmten,
was auf den einzelnen Bauernhöfen angebaut werden, was an
Vieh und landwirtschaftlichen Geräten angeschafft werden sollte
und was an Reparaturen fällig war. Im Büro der *fattoria* wurden
für jeden Hof komplizierte Haupt- und Rechnungsbücher geführt, in denen genauestens über den Gewinnanteil jedes einzelnen *contadino* und alle Ausgaben für ihn abgerechnet wurde sowie
über Vorschüsse, die ihm in schlechten Jahren die Hauptverwal-
tung zugeteilt hatte. Der Anteil des Gutsbesitzers an der Ernte
wurde in den Kellern und Kornkammern der *fattoria* eingelagert,
auch der Wein und das Öl wurden dort gemacht, die Bauern
brachten die Früchte des Felds dorthin, und dort ließen sie sich
ihre Bilanzen erklären. Dort brachten sie auch ihre Wünsche und
Beschwerden vor. Nur wer wirklich in der Toskana gelebt hat,
kann sich vorstellen, was für eine langwierige Angelegenheit das
jedesmal sein kann, wenn die gleichen Dinge wieder und wieder
vorgetragen werden. In einem Wort, die *fattoria* war der Mittelpunkt des Lebens auf einem großen Gut.

Es ist leicht zu erklären, wie dieses System der *mezzadria* entstand.
Nachdem die großen Lehensgüter Ende des 12. Jahrhunderts auf-
gehoben wurden, zogen verarmte Grundbesitzer in aufstrebende
Handelsstädte wie Pisa, Siena, Lucca und Florenz und vertausch-
ten ihre alten Burgen und Güter mit einem einzigen abweisenden Wohnturm mitten in der Stadt. Ihre Leibeigenen, nun – frei
oder halbfrei – dem Hunger preisgegeben, da ihre Felder und Behausungen durch endlose Kleinkriege zerstört worden waren,
flohen auf der Suche nach Arbeit und Brot ebenfalls in die Städte.

Viele wurden Handwerker, traten einer Zunft bei und konnten dann eigene Werkstätten betreiben. Manche von ihnen brachten es sogar zum Notar oder zum Wundarzt. Nach ein paar Generationen hatten ihre Nachfahren oft ein kleines Vermögen angehäuft. Und da es alle Toskaner immer wieder zurück aufs Land zieht, war es nur natürlich, daß sie mit ihrem Geld wieder Ländereien erwarben. Dies gilt nicht nur für so bedeutende Kaufleute wie die Bardi oder Rucellai, sondern auch für bescheidenere Händler und Notare, die jedoch, da sie nicht reich genug waren, um sich einen Verwalter zu leisten oder um ihr Geschäft in der Stadt aufzugeben, einen Landarbeiter oder *colono* einsetzten, der die Landwirtschaft für sie betrieb. Mit diesem schlossen sie einen sehr einfachen Vertrag, demzufolge alle Erträge zwischen ihnen aufgeteilt werden sollten, eine Regelung, die in der zweiten Hälfte des 14. Jahrhunderts in der ganzen Toskana üblich geworden war. So waren aus den riesigen Lehensgütern zahllose kleine Gutsbetriebe oder *poderi* geworden, deren Besitzer die Erträge mit ihrem *mezzadro* oder *colono*, dem einstigen Leibeigenen, teilten. Dabei blieb es fünfeinhalb Jahrhunderte lang.

Diese *patti colonici*, die *mezzadria*-oder Halbpacht-Verträge, die wir in La Foce vorfanden, funktionierten noch nahezu bis ins Detail nach demselben Prinzip wie im 14. Jahrhundert. So erfüllten alle Pächter selbst noch die darin festgelegte Auflage, daß sie an bestimmten Feiertagen dem Gutsbesitzer Geflügel oder ein Paar Tauben oder so und so viele Dutzend Eier zum Geschenk machen mußten.

Das Leben auf den Höfen spielte sich aus praktischen Gründen noch immer nach patriarchalischen Regeln ab. Die Familie mußte kinderreich sein, damit es genügend Arbeitskräfte für die Landwirtschaft gab. Das Oberhaupt der Familie, *la capoccia*, herrschte mit eiserner Faust über Söhne, Töchter, Schwiegersöhne und Schwiegertöchter. Ein Sprichwort besagte: «*Triste quelle case, dove la gallina canta e il gallo tace*», «Traurig das Haus, wo das Huhn gackert und der Hahn schweigt.» Doch auch die *massaia*, das Weib des *capoccia*, verfügte über erhebliche Rechte. Mit ihrem Mann zusammen teilte sie jedem Mitglied der Familie bestimmte Arbeiten zu, suchte den Söhnen ihre zukünftigen Frauen aus und stellte die Enkelkinder als Schafhirten und Schweinehüter an, sobald sie groß genug waren, auf unsicheren Füßchen in

den Wald zu stolpern. Als wir nach La Foce kamen, vollzog sich
das Leben wie eh und je nach diesen althergebrachten Regeln.
Doch erlebten wir noch, wie sich alles von Grund auf veränderte.

Die entscheidende Idee der *mezzadria* war, daß den Besitzer
und den *mezzadro* ein und dasselbe Interesse am Land verband, so
sehr sich auch sonst ihre Ansichten unterscheiden mochten. Nur
unter dieser Voraussetzung konnte eine gedeihliche Zusammenarbeit zustande kommen. Natürlich war es nicht immer so gewesen, daß nur ein Vertragspartner Opfer bringen mußte. In den
Ricordanze des Odorigo di Credi, eines kleinen Florentiner
Grundbesitzers aus dem 14. Jahrhundert, lesen wir zum Beispiel,
daß er sein eigenes Gewand verpfänden mußte, um das Saatgut
für das folgende Jahr kaufen zu können. Überhaupt hatten
Grundbesitzer in der Toskana von jeher eine große Verantwortung gegenüber ihren Pächtern: «Stehe ihnen mit Rat und Tat
zur Seite,» heißt es in den *Ricordi* des Giovanni Morelli, eines Flo-
rentiners aus dem 14. Jahrhundert, «wenn ihnen ein Unrecht oder
eine Kränkung zugefügt wird, und sei damit nicht säumig oder
träge.»[4] Bis vor ein paar Jahren hätte sich jeder gute Grundherr
ebenso verantwortlich gefühlt für seine Bauern wie damals, und
wenn er einen von ihnen wegschicken mußte, weil er und seine
Familie die Arbeit auf dem Feld nicht mehr bewältigten, hätte er
noch die gleichen Gewissensbisse deswegen gehabt wie Ser Lapo
Mazzei, ein Notar, der in der Nähe von Prato ein kleines Gut besaß. Er schrieb 1407 über seinen Bauern: «Er ist so flink auf der
Scholle, die Rebstöcke beschneidet er so gut, er ist so findig, daß
ich mir nicht vorstellen kann, wie ich ihn entbehren soll ... und
meine feige oder mitfühlende Seele (ich weiß selbst nicht, was sie
ist) bringt es nicht fertig, Moco zu sagen: ‹Schau dich nach einem
anderen Hof um.›»[5] Ein verantwortungsvoller Grundbesitzer
dachte immer zuerst an sein Land, dann erst an sich selbst. Ein beträchtlicher Teil der Jahreserträge floß wieder in die Landwirtschaft zurück, was auch für den Pächter von Vorteil war, weil er
dann in schlechten Jahren auf ein gewisses finanzielles Polster
zurückgreifen konnte.

Leider gab es seit jeher Grundherren, die dieses Verantwor-
tungsgefühl nicht besaßen. Die *mezzadria* hatte zwei grundle-
gende Schwachstellen: Einerseits konnte ein Grundbesitzer, der
träge war und seine Höfe ausbeutete, statt Geld für Reparaturen

und Neuanschaffungen zu investieren, damit gleichzeitig seine Pachtbauern ruinieren. Andererseits konnten faule und unredliche *contadini* im Handumdrehen einen Hof herunterwirtschaften. Das war meiner Meinung nach die Ursache für das Mißtrauen und die Mißachtung, die die gegenseitige Beziehung zwischen dem *contadino* und dem *padrone*, dem Pächter und dem Besitzer nur allzu oft belasteten. Bei Licht besehen war das Verhältnis zwischen ihnen in den Tagen des Feudalismus sogar besser, zumindest unkomplizierter gewesen. Der Lehensherr war gewiß oft grausam und hatte seine Leibeigenen geschunden. Aber trotzdem hatte er ihrem Wesen näher gestanden als diese zugereisten Städter. Für den Krämer oder Rechtskundigen war der Bauer eben nichts als vernunftloses Vieh, der nicht selten mit den Waffen des Unterdrückten zurückschlug, mit störrisch-mürrischer List und Verschlagenheit. Zahlreiche Familienchroniken und Leitfäden des 14. und 15. Jahrhunderts spiegeln dieses gegenseitige Mißtrauen wider. Worte und Tonfall gleichen denen, die wir selbst schon aus dem Mund ihrer Nachfahren gehört haben, so sehr, daß es geradezu verblüffend ist. Paolo da Certaldo, ein Florentiner Kaufmann, warnte einst die Einwohner seiner Stadt, ihre Landgüter ja nie an Festtagen aufzusuchen, wenn ihre Bauern alle auf dem Dreschboden versammelt seien, «... denn sie saufen alle und sind erhitzt vom Wein, und sie haben ihre Waffen und keinen Funken Vernunft bei sich; jeder kommt sich vor wie ein König, jeder will das Wort ergreifen, denn die ganze Woche über haben sie niemandem, mit dem sie reden können außer ihrem Vieh. ... Gehe lieber zu ihnen aufs Feld, wenn sie arbeiten, und Du wirst sie untertänig und lammfromm finden dank Pflug, Hacke und Spaten.»[6]

Giovanni Morelli, ein anderer umsichtiger Grundbesitzer, gab ähnliche Ratschläge: «... Gehe Deinen Besitz zusammen mit Deinem Bauern Feld für Feld ab, tadle ihn für schlecht verrichtete Arbeit, schätze ab, wieviel Korn, Wein, Oliven, Futterhafer, Obst die Ernte bringen wird und vergleiche alles mit dem Ertrag vergangener Jahre ... Traue ihm nicht, laß' ihn nicht aus den Augen, prüfe selbst die Ernte überall: auf den Feldern, auf dem Dreschboden und auf der Waage. Nie sei ihm willfährig, weil er dann bloß meint, das müsse immer so sein ... Vor allem aber traue keinem von ihnen.»[7]

Für die Kehrseite der Medaille haben wir natürlich kaum Zeugnisse, solange nur die Reichen des Lesens und Schreibens mächtig waren. Doch bereits im 15. Jahrhundert machte ein Bauer seinem Groll in folgenden Versen Luft:

> *Noi ci stiamo tutto l'anno a lavorare*
> *E lor ci stanno al fresco a meriggiare;*
> *Perchè s'ha da dar loro mezzo ricolto,*
> *Se n'abbiam la fatica tutta noi?*[8]

Die folgenden beiden Redensarten, die heute noch gebraucht werden, spiegeln ebenfalls die Gefühle der *mezzadri* nur zu gut wider:

> *Ombra di noce e ombra di padrone*
> *sono due ombre buggerone.*[9]

> *Il bene dei padroni è come il vino del fiasco,*
> *Che la sera è buono e la mattina è guasto.*[10]

Das alles läßt nicht gerade darauf schließen, daß sich zwischen Grundbesitzer und Pächter eine gute und menschliche Beziehung entwickeln konnte, und ich wunderte mich immer wieder von neuem, wieso das System ohne Unterbrechung nahezu sechs Jahrhunderte lang fortbestehen konnte. Schon ein Blick auf die toskanische Landschaft gibt allerdings die Erklärung dafür. Die *mezzadria* hatte eine blühende Landwirtschaft hervorgebracht. Diese Weinberge und Olivenhaine, die sich in Terrassen die Hügel hinaufziehen, die üppigen Weizenfelder, Obst- und Gemüseplantagen sprechen für sich selbst. Das ist intensiv bewirtschaftetes und furchtbares Land, wie man es auf der ganzen Welt nicht besser finden kann. Nur jahrhundertelange, beharrliche Schwerarbeit konnte diesen Reichtum hervorbringen. Noch auf dem steilsten und steinigsten Stückchen Hang entfernte der toskanische Bauer, sobald es ihm einmal anvertraut war, mühselig das Wurzelwerk der Steineichen und Krüppeleichen, riß Wacholder und Myrthengestrüpp aus, brach den schweren Boden um und grub widerspenstige Steine und Felsbrocken aus. Mit den Steinen türmte er noch an den abschüssigsten Stellen kleine Mauern auf, die die Terrassen stützten, auf denen er dann seine Olivenbäume und Rebstöcke anpflanzte. *Selva del mi' nonno, ulivi del mi' babbo e vigna mia*, «der Wald meines Großvaters, die Ölbäume meines

Vaters und mein eigener Weinberg», sagen die Bauern. Es dauert drei Generationen, bis sich ein unfruchtbarer Hang in einen Garten verwandelt.

Abgesehen von dieser augenfälligen Erklärung war noch ein tieferliegendes psycholgisches Motiv der Grund dafür, daß die *mezzadria* so lange Bestand hatte. Auch wenn es auf beiden Seiten allerhand Meinungsverschiedenheiten gab, waren Herr und Pächter doch ohne jeden Vorbehalt davon überzeugt, daß das System als solches für beide Teile recht und billig war. Nur auf Grund dieser Überzeugung konnte es sich über so viele Jahrhunderte hinweg halten. Jacopo Mazzei, ein bekannter toskanischer Nationalökonom, der selbst einer alten, verantwortungsvollen Grundbesitzerfamilie entstammte, stellte vor ein paar Jahren folgende zutreffende Theorie auf: Ausschlaggebend für diesen Umstand ist nicht die Gerechtigkeit des Systems an sich, sondern vielmehr «der Glaube an diese Gerechtigkeit, der ihm eine Beständigkeit und Selbstverständlichkeit verlieh, die in der Geschichte ihresgleichen sucht.» Am Tag, da dieser Glaube erschüttert wird, schloß er, würde das ganze System zusammenbrechen.

Als wir auf La Foce einzogen, waren wir natürlich frei von derlei Gedankengängen. Wir machten uns einfach ohne viel zu überlegen an die Arbeit. Alles, aber auch alles wollte gleichzeitig getan sein und wenn möglich sofort. Eben las ich wieder das Manuskript eines Vortrags, den mein Mann vor der Landwirtschaftlichen Gesellschaft, *I Georgofili* hielt, und entdeckte darin eine Aufstellung aller Arbeiten, die ihm bei der Übernahme des Guts als vordringlich erschienen.

1. Fruchtwechsel-Plan im 8-Jahre-Rhythmus für jeden einzelnen Hof.

Im ersten Jahr wurden neben Gerste und Hafer Leguminosen und Luzerne gesät; im zweiten und dritten Jahr nur Leguminosen mit Luzerne; im vierten nur Weizen; im fünften Jahr mußte der Boden brach liegen, während im sechsten weißer und roter Klee ausgebracht wurde, im siebten ausschließlich weißer Klee und im achten dann wieder Weizen.)

2. Aushub von Entwässerungsgräben und Errichtung von Deichen und Dämmen an abschüssigen Lehmhängen, von Uferbefestigungen am Fluß unten im Tal zur landwirtschaftlichen Nut-

zung von Land, das derzeit sumpfig ist oder vom Fluß über-
schwemmt wird.

3. Neugewinnung von Ackerboden durch Aufhalten der Erosion an den Hängen und durch Entfernen von Steinblöcken und
Felsbrocken im Brachland.

4. Wiederherstellung und Modernisierung der bestehenden
Bauernhöfe, Wiederherstellung der Getreidespeicher, Keller,
Vorratskammern und Geräteschuppen der *fattoria*, Erneuerung
aller Geräte zur Ölgewinnung.

5. Vermehrung der Anbaufläche für Oliven und Wein.

6. Anlage neuer Straßen.

7. Errichtung neuer Bauernhöfe.

8. Erhöhung des Bestands und Züchtung besserer Rassen von
Großvieh, Schafen und Schweinen und damit Vermehrung der
Anbaufläche für Luzerne und Klee.

9. Absolutes Verbot, vor Ablauf von acht Jahren Bäume zu fällen, danach Aufforstungsprogramm im 12-Jahre-Turnus.

10. Aufbau von neuen schulischen und medizinischen Einrich-
tungen.

Das Programm hatte Hand und Fuß, doch ließ es sich nicht so
leicht in die Tat umsetzen. Zum einen fehlte es uns an Erfahrung,
hauptsächlich jedoch an Kapital. Wir hatten unser Geld bis auf
den letzten Heller in den Erwerb des Guts gesteckt, so daß wir
für all diese Vorhaben mit den 5000 Dollar, die *Grandmamma* uns
jährlich ausgesetzt hatte, zurechtkommen mußten. Damit fingen
wir an.

Lange Zeit jedoch fühlte ich mich wie ein Fremdkörper in dieser neuen Welt, und es fiel mir schwer, mich einzufügen. In der
fattoria lebten Menschen, die eine festgefügte Gruppe bildeten
und an den Traditionen festhielten. Sie bestand aus dem Gutsverwalter, dem *fattore*, mit seiner Frau und den Kindern, seinen drei
Gehilfen und aus der *fattoressa*, die nach altem Brauch niemals die
Frau des *fattore* sein durfte, die für alle kochte, das Brot buk, den
ganzen Haushalt führte und sich um den Wirtschaftshof kümmerte. Sie alle waren so fest in den Bräuchen verwurzelt, die im
Lauf der Jahrhunderte entstanden waren, derart entschlossen, daß
nichts verändert werden konnte oder sollte, daß ich mich ebenso
eingeschüchtert und fremd fühlte wie die Bäuerinnen, die an

Festtagen zu Fuß oder auf dem Ochsenkarren von ihren Höfen kamen, um mir ein paar laut protestierende Hennen, ein Taubenpärchen oder ein Dutzend Eier in die Hand zu drücken, oft aber auch einen Schwall von Problemen bei mir abluden, endlose Geschichten über Krankheiten in der Familie, und mich um Rat und Hilfe angingen. Doch was sollte ich ihnen raten, wenn ich doch selbst kaum Rat wußte? Nichts von dem, was ich in der Villa Medici oder auf *I Tatti* gelernt hatte, war mir hier von Nutzen. Ich bezweifle, ob je eine frisch verheiratete junge Frau so schlecht auf ihr neues Leben und die Aufgaben, die auf sie zukamen, vorbereitet war. Antonio hatte mir gesagt, daß es zu meinen Aufgaben gehörte, mich um die Wäschekammer und den Wirtschaftshof der *fattoria* zu kümmern, aber ich hatte nicht einmal eine Ahnung, daß die Bettücher aus einer Mischung aus Baumwolle und Flachs hergestellt werden, damit sie strapazierfähiger werden, auch wenn sie dadurch noch so sehr kratzten, oder daß jedes Jahr eine gewisse Menge an Wolle beiseite gelegt und zur Herstellung neuer Matratzen gewaschen und gebleicht werden mußte. Ich konnte nicht einmal eine Leghorn-Henne von einer *Rhode Island Red* unterscheiden. Auch gelang es mir lange Zeit nicht, so natürlich und herzlich mit allen Leuten umzugehen wie Antonio oder die feinen Unterschiede in der Hierarchie vom *fattore* über seine Gehilfen, die Ober- und Unteraufseher bis hinunter zum *contadino* und den Taglöhnern zu durchschauen. Tag um Tag lernte ich dazu, aber viel zu langsam. Ständig war ich durch meine Komplexe und meine Scheu gehemmt und wirkte dann am zurückhaltendsten, wenn ich mich am meisten anstrengte, freundlich zu sein. Immer war ich dabei, wenn Antonio von Hof zu Hof ritt oder lief, und so lange er dort auf den Feldern oder in den Ställen zu tun hatte, ging ich ins Haus und bemühte mich, die Herzen der Frauen und der Kinder zu gewinnen. Aber das war ein mühseliges Unterfangen. Die Bäuerinnen waren höflich – und argwöhnisch. Sie boten mir frische Trinkeier an oder ein Gläschen von ihrem selbstgebrauten süßen Likör. Sie zeigten mir den Schafskäse, den sie zubereitet hatten, ihre Möbel und ihre Kinder. Aber ich wußte nicht, welche Fragen ich stellen sollte. Ich hätte es als zudringlich empfunden, mich darüber zu äußern, wie sie ihren Haushalt führten, auch wenn mir Antonio gesagt hatte, daß das von mir erwartet wurde. Ich konnte keine Käseart von der anderen unterscheiden. Ich hatte keinen Schimmer, ob ein Kind Masern hatte oder Windpocken. Und als ich ein einziges Mal versuchte, einer asthmakranken Alten eine Spritze zu verpassen, brach mir die Nadel ab. Mit den Kindern kam ich besser zurecht. Sobald die neuen Schulen eingeweiht waren, verbrachte ich einen großen Teil meiner Zeit dort. Ich spielte in den Unterrichtspausen mit den Kindern, sah ihre Hefte durch, richtete ihnen eine kleine Bücherei ein, bewunderte ihre Gemüse- und Weizenbeete und verteilte am Ende des Schuljahrs Preise. Erst über die Kinder lernte ich allmählich die Frauen etwas besser kennen. Aber stets blieb es bei einer völlig einseitigen Beziehung, die dadurch nie persönlich werden konnte, daß bei allem und jedem erst die *fattoria* eingeschaltet werden mußte. Kam eine Frau und bat mich, dafür zu sorgen, daß ihr Abguß repariert wird oder ihr Kind ins Krankenhaus eingewiesen, mußte das erst dem *fattore* vorgetragen werden. Manchmal hatte ich leichtfertig etwas versprochen, um dann feststellen zu müssen, daß nichts geschehen war. Ich glaube, jetzt zu wissen, daß es eines der grundlegenden Übel im *mezzadria*-System war, daß diese Mittelsmänner nicht zu umgehen waren, die mit den *contadini* rücksichtsloser verfuhren als jeder Grundbesitzer, da sie sich nur zu bewußt waren, nur eine Stufe über ihnen zu stehen, dazu oft den *padrone* abschirmten gegen Dinge, von denen sie meinten, es sei besser, wenn er erst gar nichts davon erführe. Wir persönlich hatten insofern Glück, als Antonio, zumal in späteren Jahren, eine Gruppe treuer und ergebener Mitarbeiter um sich scharen konnte, die zu echten Freunden wurden. Trotzdem bin ich noch immer der Meinung, daß diese Unumgänglichkeit des *fattore* nicht gut war, selbst wenn das an der zugrundeliegenden Struktur der *mezzadria* liegen mochte. Auch bereitete es mir geradezu Pein, wenn ich die frühzeitig gealterten und erschöpften Gesichter der Frauen sah, die kaum älter waren als ich selbst, und mir vor Augen geführt wurde, wie ungerecht das Glück auf Erden verteilt war und was für ein Gegensatz zwischen ihrem und unserem Leben bestand, auch wenn wir damals wahrhaft nicht in Luxus lebten. Wie sehr bereue ich es heute, daß ich damals aus Mangel an Erfahrung, aus Unsicherheit und wegen meiner zahlreichen eigenen Interessen so oft den Weg des geringsten Widerstands ging und nicht versuchte, etwas an den Zuständen zu ändern.

Antonio war dagegen ganz anders, unkomplizierter, herzlicher und robuster, nahm die Welt, in der er lebte, so wie sie war und blickte immer nur nach vorn. Unser Glück war es, daß zu jener Zeit die faschistische Regierung eben die Gesetze verabschiedete, mit deren Hilfe landwirtschaftlich nicht nutzbare Regionen urbar gemacht werden sollten. Dieses Programm, die *bonifica agraria*, schloß auch den Zwang zur Bewirtschaftung von Land ein. Im Süden wurden dazu sogar häufig Latifundien enteignet, denn die Besitzer dieser ausgedehnten Ländereien lebten nicht einmal auf ihrem Gütern, untersagten aber ihren halb verhungerten Landarbeitern oft sogar, sich als Bleibe etwas Dauerhafteres als eine Riedhütte hinzustellen, damit sie nur ja nicht irgendwelche Wohnrechte als «Grundbesetzer» ableiten konnten. Dazu kam die staatliche Finanzierung von Maßnahmen im großen Stil, um der Erosion Einhalt zu gebieten; die Förderung von Bewässerungsanlagen, der Trockenlegung von Sümpfen, des Straßenbaus und der Errichtung von Schulen. Es folgten staatliche Subventionen oder Kredite zu günstigen Zinsbedingungen in beträchtlicher Höhe, mit deren Hilfe rührige Grundbesitzer ihre landwirtschaftlichen Erträgnisse steigern und den Lebensstandard ihrer Pächter heben konnten. Dieser «Kampf für den Weizen» wurde mit viel großen Worten geführt, da er Teil von Mussolinis Politik der Autarkie war, seine Antwort auf die Sanktionen. Am Anfang stand die Trockenlegung der Pontinischen Sümpfe, die Kultivierung der Feuchtgebiete in der Maremma, wo Veteranen, *i combattenti*, kleine Parzellen zugeteilt bekamen wie bei den alten Römern, und die Bekämpfung der Malaria auf Sardinien. (In manchen Gegenden waren die Ergebnisse der *bonifica agraria* ein voller Erfolg. Dort aber, wo man den einzelnen Familien viel zu wenig Land und windig gebaute Behausungen zugeteilt hatte, stellte sich nur zu bald heraus, daß die Bauern dem bißchen Grund nicht das Nötigste zum Leben abringen konnten. Deshalb wurden die Projekte vielerorts angegriffen, oft zu Recht. Doch aus dem zeitlichen Abstand von fünfzig Jahren betrachtet läßt sich wohl kaum leugnen, daß die Grundidee des Ganzen gut war. Nicht nur, daß all das unfruchtbare Land durch Trockenlegung bzw. Bewässerung und Ausrottung der Malaria in fruchtbaren Ackerboden verwandelt wurde, sondern das ganze Unternehmen, so mangelhaft es auch ausgeführt sein mochte, brachte sozialen Fortschritt mit sich.)

In Gegenden, in denen, wie bei uns, kein Grund konfisziert werden mußte, entstanden *consorzi di bonifica*, Meliorationsgenossenschaften, Grundbesitzerverbände, denen staatliche Subventionen zugeteilt wurden. Antonio gelang es trotz des Widerstands einiger Nachbarn, im Val d'Orcia ein solches Konsortium auf die Füße zu stellen. Dadurch entstand eine enge Zusammenarbeit mit Menschen, die die besten Elemente des faschistischen Regimes verkörperten. Professor Arrigo Serpieri zum Beispiel, ein Mann von überdurchschnittlichen Fähigkeiten und großem Charme, war der geistige Vater der *leggi di bonifica,* der Gesetze zur Landverbesserung. Dazu kamen etliche Sachverständige, die zwar dadurch motiviert waren, daß sie kritiklos an die faschistischen Sprüche glaubten, sich aber auch mit Herz und Seele für ihre Aufgabe engagierten. Im Orcia-Tal wurde der *consorzio* 1930 gegründet, und Antonio blieb über dreißig Jahre lang Vorsitzender und der *spiritus rector* der Genossenschaft. In Montepulciano wurde ein Büro eröffnet und ein tüchtiger Ingenieur angestellt, Projekte für das ganze Tal von San Quirico d'Orcia bis nach Radicofani wurden ausgearbeitet und der Regierung zur Genehmigung vorgelegt. Je nach Art der Projekte bewegten sich die Staatszuschüsse zwischen 20 und 100 %, den Rest übernahmen die Grundbesitzer selbst anteilig nach der Größe ihres Besitzes auf freiwilliger Basis. (Die höchsten staatlichen Subventionen gab es für Wiederaufforstung und Erosionsbekämpfung.)

Eine der vordringlichsten Aufgaben war es, der Erosion an den abschüssigen Lehmhängen Einhalt zu gebieten. Zu diesem Zweck ließ Antonio in Bächen und tief eingeschnittenen Wasserrinnen an die 25 Stützmauern aus Erde und Steinen als Dämme gegen die Erdrutschgefahr errichten. Im Flußbett sollten Buhnen, massive Steinmauern, die in den Fluß hinaus gebaut wurden, die Orcia bändigen und verhüten, daß sie die umliegenden Felder immer wieder überschwemmte. Gleichzeitig wurde Wasser von den umliegenden Hügeln in ausgetrocknete, unfruchtbare Teile des Tals geleitet, wo es vier bis fünf Jahre lang gestaut wurde, bis sich dort nach und nach eine dicke Humusschicht aufgebaut hatte. Dadurch kamen 60 ha Ackerkrume zusätzlich unter den Pflug. Auch artesische Brunnen wurden gegraben. Wünschelrutengänger, die uns dabei berieten, konnten mit ihren gespaltenen

Weidenruten oft nicht nur feststellen, wo es Wasser gab, sondern sogar berechnen, in welcher Tiefe und in welcher Menge. Die Gabe, Wasser mit Hilfe von Wünschelruten aufzuspüren, ist gar nicht so selten, wie ich gedacht hatte. Ich habe mich geradezu kindlich gefreut, als ich selbst einmal spürte, wie die Rute in meinen Händen ausschlug, als wir eine Wasserader kreuzten.

Die Wiederaufforstung war ebenso dringlich wie diese Projekte. Dabei half uns das Ministerium für Forstwirtschaft mit sachkundigem Rat und konkreter Unterstützung. Zunächst wurden zwei große Baumschulen mit frischen Setzlingen angelegt, und an Abhängen und steilen Schluchten wurden auf rund 220 ha Fläche Sämlinge oder junge Bäumchen angepflanzt, vor allem Eichen, Kiefern und Zypressen. Inzwischen bedecken grüne Wälder so gut wie alle diese Flächen.

Als nächstes kamen die Straßen dran. Als wir nach La Foce zogen, führte die einzige richtige Straße nicht weiter als bis zu unserem Haus. Zu den weit verstreuten Höfen gelangte man nur auf miserablen Feldwegen, die bei schlechtem Wetter nicht befahrbar waren. Ich erinnere mich noch lebhaft, wie unser Landarzt, ein alter Mann, versuchte, zu einem Kind zu kommen, das Diphtherie hatte. Der Vater hatte einen Ochsenkarren geschickt, um ihn zu holen. Stocksteif saß der alte Arzt in seinem dunklen Anzug auf einem angebundenen Küchenstuhl, während der aufgeregte Vater auf die Ochsen einschlug, die sich mühsam durch den Schlamm arbeiteten. Als erstes wurden die schon vorhandenen Straßen befestigt oder verlängert. Als dann durch den Erwerb des *Castelluccio* das dazugehörige Land dazukam, mußten ganz neue Straßen gebaut werden, um die bis dahin völlig isolierten Höfe anzubinden.

Die überschwengliche Freude an diesem ganzen Unterfangen kann man kaum in Worte fassen. Unsere Fotografien vermitteln eher einen Eindruck davon. Sie zeigen, wie Land umgepflügt wurde, das Jahrhunderte lang brachgelegen hatte. Bevor der Pflug in Aktion trat, mußten aber erst die Wurzelstöcke alter Bäume und riesige Steinbrocken ausgegraben und abtransportiert werden. Andere Fotos zeigen, wie kleine Deiche und Dämme aufgeschichtet wurden, um den Boden an Steilhängen, die tiefe Wasserrinnen durchzogen, am Abrutschen zu hindern. Solche Arbeiten zogen sich über viele Monate hin. Doch wenn wir dann

ein Stück neugebauter Straße vor uns sahen, wenn der Traktor
nach all den Vorarbeiten schließlich die großen Klumpen der
jungfräulichen, dunkelglänzenden Erde umpflügen konnte, dann
empfanden wir etwas von der tiefen Befriedigung und Erfüllung,
die Pioniere, wenn auch noch viel intensiver, in neu entdeckten
Ländern erlebt haben müssen, wenn sie zusehen konnten, wie
eine Wüste sich in das verheißene Land verwandelte. Um 1940,
das heißt kurz vor dem Kriegseintritt Italiens, waren 25 Kilometer neue Straßen auf unserem Besitz fertig, dazu die 40 Kilometer Hauptstraße, die der *consorzio di bonifica* im selben Bezirk hatte
bauen lassen. Im Tal spendeten Pappeln Schatten, in den höheren Regionen Kiefern und Zypressen. Nun konnte jeder Bauer
die Früchte seines Bodens zum Markt fahren, und jedes Bauernkind konnte zur Schule gehen.

Als nächstes wurden die Bauernhäuser in Angriff genommen.
Ich habe schon beschrieben, in welchem Zustand wir sie vorge-
funden hatten. Manche mußten ganz abgerissen und neu errichtet werden, andere repariert, vergrößert, mit modernen Ställen,
Schweinekoben, Silos und Betonwannen für die Misthaufen versehen werden. Um Trinkwasser zu gewinnen, wurden Brunnen
tief in die Erde gegraben oder Zisternen auf den Dächern gebaut.
Als Viehtränken für Schafe und Rinder wurden Teiche angelegt.
Bald schon stand überall ein moderner Küchenherd neben der alten Feuerstelle mit dem riesigen Rauchfang, in dem *il nonno* so
gern an kalten Winterabenden saß, um seine alten Knochen zu
wärmen, zu seinen Füßen oft ein Korb, in dem eine Henne auf
ihren Eiern brütete. Badezimmer wurden installiert und moderne
Wasserklosetts. Nach und nach wurde auf jeden Hof auch noch
Elektrizität gelegt, so daß bald auch Radios und später Fernseh-
geräte ihren Einzug hielten. Nachdem wir die Anzahl der Bau-
ernbetriebe von 25 auf 57 erhöht hatten, war die erste und wichtigste Neuerung, daß jeder Hof nur noch 30 bis 40 ha zugeteilt
bekam statt der früher üblichen 80 und mehr. Nur so wurde eine
intensive Bodennutzung möglich. Auf einem großen Teil des urbar gemachten Landes wurden nun Weizen, Mais und verschiedene Arten von Klee angebaut, etwa 6200 junge Ölbäume gesetzt, die Weinanbaufläche wurde auf etwa 80 ha vergrößert, die
Qualität der weißen wie auch der roten Trauben erheblich verbessert.

Da 80% der Bevölkerung weder lesen noch schreiben konnte, mußten wir dringend Schulen einrichten. Gleich nach unserem Einzug hatten wir Abendschulen für Erwachsene organisiert und den schulpflichtigen Kindern geeignetere Unterrichtsräume zur Verfügung gestellt. Jetzt aber ließ die Genossenschaft gleich drei neue Schulen bauen, eine in La Foce, zwei im Tal. In diesen wurde zunächst nach den fortschrittlichen Ideen und Lehrplänen der Landschulen des Gebiets rund um Rom, des *agro romano*, unterrichtet. Jede Schule hatte dazu einen eigenen Acker und Garten für landwirtschaftliche Experimente, so daß der Unterricht ganz auf das zukünftige bäuerliche Leben dieser Kinder auf dem Land zugeschnitten war. Später wurden diese Schulen vom Staat übernommen und sind nun gewöhnliche Volksschulen wie alle anderen auch. Es war eine Freude zu sehen, wie stolz die Kinder auf ihre neuen Klassenzimmer waren. Das Schulzimmer in La Foce war in fröhlichen Farben gestrichen, an den Wänden hingen Bilder und Landkarten. Ich weiß noch, wie die Schüler am Tag der Einweihung freiwillig ihre lehmverschmierten Stiefel auszogen bevor sie eintraten, um nur ja den blankgebohnerten Fußboden nicht schmutzig zu machen. Daraufhin bekamen alle von uns warme Hausschuhe, die sie in der Schule trugen. Außerdem bauten wir drei kleine Kindergärten mit Spielplätzen, zwei in Dörfern jenseits im Tal, einen in La Foce. Aus diesem wurde später die *casa dei bambini*, die ich in meinem «Toskanischen Tagebuch» aus den Jahren 1943/44 beschrieben habe, ein Kinderheim für die Kinder, deren Eltern in Genua und Turin ausgebombt waren.

Den Schulen folgten dann ein Klubhaus für die Männer samt *boccia*-Bahn und daneben ein Gemischtwarenladen. Im Jahr 1934 bauten wir zum Gedenken an unseren Sohn Gianni, der ein Jahr zuvor gestorben war, eine Krankenstation, ein *ambulatorio*, mit einem Operationsraum, ausgerüstet mit einem Sterilisationsapparat und vier Betten für Notfälle, den allerwichtigsten Medikamenten und einem kleinen Vorrat an Säuglingsnahrung, dazu im ersten Stock eine Wohnung für eine Gemeindeschwester. Der Kassenarzt kam zweimal die Woche die acht Kilometer von Chianciano herüber, und bald war sein Wartezimmer überfüllt. Die Gemeindeschwester kümmerte sich auch um den Gesundheitszustand der Schulkinder. Am wichtigsten aber war, daß sie regelmäßig auf den Höfen nach dem Rechten sah. Oft verhütete sie das Ausbrechen einer Seuche durch gute Ratschläge. Sie gab Spritzen, öffnete auch einmal die Fenster, was ihr aber selten genug gelang, und überredete die jungen Mütter, ihre Säuglinge nicht in die Mitte ihrer Ehebetten zu legen, sondern in kleine Weidenkrippen oder -körbe. Wie oft leistete sie bei einer schwierigen Geburt Beistand, wenn Hebamme oder Doktor nicht rechtzeitig zur Stelle waren, oder brachte Sterbenden Erleichterung und Trost, so weit es in ihrer Macht stand. Die Betten des *ambulatorio* waren ebenfalls oft belegt mit Unfallopfern, schwangeren Frauen oder genesenden Kindern. Über all das hinaus hielt die Schwester auch noch Kurse für junge Mädchen und junge Mütter über die elementarsten Hygienevorschriften. Später im Krieg diente das *ambulatorio* noch anderen Zwecken, was wir damals natürlich nicht vorausgesehen hatten. Einem verwundeten Partisanen wurde dort eine Kugel herausoperiert, ein anderer, der schwer an Tuberkulose erkrankt war, wurde dort in den letzten Wochen seines Lebens gepflegt. Und als unter den Partisanen, die sich in den Höfen hoch oben in den Hügeln versteckt hielten, eine Epidemie der Viruspneumonie ausbrach, stieg Signorina Guidetti in den Nächten heimlich zu ihnen hinauf, um sie zu versorgen.

Als im Jahr 1934 all diese Bauaktivitäten beendet waren, lebten wir bereits zehn Jahre in La Foce – es war uns zur Heimat geworden. Inzwischen hatte sich unsere finanzielle Situation durch das Hinscheiden eines entfernten amerikanischen Vetters völlig überraschend geändert. Wir hatten ihn nie zu Gesicht bekommen und nur von ihm gehört, daß er ein exzentrischer alter Geizkragen sei, der ins Ausland gezogen war, «um seiner Familie eins auszuwischen» und daß er die letzten Jahre seines Lebens auf einer Jacht vor der Küste der Isle of Man verbracht hatte. Angeblich hatte er sich immer köstlich amüsiert, wenn er Verwandten, die etwas von ihm wollten, rotglühende Kupfermünzen in das Boot schmeißen konnte, das sie zu ihm bringen sollte. Immerhin suchte er zweimal im Jahr seinen Börsenmakler in London auf, und das offenbar nicht nur zum Vergnügen. Denn die Summe, die schließlich nach seinem Ableben unter seinen Vettern und Kusinen aufgeteilt wurde, war erklecklich. Das ermöglichte uns, alle die Vorhaben, die ich beschrieben habe, in viel kürzerer Zeit und solider durchzuführen, als es uns aus eigener Kraft möglich gewesen wäre.

Iris Origo, etwa 1940

Ich werde jedoch ewig dafür dankbar sein, daß dieser Geldsegen nicht gleich zu Anfang kam und daß wir in den ersten Jahren unserer Ehe jeden Pfennig umdrehen und auf vieles verzichten mußten. Das bewahrte uns nicht nur vor vielen Fehlern, sondern ließ uns unsere Vorhaben den Realitäten entsprechend planen. Dessen waren wir uns sogar damals schon bewußt. So gingen Antonio und ich am Ende eines langen Arbeitstags unter der Pergola auf und ab und überlegten, ob wir es uns leisten könnten, daß er mir zum Geburtstag den eleganten, aber teuren Regenschirm schenkt, den wir in Florenz in einem Geschäft entdeckt hatten. Ich war der Meinung, daß es ein zu großer Luxus sei, zumal ich ihn bestimmt gleich wieder stehen lassen würde, er dagegen meinte, daß ich dadurch vielleicht endlich lernen würde, besser aufzupassen. Die Diskussion über das Für und Wider unterbrach dann das bewußte Telegramm. Als wir es gelesen hatten und den Inhalt erst einmal verdaut hatten, sagte Antonio mit Bedauern in der Stimme: «Ich fürchte, wir werden nie mehr darüber streiten, ob wir uns einen Regenschirm leisten können oder nicht.»

Inzwischen schreiben wir das Jahr 1935. Von nun an zogen dunkle Wolken am europäischen Himmel auf. Sogar in La Foce, wo
wir praktisch ohne Kontakt zur Außenwelt lebten, konnten wir
nicht umhin, vieles wahrzunehmen, zu lesen, zu hören und Spe-
kulationen anzustellen. Ich las *Mein Kampf,* las (und hörte) Mussolinis Reden; ich las Rauschnings *Hitler Speaks,* ein Buch, das
damals für mich ein Schlüsselerlebnis war. Später dann Erich
Fromms *Escape from Freedom.*[11] Zu dieser Zeit erst begann ich Ta-
geszeitungen zu lesen und wurde zu einem der zahllosen unfrei-
willigen Rundfunkhörer, lauschte den undeutlichen, quäkenden
Stimmen, die aus dem kleinen Kasten drangen. Welche psycho-
logischen Veränderungen die Erfindung des Funks in der politisch uninteressierten Zivilbevölkerung hervorgerufen hat, ist
meiner Meinung nach in allen Darstellungen unserer Zeit viel zu
wenig berücksichtigt, denn meist schenkt man Dingen, die man
für selbstverständlich hält, keine Beachtung. Noch nie in der Geschichte waren so viele Ohren gleichzeitig von so vielen Stimmen bombardiert worden. In La Foce saß ich in der Bibliothek
vor dem Radio und versuchte die verschiedenen Meldungen auf
einen Nenner zu bringen und das winzige Korn Wahrheit her-
auszufiltern, und allmählich wurden für mich diese Stimmen zum
wahren Echo unserer Zeit. Bis dahin hatte die Zivilbevölkerung
zum größten Teil nur das wahrgenommen, was in den Zeitungen ihres eigenen Lands stand, bzw. was sie mit eigenen Augen
sehen konnte. Nun waren wir alle ununterbrochen diesen verworrenen, sich überschlagenden Wellen von Freund und Feind
gleichermaßen ausgesetzt. Weit mehr als später das Pfeifen und
Krachen von Granateinschlägen oder das dumpfe Dröhnen von
Bombergeschwadern über unseren Köpfen, ruft diese Kakopho-
nie in mir persönlich den Nachtmahr der Jahre vor und während
des Kriegs in mir wach. Hitlers hysterisch kreischende Stimme
und der donnernde Applaus für seine Reden. Die Stimme von
Dollfuß kurz vor seiner Ermordung und gleich danach die Mussolinis, seines persönlichen Freunds, der versprach, sich für die
Unabhängigkeit Österreichs einzusetzen. (Mailand, 1. November
1936) Und dann zwei Jahre danach, zur Zeit des «Anschlusses»
von Österreich, die Stimme desselben Freunds: «Welche Ver-
pflichtung haben wir Österreich gegenüber? Keine!» (6. März
1938) Die Stimme Anthony Edens, der den Völkerbund drängte,

über Italien Sanktionen zu verhängen, falls es in Abessinien ein-
marschieren sollte, und Mussolinis Entgegnung: «*L'Italia farà da
se!*» «Italien macht, was es will!» (7. Mai 1936) Eine Stimme aus
Frankreich meldete die Ermordung der Brüder Rosselli. Die
Stimme Churchills erklärte: «*It is not only Czechoslovakia which is
menaced, but also the freedom of the democracy of all nations.*» Nur ein
paar Wochen später dann die Proklamation Neville Chamberlains: «*Peace with honour . . . peace in our time.*» (30. September 1938)
Die Stimme von Starace, die verkündete, daß der Faschistische
Großrat beschlossen hatte, aus dem Völkerbund auszutreten. Die
Stimmen von Soldaten und Kindern, die die damals gängigen politischen Lieder sangen:

> *Dell'Italia nei confini*
> *Son rinati gli Italiani*
> *Li ha rifatti Mussolini*
> *Per la guerra di domani.*

und

> *Duce, Duce, chi non saprà morir?*»[12]

Es ist schwierig zu beschreiben, welche Wirkung diese gleichzeitig auf uns einstürmenden Stimmen hatten, wenn wir Tag für
Tag allein in der Bibliothek in unserem einsamen Haus auf dem
Land vor dem Radio saßen, und wie sie in uns das Gefühl immer
stärker werden ließen, daß es von nun an kein Entrinnen mehr
gab vor der bevorstehenden Katastrophe, daß der Moloch Krieg
vor der Tür stand.

In jenen Jahren fuhr ich noch häufig zu Besuch nach England
und traf dort natürlich Menschen, die die politische Situation aus
entgegengesetzten Blickwinkeln sahen. Einerseits glühende Anhänger der Friedensbewegung, allen voran ihr Führer Max Plow-
man, der von so einer rückhaltlsoen Güte und Redlichkeit war,
daß er mich beinahe zu seinen Ansichten bekehrt hätte, aber eben
nur beinahe. Auf der anderen Seite die Schriftsteller und Journalisten, die als Freiwillige im Spanischen Bürgerkrieg gegen
Franco gekämpft und dort alle mehr oder weniger ihre Illusionen
verloren hatten. Ich glaube, es gibt bis heute keine bessere Beschreibung dieser wirren und aufregenden Zeit als George Or-
wells *Homage to Catalonia*. Durch Vermittlung von Lilian Bowes-

Lyon und von Freunden, die Quäker waren, bekam ich Gelegenheit, mich aktiv an den Bemühungen von Menschen zu beteiligen, die sich damals bereits mit viel persönlichem Engagement dafür einsetzten, jüdischen Wissenschaftlern, Alten und Kindern die Flucht aus Nazideutschland zu ermöglichen, bevor es zu spät war. Zumal in einer kleinen Schule in Kent, die hauptsächlich von Quäkern finanziert war, wurden jüdische Flüchtlingskinder aus Deutschland und bald auch aus Österreich und aus der Tschechoslowakei aufgenommen und dort in einer nicht gekannten Sicherheit und Unbeschwertheit als neue Bürger eines Vereinten Europa der Zukunft erzogen. (Diese *New Herrlingen School* in Bunce Court, Faversham, Kent, hatte Anna Essinger[13] gegründet.) Ich erinnere mich noch gut an eine sehr inspirierte Schüleraufführung der «Zauberflöte» im August 1939 im Kapitelsaal der Kathedrale von Canterbury.

Nicht wenige dieser Kinder, die bei wohlmeinenden, aber eben völlig fremden, superbritischen Familien wohnen durften, waren krank vor Heimweh, und manche der älteren krank vor Angst um ihre Eltern und Geschwister, die in Deutschland zurückgeblieben waren. Nie werde ich vergessen, was mir einer der Mitarbeiter der Quäker aus Deutschland berichtete über die seelische Pein, die Eltern durchmachten, wenn sie vor die Entscheidung gestellt waren,  welches ihrer Kinder verschickt werden sollte, weil manchmal nur ein Kind pro Familie mitdurfte. Das intelligenteste oder das schwächste, das, was von sich aus die größten oder das, was die geringsten Chancen zum Überleben hatte? Wie würden wir entscheiden, wenn es um unsere eigenen Kinder ginge?

Aus der Welt dieser Freunde, deren Leben von derlei Hilfsaktionen und Vorstellungen bestimmt war, wieder zurückzukehren in die Atmosphäre, die noch immer in Italien herrschte, fiel mir zunehmend schwerer und bedrückte mich jedesmal mehr. Eine unverhältnismäßig große Rolle spielt in meiner Erinnerung ein Telefongespräch mit einer Frau, die ich kaum kannte. Man hatte uns beide gebeten, einem tschechoslowakischen Professor und seiner Frau eine Proforma-Einladung zu schicken. Nur damit wäre ihnen ein Transitvisum durch Italien ausgestellt worden, das ihnen ermöglicht hätte, aus Prag zu fliehen und zu ihren Söhnen nach England zu ziehen. «Haben Sie auch ein Telegramm erhalten?» Ich bejahte. «Ich nehme an, Sie haben nicht auf diese lächerliche Anfrage reagiert.» sagte sie. «Ich kann mir nicht vorstellen, was diese Frau sich dabei gedacht hat. Sie ist die Kusine meines Mannes, nicht meine. Ich kenne sie nicht und lege auch keinen Wert darauf, sie kennenzulernen. Wie leicht hätte sie *uns* in Schwierigkeiten bringen können!» Darauf ich, daß das ziemlich unwahrscheinlich sei und daß diese Menschen wirklich ein schweres Schicksal hätten. Der Professor und seine Frau seien alt und krank und sähen ihre einzige Rettung darin, zu ihren Söhnen zu ziehen. Jedenfalls brauche sie sich weiter keine Sorgen darüber zu machen. «Sorgen! Nein, weiß Gott nicht! Mein Telegramm an sie ließ an Deutlichkeit nichts zu wünschen übrig. Ich habe kein Mitleid mit solchen Leuten. Warum sind sie nicht schon vor Monaten raus, als ihre Söhne abgehauen sind? Ich glaube auch nicht, daß sie wirklich Katholiken sind; ihr Name jedenfalls klingt nicht danach!» In ihrer Stimme klang ein unangenehmer Unterton mit, der mich vorsichtig werden ließ. «Wie dem auch sei, ich werde jedenfalls keinen Finger für solche Leute rühren. Solche Fälle werden auch nur von hysterischen Engländerinnen ausfindig gemacht wie von dieser Frau da, die sich als ihre Freundin ausgibt, und die sich in alles einmischen müssen.» Ich sagte, daß Lilian Bowes-Lyon eine meiner besten Freundinnen sei und hängte auf. Nach ein paar Minuten läutete das Telefon wieder. Diesmal verriet ihre durchdringende Stimme, daß sie vor Neugier brannte. «Sie haben nicht gesagt, was *Sie* in der Sache unternehmen werden. Nun lassen Sie sich einmal sagen, daß dies kein neutrales Land ist. Sie haben nicht das Recht, irgend ein Risiko einzugehen und Ihren Mann in Schwierigkeiten zu bringen. So etwas würde man ja nicht einmal für ein Mitglied der eigenen Familie tun!» Ich schluckte meinen Ärger hinunter, der um so heftiger war, als sich eben doch ein schäbiger kleiner Stich Unbehagen einstellte, machte ein paar nichtssagende Bemerkungen, hängte auf und saß dann zitternd auf meinem Bett. Diese häßliche, triviale Unterhaltung gewann unverhältnismäßig große Bedeutung für mich. Sie schien mir die ganze feige, nur auf eigene Sicherheit bedachte und arrogante Grausamkeit der Welt, unserer Welt, zu verkörpern.

Im August 1939 fuhr ich mit Antonio zu Konzerten in die Schweiz, um Bruno Walter und Arturo Toscanini dirigieren zu hören. Das sollte für die kommenden sechs Jahre unsere letzte Reise ins Ausland sein. Den Tag unserer Ankunft überschattete

eine Tragödie, die alles über jene Zeit aussagt. Bruno Walters
Tochter, die ein paar Jahre zuvor einen bayerischen Nazi geheiratet hatte, war in die Schweiz umgesiedelt, nachdem die Juden-
verfolgung immer größere Ausmaße angenommen hatte. Ihr
Mann besuchte sie dort gelegentlich, aber mit der Zeit hatten sie
sich doch auseinandergelebt. Am Tag bevor wir in Luzern eintrafen, war er nach Zürich geflogen, um einen letzten Versuch zu
machen, sie zur Rückkehr zu bewegen. Immerhin saß ihre
Schwester in einem Konzentrationslager, und von ihren Verwandten und Freunden waren viele im Gefängnis oder tot. Als sie
sich weigerte, mit ihm zu kommen, nahm er seinen Revolver
und erschoß erst sie und dann sich selbst.

An jenem Abend dirigierte Toscanini an Bruno Walters Stelle
und beschloß das Konzert mit dem Trauermarsch aus der *Götter-
dämmerung*. Das Publikum verließ den Saal bedrückt und schweigend mit unbewegten Gesichtern. Als wir in unser Hotel zurück-
kamen, hörten wir in den Spätnachrichten, daß Deutschland mit
Rußland einen Nichtangriffspakt geschlossen hatte. Wir begriffen alle sogleich, was das bedeutete.

Anderntags leerte sich das Hotel schnell. Die Gäste reisten Hals
über Kopf in ihre Heimatländer ab. Es gelang mir noch, eine te-
lephonische Verbindung mit England herzustellen, dann stieg ich
ins Auto und fuhr mit Antonio zur italienischen Grenze. Wenn
ich mein Tagebuch aus dieser Zeit wieder lese, steigen die Gefühle dieses Tages sehr lebendig in mir auf. Wir waren die grünen, schmucken kleinen Täler in der Schweiz hinaufgefahren,
speisten in Martigny *truite au bleu* zu Mittag, krochen dann den
Simplon-Paß hinauf und überschritten die Grenze. Als wir neben
dem Zollgebäude standen, sahen wir zu, wie ein italienischer
Wagen, der ein paar Minuten zuvor von der italienischen Seite
heraufgekommen war, zur Umkehr gezwungen und wieder nach
Hause geschickt wurde.

«Jetzt ist es für Italiener aus mit Spritztouren ins Ausland!» sagte
der *carabiniere* mit freundlichem Grinsen, als er uns unsere Pässe
zurückgab. «Kommen Sie nur rein und bleiben Sie da!»

Die Schranke senkte sich langsam hinter uns. Mir wurde klar,
daß ich eine endgültige Entscheidung getroffen hatte.

Doch sogar danach noch war es merkwürdig schwer, den
Mann auf der Straße in Italien davon zu überzeugen, daß Krieg,

echter Krieg vor der Tür stand. «Sie werden sehen», sagte der Taxifahrer, «daß der Duce den letzten Schritt nicht tut. Er hat bisher noch nie einen Fehler gemacht.» Wir hingen noch ein paar Tage in Florenz herum und warteten auf Nachrichten, hörten aber nichts außer wilden Gerüchten. Zum Beispiel, daß eine italienische Division von Bologna nach Nürnberg geschickt worden war. Wieso Nürnberg? Daß der Duce einen Schlaganfall erlitten habe. Daß der mysteriöse Passagier, der in England gelandet war, Mussolini selbst gewesen sei, nein, Beck, nein Grandi. Nicht einmal der leiseste Versuch, den Anschein kriegerischer Begeisterung zu wecken. «Es ist», schrieb ein junger Offizier aus unserem Bekanntenkreis seiner Mutter, «eine nonchalante, kalte Nachtwache.»

Als wir nach Hause zurückkehrten, erfuhren wir, daß zwei Angestellte der *fattoria* und verschiedene Bauernsöhne den Gestellungsbefehl erhalten hatten. Sie waren alle ganz fassungslos, hatten aber noch nicht gemerkt, daß dies ernster war als Abessinien oder Spanien. «*Ora basta*!» war immer wieder zu hören, «Uns langt's! Die sollen uns in Ruhe lassen!» An einem stillen, wunderschönen Sommerabend wanderten wir von Hof zu Hof. Die Trauben färbten sich, die Ochsen pflügten die Äcker um. Noch immer glaubten die Bauern blind: «Es wird schon nicht zum Krieg kommen. Der Duce holt uns da schon wieder irgendwie raus.»

Zwei Tage später gingen wir wieder von Hof zu Hof. Diesmal stürzten uns überall die älteren Leute entgegen und stellten die gleiche Frage: «Was meint Ihr, *sor padrone*? Gibt es Krieg?» Inzwischen war in jeder Familie zumindest ein Mann einberufen worden: «Mein Cecco ist gestern fort; Assuntas Beppe hat seinen Gestellungsbefehl heute bekommen. *Madonnina bona*, was soll nur werden? Wer soll die Arbeit auf dem Hof tun?»

Am 3. September fuhren Antonio und ich in den Apennin hinauf, um dort Freunde zu besuchen. Unterwegs sahen wir in den Dörfern Rekruten und weinende Frauen in kleinen Gruppen zusammenstehen. Als wir schließlich das Haus unserer Freunde erreichten, kam uns einer der Söhne entgegengelaufen: «Eben ist Chamberlains Rede zu Ende. Der Krieg ist erklärt.» Eine Stunde später wurde die Rede nochmals gesendet, und wir saßen den ganzen Abend um den Radioapparat herum und hör-

ten die Sender aller Nationen ab. Europa bereitete sich auf den
Krieg vor. Wie so vielen Menschen meiner Generation in England, ging auch mir Greys berühmter Satz von 1914 nicht aus dem
Kopf: «In Europa gehen die Lichter aus.» Wann würden sie wohl
wieder angezündet werden?

Nach Hitlers Besetzung von Polen fuhr ich nach Rom. Ich
war niedergeschlagen und konnte einfach meine eigene Untätig-
keit und Nutzlosigkeit nicht länger ertragen. So sah ich mich dort
um, ob es vielleicht eine Organisation gäbe, für die ich mich
irgendwie nützlich machen könnte in diesem Krieg. Aber alle
Türen blieben mir verschlossen. «Die heikle Situation des Landes..., die heikle Situation des Vatikans ...» Ich lernte den Direktor des Polnischen Kulturinstituts in Rom kennen, der in seiner Jugend zu Pilsudskis Truppen gehört hatte, eine tragische und
verbitterte Gestalt. Aber von Italien aus konnte ich nichts für
seine Landsleute tun. Dann kam sogar eine amerikanische Hilfs-
mission auf dem Weg nach Warschau in die Amerikanische Botschaft nach Rom. Senator Walcott, der etwa zwanzig Jahre zuvor
schon einmal mit Präsident Hoover in ähnlicher Mission zusammengearbeitet hatte, stand an ihrer Spitze. Der amerikanische
Botschafter in Rom, William Phillips[14], war einer der besten
Freunde meines Vaters gewesen und mein Patenonkel. So bat ich
ihn dringend, er möge Walcott fragen, ob ich nicht in irgend einer Funktion mit nach Warschau kommen könne. In derselben
Woche merkte ich, daß ich sieben Jahre nach Giannis Tod endlich wieder schwanger war. Fast widerwillig und mit dem Gefühl, immer nutzloser und isolierter zu sein, kehrte ich nach La
Foce zurück.

Am 10. Juni 1940 trat Italien unter dem Druck Deutschlands in
den Krieg ein. So war es tröstlich für mich, während der folgenden Monate in Montepulciano in der kleinen Gruppe von Geg-
nern des Faschismus zu verkehren, die sich im Haus unserer
Freundin und Nachbarin Margherita Bracci zusammenfand. Ihr
Mann war ein alter Freund und Regimentskamerad meines
Mannes, Margherita, die Tochter des Historikers und Schrift-
stellers Papafava, kam aus einer alten Padoveser Familie, die auf
Generationen liberalen Denkens und Fühlens zurückblicken
konnte. Viele ihrer Freunde waren bereits in den frühen Jahren
des Faschismus im Gefängnis gelandet oder ins Exil geschickt

worden, während sich die meisten unter ihnen, die weiterhin in Italien lebten, aus dem öffentlichen Leben zurückgezogen oder ihre Posten aufgegeben hatten, was für sie oft ein großes persönliches Opfer bedeutete. Jetzt lebten sie in einer geschlossenen, sozusagen konspirativen Gesellschaft und verkehrten ausschließlich in dem kleinen Kreis von Menschen, die ihre Ansichten und Hoffnungen teilten, nicht selten verbittert und untereinander zerstritten, aber sie hielten unverbrüchlich an ihren Grundsätzen fest und waren entschlossen, dem Regime, das sie haßten und verachteten, in keiner Beziehung entgegenzukommen, denn sie waren überzeugt, daß es ihr Land in den Ruin treiben würde.

Mit ihnen und mit ein paar gleichgesinnten Freunden in Rom konnte ich ganz offen reden. Doch weiß ich noch, daß ich manchmal nach einem Abend in ihrer Gesellschaft mit einem gewissen Gefühl der Mutlosigkeit heimkehrte. Die Unterhaltung hatte dann eine Heftigkeit angenommen, die typisch ist für Minderheiten unter autoritären Regierungen. Nach einer solchen Zusammenkunft schrieb ich: «Man spürt ganz deutlich, daß dies intelligente, mutige Menschen sind, die hohe moralische Anforderungen stellen, aber sie zählen nicht – noch nicht. Sie werden nichts an der Situation ändern.»

Aus meiner heutigen Sicht hatte ich damit wahrscheinlich unrecht. Wenn mir diese Gespräche irgendwie an der Realität vorbeizugehen schienen, war das nicht deswegen, weil eine Handvoll Menschen noch nicht fähig war, den Lauf der Dinge zu ändern. Es war eher deswegen, weil viele unter ihnen noch immer der bereits überholten, altväterischen Form des Liberalismus anhingen und nicht sehen wollten, daß der von ihnen verpönte Faschismus sich inzwischen zu einer Verherrlichung der Bourgeoisie gemausert hatte. Sie waren arglos genug, ihn unbesehen als echte revolutionäre Bewegung zu bewerten, und sie hatten auch noch keinerlei Kontakt zu den anderen politischen Strömungen im Land, die sich nach der Befreiung so schnell formieren sollten. Zumindest aber waren diese Diskussionsrunden, die mir so unrealistisch und fruchtlos vorkamen, ein Zeichen dafür, daß es überall in Italien noch Männer und Frauen gab, die der Faschismus noch nicht ihrer politischen Urteilskraft beraubt und gleichgeschaltet hatte. Sie sorgten dafür, daß die antifaschistische Presse im Untergrund weiterexistierte, sie lasen weiter Bücher

aus dem Ausland, hielten, wenn irgend möglich, den Kontakt zu
Freunden im Ausland aufrecht und schürten den wachsenden
Druck der öffentlichen Meinung, der letztendlich den Zusam-
menbruch der faschistischen Diktatur einleitete. Manche von ihnen waren später aktive Mitglieder der *resistenza*, andere machten
in Hofkreisen ihren Einfluß geltend, als die Verhandlungen mit
den Alliierten in Gang kamen. Wieder andere schlugen sich in
den Süden durch, als Mussolini seine «Republik von Salò» im
Norden etabliert hatte, schlossen sich den alliierten Streitkräften
an oder wurden Mitglieder der vorläufigen Regierung im Süden
oder der Befreiungskomitees in ihren Heimatstädten. Doch
heute glaube ich, daß sie ihre größte Tat vollbrachten, indem sie
in jenen frühen Tagen, in denen kein Erfolg möglich war und
viele von ihnen im Gefängnis von Lipari saßen oder in abgelegene Bergdörfer verbannt waren, eine unbestechliche, uner-
schütterliche Vision der Freiheit am Leben erhielten.

Mittlerweile zeichnete es sich täglich klarer ab, daß Italiens
Eintritt in den Kampf unvermeidlich war. Nach dem Treffen
Hitlers mit Mussolini am Brenner[15], dem Einmarsch in Norwe-
gen, in Belgien und Holland, blieb Italien nichts anderes übrig,
als sich mit den Achsenmächten solidarisch zu erklären. Unter
Schwierigkeiten gelang es mir, für meine Mutter und meinen
Stiefvater Visa für die Schweiz zu ergattern, und ich nahm Wert-
sachen und Habseligkeiten von anderen englischen Staatsan-
gehörigen in Verwahrung, die das Land verließen oder befürch-
ten mußten, in ein Konzentrationslager verschleppt zu werden.
Am 7. Juni 1940 erreichte das erste sichtbare Zeichen dafür, daß
der Krieg ausgebrochen war, das Orcia-Tal. Eine Formation von
35 alliierten Bombern flog über unsere Köpfe hinweg in Richtung Süden. Am 10. Juni hörten wir als erstes im Radio, daß die
Deutschen 65 Kilometer vor Paris standen. Am Mittag desselben
Tages erreichte uns der Befehl des *Fascio* von Chianciano, daß
sich alle unsere Bauern um 5 Uhr nachmittags bei uns zu ver-
sammeln hätten, um eine Rede des Duce anzuhören. Wir instal-
lierten unseren Radioapparat in der Loggia vorn am Haus, die auf
den Garten geht, und sie trudelten nach und nach alle ein. Um
5 Uhr waren wir alle versammelt: Antonio und ich und Marie
Blaser, die Schweizer Kinderschwester, Flavia und Gogo della
Gherardesca, die gerade zu Besuch waren, der *fattore* und seine

Angestellten, die Schullehrer, das ganze Hauspersonal und rund achtzig *contadini* und Arbeiter. «*Attenzione,*» plärrte es aus dem Lautsprecher, «*Attenzione!*» Ich beobachtete die Gesichter, die in feierlicher, erwartungsvoller Spannung zuhörten. «Um 6 Uhr wird der Duce vom Balkon des Palazzo Venezia zu seinem versammelten italienischen Volk sprechen.» Dann folgte die *Marcia Reale*, dann *Giovinezza*, das Lied der Faschisten. Fast eine ganze Stunde mußten wir warten. Die Spannung in den Gesichtern löste sich, in der Menge bildeten sich kleine Gruppen. Die älteren Männer standen unter den großen Stecheichen zusammen und redeten leise miteinander. Manche ließen sich auf den Stufen der Loggia nieder, manche hatten einen Laib Brot oder eine Korbflasche Wein mitgebracht und reichten sie herum. Andere saßen im Kreis auf dem Kies und spielten Karten. Antonio und die Aufseher sprachen über die jungen Rebhühner und die Zwillingskälbchen, die am Morgen geboren worden waren. Ich gesellte mich zu den Lehrerinnen, um mit ihnen zu besprechen, wie viele evakuierte Kinder wir im Notfall in den Klassenzimmern unterbringen könnten. Ich ging nochmals ins Haus, wo mich eine Schale mit Rittersporn und Lupinen für einen kurzen Augenblick in einen Garten in England versetzte. Eine Wolke von Jasminduft wehte durchs Fenster herein. Alles war so seltsam unwirklich. Dann wieder: «*Attenzione, attenzione!*» Die Männer erhoben sich und kamen näher. Wir hörten die Massen auf der Piazza Venezia brüllen, Beifall, Musikkapellen und dann, wahrscheinlich, weil der Auftritt auch von einem deutschen Sender übernommen wurde, eine harte, gutturale Stimme, die Deutsch sprach. Als unsere Männer den Klang der ungeliebten fremden Sprache vernahmen, wurden ihre Gesichter ausdruckslos und nahezu feindselig. Antonio machte einen Witz, den ich nicht hören konnte, und alle lachten. Dann ohrenbetäubender Beifall aus dem Radio, wahrscheinlich weil Mussolini in dem Moment auf den Balkon heraustrat. Dann seine unverwechselbare Stimme: «*Combattenti di terra, di mare, dell'aria*, Soldaten der Erde, des Meeres und der Luft, Schwarzhemden der Revolution und der Legionen, Männer und Frauen Italiens, des Kaiserreichs und von Albanien, hört. Die Schicksalsstunde ist am Himmel unseres Landes aufgezogen: Die Stunde der unwiderruflichen Entscheidung. Die Kriegserklärung Italiens befindet sich bereits in den Händen der

Botschafter Großbritanniens und Frankreichs ... Italiener, eilt zu
den Waffen, stellt Eure Ausdauer, Euren Mut und Eure Tapferkeit unter Beweis.»

Wieder prüfte ich den Ausdruck in den lauschenden Gesichtern. Verschlossen und ausdruckslos spiegelte sich in ihnen die
letzte Abwehr derer, die nicht mit Worten kämpfen oder sich wi-
dersetzen können. Es war unmöglich abzulesen, wieviel von all
dem sie begriffen hatten oder was sie dabei dachten. Nur, daß sie
nicht begeistert waren, konnte man sehen. Endlos ging die Rede
mit den ewig gleichen Themen weiter: Italien ist im Mittelmeer-
raum eingeschlossen, die Sanktionen, Kampf der Armen gegen
die Reichen, der Jugend gegen die Dekadenz. «Italien hat alles
getan, was in seiner Macht stand, den hereinbrechenden Sturm
abzuwenden», betonte Mussolini. Aber irgendwie fehlte der
Rede die richtige Überzeugungskraft. Die Stimme des Redners
war laut, überschlug sich, auch der Beifall auf der Piazza Venezia
klang wie eine Pflichtübung, ganz anders als der, der ihm ein Jahr
zuvor bei seinen Reden zu Abessinien, ja sogar noch nach München entgegenbrandete. Endlich war alles vorüber. Mitten in das
Schweigen sagte Antonio: «*Saluto al Re! Viva l'Italia!*» Die Männer antworteten müde, wie Automaten. Wir hörten das Knir-
schen ihrer Schritte auf dem Kies, als sie in tiefem Schweigen
fortgingen. Wir kehrten ins Haus zurück, standen da und blick-
ten einander an. «Jetzt ist es also soweit,» sagte Antonio. «Ich gehe
und sehe nach, wie der Weizen steht.» Aber wer wird noch da
sein, um den Weizen in die Scheuer zu bringen?

Erst zu diesem Zeitpunkt stand ich wirklich dem Problem der
Unvereinbarkeit zweier Staatbürgerschaften gegenüber, dem sich
jede Frau aussetzt, die in ein Land geheiratet hat, das sich im
Krieg mit ihrem Vaterland befindet. Bei mir waren es innerhalb
von zwei Monaten gleich beide Heimatländer meiner Eltern. Es
ist in einem solchen Fall nicht schwer, sich richtig zu verhalten.
Man richtet sich nach den Gesetzen des Landes des Ehemanns
und behält seine Meinung für sich. Doch was macht man mit der
inneren Einstellung, den moralischen Gundsätzen? War es wirklich nötig, sich in einem Land, das von so vielen verschiedenen
politischen Richtungen beherrscht war, mit der Mehrheit zu
identifizieren? Meine Antwort darauf war, daß im Moment
nichts weiter von mir erwartet wurde, als daß ich mich so

Iris Origo mit Tochter Benedetta 1942

zurückhaltend wie möglich verhalte, meine Ohren vor allen beunruhigenden Gerüchten verschließe und mein Herz gegen Heimweh und Ängste wappne. «Wenn England morgen vom Feind besetzt wird», schrieb ich damals, «erfahre ich sowieso nicht, wieviel von dem, was ich höre, wahr ist. Ich kann nur versuchen, alles zu tun, um weder Angst, Schrecken noch Empörung Gewalt über mich gewinnen zu lassen. Vielleicht ist es gut, wenn ich mir dadurch über meine Gefühle klar werde, daß ich so wahrheitsgemäß und einfach wie möglich den winzigen Ausschnitt der Weltereignisse niederschreibe, den ich in den bevorstehenden Monaten selbst erfahren werde. Daraus kann natürlich kein vorurteilsfreier Bericht werden; meine Vorurteile werden wahrscheinlich auch viele Ursachen haben, die ich jetzt noch nicht einmal ahne. Zumindest wird mir ein Tagebuch helfen, einen Schimmer von Gelassenheit und Hoffnung zu bewahren.»

So fing ich ein ausführliches Tagebuch an, das ich ein paar Monate lang führte, bis mir meine Arbeit in Rom keine Zeit mehr dazu ließ, das ich aber von 1943 bis 1944 wieder aufnahm, als der Krieg zu uns nach La Foce kam. Als «*War in Val d'Orcia*» veröffentlichte ich später diesen zweiten Teil.

Die ersten Monate waren die schlimmsten. Wenige Monate nach Italiens Kriegseintritt fuhr ich nach Chiusi, unserer nächsten Bahnstation, hinunter, um den ersten Zug nach Rom zu nehmen, weil die Wehen vorzeitig eingesetzt hatten. Die Züge quollen natürlich über von Soldaten, aber der liebe Besitzer des Bahnhofscafés, ein alter Freund, versuchte mir Mut zu machen. Er wußte, daß der nächste Zug, der in Chiusi hielt, noch einen Speisewagen mitführte. «Notfalls kann das Baby ja dort zur Welt kommen», meinte er. Ich war natürlich überwältigt von dieser herrlichen Aussicht, aber ich gab ihm recht, daß das immer noch besser sei, als auf dem Gang stehen zu müssen. Doch mein Kind war so rücksichtsvoll, seine Ankunft noch hinauszuschieben, und als wir schließlich in Rom ankamen, brachte uns die geradezu peinlich komfortable und prächtige Diplomatenlimousine der Amerikanischen Botschaft sanft und leise in die schöne Villa unter die fürsorgliche Obhut meines Patenonkels. Seine Frau und die Botschaftsangehörigen waren schon in die Staaten zurückgekehrt. Er aber wartete noch auf Ordre aus Washington, bevor er selbst folgte. Ich blieb dann weit länger als geplant, denn das Kind ließ noch drei Wochen lang auf sich warten, und der Botschafter mußte abreisen, bevor ich in die private Entbindungsanstalt aufgenommen wurde, wo am 1. August meine Tochter Benedetta zur Welt kam.

Seltsam, diese Zeit der Erwartung in dem Bewußtsein, daß man ein neues Leben in diese so unsichere Welt setzen wird. Dieser Sommer in Rom war schöner als je einer zuvor. Die Straßen waren so gut wie leer, nachts herrschte Verdunkelung, und wir speisten unter den Stecheichen der Villa Taverna[16] zur Nacht, in denen die Glühwürmchen funkelten. Ab und an heulten die Sirenen, und in der Ferne grollte das Geschützfeuer gegen die damals noch harmlosen Luftangriffe. Jeden Abend fragten wir uns freilich, was der kommende Tag bringen werde.

Die Rückkehr von 700 Italienern aus London am 8. Juli, an ihrer Spitze der Botschafter Bastianini, gab Anlaß zu einer neuen Welle anti-britischer Ressentiments. Sie kamen auf der *Monarch of Bermuda,* einem Schiff, das die Passagiere als dreckig und primitiv beschrieben. Ein paar Tage später glaubte ich meinen Ohren nicht zu trauen, als ich in ohnmächtiger Wut hörte, wie Bastianini sich bei einem offiziellen Essen über Dekadenz und Verweichlichung ausließ, die sich des englischen Volks bemächtigt hätten, wie man am *weekend inglese* sehen könne. Das Mark des Patriotismus und der Selbstaufopferung sei ihnen ausgesogen, erklärte er, (diesem Irrtum ist auch Ribbentrop aufgesessen) und niemals würden sie einem deutschen Angriff standhalten. «Die einzigen Tugenden, die euch noch geblieben sind, zahlen sich nicht aus.» «Aber der Mut ist ihnen doch geblieben, oder?» erkundigte sich ein Gast. «Auch Mut, für sich genommen, ist eine Tugend, die sich nicht auszahlt.» Als sich zum Schluß alle erhoben, sagte unsere Gastgeberin frohgemut: «Ja, sie haben sicherlich recht, England ist erledigt.»

Hätte ich mich nur getraut, den Mund aufzumachen, hätte ich aus meiner persönlichen Erfahrung etwas beisteuern können, das dem widersprach. Als es in den vorausgegangenen Wochen immer klarer wurde, daß die Invasion Englands eine konkrete Gefahr war, berichtete der Rundfunk, daß englische Kinder nunmehr aus den Gefahrenzonen zu Freunden in Amerika verschickt würden. Ich fragte bei meinen Verwandten an, ob sie nicht vielleicht auch Familien ausfindig machen könnten, die Kinder von guten Freunden in England eine Zeitlang bei sich aufnehmen würden. Umgehend waren sie alle aufs herzlichste eingeladen. Doch als ich diese Einladungen an die betreffenden Eltern weitergab, lehnten sie ausnahmslos dankend ab. «Daß ich diese Einladung ausschlage, ist vielleicht nicht mit Logik zu begründen», schrieb einer der Väter, «doch das Gefühl, daß wir das Land nicht einmal in Gestalt unserer Kinder verlassen dürfen, hat seine Wurzeln in unauslotbaren Tiefen, die sich der Vernunft ganz und gar entziehen. Obwohl es triftige Gründe gibt, Kinder aus der Gefahrenzone eines eventuellen Kampfgeschehens zu entfernen, müssen wir ganz offen sagen, daß wir fest von unserem Sieg überzeugt sind.» In einem späteren Brief ergänzte er: «Ich weiß, daß ich Ihr volles Verständnis dafür voraussetzen kann, daß wir mit unserer Ablehnung unsere Kinder nicht um das unbeschwerte, schöne Leben bringen wollen, das dort auf sie wartet. Es wäre auch egoistisch, vor der Trennung zurückzuschrecken. Es kommt der Wahrheit näher, wenn ich sage, es ist ein Akt des Glaubens.»

Nicht wenige Menschen dachten so wie er, glaube ich, und als die akute Gefahr einer Invasion gebannt schien, der Krieg sich aber über die Jahre hinzog, gab es sicher niemanden unter diesen Eltern, der die Entscheidung von damals bedauerte. Oft habe ich dagegen beobachtet, daß sich viele der Kinder, die nach Amerika gegangen waren, um etwas betrogen fühlten, das größere Bedeutung besaß als Geborgenheit und Glück – so glücklich sie auch bei ihren amerikanischen Gasteltern gewesen sein mochten und so große Anhänglichkeit sie ihnen auch stets bewahrten.

Während der Woche, die ich in der Entbindungsanstalt zubrachte, hörte ich aus dem kleinen Radioapparat, den ich unter dem Kopfkissen versteckt hielt, die Meldungen von der *Battle of Britain*, las immer wieder die letzten Briefe, die mich noch aus England erreicht hatten. Meine Tante schrieb aus London: «Wir waren wie Brünnhilde von einem Ring lodernder Flammen umgeben, aber nichts konnte uns aus der Ruhe bringen.» Dann kehrte ich nach La Foce zurück. Innerhalb von ein paar Monaten hatte ich das große Glück, eine Arbeit im Amt für Kriegsgefangene des Italienischen Roten Kreuzes zu finden, obwohl ich nicht der faschistischen Partei angehörte und anglo-amerikanischer Herkunft war. Dort arbeitete ich die folgenden zwei Jahre.

Diese Dienststelle, die eine zunehmend größere und bedeu-
tendere Rolle spielte, operierte innerhalb eines unendlich
schwerfälligen und komplizierten Systems. Ihr Präsident war
Clerici, ein alter italienischer General. Generalsekretärin war Elsa
Dallolio, die Begründerin der italienischen Unterabteilung des
Internationalen Sozialdienstes, dessen Aufgaben dann mit denen
des Amts für die Angelegenheiten der Kriegsgefangenen zusam-
mengelegt wurden. Der Mitarbeiterstab setzte sich zum Teil aus
Militärpersonal des Roten Kreuzes zusammen, das mit gutem
Grund kriegsuntauglich erklärt war, zum Teil aus einer inkon-
gruenten Mischung von freiwilligen Zivilisten und regulären Angestellten. Die Freiwilligen, zu denen ich gehörte, waren voller
guter Absichten und ohne geeignete Ausbildung für diese Art
von Arbeit und in ihrer Leistungsfähigkeit höchst unterschiedlich. Die professionellen Sekretärinnen verstanden ihre Arbeit,
hielten sich aber, von ein paar rühmlichen Ausnahmen abgesehen, strikt an ihre Bürostunden. Die Mitarbeiter aus der Armee
hatten keine Spur von Sprachkenntnissen und keine Ahnung von
Büroarbeit. Daß dieses seltsam zusammengewürfelte Konglome-
rat von Menschen überhaupt irgend etwas zuwege brachte, daß,
ganz allgemein gesprochen, die Organisation der alliierten Gefangenenlager in Italien überhaupt klappte, daß die Männer ihre
Briefe, Karten und Pakete empfingen und umgekehrt italienische
Familien von ihren Angehörigen, die Kriegsgefangene der Alliierten waren, Nachricht erhielten, war allein das Verdienst der jeweiligen Ressortleiter und ihrer hingebungsvollen Arbeit und
von ein paar Leuten, die eng mit ihnen zusammenarbeiteten. Das
waren allen voran Elsa Dallolio selbst und Graf Umberto Morra,
Leiter der Abteilung für alliierte Kriegsgefangene und gleichzeitig der italienische Repräsentant der Kommission des Internationalen Roten Kreuzes, die für den Zustand der alliierten Kriegs-
gefangenenlager in Italien zuständig war. Umbertos Taktgefühl
und humorvolle Art waren bei diesen Aufgaben von ebenso
großem Nutzen wie seine perfekte Kenntnis der englischen Sprache wie auch des englischen Charakters, während Elsa es irgendwie fertigbrachte, ohne auch nur ihren großen Tisch in ihrem
kleinen Büro zu verlassen, der sich unter den Aktenbergen bog,
die ganze ächzende Maschinerie mit einem Minimum an Rei-
bung, Spannung und Aufregung in Bewegung zu halten. Ob-

wohl sie ständig überarbeitet war, beschäftigt mit hunderterlei
größeren und kleineren Problemen, im Innersten zerrissen durch
ihre tiefe Anteilnahme an all dem menschlichen Leid, das mit
ihren Aufgaben verbunden war, gelang es ihr doch immer, eine
Atmosphäre gelassener und humorvoller Heiterkeit um sich zu
verbreiten, die sich auf alle übertrug, die mit ihr zu tun hatten.
Wann immer eine unangenehme oder schmerzliche Aufgabe zu
erledigen war, nahm sie das auf sich, ohne ein Wort darüber zu
verlieren, was für innere Überwindung sie das jedesmal kostete.
Was sie all den hysterisch schluchzenden Frauen sagte, wenn sie
oft nach tage- und wochenlangem Warten zu ihr ins Büro gerufen
wurden, habe ich nie erfahren. So manches Mal mußte sie
ihnen das Schlimmste mitteilen, manchmal sie vertrösten, daß sie
weiter ausharren sollten. Tag für Tag sah ich sie aus ihrer Tür
kommen, manchmal in Tränen, aber doch nicht mehr ganz so
verzweifelt.

Das Gebäude, in dem wir arbeiteten, war eine beschlagnahmte
Schule mit unzureichender Ausstattung, ohne Heizung und völlig
ungeeignet für ihren neuen Verwendungszweck. Die Bürostunden
waren von 8 Uhr früh bis 2 Uhr nachmittags, aber fast
alle Abteilungsleiter und einige der Freiwilligen kamen meist
auch am Nachmittag, um die Post zu sortieren und zu zensieren
und weiterzumachen mit dem Entziffern und Übersetzen der
endlosen Namenslisten italienischer Gefallener, Verwundeter
und Vermißter, die regelmäßig nach jedem größeren Vorstoß der
Alliierten eintrafen, wie zum Beispiel dem in Nordafrika. Noch
habe ich die großen Gänge der Schule vor Augen, die zum Bersten
voll waren von der Masse all der Ehefrauen und Mütter, die
auf die Nachrichten warteten, die wir oben im ersten Stock erst
fieberhaft zu entziffern suchten. Namen, Geburtsorte, die von
sardischen oder kalabrischen Bauernbuben, die nicht lesen und
schreiben konnten, übernächtigten Angestellten der alliierten
Militärbehörden diktiert worden waren, die wiederum kaum ein
Wort Italienisch verstanden. Sie kamen oft in so verstümmelter
Form bei uns an, daß wir manchmal bitten mußten, sie nochmals
zu schicken. Oder wenn auf ein und derselben Liste etwa
dreißigmal der Name Luigi Rossi als tot, vermißt oder gefangen
auftauchte, was dem englischen John Smith entspricht, durften
wir natürlich keine verbindliche Auskunft erteilen, bevor wir

nicht Geburtsdatum und -ort und Vornamen der Eltern ganz sorgfältig nachgeprüft hatten.

Eine Zeitlang arbeitete ich in einer Abteilung, die für die Toten und Verwundeten unter den Italienern zuständig war. Dort gehörte es zu unseren vordringlichen Aufgaben, nicht nur diese Listen zu übertragen, sondern vor allem die Briefe der Feldgeistlichen zu lesen und ins Italienische zu übersetzen, die die dürftigen Päckchen mit den letzten Habseligkeiten begleiteten, die den Angehörigen der Gefallenen zusammen mit der Erkennungsmarke ausgehändigt wurden: Die Fotos der Kinder, das Hochzeitsfoto, die kleine Münze zum Andenken an die Erste Kommunion, manchmal auch ein zerknitterter Brief an *mio amato sposo* oder an *mio caro papà*, eine Postkarte mit dem Bild der Heimatstadt, ein Rosenkranz, ein Talisman. Die Briefe der Geistlichen wurden dann übersetzt, das Päckchen wurde zusammen mit einem kurzen Beileidsschreiben an die Hinterbliebenen des Soldaten abgeschickt. Nie gewöhnte ich mich daran, diese stereotypen Briefe zu schreiben, nie brachte ich es fertig, mir nicht die Gesichter derer, die diese Briefe lesen würden, vorzustellen.

In diesem Amt arbeitete ich fast zwei Jahre lang und fuhr nur, wenn es möglich war, an den Wochenenden nach La Foce, bis ich für ganz zurück mußte, als ich im Herbst 1942 wieder schwanger war. Dort warteten zu meiner Überraschung eine ganze Menge Aufgaben auf mich. Doch werde ich über diesen Zeitabschnitt nicht im einzelnen berichten, weil ich in meinem «Toskanischen Tagebuch» ausführlich darüber geschrieben habe.

Als ich nach Hause zurückkehrte, stellte ich fest, daß es dort so gut wie keinen Hof mehr gab, aus dem nicht einige Männer an die Front eingezogen waren und in Rußland, Griechenland oder Afrika kämpften oder auch in Kriegsgefangenenlagern in der Ferne saßen. Eilends kamen deren Frauen und Mütter zu mir, um mich zu fragen, wieso aus Rußland bis jetzt noch keiner geschrieben hatte, oder die, die es nach Griechenland verschlagen hatte und die dann nach Deutschland deportiert worden waren, immer um Freßpakete bettelten. Was sollte ich ihnen sagen? Ich half ihnen dabei, die Postkartenformulare für ihre Antwort auszufüllen, die Auskunftsformulare für das Internationale Rote Kreuz in Genf und die Adressen auf ihre rührenden Pakete zu schreiben mit selbstgebackenem Kuchen, Käse und Schinken vom Hof, ob-

wohl ich wußte, wie unwahrscheinlich es war, daß sie je eine be-
stätigende Antwort erhalten würden. Ich tat mein Bestes, ihnen
etwas Ermutigendes auf ihre Fragen zu sagen. «Aber wann wird
das alles ein Ende haben?» Dann versammelten wir uns um den
Radioapparat, hörten die Meldungen und konnten nichts anderes
tun als Mutmaßungen anzustellen und abzuwarten.

Ganz unerwartet brachte diese Zeit auch etwas Gutes mit sich:
Die Beziehung zu unseren Pächtern und unseren Nachbarn
wurde enger. Die Männer des *Val d'Orcia* hatten nur insoweit ein
Lippenbekenntnis zum Faschismus abgelegt, als die Gesetze der
Regierung der Landwirtschaft Vorteile brachten. Als ihnen dann
die Augen aufgingen, daß sie trotz ihrer Überzeugung, der Duce
werde sie schon irgendwie aus dem Krieg heraushalten, eben
doch mit hineingezogen wurden, waren sie recht überrascht, und
ihre Empörung schlug bald in echte und aktive Wut auf die
Faschisten und die Deutschen gleichermaßen um. Erst da entwickelten sie wieder ein starkes Gefühl der Solidarität und standen zusammen, um den Gefahren und der Notlage im Tal gemeinsam entgegenzutreten.

Der Sturz Mussolinis im Jahr 1943 entfachte beim Landvolk für
ein paar Stunden neue Hoffnung auf Frieden, aber es dauerte
nicht lange, bis wir alle merkten, daß die Faschisten uns nur den
Deutschen ausgeliefert hatten, die mit viel härterer Hand durch-
griffen. Das war der Zeitpunkt, zu dem wir alle in La Foce ebenso
wie wohl in zahlreichen anderen Orten auf dem Land ganz eng
zusammenrückten und eine richtige kleine Kommune bildeten,
wie die Kommunen des Mittelalters zu Kriegszeiten. Wir waren
fast völlig autark in La Foce. Nahrung hatten wir nicht nur für
uns selbst und unsere Bauern, sondern es reichte auch noch für
die dreiundzwanzig Flüchtlingskinder aus Turin und Genua, die
wir in die *casa dei bambini* aufgenommen hatten. Als Heizmaterial
verwendeten wir das Holz aus unseren Wäldern, dazu Oliven-
kerne. Seife stellten wir aus Knochen her, wir verspannen die
Wolle unserer Schafe, und ab und zu schlachteten wir ein Kalb
schwarz und ließen die Haut dann zu Leder gerben. Unser Auto
fuhr mit einem Holzvergaser, der mit Holz aus den Wäldern betrieben wurde, bis die Deutschen es konfiszierten. Als dann nach
dem Tag des Waffenstillstands vom 8. September das ganze Orcia-Tal plötzlich nur so wimmelte von alliierten Kriegsgefange-

nen, die versuchten, durch die deutschen Linien zu ihren eigenen Einheiten zu stoßen, sowie von italienischen Soldaten, deren Regimenter aufgelöst waren und die sich auf dem Weg nach Hause befanden, brachten uns unzählige neue Probleme einander noch näher. Unser eigenes Haus lag viel zu nahe an der Hauptstraße und wurde andauernd von den Deutschen durchsucht, kam also als sicheres Versteck nicht infrage. So waren es die Bewohner der ganz abgelegenen Höfe, die mit einem Mut und einer Freigebigkeit, für die es keine Worte gibt, die flüchtigen alliierten Gefangenen bei sich versteckten und durchfütterten. Als sich dann später Gruppen von Partisanen und auch ein paar alliierte Kriegsgefangene oben in unseren Wäldern und auf manchen Höfen, die über uns in den Hügeln lagen, versteckten, stießen junge Männer vom Tal zu ihnen, um dem Gestellungsbefehl zu entgehen, der sie zwingen würde, auf der Seite der Deutschen zu kämpfen. Auf unseren Ochsenkarren wurden Weizen und Wein zu ihnen hinauf transportiert. Ohne auch nur eine Frage zu stellen, besohlte unser Dorfschuster die Armeestiefel der alliierten Soldaten, die auf dem Weg nach Süden waren. Es war einer unserer Aufseher, der ehemaligen alliierten Kriegsgefangenen, die bei uns auf dem Feld arbeiteten, zur Flucht verhalf; denn als Deutsche auf einem Lastwagen auftauchten, um sie gefangen zu nehmen, gab er das verabredete Zeichen, so daß sie noch rechtzeitig entkommen konnten. Es waren die Partisanen, die in einem unserer Höfe am Rand eines Buchenwalds oben auf dem Hügel untergetaucht waren, die mir dringend nahelegten, daß ich mich bei ihnen oben verstecken solle, nachdem mir in einem Artikel des Lokalblättchens persönlich angedroht worden war, ich würde nach Deutschland deportiert. Danach schlief ich monatelang mit einem fertig gepackten Köfferchen neben dem Bett, jederzeit bereit, durch die unverriegelte Hintertür in den Wald zu fliehen.

So brachen endlich die Schranken nieder, die Tradition und Klassenunterschied zwischen uns aufgerichtet hatten. Ab jetzt schweißten uns dieselben Schwierigkeiten, Ängste, Sehnsüchte und Hoffnungen zusammen. «Zusammen», notierte ich damals in mein Tagebuch, «dachten wir uns Verstecke für das Öl, die Schinken und Käse aus, damit die Deutschen nichts finden; zusammen machten wir für jeden Flüchtling, der an unsere Tür

klopfte, einen Unterschlupf ausfindig, gleich, ob es Italiener, Alliierte oder Juden waren, Soldaten oder Zivilisten; zusammen sahen wir die ersten Bomben auf die Brücken im Tal niedergehen,
und zusammen lauschten wir begierig allen Gerüchten über eine
Landung der Alliierten in der Toskana, die niemals stattfinden
sollte. Zusammen kamen wir auch wieder nach Hause zurück,
nachdem uns die Deutschen aus dem Keller geworfen hatten, der
unser Luftschutzbunker geworden war, und uns gezwungen hatten, mit unseren eigenen und all den Flüchtlingskindern, dazu
drei Neugeborenen, zu Fuß nach Montepulciano zu marschieren. Inzwischen hatten die Alliierten La Foce erreicht, und nun
begruben wir zusammen unsere Toten aus den Wäldern und den
Höfen. Wir brachten die Ernte ein, entfernten die Minen, die
noch in Wald und Feld und im Garten vor dem Haus versteckt
lagen, und gingen daran, die zerstörten Höfe wieder aufzubauen.»

Gleich am Tag unserer Rückkehr fanden wir im Vestibül unseres Hauses eine Überraschung, die uns derart ans Herz ging,
daß ich sie nicht einmal meinem Tagebuch anvertrauen konnte.
Ohne Fenster und ohne Türen war die Eingangshalle so wie das
ganze Haus Wind und Wetter ausgesetzt und, was noch schlimmer war, den Fliegen. Als wir das Haus verlassen mußten, waren
wir darauf gefaßt, daß wir es nach dem Artilleriebeschuß nur
noch als Ruine vorfinden würden. Zwar gähnten ein paar große
Löcher im Dach, Wasser- und Stromleitungen waren zerstört
(und erst nach Monaten wieder repariert), sämtliche Fenster und
Türen waren zerschlagen oder gestohlen, ein paar Bücher und
Bilder von Gewehrkugeln durchlöchert und ein durchdringender Gestank nach Exkrementen und faulendem Abfall schlug uns
entgegen. Davon abgesehen hatte es aber keinen schlimmeren
Schaden gelitten. Doch auf dem großen Tisch im Vestibül lag ein
Buch, das unversehrt war, abgesehen von ein paar Dreckflecken.
Ich hatte es nach dem Tod unseres Sohns Gianni als ein sehr intimes Andenken an sein kurzes Erdenleben geschrieben und mit
vielen Fotografien versehen in einer kleinen Auflage für Verwandte und enge Freunde drucken lassen. Auf dem Vorblatt dieses Exemplars stand mit Bleistift geschrieben, dies Buch sei von
einem englischen Soldaten im Wald gefunden worden. (Dort
hatten es die *Goums*, die marokkanischen Truppen, die mit der

Fünften Armee kamen, liegengelassen, nachdem sie alles, was nicht niet- und nagelfest war, geplündert hatten.) «Nachdem ich mir dachte, daß dieses Buch großen persönlichen Wert für seine Besitzer haben muß», habe er von seinem Vorgesetzten die Erlaubnis erhalten, es viele Meilen weit zurückzutragen, damit wir es bei unserer Rückkehr zu Hause vorfinden. Daß sich jemand so liebevoll in uns hineingedacht hatte, tröstete uns in diesem Augenblick über alle anderen Verluste hinweg. Sollte dieser Freund je diese Zeilen zu Gesicht bekommen, dann sollen sie ihm meinen späten, aber nicht minder herzlichen Dank überbringen.

Noch am Tag unserer Rückkehr wurde Antonio auf Veranlassung des *Comitato di Liberazione* zum Bürgermeister von Chianciano ernannt. Solche Komitees hatten Mitglieder des Widerstands in fast allen italienischen Städten vor dem Eintreffen der Alliierten als eine Art provisorischer Provinzregierung gegründet. In Zusammenarbeit mit Vertretern der Militärregierung versuchte er die Probleme vor Ort zu lösen. Die Flüchtlinge aus dem Süden verlangten energisch, daß man sie als erste nach Hause reisen lassen müsse. Es gab weder Licht noch Wasser, es fehlte an Zucker und Salz, an Seife und Medikamenten sowie an Transportmitteln für Dieselöl und Benzin. Zwei von unseren eigenen Höfen waren nur noch Trümmerhaufen, in vielen anderen hatten nur noch ein oder zwei Stuben ein Dach. In einem schliefen dreizehn Menschen in zwei Betten zusammen, in einem anderen schlief die gesamte Familie auf dem Boden im Stall. Nichts war mehr übrig von der heilig gehaltenen Einrichtung, dem Wäschevorrat, den Decken, der Kleidung, kein Kochtopf war mehr da, denn die *Goums* hatten alles, aber auch alles fortgeschleppt, was die Deutschen nicht schon geplündert hatten. Erst mußte die Ernte eingebracht werden, danach war die dringendste Aufgabe, überall vor Wintereinbruch zumindest einen Teil von jedem Bauernhof wieder unter Dach und Fach zu bekommen, was auch gelang. Das Gesundheitsproblem war ebenso dringend, denn als Folge der vielen umherliegenden Leichen und Kadaver vermehrten sich die Fliegen in Massen; Brechdurchfall und Ruhrepidemie brachen aus, und vor allem die Kinder hatten darunter zu leiden. Es gab nur wenig Wasser, kein Licht, und zwar den ganzen Winter hindurch. Wälder und Felder waren völlig vermint. Aber Dankbarkeit und Hoffnung beherrschten unser ganzes Sein.

«Zerstörung und Tod haben uns heimgesucht», schrieb ich auf die letzte Seite meines Tagebuchs, «nun aber liegt Hoffnung in der Luft.»

Seither haben mir viele Menschen Fragen über diese Jahre gestellt, von denen ich manche beantworten konnte, wenigstens mir selbst gegenüber. Eine davon ist, ob ich nicht große Angst gehabt hätte. Die Antwort ist: «Nein». Nur einmal geriet ich für einen Moment in Panik. Das klingt komisch, wenn man weiß, daß ich normalerweise sehr leicht zu erschrecken bin. Als Kind fürchtete ich mich wie die meisten Kinder vor lächerlichen Dingen, vor Fremden, vor anderen Kindern, vor allem Unbekannten, vor der Dunkelheit. Als ich mein erstes Kind erwartete, zog ich mir die Verachtung von Antonios Hausarzt zu, als ich meine Angst vor den Schmerzen der Wehen nur schlecht verbarg. Er war ein rauher, aber herzlicher Mann, der meinte, ich müsse nichts als außer mir sein vor Freude. Als es dann soweit war, merkte ich schon, daß alles nur halb so schlimm war. Nachdem mein Onkel Bronson bei einem Flugzeugabsturz ums Leben gekommen war, hatte ich jahrelang schreckliche Angst vor dem Fliegen. Doch während der letzten Monate vor der Befreiung hatten wir wirklich Wichtigeres im Kopf als Angst zu haben. Ständig war unser Improvisationstalent durch immer neue Probleme gefordert. In den letzten Monaten zogen die dreiundzwanzig Flüchtlingskinder zu uns ins Haus, wollten gefüttert, gekleidet, unterrichtet und unterhalten werden. Nicht nur für Partisanen und entflohene alliierte Kriegsgefangene mußten wir Verstecke und Nahrungsmittel auftun, sondern auch für Juden, die aus größeren Städten geflohen waren. Antonio mußte mit deutschen Offizieren verhandeln, die kamen, um Autos, Autoreifen, Pferde und Häuser zu beschlagnahmen, während ich oft zur gleichen Zeit auf der anderen Seite des Hauses oder weiter oben am Hang einem entflohenen alliierten Soldaten eine Landkarte, einen Kompaß oder ein paar Socken zusteckte. Später, als die Front näher rückte, transportierten wir einen jungen Partisanen von dem Bauernhaus, in dem er sich versteckt hielt, hinunter ins *ambulatorio*, denn man konnte sehen, daß er im Sterben lag, und die Gefahr, daß er von den Deutschen entdeckt werden könnte, trat hinter der Tragödie zurück. Als sich in den letzten

Iris Origo im Garten von La Foce
mit ihren Töchtern Benedetta und Donata.
Sommer 1946

Wochen die Versorgungslage in Rom zugespitzt hatte, kam ein endloser Strom von Menschen per Anhalter auf Armeelastwagen aufs Land, um dort ein bißchen Mehl, Öl oder einen Sack Kartoffeln zu erbetteln für die Kinder oder kranke Verwandte daheim in der Stadt. Hilferufe von Familien erreichten uns, deren Männer von den Deutschen als Geiseln genommen worden oder zum Tod durch Erschießen verurteilt waren, weil in ihren Dörfern Partisanen Hilfe oder Unterschlupf gewährt worden war, oder auch von Flüchtlingsfamilien aus dem südlichen Umland von Rom, oder von Müttern, deren Söhne nach Deutschland zum «Arbeitsdienst» eingezogen worden waren. Damals schrieb ich in mein Tagebuch: «Unsere Probleme ... entstanden daraus, daß wir ständig abwägen mußten, nicht etwa zwischen Mut und Feigheit, Recht und Unrecht, sondern zwischen Pflichten und Verantwortlichkeiten, die gleichermaßen dringlich waren ... Dies waren Probleme, die nicht grundsätzlich zu lösen waren, da

die Lage vor Ort sich ständig änderte, das Kriegsgeschehen einem
andauernden Wechsel unterlag, immer neue Machtbefugte zuständig waren. Jeden Tag mußte man auf neue Vorkommnisse je
nach Lage der Dinge reagieren. ... Am Ende jeden Tages fragte
die Vorsicht: ‹Habe ich zuviel getan?›, die Begeisterung und das
Mitgefühl: ‹Hätte ich vielleicht mehr tun können?›»

Um unsere eigenen Kinder hatte ich eigentlich keine über-
mäßige Angst, denn ich vertraute Schwester Marie blind, daß sie
sie, falls Antonio oder ich erschossen oder deportiert werden sollten, schon irgendwie durchbringen würde. Nur einmal geriet ich
eben für einen kurzen Moment in Panik, und zwar Donatas
wegen. Das war damals, als wir aus unserem Keller vertrieben
wurden und wir uns schon in Richtung Montepulciano mühsam
durch die verminten Wälder geschleppt hatten mit all den Kindern und etlichen alten Leuten. Als wir das offene Feld erreichten, das unter Artilleriebeschuß lag, marschierte Antonio vorneweg, die anderthalbjährige Donata auf den Schultern, auf eine
Stelle zu, die dem Beschuß meiner Meinung nach am stärksten
ausgesetzt war. Blind vor Angst rannte ich hinterher und schrie:
«Was machst du mit dem Kind? Gib es mir!» Mit einem nach-
sichtigen Lächeln sagte er nur: «Wir sind hier ebenso sicher wie
überall» und ging weiter. Und ich nahm wieder Vernunft an.
Seither habe ich mich vor nichts mehr gefürchtet – außer im
Krankenhaus vor Operationen.

Ich wurde auch gefragt, was für mich nach fünfundzwanzig
Jahren die eindringlichsten und schmerzlichsten Erinnerungen an
jene Zeit seien. Die Antwort darauf ist nicht leicht, aber ich
glaube doch, daß für mich und andere die schlimmste aller
Kriegserinnerungen in einem Wort gesagt werden kann: Abschied. Bomben, Artilleriebeschuß, Minen, das häßliche Gefühl,
nach Mussolinis Sturz in einem «besetzten Land» zu leben, die
langen Zeiten des Wartens, das Gefühl des Isoliertseins – nichts
hat schmerzhafte Narben hinterlassen. Aber das Abschiednehmen
von Menschen, die einander lieben und auseinandergerissen werden, ob man es am eigenen Leib erfahren mußte oder bei anderen miterlebte, – bei Müttern und Söhnen, Mann und Frau, Liebenden, Freunden –, wenn man überhaupt keine oder nur
unzuverlässige Nachricht erhielt und zwischen Furcht und Hoffnung schwankte, das gehört zu einer Kategorie von Schmerz, die

man nicht ausradieren kann und die für immer Narben hinterläßt. «*Ayez pitié de ceux qui s'aimaient et ont été séparés*», «Habt Mitleid mit denen, die sich liebten und die getrennt worden sind,» – das war der Anfang der Fürbitte, die Abbé Perreyve verfaßte und die Mme Jean de Marmol, die in einem deutschen Konzentrationslager ums Leben kam, Abend für Abend mit ihren Mitgefangenen zusammen betete. «*Ayez pitié.*»

Solche Erinnerungen überfielen mich immer stärker, sobald der Druck und der Zwang zu ständigem Handeln aufhörten, nachdem die alliierten Verbände weiter in Richtung Florenz vorstießen. Damals erreichten mich die ersten Lebenszeichen von Freunden und Verwandten aus England, und zwar über alliierte Offiziere, die durch die Toskana kamen. Von unseren Freunden in Norditalien blieben wir aber weiterhin völlig abgeschnitten. Als ich zum ersten Mal nach unserer Befreiung nach Florenz fuhr, und zwar in einem Jeep der Alliierten, sah ich, daß die Deutschen vor ihrem Abzug die Villa Medici von oben bis unten mit Sprengladungen gespickt hatten, während unser eigenes kleines Haus im Garten noch brannte. Ich fiel durch ein Loch im verkohlten Fußboden im ersten Stock auf den Steinboden im Erdgeschoß, brach mir aber Gottseidank nicht das Genick dabei. Der irische Offizier, der den Minensuchtrupp befehligte, leistete Erste Hilfe.

Danach arbeitete ich für das Amerikanische Rote Kreuz und brachte Medikamente und Kleidung in Dörfer, die ganz nahe an den feindlichen Linien lagen, wo sie dann von den jeweiligen Befreiungskomitees verteilt wurden, was allerdings nie ohne Reibereien abging. Die Not schrie wirklich zum Himmel. Ich erinnere mich an ein Dorf oberhalb von Arezzo. Auf das Gerücht hin, daß dort Partisanen unterstützt würden, waren alle männlichen Wesen zwischen sieben und siebzig umgebracht worden. An einem Sonntag mußten sie sich alle nach der Messe auf der kleinen *piazza* in einer Reihe aufstellen und wurden erschossen. Im Jahr darauf fuhr ich mit Umberto Zanotti Bianco, dem Präsidenten des Italienischen Roten Kreuzes nach Bologna, unmittelbar hinter den Linien der alliierten Truppen. Er wollte das Rote Kreuz in Bologna neu organisieren und brauchte mich dabei als Dolmetscherin. Wir fanden Krankenhäuser ohne Ärzte und Krankenschwestern vor, da die Faschisten geflohen, die Antifaschisten noch nicht eingetroffen waren. Zu meiner grenzenlosen

Erleichterung traf ich in Bologna Elsa Dallolio wieder, und auch ihr neunzigjähriger Vater war noch am Leben. Man hatte sie noch rechtzeitig gezwungen, ihr Haus auf dem Land zu verlassen, das zwischen der Hauptverbindungsstraße und der Haupteisenbahnlinie der Goten-Linie gelegen war, bevor es im Artilleriefeuer völlig zerstört wurde.

In jenen Monaten mußte ich etwas erfahren, was ich in der ersten Welle der Euphorie gleich nach unserer Befreiung nicht vorausgesehen hatte: Zwischen Befreiern und Befreiten klafften tiefe Mißverständnisse, die manchmal komisch waren, häufig aber schmerzlich. Angehörige aller beteiligten Nationen zeigten sich jetzt von ihrer weniger liebenswerten Seite, nur zu schnell löste sich die gegenseitige Solidarität und Eintracht, die in der Zeit der Krise entstanden war, in nichts auf und machte Parteikämpfen und Klassenhaß Platz, Enttäuschungen und Ressentiments, die zu hochgespannten Erwartungen oft auf dem Fuß folgen. Am abstoßendsten war, daß vor allem in den Städten alte Rechnungen unter dem Deckmantel eines politischen Vorwands beglichen wurden, was in einer ländlichen Gegend wie bei uns weniger oft vorkam. Auch blieb uns Blutvergießen erspart, wie es zum Beispiel unmittelbar nach der Befreiung in Bologna stattfand, wo die Amerikanische Militärregierung die kommunistischen Partisanen nicht davon abhalten konnte, Scheinprozesse und Massenhinrichtungen unter ehemaligen Funktionären und Mitläufern der Faschistischen Partei zu veranstalten. Dafür war es auf dem Land wieder besonders leicht, soziale Unruhe zu entfachen, denn es ist nicht schwer, dort in solchen Zeiten neue Hoffnungen zu erwecken, in denen jede Veränderung im Bereich des Möglichen zu liegen scheint. Und sobald solche Veränderungen einsetzten, breiteten sie sich in Windeseile im ganzen Land aus. Noch während alle mit dem Wiederaufbau und der Neubestellung der Felder beschäftigt waren, bildeten sich auf Anweisung der Kommunistischen Parteizentrale der Provinz Siena bereits kommunistische Zellen in La Foce. Sehr bald hatten sich nahezu alle unsere Bauern zu der neuen Doktrin bekehrt, die ihnen verhieß, sie würden bald schon das Land selbst besitzen, auf dem sie jetzt nur arbeiteten, sofern sie den Anordnungen der Partei Folge leisteten. Als erstes wurden bei uns wie auch anderswo *commissioni interne* gegründet, Kommissionen, in denen Vertreter des Bauernstands

in jeder *fattoria* die Interessen und Forderungen der Bauern vor-
trugen. Als nächstes verlangten sie, daß dem *contadino* ein höherer Anteil des Weizenertrags zugestanden werden müsse, und
zwar statt der üblichen 50% zuerst 53%, dann 57%. Diesen Forderungen widersetzten sich die Grundbesitzervereine im ganzen
Land mit der Begründung, daß ihnen damit der finanzielle Spiel-
raum entzogen würde, den jetzigen Zustand der Güter zu erhalten und zu verbessern, kurz, daß die *mezzadria* so nicht mehr
funktionieren könne. Pro und Contra in dieser Auseinandersetzung, die drei oder vier Jahre lang getobt hat, möchte ich jetzt
nicht weiter erörtern, denn inzwischen ist sie irrelevant geworden. Wir hatten jetzt den Beweis für die Richtigkeit von Mazzeis
Prophezeiung, daß das System der *mezzadria* zusammen mit dem
«Glauben an ihre Gerechtigkeit» zusammenbrechen würde. Immer dann, wenn es die Landwirtschaft am heftigsten traf, wurde
zum Streik aufgerufen, vor allem während der Ernte. Pächter, denen gekündigt worden war, weigerten sich auszuziehen. Jahrelang waren unsere *contadini* so gegen uns aufgehetzt, daß sie uns
nicht mehr grüßten, wenn zwei oder drei von ihnen beieinan-
derstanden. Wir waren zum «Volksfeind» geworden, der die Armen aussaugte. Die Menschen gingen nicht mehr in die Kirche.
In der Schule schrieben die Kinder in ihren Aufsätzen, daß jetzt
alle *padroni* «böse» geworden seien und wußten nicht, wieso. Sogar die Frauen, die nach wie vor meinen Rat zu Gesundheits-
oder Schulproblemen ihrer Kinder einholten, kamen nur noch
heimlich zu mir und ohne ihren Männern etwas davon zu sagen,
und vermieden es, meinem Mann zu begegnen. Das war eine
schmerzliche und deprimierende Zeit, in der alle Konflikte, die
wirtschaftlichen wie die sozialen, die über Jahrhunderte in dem
Pachtsystem der *mezzadria* geschlummert hatten, auf einmal aufbrachen.

Oft fragte ich mich, ob all diese Differenzen im Grunde nicht
daher rührten, daß es niemals möglich gewesen war, offen von
Mensch zu Mensch darüber zu sprechen. Schon als ich als junge
Frau hierhergekommen war, hatte mir das instinktiv gefehlt.
Wäre es nicht vielleicht doch möglich gewesen, immer so offen
und klar miteinander zu reden, wie wir das zu Kriegszeiten taten,
als wir keine Rücksichten zu nehmen brauchten auf die Schranken, die Herkunft, Klasse und Brauch aufrichten, und keiner von

uns mit seinen Ansichten und Klagen hinter dem Berg hielt. Aber das hätte längst vorher zur Gewohnheit werden müssen. Die alte Reserviertheit voreinander und das gegenseitige Mißtrauen waren viel zu tief eingegraben, und sie wurden nur zu gern zum Gären gebracht von Menschen, die die alte Gesellschaftsordnung zerstören wollten. Wenn heute eine Streitfrage zur Sprache kam, redeten nur noch die Wortführer zweier entgegengesetzter Parteien, zweier entgegengesetzter Lebensanschauungen aufeinander ein. Für gegenseitiges Verstehen und Eingehen aufeinander war es nun zu spät.

Die konkrete Frage der prozentualen Beteiligung der Pächter am Ernteertrag regelte schließlich ein Gesetz. Doch da waren ganz andere Kräfte am Werk, die nicht so leicht zu durchschauen waren, da ging es um mehr. In der Regierung legte die Linke Enteignungspläne für alle großen Güter vor. Das Land sollte in kleine Parzellen aufgeteilt werden, die Menschen, die darauf lebten und arbeiteten, sollten es auch erwerben können. *La terra ai contadini* hieß nun die Parole, «Das Land den Bauern.» Was der schöne Plan jedoch nicht berücksichtigte, war, daß es Gegenden gab, in denen weitläufiger Privatbesitz total heruntergewirtschaftet war und daß dort von staatlicher oder privater Seite erst einmal in die Infrastruktur hätte investiert werden müssen, bevor die neuen Besitzer solcher Parzellen auch nur das Nötigste zum Leben erwirtschaften konnten. Das heißt, zuerst hätten unter anderem Feuchtgebiete drainiert, Wälder aufgeforstet, Straßen gebaut werden müssen. Zuletzt bestanden diese ganzen Projekte aus rein finanziellen Gründen nur noch auf dem Papier. Lediglich die *Cassa del Mezzogiorno* leistete in Süditalien großartige Arbeit. Es war mittlerweile offenkundig, daß zwar die italienische Landwirtschaft in eine völlig neue Richtung ging, daß dies aber nur ein Teilaspekt der viel tiefergehenden Veränderungen im gesamten Wirtschaftssystem nicht nur Italiens, sondern der gesamten westlichen Welt war. Der industrielle Aufschwung in Norditalien wie auch die schnell um sich greifende Unzufriedenheit auf dem Land (die teilweise nur darauf zurückzuführen war, daß die Regierung nichts unternahm, um den Bauern durch Festlegung der Preise der Grundnahrungsmittel unter die Arme zu greifen), beides trug dazu bei, daß eine Landflucht einsetzte, wie sie in dem Ausmaß nur im 11. und 12. Jahrhundert stattgefunden hatte.

Das patriarchalische System mit all seinen guten und schlechten Seiten, hatte ausgedient. Junge Burschen fanden keine Frauen mehr, die sie als Braut auf den väterlichen Hof heimführen konnten, denn welches junge Mädchen war heute noch bereit, sich dem Regiment einer Schwiegermutter völlig unterzuordnen? Sollte es etwa für immer auf das neue, freie Leben verzichten, das es im Fernsehen kennengelernt hatte? Wer wollte schon seine Unabhängigkeit aufgeben? So kam es, daß ein Hof nach dem anderen wieder verlassen dastand. Aus unserer Gegend zogen die Bauern meist nicht gleich in die großen Industriestädte des Nordens, wie die Bauern aus Süditalien oder Sizilien, sondern eher nach Chianciano, dem nahegelegenen, aufstrebenden kleinen Thermalbad, wo sie mit ihren Ersparnissen ein kleines Haus aus Beton hinstellen konnten und eine der vielen Pensionen für Sommergäste betreiben, oder aber in Städte im Chiana-Tal, wo es kleine Fabriken gab. Zum Zeitpunkt, da ich dieses schreibe, sind nur noch sechs von unseren 57 Höfen von ihren ursprünglichen Pächtern bewohnt und werden noch immer nach dem *mezzadria*-System bewirtschaftet. In anderen wohnen Facharbeiter, die die neuen Maschinen bedienen können. Die übrigen sind dem allmählichen Verfall preisgegeben. In nur zehn Jahren ist es soweit gekommen.

Um Grund und Boden auf die rationellste Weise zu nutzen, begann Antonio umgehend, sich der neuen Situation anzupassen und die Bewirtschaftung auf einer völlig neuen Basis zu organisieren. Er setzt viel mehr Maschinen ein, wodurch er natürlich Arbeitskräfte einspart. Der Besitz ist nunmehr in drei Teile aufgeteilt. Er versucht nur den besten Boden zu bebauen. Drei künstliche Seen mit einem Gesamtvolumen von 460 000 Kubikmetern ließ er dort anlegen und kann mit dieser Menge Wasser zusätzlich über 280 ha Boden bewässern. Das Viehfutter, das er auf diese Weise zusätzlich gewinnt, ermöglicht es ihm, den Viehbestand stark zu erhöhen. Die grauen *maremmani* und die weißen *chianini* mußten den rot-weißen Simmenthalern weichen, die als Schlachtvieh gezüchtet werden und nicht als Milchvieh oder als Zugtiere. Im ganzen sind es rund 400 Stück, darunter vier Stiere, die in drei Höfen in offenen Ställen gehalten werden und nicht mehr auf unzählige Höfe verteilt sind wie früher. Auch der Bestand an Schweinen ist erhöht, obwohl der Preis für Schweinefleisch ebenso wie der für Rindfleisch den Fluktuationen auf dem Europäischen Markt unterworfen ist. Zusätzlich zum eigenen Maschinenpark werden bei Bedarf Traktoren von kleineren Firmen am Ort gemietet. Die Fläche der Weinberge und Olivenhaine wurde erweitert, die Qualität des Weins wie auch des Öls wesentlich verbessert. Der restliche Besitz besteht zu einem Drittel aus Wald, das letzte Drittel dient als Weide oder liegt brach.

Doch unterdessen geht die Bevölkerungszahl stetig und unaufhaltsam weiter zurück. Die Schule von La Foce, die einmal neunzig Kinder besuchten, hat jetzt noch fünfzehn Schüler. Die Kirche bleibt so gut wie leer. Drüben auf dem Monte Amiata leben in manchen Dörfern nur noch Alte mit den kleinen Kindern, die so schnell wie möglich zu ihren Eltern ziehen sollen, sobald diese in der Stadt Arbeit gefunden haben. Gut möglich, daß sich die Wälder innerhalb einer Generation wieder bis hinunter zur Orcia ziehen, wie vor tausend Jahren. Jenseits des Tals läßt bereits eine große Kolonie von sardischen Hirten ihre Schafe auf Gründen weiden, die einst bebaute Felder waren.

> *Le vostre cose tutte hanno lor morte*
> *Sì come voi ...*[17]
> Dante, Paradiso, XVI, 79/80

Manchmal, wenn wir auf all diese Veränderungen zurückblicken, den Rückschritt und die Verkehrung so vieler Dinge, denen wir die ganze Kraft unseres Lebens gewidmet haben, um sie aufzubauen, sind wir nahe daran, uns die Frage zu stellen, ob denn all die Zeit, all die Energie verschwendet waren, ob nicht doch alles ein großer Irrtum war. Ich glaube eigentlich nicht. «Paternalismus» ist heute geradezu ein Schimpfwort geworden, aber ich habe meine Zweifel, ob auch nur ein Bruchteil des Wohlstands in das Val d'Orcia, wie es im Jahr 1925 war, eingezogen wäre ohne das private Kapital und den Enthusiasmus und die Führung von uns wenigen fortschrittlichen Grundbesitzern. Als der *consorzio di bonifica* in Aktion trat, war die Arbeit bereits getan, die seinen Erfolg erst ermöglichte. Der Erosion war Einhalt geboten, die Wälder waren aufgeforstet, die Straßen, die Schulen, die Häuser waren gebaut. In der Tat nahmen die Erträge zu, konnten die Talbewohner so, wie wir es uns erhofft hatten, ein weniger hartes, weniger armseliges Leben führen. Arbeiter, die früher vor und nach der Arbeit einen meilenweiten, mühseligen Marsch zurücklegen mußten, konnten sich ein Fahrrad leisten, später dann eine Vespa oder ein Motorrad, und heute haben die meisten ein Auto. Nach den ersten fünf Grundschuljahren am Ort konnten die Kinder im Schulbus nach Chianciano oder Montepulciano zur Oberschule fahren. In jedem Bauernhaus stand ein Radioapparat oder ein Fernsehgerät, jedes junge Ding konnte sich hübsche Kleider kaufen. Wenn all das dann noch einen Schritt weiter führte und den Wunsch nach Unabhängigkeit und nach einem Leben in der Stadt wachrief, so war das nur eine unvermeidliche und logische Folge des Ganzen, nur ein Aspekt der allgemeinen Entwicklung. Aber wir haben noch nicht genug Abstand gewonnen, um ihn in seiner ganzen Tragweite zu erfassen oder um klar zu erkennen, wohin er letztendlich führen wird.

Bei der Landwirtschaft selbst liegen die Dinge noch komplizierter. Wir können nicht absehen, was für eine Rolle die Landwirtschaft in einem modernen und industrialisierten Italien und in der gesamteuropäischen Wirtschaft einmal spielen wird. Wie es auch weitergehen mag, wir können nur hoffen, daß wenigstens etwas von der Vorarbeit, die in den zurückliegenden vierzig Jahren geleistet worden ist und von dem, was in jüngster Zeit durch Mechanisierung auf den neuesten Stand gebracht wurde, nicht völlig vergeblich war. Zumindest aber können wir sicher sein, daß jedwede Entwicklung innerhalb eines neuen, wenn nicht sogar besseren sozialen Systems stattfinden wird.

Wir persönlich hatten unglaublich großes Glück, denn sechsundvierzig Jahre lang konnten wir uns genau den Aufgaben widmen, die wir uns gewünscht hatten und an deren Sinn wir glaubten, dazu in einer Umgebung, die uns immer teurer wurde. Und wenn wir heute nicht sagen können, wie es weitergeht, so ist das nur natürlich in dieser so schnell sich verändernden Welt.

Zwei Dinge aus unserem privaten Leben in La Foce habe ich noch gar nicht beschrieben. Zum einen die Anlage unseres Gartens, mit der wir sofort anfingen, sobald wir das nötige Wasser dazu hatten; zum anderen die Gründung eines richtigen Kinderheims in dem Haus, das einmal unser Kindergarten gewesen war. Während des Kriegs hatten wir dort ja die Flüchtlingskinder aus Genua und Turin untergebracht. Als wir die alle gesund und

wohlbehalten wieder bei ihren Eltern abgeliefert hatten, wollten
wir unbedingt das Heim zu einem ähnlichen Zweck weiter-
führen. Wie in allen Ländern, in denen der Krieg seine Spuren
hinterlassen hat, gab es zu jener Zeit in Italien zahllose verwaiste,
verlassene, uneheliche oder auch unterernährte Kinder. Für solche und auch für Kinder, deren Eltern in Flüchtlingslagern leben
mußten, sollte das Heim nun zur Verfügung stehen. Nach meiner Vorstellung durfte es auf keinen Fall zu groß werden, damit
die Kinder wie in einer großen Familie aufwachsen konnten und
damit es so wenig wie möglich nach Heim roch. Aus diesem
Grund nahm ich nie mehr als zwanzig Buben und Mädchen zwischen vier und zwölf auf. Zwar versuchten wir alles, damit sie
sich geliebt und wie zu Hause fühlen sollten, aber bald schon
merkte ich, daß die meisten von ihnen sich nichts sehnlicher
wünschten als Eltern, die ihnen allein gehören. Viele kamen aus
zerbrochenen Ehen, manche aus Lungensanatorien (aus denen sie
zwar als geheilt entlassen waren, aber vor sich hatten sie eine
lange Zeit der Rekonvaleszenz), andere wieder kamen aus riesigen und unpersönlichen Anstalten, wo es an allem fehlte, wo es
nicht genug Platz, Essen, Spielzeug, Unterricht gab, vor allem
Liebe nicht. Manche von den Kleineren fuhren in der ersten Zeit
bei uns erschreckt zurück, wenn man ihnen ein Küßchen geben
wollte, weil sie nur Schläge kannten. Manche litten an den typischen Heimsymptomen, an Unsicherheit und psychischer Labi-
lität, die sich in Alpträumen, Bettnässen, Wutanfällen, Angstzu-
ständen äußerten, oder sie waren geistig zurückgeblieben; alle
aber sehnten sich nach Liebe und Zärtlichkeit. Bei manchen dauerte es Jahre, bis sie wieder zu normalen Kindern geworden waren, bei anderen wieder ging es erstaunlich schnell. Signorina
Vera Berrettini war, wie schon in den Kriegsjahren, Leiterin des
Heims und führte sie alle mit behutsamer Hand. Wenn ein Kind
so weit war, versuchte ich eine Adoptivfamilie zu finden.
Zunächst in den U. S. A., und zwar über den Internationalen So-
zialdienst, mit dem ich schon einige Jahre zusammengearbeitet
hatte. Als dann in Italien selbst die Adoptionsgesetze geändert
wurden und die Einstellung der Italiener zur Adoption sich änderte, konnte ich auch Kinder an italienische Familien vermitteln. So wurde die *casa dei bambini,* die nunmehr seit sechsund-
zwanzig Jahren existiert, einer neuen Aufgabe zugeführt.

Von den Kindern, die nicht zur Adoption vermittelt werden konnten, gehen die Buben über zwölf in Internatsschulen und später in eine Lehre oder erhalten eine Ausbildung für einen praktischen Beruf. Aber in den Ferien kommen sie zurück, weil sie sich hier zu Hause fühlen. Oft reisen sie sogar noch zu Weihnachten oder Ostern an, wenn sie längst erwachsen sind, und bringen ihre Bräute oder Ehefrauen mit. Manche sind in die weite Welt gezogen. Einer, der seine Karriere in der Hotelbranche gemacht hat, ist jetzt leitend in Galerien für moderne Kunst tätig. Ein anderer ist heute ein erfolgreicher Geschäftsmann in Amerika. Zwei arbeiten bei Fiat in Turin. Andere wurden Buchhalter oder kaufmännische Angestellte oder haben verschiedene, ihren Fähigkeiten entsprechende Berufe erlernt. Einer, der Halbchinese ist, hält es in keinem Beruf aus, in dem er nicht absolut unabhängig ist, und betreibt daher – mit großem Erfolg übrigens – Karussels auf Volksfesten, kommt aber regelmäßig Jahr für Jahr nach La Foce zurück, um seinen Geburtstag mit uns zu feiern. «Wo sonst sollte ich ihn feiern?» sagt er. Nur ein einziger, Sohn eines geistig zurückgebliebenen Alkoholikers, kommt mit keiner Arbeit zurecht und kann sich seinen Lebensunterhalt nicht selbst verdienen. Von den Mädchen haben zwei ihre Hochzeit in La Foce gefeiert, andere sind Lehrerinnen geworden, gingen auf die Hotelfachschule in Chianciano oder haben in Florenz Arbeit gefunden. Die meisten haben geheiratet und bringen ab und zu ihre kleinen Kinder mit nach La Foce. Das glücklichste Leben aber hatten die Kinder, die adoptiert wurden, als sie noch ganz klein waren. Besonders Pietro werde ich nicht vergessen, ein halb erblindetes Findelkind aus Süditalien, der mit fünf Jahren noch nicht einmal sprechen konnte, und der jetzt der glückliche vierzehnte Sohn in einer amerikanischen Großfamilie ist. Auch Jean, der aus Tunesien zu uns kam und nur französisch sprach, und der jetzt ebenfalls bei amerikanischen Adoptiveltern lebt. Paolo, den die Anstalt, aus der er mit sieben zu uns kam, als «integrationsunfähig und als Adoptivkind nicht vermittelbar» auswies, und der jetzt nach zwei Jahren in La Foce glücklich bei seinen neuen italienischen Eltern in Norditalien lebt. An Andrea erinnere ich mich, den Sohn einer Alkoholikerin, der so verschreckt und benommen ankam, daß er kaum ein Wort herausbrachte, und der nun, seit er adoptiert ist, in einer großen, warm-

herzigen, unkomplizierten und fröhlichen Familie in Florenz
völlig selbstsicher und gefestigt ist. Ich denke an Giovanni, einen
älteren Jungen, der durch die totale Ablehnung, die er durch seine
Mutter erfahren hatte, emotional so verkrüppelt war, daß er sich
jahrelang weigerte, auch nur in Erwägung zu ziehen, sich einer
Familie anzuschließen, bis er schließlich doch bei einem Ehepaar
den Platz von dessen einzigem Sohn einnahm, der bei einem
Unfall ums Leben gekommen war. Diese lange Prozession von
Kindern, die immer nachwuchsen wie das Korn nach jeder Ernte,
sie waren vielleicht das größte Geschenk, mit dem uns La Foce
beglückte.

Eine Freude anderer Art, die über all die Jahre fortdauerte, war
es, daß wir aus dem Nichts einen Garten erschaffen durften. Im
ersten Jahr nach unserer Hochzeit machte uns meine amerikanische Großmutter ein wundervolles Geschenk. Sie war leicht ent-
setzt, als sie sich mitten in der Sommerhitze in einem Haus wie-
derfand, in dem es selbst im Kinderbadezimmer so gut wie kein
Wasser gab. So stiftete sie uns eine Wasserleitung, die uns von der
Quelle oben im Buchenwald über fast zehn Kilometer zum ersten Mal Wasser in Hülle und Fülle ins Haus brachte. Danach war
es möglich, nicht nur neue Bäder zu planen, sondern auch einen
Gemüse- und Obstgarten, dazu einen Ziergarten, der Jahr für
Jahr je nach unseren Finanzen und der Wasssermenge, die zur
Verfügung stand, vergrößert wurden. Als erstes legte ich auf der
Rückseite des Hauses einen kleinen umfriedeten, geometrischen
Italienischen Garten an, inmitten des Rasens ein steinerner
Springbrunnen mit zwei Delphinen, dazu ein paar mit Buchs ein-
gefaßte Blumenbeete. Ein paar Jahre später gesellte sich dazu eine
zweite, größere Gartenterrasse, von der aus man zwischen zwei
Travertinsäulen mit großen Steinvasen hindurch in einen mehr
natürlichen Blumengarten gelangte. Dort gab es breite Rabatten
mit blühenden Sträuchern, Stauden und einjährigen Blumen.
Eine Pergola war von Glyzinien und duftenden chinesischen gelben Banksiarosen berankt und spendete Schatten. Große Töpfe
mit Zitronenbäumchchen standen auf Steinsockeln, und von einer mit Steinplatten belegten Terrasse mit einer Balustrade hatte
man einen herrlichen Blick über das ganze Tal. Dort aßen wir in
Sommernächten zu Abend, wenn just vor der Erntezeit der ganze
Garten von Glühwürmchen glitzerte und funkelte und der

Garten von La Foce (etwa 1940)

schwere Duft von Tabak- und Jasminblüten die Luft schwängerte. Das Gras ist im Frühling von Osterglocken und Iris eingerahmt, über die Mauern hängen Kaskaden von Aubrietien und Alyssum, wo später im Jahr das rankende Rhyncospernum und die Kletterrosen blühen. Der ganze Garten liegt an einem ziemlich steilen Hang, und so führen ein paar Stufen hinauf zu einer Zypressenallee und einem Rosengarten, wo auch eine breite Pergola sich auf den Wald zu um den Hügel schwingt. Ganz zum Schluß, gerade noch vor dem Krieg, ließen wir von unserem Freund, dem Architekten Cecil Pinsent, einen zweiten Italienischen Garten entwerfen und anlegen, der von Hecken aus Zypressen und Buchs eingefaßt ist und in dem hohe *magnolia-grandiflora*-Bäume stehen. Der obere Teil des Hangs wurde nach und nach in eine Art Naturgarten verwandelt, wo japanische Quitten, Judasbäume, Forsythien, kleiner Sommerjasmin, Granatapfelbäume und ungefüllte Buschrosen wachsen, Lavendel in langen

Reihen, ganze Kissen von Thymian, Minze und Absynth mit ihrem würzigen Duft, dazu große Tuffs von Ginster. Allmählich lernte ich auch, durch Schaden klug geworden, was den kalten Wintern und dem heißen, trockenen Sommerwind widerstehen konnte und was nicht. Ich gab auf, es immer wieder in den Rabatten mit Rittersporn, Lupinen oder Phlox und allerlei anderen perennierenden Stauden zu versuchen. Auch lernte ich, daß die Zitronenbäumchen, Plumbago und Jasmin den Winter über ins Haus gebracht werden mußten. Prächtig gediehen in unserem schweren Lehmboden die Rosen, ebenso wie Pfingstrosen und Lilien, während der trockene Boden am Hang ideal ist für Lavendel – im Juni ein einziges blaues Meer voll summender Bienen. Ihr Honig hat davon seinen besonderen Geschmack, und im Winter duftet nicht nur unsere Wäsche nach Lavendel, sondern wir benützen ihn auch zum Feueranzünden. Der Garten wird schöner und schöner mit jedem Jahr. Selbst der Krieg richtete keinen größeren Schaden darin an, abgesehen davon, daß Granaten ein paar Zypressen zerstörten. Im Wald wuchsen schon immer ganze Teppiche von wilden Veilchen, Krokus, Zyklamen, von Berganemonen und Herbstzeitlosen. Es gelang mir, dazu noch einige andere Anemonenarten, englische *daffodils* und Scilla heimisch zu machen. Nur mit *bluebells* hatte ich einfach kein Glück. Und die wunderschönen scharlachroten und goldfarbenen Tulpen, die auf der anderen Talseite um San Quirico herum wild auf dem Feld wachsen, weigern sich hartnäckig, bei uns zu blühen.

Durch den Wald führt ein Pfad zu einer kleinen Kapelle aus Travertin, die mitten in einem kleinen Friedhof liegt. Wir bauten sie, als unser einziger Sohn Gianni im Jahr 1933 starb, und dort liegt er begraben. Er starb in Fiesole und ich glaubte, ich könne es nicht ertragen, je wieder hierher zurückzukehren, denn er hatte den größten Teil der acht glücklichen Jahre seines Kinderlebens in La Foce zugebracht, und in jedem Stück Haus, jedem Stück Garten, in jedem Feld, in jedem Baum schien er so sehr gegenwärtig. Aber wir kehrten doch zurück, und zwar sofort, und ich habe es nie bereut, daß wir es getan haben. Natürlich haben wir nie aufgehört, unseren Sohn zu vermissen, vielleicht im Alter noch schmerzlicher als in jungen Jahren. Wir haben Höhen und Tiefen durchlebt und auch viele Fehler gemacht. Es gab Zei-

Antonio Origo auf La Foce

ten, da hatten wir allen Mut verloren und fragten uns, ob wir uns nicht doch etwas vorgenommen hatten, das über unsere Kräfte ging. Es gab sogar Augenblicke, in denen wir, wenn wir auf der gewundenen Straße von Rom her bergauf fuhren und der abweisenden Türme von Radicofani ansichtig wurden, das Gefühl hatten, als ob wir das ganze Tal und alles, was damit zusammenhing, hassen würden. Nie aber hat sich wohl einer von uns beiden jemals ernsthaft gewünscht, anderswo zu leben oder ein anderes Leben zu führen. Der Zauber des Val d'Orcia hörte nie auf zu wirken, bis zum heutigen Tag.

Nun werden wir beide alt, und im Winter ist La Foce für uns zu kalt. Aber noch immer ist es unser Zuhause. Wir leben dort, wann immer wir können. Antonio trägt noch sein Teil dazu bei, das Gut zu verwalten, und ich freue mich an den Kindern und am Garten.

Ein Freund, der in den letzten Jahren bei uns wohnte, schrieb mir einmal: «Manchmal habe ich das Gefühl, daß Euer Garten eine Allegorie des Lebens ist. Man schreitet vom Schutz des warmen, geborgenen Hauses in den umfriedeten Garten mit seinen Springbrunnen, den Blumen und ausgezirkelten Buchseinfassungen, dann geht man unter der Pergola mit dem rankenden Wein am Hügel entlang weiter. Der Blick schweift über die bestellten Felder, die Blumen werden im Fortschreiten immer weniger, bis man auf einem Pfad anlangt, der in den Wald führt. Hier ist es dunkler, der Wind rauscht in den Baumwipfeln. Noch ein paar Schritte im Schatten bergan, und man hat die stille Kapelle erreicht, die von vier Steinmauern umschlossen ist.»

Diesen Pfad hoffen wir beide einmal gehen zu können, wenn die Zeit gekommen ist.

Epilog

«Ich weiß nicht, wohin ich gehen soll.»
«Ich auch nicht. Laß uns zusammen gehen.»

Ignazio Silone

Das Buch meines Lebens nähert sich dem Ende, nicht alles ist darin verzeichnet. Ich blicke zurück, und was sehe ich? Ist doch jedes Leben nicht nur eine Kette von Ereignissen, sondern auch ein Mythos.

Zunächst sollte man sich fragen, ob es überhaupt möglich ist, sein eigenes Leben zu sehen. «Was, zum Teufel, bin ich denn nun?» rief der achtzigjährige Carlyle, als er aus der Badewanne stieg und seine alten Knochen abtrocknete. «Nach ganzen achtzig Jahren weiß ich überhaupt nichts darüber.»

Vielleicht ist es leichter, das Leben «zu sehen», wenn es zu Ende ist, weil dann die einzelnen Steinchen von selbst an ihren Platz rutschen und sich zu einem vollständigen Mosaik fügen. Aber um sein eigenes Leben «zu sehen», wenn das Ende noch fehlt, sollte man aus großer Distanz darauf zurückblicken, so, als ob es sich um das Leben eines anderen Menschen handelte. Ich glaube, es war Alexander von Humboldt, der sinngemäß sagte, die Geschichte sei eine «Landschaft aus Wolken». «Wer mittendrin ist, kann nichts sehen. Nur wer sie aus der Ferne betrachtet, kann erkennen, wie klar und vielfältig sie ist.» Das erlebt auch der Reisende, wenn das Flugzeug durch die Wolkendecke stößt, und sich unter ihm ein Wolkenmeer auftut, das immer neue Formen annimmt, mit immer neuen Tälern und Gipfeln.

Einen Freund fragte ich einmal, ob er aus solcher Distanz auf sein eigenes Leben zurückblicken könne, und er antwortete, daß ihm das zwar für jeden einzelnen Abschnitt seines Lebens gelänge, nicht aber für die jüngste Vergangenheit. Er erinnere sich lebhaft an alles, was er früher gesehen und empfunden hatte, könne sich aber nicht mehr mit seinen Emotionen aus jener Zeit identifizieren, sondern sähe sie so, als ob sie zu einer Person aus einem Roman oder einem Stück gehörten. «Die Kulissen sind noch da, aber die Scheinwerfer sind erloschen.»

Von mir kann ich das nicht sagen, zumindest jetzt noch nicht, obwohl es für viele Abschnitte meines Lebens bereits zutrifft. Das Kind, das im Sand der Nubischen Wüste auf seinem Esel ritt; das Schulmädchen, das mit Monti die *Ilias* las; die verklemmte Debütantin auf dem englischen Herrenhaus – das alles bin ich und bin ich doch nicht mehr. «Wir sind wie die Reliquie des Hemds eines Heiligen», sagte Keats, «dasselbe und doch wieder nicht dasselbe, denn die Mönche flicken und flicken es sorgsam – bis kein einziger originaler Faden des ursprünglichen Kleidungsstücks mehr übrig ist, und doch zeigen sie es als das echte Hemd des Heiligen Antonius vor.»

Aber es gibt auch Momente, die bleiben. Denke ich zurück, kann ich manche Augenblicke intensiven Fühlens wieder einfangen: Die Stunde am Nilufer, als ich sah, daß das Zelt meines Vaters abgeschlagen war und ich plötzlich erfaßte, daß er tot war. Der Abend, an dem ich auf der Terrasse der Villa Medici den Brief las, in dem Antonio nach sechs Monaten der Trennung unser gegenseitiges Versprechen erneuerte und damit den weiteren Verlauf unseres Lebens bestimmte. Die Nacht vor vierundvierzig Jahren, als ich unmittelbar nach Giannis Geburt alle Glocken von Florenz läuten hörte und den von Feuerwerk erhellten Himmel der Johannisnacht sah, und mich ein großes Glücksgefühl überkam. Proust, der das Erinnern zu einer Kunstform verfeinerte wie vor ihm niemand, würde sagen, daß diese Erinnerungen schon immer ein Teil meiner selbst gewesen seien. In *Swanns Welt* schrieb er[1], daß er in seinen späteren Jahren wieder Laute hören konnte, die «in Wirklichkeit nie verstummt waren», wie das Schluchzen, das ihn bei einer bestimmten Gelegenheit seiner Kindheit geschüttelt hatte. «Nur weil das Leben um mich herum still wird», schrieb er, «kann ich sie wieder hören, wie die Glocken einer Klosterkirche, von denen man glaubt, daß sie heutzutage nicht mehr geläutet werden, weil sie am Tag vom Lärmen der Stadt übertönt werden, die man aber deutlich hören kann in der Stille des Abends.»

Wenn Proust recht hat, dann trage ich trotz all der Veränderungen, die inzwischen stattgefunden haben, mein *ganzes* Leben in mir, vom Tag, da «der brache Acker der Ereignisse» noch vor mir lag bis zu dem Augenblick, da die Schreibmaschine diese Wörter aufs Papier klappert. Es kommt mir so vor, als ob manche der Erinnerungen, die ich jetzt hervorhole, von größerer Eindringlichkeit seien als in der Zeit, in der sich das Erlebte abspielte. Das Gedächtnis filtert das Leben nach seinen eigenen Gesetzen, und es ist manchmal erstaunlich, aber nie ohne Bedeutung, was es löscht und was es behält. Daher kommt es, daß manches unverhältnismäßig deutlich im Gedächtnis aufbewahrt ist.

Bernard Berenson sagte einmal als alter Mann, wenn er als Bettler an einer Straßenecke stünde, würde er seine Hand nach jedem Passanten ausstrecken und ihn um «mehr Zeit, mehr Zeit» anflehen. Ich würde um etwas ganz anderes bitten. Selbstverständlich würde ich mich freuen, wenn mir noch ein paar Jahre vergönnt wären, vorausgesetzt ich bleibe gesund, denn ich liebe das Leben. Gern würde ich dann meine Enkel heranwachsen sehen, ein wenig mehr von der Welt kennenlernen und Zeuge des überwältigenden Wandels werden, den sie gegenwärtig durchmacht, vor allem aber mich selbst besser erkennen. Doch die Zeit, um die ich an jeder Straßenecke betteln würde ist «Zeit in der Vergangenheit», Zeit, in der man noch trösten, vollenden und wiedergutmachen kann, Zeit, die man vertan hat, weil man nicht wußte, wie schnell sie verfliegt.

Zwar wissen wir, daß Reue nichts einbringt, und doch haben wir fast alle Erinnerungen, an denen wir schwer tragen. Am quälendsten lastet diese Traurigkeit, dieses Bedauern, dieses Bewußtsein auf uns, daß wir sogar diejenigen im Stich gelassen haben, die uns am nötigsten gebraucht hätten – gerade diese, denn anderen Menschen steht man nie so nahe. Es ist kein Trost, daß sich nahezu jedermann ständig von nichtigen Dingen ablenken läßt, während das eigentliche Leben stattfindet. Wie man auf einer Reise einen Sonnenuntergang versäumt, weil man gerade den Fahrkartenschalter nicht findet oder den Zug nicht verpassen will, so versäumt man selbst in der innigsten zwischenmenschlichen Beziehung ungeheuer viel Zeit und Liebe durch kleine Mißverständnisse, ungenutzte Gelegenheiten, mangelndes Einfühlungsvermögen und Verstehen. Nur in der Erinnerung bleibt das Wesentliche.

Nun erhebt sich die Frage, wieviel man von diesen Erinnerungen anderen übermitteln kann. Wieviel kann und sollte man
überhaupt erzählen? Keats sagte: «Ich glaube an die Heiligkeit der
Herzensliebe.» Doch was heilig ist, ist auch intim. Wie leicht ist
vom Wesentlichen etwas verflogen, vermindert, vielleicht sogar
für immer verloren, sobald es erst einmal ausgesprochen ist. Solange nicht der Intimbereich eines anderen Menschen davon
berührt wird, sollte man meiner Meinung nach das nicht unausgesprochen lassen, was einem in der Vergangenheit einmal alles
im Leben bedeutet hat. Jetzt, da ich dieses Buch nahezu beendet
habe, kommt mir erst zu Bewußtsein, daß ich Gianni, Elsa Dallolio und noch ein oder zwei Freunde nur am Rande erwähnt
habe. Damit fehlt so Wesentliches, daß das ganze Bild meines Lebens damit verfälscht ist. Einer der Gründe dafür, daß ich bis
heute davor zurückgeschreckt bin, über sie zu schreiben, ist der,
daß ich Angst hatte und habe, entweder zu wenig oder zuviel zu
sagen. Über meinen Vater zu schreiben, fiel mir dagegen nicht
schwer. Wahrscheinlich deswegen, weil ich erst acht war, als er
starb, und meine Erinnerung an ihn, so eindringlich sie ist, doch
nur die eines Kinds ist, und ich kann sie aus einer gewissen Distanz heraufrufen. Das ist mir bei Gianni und Elsa noch nie ge-
lungen und soll es auch nicht. Ich erinnere mich, wie Elsa mich
einmal tröstete, als Wogen der Sehnsucht nach Gianni mich immer wieder fortzuschwemmen drohten, auch noch Jahre nach
seinem Tod. Ich solle nicht dagegen ankämpfen, meinte sie, denn
das sei schließlich alles, was mir von ihm geblieben sei, sozusagen
seine lebendige Gegenwart. «Alles andere ist nur leblose Erinnerung, eine Komposition aus Linien und Flächen, wie die Reihen
der Gräber auf einem Friedhof.» Aber wie soll man denn das Wesen eines Kindes in Worten einfangen für die, die es nicht kannten? Ich kann sagen: Er war großzügig, fröhlich, lieb, empfind-
sam, zärtlich und allem voran voller Liebe. Doch was ist das
anderes als ein Liste von toten Wörtern? Das Leben eines Kindes
ist fortwährende Bewegung. Hält man diese Bewegung an, pickt
einen Charakterzug heraus und schreibt ihn nieder, schon ver-
sieht man es mit der Unbeweglichkeit, die erst Erwachsenen
eigen ist. Das ständig sich Wandelnde, Wachsende, sich rasch
Ändernde ist dahin. Gianni war insofern kein besonders fantasie-
reiches Kind, als er nie in einer imaginären Welt lebte oder sich

oft Spiele ausdachte wie: «Ich bin jetzt der und der ...». All seine Fantasie schien er darauf zu verwenden, sich intuitiv in die Gefühle anderer zu versetzen, und deswegen war er von zarter Einfühlsamkeit und von geradezu übertriebener Anhänglichkeit. Noch eine Charaktereigenschaft besaß er, die zwar bei sensiblen Kindern nicht selten vorkommt, aber schwer zu definieren ist, nämlich eine gewisse geistige Integrität, eine instinktive Ablehnung von allem, was unaufrichtig, schwärmerisch oder albern war. Am geborgensten fühlte er sich bei seiner gütigen, alten englischen *nanny*, sein bester Freund war Ugo, der kleine Sohn unseres Gärtners in La Foce. Er hatte einfach überall Freunde, Kinder und Erwachsene. Gern schaute ich ihm zu, wenn er in Westbrook mit seinem Großonkel Bronson auf dem Rasen hockte, beide offensichtlich in ernste Gespräche vertieft, oder wenn er mit Charles Meade spazierenging, zu ihm hinaufschaute und so richtig von Mann zu Mann sagte: «Weißt du, Charlie?»

Viele Menschen, die mir zu seinem Tod schrieben, verwendeten im Zusammenhang mit ihm das Wort «strahlend». Ich wüßte kein besseres. Aber es beschreibt eben doch nicht ganz die Lebensfreude, die aus seinem Gesicht strahlte, wenn er am Morgen in mein Zimmer stürmte, oder die in seiner Stimme lag, wenn er sich zur Schlafenszeit in sein Kopfkissen kuschelte und sagte: «Morgen wird wieder ein schöner Tag sein.» Ich bringe es nicht über mich, von seiner langen, schrecklichen Krankheit, während der er mich fragte, was das denn sei, der Tod, zu schreiben, und will es auch nicht. Wenige Monate nach seinem Tod fragten mich amerikanische Freunde, die ein paar Jahre zuvor mit ihren Kindern bei uns auf dem Land zu Besuch gewesen waren, ob ich einen Film anschauen wolle, den sie in La Foce gedreht hatten. Ich sagte ja, ohne zu wissen, was ich sehen würde. Als wir dann im verdunkelten Zimmer saßen, traute ich meinen Augen nicht. Da war Gianni, der den Waldpfad herunter auf mich zu rannte, rannte und lachte. So möchte ich ihn in Erinnerung behalten.

Noch schwieriger ist es für mich, über meine Freundschaft mit Elsa Dallolio zu schreiben, wenn auch aus ganz anderen Gründen. Fünfundzwanzig Jahre lang sahen wir uns fast jeden Tag, wenn ich mich in Rom aufhielt. Im Krieg arbeiteten wir in der

Abteilung für Kriegsgefangene des Roten Kreuzes zusammen. Oftmals gingen wir abends nach der Arbeit zu ihr nach Hause mit einer Mappe voller Akten, die wir vor dem kleinen Backsteinherd neben dem Kamin in ihrem Schlafzimmer noch durcharbeiteten und dazu unsere frugalen Rationen verzehrten, bis es Zeit für mich war, mitten in der Nacht durch die verdunkelte, lautlose Stadt nach Hause zu laufen. Dann hatten wir einander zwei ganze Jahre völlig aus den Augen verloren, denn sie lebte unmittelbar nördlich der Goten-Linie in ihrem Landhaus bei Bologna, das dann völlig zerbombt wurde, ich aber südlich davon. Keiner von uns wußte, ob wir uns je wiedersehen würden. Doch dann kam ich schon zwei Tage nach den Alliierten mit dem Präsidenten des Italienischen Roten Kreuzes nach Bologna, um sie und ihren neunzig Jahre alten Vater, den General Dallolio, wieder zurück nach Rom zu bringen. Sie war bei mir, als meine beiden Töchter geboren wurden. Sie wohnte, solange es ihre Gesundheit erlaubte, bei uns in Lerici² und in La Foce und verstand sich besonders gut mit Antonio, denn sie war ebenso wie er im Grund ein «Landmensch». Sie half mir so gut wie bei jeder Zeile meiner Bücher, und als sie starb, war ich bei ihr. Begraben ist sie auf unserem Friedhof in La Foce. Das sind nackte Tatsachen, aber sie sagen nichts darüber aus, was das Besondere an dieser Freundschaft war. Obwohl wir ganz verschieden waren von Alter, Nationalität, Erziehung her und einen ganz anderen Freundeskreis um uns scharten, verband uns eine Freundschaft, in der, wie Montaigne es formulierte, «wir die Nahtstelle nicht mehr ausmachen konnten, die uns zusammengeschweißt hatte». Möglicherweise war ein wesentlicher Faktor in unserem Freundschaftsverhältnis, daß ich zu ihr die Beziehung haben konnte, die ich immer vergebens zu meiner Mutter gesucht hatte, und daß wiederum ich für sie, die Kinderlose, die Tochter war. Aber das hieße, die Dinge zu einfach zu sehen, denn unser Verhältnis war nicht so einseitig wie das zwischen Mutter und Tochter. Freundschaft, eine enge Freundschaft, hat so viele Facetten und setzt sich aus sehr vielen Elementen zusammen: Kameradschaft, man teilt Lachen, Kummer und Angst, dazu gemeinsame Arbeit, gemeinsame Interessen an Menschen, Büchern, Kunst, Gebräuchen und vor allem gemeinsame Ideale. Dazu kommt, daß zwischen Freunden des gleichen Geschlechts weniger Spannung herrscht,

weniger Gefahr emotionaler Komplikationen; nichts muß unter-
drückt oder verborgen werden, man kann trösten, einander vertrauen, sich sicher fühlen und sich auch einfach aneinander
freuen, geben und nehmen ohne zu fordern. Man kann es sich
leisten, ganz und gar man selbst zu sein, ja, vielleicht kann man
das überhaupt erst in einer so gearteten Beziehung. *«Lui seul jou-
issait de ma vraie image, et l'emporta.»* «Er allein durfte mein wahres
Bild sehen und nahm es mit.»

Wir arbeiteten nicht nur im Krieg als Kolleginnen zusammen,
sondern sobald der Krieg vorüber war, las Elsa immer als erste all
meine Manuskripte durch und wurde meine beste Kritikerin. Ich
bin von Natur aus beim Schreiben impulsiv und ungenau zugleich. Wenn ich schrieb: «drei Jahre später», waren es bestimmt
in Wirklichkeit fünf; und wieviele unvollständige Zitate, falsche
Quellen- und Zeitangaben waren über die Seiten verstreut. All
das brachte sie energisch in Ordnung. Aber ihre Hilfe ging über
solche Äußerlichkeiten weit hinaus. Obwohl sie selbst niemals
eine einzige Zeile veröffentlichte, besaß sie *«le grand goût, le goût
véritable»*, den wahren guten Geschmack, wie Leopardi es nannte,
und war damit der Prüfstein für viele ihrer Freunde, nicht nur in
der Kunst, sondern auch im Leben. Denn immer arbeitete sie für
andere, nie für sich selbst. Zahlreiche völlig unterschiedliche
Menschen verließen sich auf ihr Urteil, auf ihr unfehlbares Un-
terscheidungsvermögen, ob etwas erstklassig war oder nicht. So
zum Beispiel Marguerite Caetani[3], die Gründerin der internationalen Zeitschrift *Botteghe Oscure*, die selten eine Entscheidung
traf, ohne sie vorher um ihre Meinung gefragt zu haben, zumal
wenn es um unbekannte junge Autoren ging. Elsa hatte
grundsätzlich etwas dagegen, im Rampenlicht der Öffentlichkeit
zu stehen und war von ihrer Anlage wie von ihrer Lebensweise
her ein Einzelgänger. Aber bis zum Tag ihres Todes besaß sie,
was man *esprit jeune* nennt und was so viele junge Schriftsteller aus
aller Herren Länder zu ihr in ihr hohes, dunkles, bis zur Decke
mit Büchern tapeziertes Arbeitszimmer pilgern ließ. Wenn sie
zum ersten Mal kamen, fürchteten sie vielleicht, eine langweilige
alte Dame vorzufinden, aber dann kamen sie immer wieder.
Denn sie hatte noch eine weitere außerordentliche Eigenschaft,
die es heutzutage kaum mehr gibt: Sie war einfach immer da! Sie
hatte auch selbst große Freude und Interesse an diesen Kontakten

mit anderen Menschen. Menschen und Bücher liebte sie über alles, und so fanden beide den Weg zu ihr. In ihren späteren Jahren fingen diese zahlreichen Besucher auch schon einmal an, sie
zu ermüden, aber ihr Geist blieb stets wach und neugierig, auch
wenn ihr die Konzentration, die sie aufbringen mußte, schwer-
fiel. Manchmal versuchte ich dann, für sie noch Pläne zu machen,
wenn auch in zunehmend bescheidenerem Rahmen, je weiter
die Jahre fortschritten. Zuerst faßte ich ein kleines Landhaus nicht
zu weit weg von uns hier in der Toskana ins Auge als Ersatz für
ihr im Krieg zerstörtes Heim bei Bologna. Dann war es nur noch
ein kleiner Balkon vor ihrem Zimmer, wo sie an der frischen Luft
sitzen konnte und auf dem sie in Töpfen blauen Plumbago, Jasmin und Petunien haben konnte und auch den Rosenstock, den
sie aus ihrem eigenen Garten gerettet hatte. Ab und zu machte
ich mit ihr eine Autofahrt über Land oder zu einer Sehenswür-
digkeit in Rom, die sie noch einmal besuchen wollte. Denn ihr
war die nie erlöschende und anspruchsvolle Passion für die Landschaft Italiens und seine Kunstwerke eigen, die an sich nur charakteristisch ist für Menschen, die einen Tropfen ausländischen
Bluts in sich haben. «Ich werde nie verstehen können, wie man
sich an Italien gewöhnen kann», sagte sie einmal zu mir. «Für
mich ist es immer wieder eine neue Überraschung, die mein
Herz ergreift.»

La progettista, Pläneschmiedin, nannte sie mich, wenn ich wieder mit einem neuen Projekt ankam, und tat dann (mir zu Gefallen) auch so, als glaubte sie an seine Verwirklichung. Doch langsam und unerbittlich schrumpfte der Horizont. Ich öffnete ihr
weiterhin hier und da ein Fensterchen zur Welt, solange sie noch
Freude daran hatte: neue Bücher, Kunstkataloge, Erzählungen
von gemeinsamen Freunden oder von Reisen in ferne Länder
(auch wenn sie diese für überflüssig hielt). Am liebsten hörte sie,
was es alles an Neuem auf La Foce gab, auf dem Land, nach dem
sie sich am meisten sehnte. «Erzähl' weiter», sagte sie dann oft,
«eine Geschichte, die mir Gesellschaft leistet». Schließlich, fast
unmerklich, wurde selbst das zuviel für sie, zu belanglos im Vergleich zu der Reise, die sie im Begriff war anzutreten. Ich mußte
lernen, etwas zu akzeptieren, was ich zwar längst gewußt, woge-
gen ich mich aber lange gewehrt hatte. So eng eine Beziehung
auch sein mag, die Möglichkeiten, etwas im Leben eines Freunds

zu verändern, sind sehr viel beschränkter, als man in der Jugend annimmt. Wir können einander nur in wenigen Bereichen des Lebens helfen. Körperliche Schmerzen, Angstzustände, die ganze Last der Vergangenheit, das sind Dinge, die innige Liebe nur lindern kann, nicht aber abnehmen oder heilen. Und doch, ist das die ganze Wahrheit? Wer ist, auf die Dauer gesehen und letztendlich, der Gebende, wer der Nehmende? Mit welchem Gewicht kann Liebe und ihre Verwandlungskraft gewogen werden? Auch wenn die Menschen selbst längst nicht mehr da sind, wie weit reichen die Ringe im Wasser noch, die sie hinterlassen haben? Diese Fragen sind nicht zu beantworten, man hört nur nie auf, sie sich zu stellen.

Sicher weiß ich nur, daß Elsa bis zum letzten Tag ihres Erdenlebens mir wie ihren anderen guten Freunden ein Geschenk machte, das kostbarer war als irgendeines, was wir ihr je brachten: Sie gab uns Frieden. Bis heute habe ich nie ganz verstanden, wie sie das bewerkstelligte. Da saß sie also am Fenster in ihrem dämmerigen Zimmer mit den Bücherwänden, das überquoll von Bildern, kleinen Kunst- und Erinnerungsgegenständen, Papieren und Zeitschriften. Über ihren Knien lag eine braune Decke, in der Hand hielt sie fast immer einen Stift, manchmal korrigierte sie Druckfahnen für jemanden, so gut wie immer fühlte sie sich nicht wohl, oft hatte sie Schmerzen. Und da kam man dann mit einer langen Liste von Sorgen, Ärgernissen und Befürchtungen, manchmal auch von Hoffnungen und Plänen zu ihr. Aufmerksam hörte sie sich alles an, unterbrach so gut wie nie (jedenfalls kam es einem damals so vor), es sei denn, sie lächelte ab und zu oder machte eine kurze, trockene Bemerkung. Doch wenn man dann fortging, spürte man unversehens, daß alle Sorgen und Zweifel sich zurecht geschüttelt hatten und nicht mehr so erdrückend und übergroß waren wie vorher. Alle wollten wir sie aufheitern und trösten, aber wir waren es, die getröstet von ihr gingen.

Gern möchte ich auch noch über andere Freundschaften schreiben mit Menschen aller Nationalitäten und Altersstufen, die ganz unterschiedlichen sozialen Welten angehörten: Männer und Frauen, Alte und Junge, Schriftsteller, Gelehrte, Musiker, Juristen, Diplomaten und Reisende, Lehrer und Sozialarbeiter oder einfach Menschen, solche, die in keine Schublade passen, alles

Menschen, in deren Gesellschaft ich mich wohl und geborgen
fühle. Aber da ich selbst niemals und nirgendwo zu einem in sich
geschlossenen und harmonischen, gesellschaftlich zusammen-
gehörigen Kreis gehört habe, haben diese sich untereinander selten gut verstanden. Sie waren alle völlig unterschiedlicher Herkunft, hatten unterschiedliche Interessen und mochten einander
oft nicht. Im großen und ganzen gesehen brachten mir diese
Freundschaften ein beständigeres und verläßlicheres Glück als irgend ein anderer Lebensumstand. Viele von ihnen haben bis
heute gehalten.

Aber die einzige Freundschaft, die sich mit der zu Elsa ver-
gleichen läßt, hatte ich in England. Es war die Freundschaft zu einer ganzen Familie, ja fast möchte ich sagen, zu einem Haus: Pen
y Lan. Das war das Landhaus in Wales, das Charlie Meade, dem
Vetter meiner Mutter, und seiner Frau Aileen gehörte.

Zum ersten Mal betrat ich Pen y Lan vor fünfundvierzig Jahren, als ich nach der Hochzeit wieder nach England kam. Es wäre
mir niemals eingefallen, nach England zu reisen ohne bei Charlie
und Aileen zu wohnen, bis sie vor ein paar Jahren für ganz nach
London zogen. Bei ihnen war mir stets ein herzlicher und unge-
zwungener Empfang sicher. Die Türen zum Garten und die Fenster, die zum Boden reichten, standen immer offen, wörtlich und
im übertragenen Sinn. Immer gingen dort Kinder und Hunde ein
und aus, der Duft nach *cherry-pie*, Nelken und Rosen vermischte
sich mit dem des Holzfeuers im Kamin und dem der alten leder-
gebundenen Bücher in der Bibliothek. Man kam herein, stand einen Augenblick in der Eingangshalle mit den weißen Säulen und
der geschwungenen breiten Treppe, blickte über das Tal, und
schon hüllte einen Friede ein. Aileen war vielleicht gerade im
Garten und pikierte Pflänzchen, Charlie saß vielleicht an der Maschine und schrieb über den Himalaya, schrieb vielleicht weniger, sondern reiste im Geist wieder dorthin, und seine strahlend
blauen Augen leuchteten dabei, als hätte er eine himmlische Vision; eine der bezaubernden kleinen Töchter, Coney, Pin und
Flavia, zupfte vielleicht gerade Himbeeren oder klimperte auf
dem Klavier, die andere fing vielleicht gerade ihr Pony ein und
sattelte es, und die kleinste ließ draußen im Garten ihre Zehen im
Teich baumeln. Sobald aber das Auto vor der Tür hielt, kamen
sie alle herbeigestürzt – man war zu Hause angekommen. Gele-

gentlich war auch Charlies Schweizer Bergführer und guter
Freund, Pierre Blanc, bei ihnen, und dann redeten die beiden
pausenlos über Klettertouren in den Alpen oder im Himalaya.
«Angeber», sagte dann Aileen, und wenn es Abendessen gab, rief
Pierre: «*Ah, la bonne soupe!* Das erfrischt die Gedärme, das kleidet
den Magen aus.» Ein paar Jahre später kam Charlies Sohn Simon
auf die Welt, und heute lebt er mit Frau und Kindern auf Pen
y Lan, und das Haus, das wir alle so liebten, lebt weiter.

Es würde aber sowieso für uns alle weiterleben, meine ich,
denn es war wie der Himmel, kein Ort, sondern ein Zustand. Bis
heute weiß ich noch nicht, wie ich dieses Gefühl der Geborgenheit und der Seligkeit erklären soll, das unzählige andere Gäste
dort ebenso stark empfanden wie ich. Vielleicht war es, wie auf
Westbrook oder Desart, die Ausstrahlung einer besonders glücklichen Ehe (wenn ich auch nicht behaupten will, daß die Besitzer von Pen y Lan nicht so, wie wir alle im Lauf der Jahre, ihr
Päckchen an Kummer und Sorgen zu tragen hatten), aber auch
die sanfte Schönheit der Landschaft, der steile grüne Hügel hinter dem Haus, daneben der kleine Bach, an dessen Ufern die
wilden Zyklamen aus La Foce schnell anwuchsen und sich aus-
breiteten, das weite Tal drunten mit den Pappeln am Fluß und –
war ich denn immer nur im Sommer dort? – der Duft nach fri-
schem Heu. Auch daß das Essen so köstlich war, daß wir alle so
viel lachten, daß jeder tun und lassen konnte, was er wollte, auch
im Garten ‹helfen› (was meist bedeutete, daß man im Weg her-
umstand), den Hügel ersteigen, durchs Tal wandern oder in der
Bibliothek in der tiefen Fensternische sitzen, in der sich alte und
neue Bücher stapelten.

> *I remember a house where all were good*
> *To me, God knows, deserving no such thing:*
> *Comforting smell breathed at very entering*
> *Fetched fresh, as I suppose, from some sweet wood.*

In the Valley of Elwy[4]
Gerard Manley Hopkins

Und zu all dem kam noch, daß ich vor allem mit Aileen so offen
sprechen konnte, wie sonst zu niemandem außer Elsa. Dieser auf
beiden Seiten durch und durch unbefangene, freie Gedanken-
austausch hält nun schon seit fünfundvierzig Jahren an.

Jetzt ist das Leben in Pen y Lan natürlich nicht mehr ganz wie früher, aber etwas sehr Seltsames ist geschehen: Charlie und Aileen sind – zum Teil aus gesundheitlichen Gründen – nach London in eine Wohnung an den Onslow Square gezogen und haben nur wenige Möbel und Bilder dorthin mitgenommen, und doch ist es auf seltsame Weise wieder Pen y Lan, das einen in dem kleinen Wohnzimmer dort empfängt. Auch die Kinder empfinden das so, und sie kommen, so oft es geht, ja fast täglich dorthin, nicht nur, weil sie ihre Eltern innig lieben, sondern um Pen y Lan dort zu finden. Nicht die Weitläufigkeit, die Schönheit, den in allen Farben leuchtenden, duftenden Garten oder das weite Tal, aber doch etwas, das all dies wachruft und in sich birgt. Ich selbst komme jetzt nicht öfter als ein- oder zweimal im Jahr nach England, aber ich brauche nur durch diese Tür zu gehen, begrüßt vom ohrenbetäubenden Gebell des kleinen Rauhhaardackels Tiger, und schon ist es, als ob die Zeit stehengeblieben wäre, und ich weiß mich geborgen. Die farbenfrohen Blumenkästen an den Fenstern aus den ersten Jahren, in denen sich die fein abgestimmten Farbkompositionen der Blumenrabatten am Gartenteich von Pen y Lan *en miniature* wiederholt hatten, gibt es nicht mehr, auch nicht die Sträußchen auf dem Frisiertisch im Gästezimmer; aber immer noch hängen Brokatdeckchen über der Lehne von mindestens einem der abgewetzten Lehnstühle, und, ebenso wie in Pen y Lan, kann man sich nahezu sicher sein, sie beim nächsten Besuch an derselben Stelle vorzufinden. Aileen heißt einen ebenso herzlich willkommen wie früher, auch wenn sie mein Gesicht nicht mehr deutlich sehen kann und die Bücher nicht mehr lesen, die sich früher immer auf ihrem Bett getürmt hatten. Charlies Ausdruck hat noch dieselbe Güte und Selbstlosigkeit wie früher. Noch immer herrscht dieselbe Harmonie zwischen den beiden. Wie in Pen y Lan gehen auch hier die Töchter, deren Kinder und Enkelkinder frei ein und aus. Eine bringt vielleicht einen Korb voller Äpfel vom Land mit oder einen großen Kübel voll Blumen, die andere macht sich in der Küche zu schaffen, wieder eine andere setzt sich einfach zu ihnen und plaudert und kichert. Dann kommt wieder ein alter Freund vorbei und liest ihnen eine alberne Schlagzeile aus einem Boulevardblatt vor oder ein Gedicht aus einem Poesiealbum, und schon lachen alle, wenn auch keiner genau weiß, warum. Woran liegt es nur, daß dort alles so locker, so herzlich ist? Es muß etwas im Charakter unserer Gastgeber sein, die Unglück, beengte finanzielle Verhältnisse und die vergehende Zeit so gut bewältigt haben. Ich glaube, man kann es nur Herzensgüte nennen.

Ist es möglich, daß die Mauern eines Hauses etwas von der Wesensart seiner Bewohner aufnehmen? Ich glaube schon. Warum auch nicht? Ich bin sicher nicht allein mit dem Gefühl, daß es Räume gibt, deren Mauern durchtränkt sind vom Glauben und vom Gebet der Jahrhunderte. Ich denke da besonders an die kleinen Kirchen in den bretonischen Fischerdörfern oder an die Unterkirche von San Michele Archangelo auf der Halbinsel des Gargano, wo während des ganzen Mittelalters Pilger und Kreuzfahrer zum Gebet niederknieten, bevor sie ins Heilige Land aufbrachen. Auf die gleiche Weise, wenn auch nur im Kleinen, können doch auch die Wände eines Wohnhauses die Farbe des Guten oder des Bösen annehmen, also des Wesens derer, die in ihnen leben.

Freunden wie diesen gegenüber sind prüfende Fragen, Kritik und Zweifel längst belanglos geworden. Man kann sich vor ihnen getrost ganz nackt ausziehen. Vielleicht ist wirklich das lockere und freundschaftliche Gespräch, das erst durch das möglich wird, was Virginia Woolf einmal «Vorbereitung für den endgültigen Rückzug» genannt hat, als sie schrieb: «Meinst Du, daß wir nun wie die heimkehrenden Krähen in unsere Baumwipfel einfallen, und daß all das Gekrächz bedeutet, daß wir uns bereit machen für die Nacht?»

Nun schließt sich der Kreis. Wenn das Leben eine «immerwährende Allegorie» ist, wenn das, was wir suchen, Bewußtwerdung und Verstehen ist, dann ist das kleine Flüßchen der Ereignisse, die ich hier niedergeschrieben habe, nur ein Mittel ... ja, ein Mittel wozu? Ich scheine weit abgekommen von meiner ursprünglichen Fragestellung, aber vielleicht doch wieder nicht. Denn nur durch meine Liebe zu vielen Menschen konnte ich, wenn auch unvollkommen, eine «Andeutung der Unsterblichkeit» erahnen, einen Vorgeschmack, der den Kurzsichtigen auf eine andere, metaphysische Liebe gewährt wird.

Wenn ich auf die ersten dreißig Jahre meines Lebens zurückblicke, waren zwei Ereignisse besonders einschneidend für mich, nämlich der Tod meines Vaters, als ich siebeneinhalb Jahre alt war, und der Tod Giannis, der gerade so alt war wie ich damals. Beide Ereignisse sind für mich aus demselben Grund von so großer Bedeutung: Keines war ein Ende. Ich will damit natürlich nicht den Schmerz der Trennung wegleugnen, doch die Trennung für immer konnte nicht verhindern, daß die Person meines Vaters meine ganze Kindheit erfüllte, ebenso wie Gianni mein ganzes Leben nach seinem Tod. Dazu kam noch vor wenigen Jahren der Tod Elsas, meiner besten Gefährtin in fortgeschritteneren Jahren, und mit ihr erging es mir ebenso. Ich will jetzt nicht über den religiösen Glauben an ein Leben nach dem Tod sprechen, noch will ich mich auf die vielschichtige Frage nach dem Fortleben der Persönlichkeit einlassen. Ich kann nur bestätigen, was ich selbst erfahren habe. Auch wenn ich nie aufgehört habe, meinen Vater, mein Kind und meine Freundin zu vermissen, habe ich sie doch nie wirklich verloren. Sie sind für mich immer so real geblieben wie die Menschen, die jeden Tag um mich sind. Das hat wohl meine ganze Haltung dem Tod und der Liebe zu Menschen gegenüber grundlegend bestimmt.

Leicht geschieht es, daß man über diesem Thema sentimental oder vage wird, daß man mehr sagt, als man eigentlich will. Ich möchte nur den Versuch machen, etwas sehr Einfaches zum Ausdruck zu bringen. Das, was ich persönlich erfahren mußte, hat mir ein sehr intensives Gefühl für den Fortbestand der Liebe über den Tod hinaus gegeben und auch die Überzeugung, daß Burke eine tiefe Wahrheit ausdrückte, wenn er sagte, daß die Gesellschaft – lieber würde ich sagen, daß das Leben selbst – «eine Partnerschaft nicht bloß zwischen denen, die leben», ist, «sondern zwischen denen, die leben, denen, die tot sind, und denen, die erst geboren werden». Wir sind nicht nur nicht allein, sondern wir leben auch nicht in einem kahlen, kalten Jetzt. Wir sind, ob wir wollen oder nicht, in die Vergangenheit eingebunden, aber auch in die Zukunft, obwohl dieser Gedanke weniger leicht nachzuvollziehen ist. Dieses Gefühl läßt mir den Tod nicht weniger schmerzlich erscheinen. Das nicht. Denn es gibt keinen größeren Schmerz als den der Trennung; aber vielleicht erscheint er mir dadurch nicht mehr so wesentlich. Dies ist der Grund dafür, daß die Liebe in ihren vielerlei Formen mich durch mein ganzes Leben geleitet hat.

Zu Giannis Tod erhielt ich einen Brief von George Santayana, der im Alter zumindest mit seinem Herzen gewissermaßen zu seinen spanisch-katholischen Ursprüngen zurückkehrte. Dieser drückt meine eigenen Gefühle zu diesem Thema sehr viel besser aus, als ich es je könnte.

«... Wir haben keinen Anspruch zu besitzen, was wir haben. Wir haben keinen Anspruch darauf zu leben. Und weil wir am Ende sterben müssen, haben wir uns damit abzufinden, in kleinen Schritten zu sterben. Das geschieht jedesmal, wenn wir jemanden verlieren oder etwas, das sehr eng mit unserem Dasein verflochten war. Das ist wie eine körperliche Wunde; wir überleben es, aber verstümmelt an dieser Stelle und gebrochen; an dieser Stelle tot.

Nicht, daß wir je unsere Liebe verleugnen könnten oder es im Innersten je tun. Wir können unserem Wesen nicht zur gleichen Zeit in jeder Beziehung gerecht werden. Doch die Teile unseres Wesens, die sich gegenseitig in der Schwebe halten, da ihr Schwerpunkt vielleicht in der Vergangenheit oder in der Zukunft liegt, sind unser unveräußerlicher Besitz. Wir wären nicht wir selbst, wenn wir sie ausmerzen würden. Ich weiß nicht, wie konkret Sie an ein Jenseits glauben oder ob diese Vorstellung Ihnen überhaupt etwas bedeutet. Wie Sie wissen, bin ich selbst nicht im herkömmlichen Sinn gläubig, doch meine gefühlsmäßige Einstellung zu diesem Thema ist die eines Gläubigen und alles andere, als die meiner materialistischen Freunde. Der Grund dafür ist, daß ich die moderne Philosophie völlig ablehne, die *Erfahrung* zur fundamentalen Voraussetzung macht. Erfahrung ist nur ein Windzug, ein fernes Donnergrollen, hervorgerufen wiederum von ungeheuer komplexen und auch falsch verstandenen Ursachen der Erfahrung. Anders gesehen ist Erfahrung nichts als ein Guckloch, durch das wir einen Blick auf ewige Dinge erhaschen können. Dies sind die einzigen Dinge, die wir, insoweit als wir geistige Wesen sind, überhaupt erkennen oder lieben können. Unsere Liebe zu anderen Menschen trägt uns in eine andere Welt, so lange sie klar und rein ist und frei von jedem Besitzanspruch, und der Verlust so einer Beziehung zu jenen ewigen Wesen hier oder dort ist so, als ob wir ein Buch schließen würden, das wir uns zur Hand lassen, um es bei anderer Gelegenheit weiterzulesen.»[5]

Über wirklich religiöse Überzeugungen schreibe ich nicht
gern, weil ich fürchte, mehr oder auch weniger zu sagen als ich
möchte oder als wahr ist. Einen großen Teil meines Lebens habe
ich in Wunschdenken zugebracht und mir immer auf die eine
oder andere Weise einzureden versucht, daß alles doch besser sei
als es in Wirklichkeit war, daß meine Gefühle und Überzeugungen tiefer gründeten, daß Situationen weniger verworren seien,
als es in Wirklichkeit der Fall war, und ich glaube, es ist Zeit, damit Schluß zu machen. Denn das ist, was Plato «die wahre Lüge»
nannte, die Lüge in der Seele, «den Göttern und den Menschen
verhaßt», wobei die Lüge in Worten «nur eine Spiegelung und
ein schattenhaftes Abbild» der wahren Lüge ist.

Doch ist es auch wahr, daß ich, wenn auch vielleicht nicht stetig und ständig, aber doch in immer neuen Ansätzen, mein ganzes
Leben lang nach einem tieferen Sinn des Lebens gesucht habe,
nach einer höheren Ordnung, nach einem Ziel – ich sollte einfach sagen, nach Gott. «*Tu ne me chercherais pas si tu ne m'avais pas
trouvé*», war Pascals Antwort[6]. Doch macht man es sich damit
nicht zu leicht, so einen Ausweg für einen nicht konsequent
durchgehaltenen Vorsatz und ein schwankendes Gemüt zu suchen? Ich entsinne mich an eine Stelle aus Julien Greens *Journal*:
«*Je lis les mystiques comme on lit les récits des voyageurs qui reviennent
de pays lointains ou l'on sait bien que l'on n'ira jamais. On voudrait vi-
siter la Chine, mais quel voyage! Et pourtant je crois que jusqu'à la fin
de mes jours je conserverai ce déraisonnable espoir.*»[7]

Diese «der Vernunft zuwiderlaufende Hoffnung» ist im Unter-
bewußtsein stets vorhanden. Vielleicht sollte man ihr viel öfter
Tür und Tor öffnen. Als ich einmal mit jemandem über diese
Dinge sprach, bekam ich den Rat, ich solle nicht immer ein
Schuldgefühl aufbauen, weil ich etwas nicht begreifen, nicht voll
akzeptieren kann, ich solle erst einmal bei dem bleiben, was ich
aus ehrlichem Herzen glauben kann. Dieser Rat scheint mir gut
und ich habe mich bemüht, herauszufinden, was ich glauben
kann.

Ich habe Güte erlebt und glaube an sie. Sie ist undefinierbar,
und doch erspüren sie die verschiedenartigsten Menschen bereit-
willig und auf Anhieb. Die einfache Güte einer alten Kranken-
schwester oder der Mutter einer großen Familie, die vielschich-
tigere und kostbare Güte eines Priesters, eines Arztes, eines

Lehrers. Wenn solche Menschen dann auch noch gläubig sind, so ist ihr Glaube leicht «ansteckend». Das ist wenigstens meine persönliche Erfahrung. In den östlichen Religionen ist das das Prinzip des *guru* und seiner Schüler: Das Gute und der Glaube werden vermittelt, oder andersherum, das Böse und der Unglaube werden vertrieben von einer konkreten und lebendigen Erscheinung.

In meinem Leben war Papst Johannes XXIII. das herausragendste Beispiel dafür. Ich kann mir nicht vorstellen, daß irgend jemand, ob gläubig oder ungläubig, der die Messe auf dem Petersplatz miterlebt hat, die für ihn gelesen wurde, als er im Sterben lag, sich dem Gefühl dafür entziehen konnte, was mit der «Gemeinschaft der Gläubigen» gemeint ist oder nicht doch seine Vision von «einer Herde und einem Hirten», von der Liebe zur gesamten Menschheit, erahnen konnte. Auch wenn seit damals die Verwirklichung dieses Traums auf viele Schwierigkeiten gestoßen ist, auch wenn viele Menschen durch Konflikte, Umbruch und Neuerungen beunruhigt und verwirrt wurden, so dauert die Vision dennoch fort.

Ich glaube, daß Menschen aufeinander angewiesen sind. Ich glaube an das Licht, an die Wärme menschlicher Liebe, an selbstlos gute Taten, an das Mitgefühl einander völlig fremder Menschen. Wie Simone Weil glaube ich, daß «Nächstenliebe und Glaube nicht voneinander zu trennen sind, auch wenn sie nicht dasselbe sind», und ich teile ihre Überzeugung, daß «jeder Mensch, der zu einer Regung wahren Mitgefühls für einen unglücklichen Menschen fähig ist, was übrigens sehr selten vorkommt, bereits unausgesprochen, aber wahrhaft Glaube und die Liebe Gottes besitzt.»

Ich glaube, nicht theoretisch, sondern aus unmittelbarer persönlicher Erfahrung, daß nur sehr weniges von dem, was uns zustößt, zufällig ist und ohne tieferen Sinn, auch Kummer und Leid, auch bei Mitmenschen. Ab und zu darf man ahnen, warum das alles so geschehen mußte. Ich glaube, wenn ich auch selber blind und taub sein mag, ja sogar gleichgültig, daß es da ein tiefes Geheimnis gibt.

Ob ich auf diesem Weg noch weitergehen kann und wie weit, weiß ich noch nicht, und ich möchte es jetzt auch nicht weiter erforschen. Doch wird mir manchmal Trost zuteil aus einer Stelle in Dom Chapmans Briefen: «Wir haben Sorgen und Angst und Furcht und Unruhe und auch ein unbewußtes und doch reales Einverständnis mit Sorge, Angst, Furcht und Unruhe und das Bewußtsein, daß das *wirkliche* Ich Frieden hat. Es ist wie ein friedvoller See, in dessen Wasser sich alle Arten von Veränderungen spiegeln, weil er ruhig ist.»

Ein stiller See, dessen Wasser sich nur an der Oberfläche kräuselt. Eine Welt aus Wolken, durch die man zum Licht vorstoßen kann – bergen diese Metaphern vielleicht mehr Wahrheit, als ich bis jetzt begreifen kann?

> Man is one world and hath
> Another to attend him. [8]

ANHANG

Anmerkungen

Einleitung

Motto: Von Zeit zu Zeit ist der Mensch einen Augenblick er selbst.

1 *I Tatti*, die Villa von Bernard Berenson in Florenz, wurde zum Mittelpunkt eines *curious microcosm of civilization that grew up around him* (Kenneth Clark).

2 Edmondo de Amicis: *Cuore* (1886), bis vor kurzem neben Pinocchio eines der meistgelesenen Kinderbücher in Italien. Der Ich-Erzähler ist ein Schüler der dritten Volksschulklasse, der die wesentlichen Begebenheiten eines Schuljahres berichtet: moralisierend und sentimental, zu Herzen gehend.

3 J. J. Rousseau: *Confessions* (1782–1787) (posthum veröffentlichte Autobiographie).

4 H. Asquith: *Memories and Reflections* (Autobiographie, 1928).

5 Lord Halifax (1633–1695): *Advice to his daughter Elizabeth of Chesterfield*.

6 Gleichnis vom reichen Jüngling, u. a. Lukas 18, 22.

1. Westbrook

1 Pierre Terrail, Seigneur de Bayard (1476–1524), französischer Feldherr, erhielt den Beinamen «Ritter ohne Furcht und Tadel» für seine Heldentaten u. a. im Krieg zwischen Franz I. und Karl V. in Italien.

2 Gedruckt als: *Genealogical Histories of Cutting, Bayard, Livingstone, Murray, Peyton and Allied Families*. Issued under the editorial supervision of Ruth Lawrence. National Americana Society, New York 1933.

3 E. Wharton: *A Backward Glance* (Autobiographie, 1934).

4 eine *Fontange*, um diese Zeit eben erst in Paris in Mode gekommen.

5 Im Verließ beobachtete Robert Bruce eine Spinne, wie sie die Kerkerwand emporkletterte, aber immer wieder herunterfiel. Sie gab nicht auf, bis sie es schließlich schaffte zu entkommen.

6 Im Glencoe, im schottischen Hochland, massakrierten 1692 die Campbells die Macdonalds. Diese verräterische Untat bot Stoff für zahlreiche Dichtungen und Bilder.

7 In Newport in Rhode Island entstanden die größten und geschmacklosesten Villen der amerikanischen Multimillionäre wie die zwei Villen der Vanderbilts.

8 Nachdem die Pferde samt dem englischen Kutscher und zahllosen Stallburschen abgeschafft waren, blieben noch vierzehn Bedienstete übrig: Die Beschließerin, der Butler, zwei Diener in Hauslivré, die Dienerin, eine Köchin mit zwei Gehilfinnen, zwei Stubenmädchen, eine Wäschefrau, zwei Chauffeure und ein Nachtwächter. Noch einmal soviel Personal war auch im New Yorker Stadthaus beschäftigt. Dazu noch ein Straßennachtwächter, der von mehreren Familien in einem Häuserblock gemeinsam bezahlt war und noch bis in die dreißiger Jahre auf seinem Rundgang alle Türen und Fenster dort kontrollierte. Er hatte von 10 Uhr abends bis in die frühen Morgenstunden Patrouillendienst, auch wenn es noch so bitterkalt war. Für die Instandhaltung von Garten, Park und dem übrigen Anwesen waren noch weitere achtzehn Männer nötig, dazu ein Oberaufseher und zwei Mann für die Kühe und die Meierei. (nach Origo).

9 E. Wharton, *The Age of Innocence* (1920), dt. u.a. Im Himmel weint man nicht.

10 Fulton Cutting (1816–1875) heiratete 1849 Elise Justine Bayard und lebte in der Schweiz und in Frankreich. Er tat sich beim Aufstand der Kommune 1871 als Organisator von Lazaretten hervor.

11 Alton, Stadt in der Nähe der Mündung des Missouri in den Mississippi in Illinois; Terre Haute, Stadt in Indiana am Wabash River, wichtiger Bahnknotenpunkt.

12 Die Astors, eine der reichsten Familien von New York, 1784 aus Walldorf bei Heidelberg nach Amerika ausgewandert, wurden durch Pelzhandel reich und besaßen einen großen Teil des Grunds von New York.

13 Lenox, Sommerfrische der reichen New Yorker in den Bergen von Massachusetts, in der Nähe von Tanglewood.

14 Nordamerikanische Wildente, *der* Höhepunkt eines großen Diners im alten New York, vergl. E. Wharton, *The Age of Innocence*.

15 Gründung der Metropolitan Opera im Jahre 1883.

16 *dress circle*, weil man dort Abendkleidung tragen mußte.

17 Herzförmiges Brett auf zwei Rollen mit einem Bleistift; das Medium legt die Finger leicht auf das Brett, woraufhin der Stift schreibt.

18 Locker gewebter, langfloriger Wollstoff.

19 Die Venedig-Radierungen von J. A. McNeil Whistler aus dem Jahre 1879 lösten durch ihre Technik eine Revolution in der Graphik aus.

20 Banken, Versicherungs- und Treuhandgesellschaften und Eisenbahngesellschaften.

21 Nicht Enzyklika, sondern *motu proprio* vom 22.11.1904, Erlaß von Pius X. zur Wiedereinführung des Gregorianischen Gesangs in die Kirchenmusik.

2. *Desart Court*

1 Robert Devereux, Earl of Essex (1566–1601), Favorit von Königin Elisabeth I., irischer Generalstatthalter; Aufruhr in London im Zusammenhang mit einem von ihm geschlossenen Waffenstillstand in Irland 1600, enthauptet 25.2.1601.

2 Roman von Jacques-Henri Bernardin de Saint-Pierre (1788) in der Rousseau-Nachfolge.

3 In der englischen und französischen Aufklärung vorherrrschende religiöse Anschauung, «natürliche Religion», französischer Hauptvertreter Voltaire: Gott, der Ursprung der Dinge, ist weder persönlicher Art, noch greift er in die Natur ein oder spricht durch Offenbarungen – im Gegensatz zum Theismus.

4 Das erste ganz aus Eisen gebaute Schiff lief schon 1810 in Bristol von Stapel.

5 Gedruckt als: Cuffe, Hamilton John Agmondesham: *Memories of the Earl of Desart by himself and his daughter Lady Sybil Lubbock*, London 1936.

6 Der erhöht, quer vor dem Kopfende der *Dining Hall* stehende Tisch für Ehrengäste und *Dons*, die älteren Dozenten.

7 Schloß der Grafen von Harewood zwischen York und Leeds, eines der großen *Stately Homes* von England, erbaut 1759 von John Carr und Robert Adam, großartige Ausstattung und Kunstsammlung.

8 Bei Gericht zugelassener Anwalt, im Gegensatz zum *solicitor*.

9 Einer der vier *Inns of Court*, Rechtsinnungen seit dem 13. Jahrhundert, in denen sich noch heute alle Kanzleien der Rechtsanwälte befinden: *Inner Temple, Middle Temple, Lincoln's Inn, Gray's Inn*.

10 Die Gemeindekirche neben Westminster Abbey, die Pfarrkirche der Parlamentsabgeordneten.

11 In diesen Kreisen war es selbstverständlich, daß man einen Diener oder ein Dienstmädchen zum Silberputzen hatte.

12 Devonshire House, einer der berühmtesten Adelspaläste in London, auf Piccadilly, 1734 von William Kent gebaut, 1924 abgerissen.

13 Kronanwalt im Finanzministerium.

14 Staatsrat, zu dem das Kabinett als Unterabteilung gehört. Der juristischen Abteilung, *Judicial Committee,* oblagen die richterlichen Geschäfte, die nicht in die Zuständigkeit anderer Gerichte fielen. Ein *Privy Councillor* steht in der offiziellen Rangordnung sehr hoch.

15 Nominell Befehlshaber der Miliz, aber ohne amtliche Tätigkeit. Dafür ist er *Custos Rotulorum*, Verwahrer des Grafschaftsarchivs und erster *Justice of Peace*, meist Grundbesitzer aus hohem Adel.

16 Der *Treasurer* (Schatzmeister) wird auf ein Jahr gewählt und steht an der Spitze eines *Inn of Court*.

17 Nachdem mehrere Anläufe zu einem Gesetz, das Irland die weitge-
hende Selbständigkeit im Rahmen des Empire gewährt hätte (*Home
Rule Bill*), am Widerstand der Protestanten des Südens (*Southern
Loyalists*) und des Nordens (*Northern Unionists*) im Oberhaus ge-
scheitert waren, löste der *Sinn Fein* 1916 einen Aufstand aus, um die
vollständige irische Unabhängigkeit durchzusetzen (*The Troubles*).
Dieser wurde zunächst blutig niedergeschlagen, zog sich aber in
wechselnder Intensität bis zum Abschluß des Anglo-Irischen Ver-
trags von 1921 hin, der unter Abtrennung der mehrheitlich prote-
stantischen Provinz Ulster den Status eines Freistaats *Eire* innerhalb
des Empire vorsah.

18 Der alexandrinische Flottenpräfekt Lucius Aurelius Cotta besucht
auf einer Inspektionsreise auf dem Nil die neue Stadt Stylopolis, um
seinen ehemaligen Gastfreund Paphnucius zu sehen, der dort als
wundertätiger Einsiedler auf einer Säule lebt. (Anatole France:
Thaïs).

19 Auf Anstiftung von Cecil Rhodes, dem Ministerpräsidenten der
Kap-Kolonie, marschierte Jameson 1895 mit 800 Mann in die Süd-
afrikanische Republik ein, wurde von den Buren besiegt und in
England zu Gefängnis verurteilt. 1904–1907 Ministerpräsident der
Kap-Kolonie.

20 Die Hauptfigur in den sog. Barchesterromanen von Trollope ist ein
kirchlicher Würdenträger in einer kleinbürgerlichen Stadt.

21 1845–1849 kam es zur «Großen Hungersnot» in Irland, der mehr als
eine Million Menschen zum Opfer fiel und in deren Folge über eine
Million Iren nach Amerika auswanderten. Die radikalen Mitglieder
des *Young Ireland* entfachten deshalb 1848 einen Aufstand, der blutig
niedergeschlagen wurde.

22 *Some experiences of an Irish R.M.* von Edith Oenone Somerville
(1890), humorvolle Geschichten aus dem irischen Volksleben.

23 Die Protagonisten des *Celtic Revival* scharten sich um das *Abbey
Theatre* in Dublin, das Zentrum des nationalen irischen Dramas, vor
allem William Butler Yeats (1865–1939), John Mylington Synge
(1871–1909) und A. E. (Pseudonym für George William Russel,
1867–1935) und Lady Isabella Augusta Gregory (1852–1932).

24 William Morris, Gründer der *Arts and Crafts* (Kunsthandwerk)-Be-
wegung (1864) und ihr Hauptvertreter.

25 Die irische Variante der alten keltischen Sprache.

26 *wagonette*, leichter offener Kutschwagen mit schließbarem Verdeck
und einander gegenüberliegenden Seitenbänken. Landauer, vier-
rädrige Kutsche mit nach vorne und hinten klappbarem Verdeck,
brougham, vierrädriger Zweisitzer.

27 Eine Art ungewürzter Windbeutel, die in Förmchen unter dem Braten stehen und sich mit Bratensaft tränken.

28 **Abide with me;** *fast falls the eventide: / the darkness deepens; Lord, with me abide: / when other helpers fail, and comforts flee, / help of the helpless, O abide with me.*

Jerusalem the golden */ with milk and honey blest, / beneath thy contemplation / sink heart and voice opprest. / I know not, O, I know not / what joy awaits us there, / what radiancy of glory, / what bliss beyond compare.*

There is a land *of pure delight / where saints immortal reign; / Infinite day excludes the night / and pleasures banish pain. / There everlasting spring abides, / and never-withering flowers; / Death, like a narrow sea divides / that heavenly land from ours.*

29 Edward Carson stellte als Führer der nordirischen Protestanten eine Truppe von 80 000 Freiwilligen auf, die die Durchsetzung der *Home Rule Bill* in Nordirland mit Gewalt verhindern sollte.

30 Die Regierung Asquith hing von der parlamentarischen Unterstützung durch die irischen Nationalisten (Katholiken) ab und brachte daher 1912 eine neue *Home Rule Bill* im Parlament ein. Das trieb die südirischen Protestanten, die Loyalisten, auf die Seite der nordirischen Protestanten, der *Ulster Unionists,* die eine katholische Übermacht fürchteten.

31 1918 wurden zur Unterstützung der Polizei in Irland ehemalige englische Soldaten eingeschleust und in eilig zusammengewürfelte Uniformen aus Khaki-Hosen und Uniformjacken und dunkelgrünen, fast schwarzen Mützen gesteckt – daher der Name.

32 Das Landgesetz von 1870 hatte die Sicherheit der Pacht und eine angemessene Pachthöhe zum Ziel, sah eine Entschädigung für entlassene Pächter und die Förderung des Landerwerbs durch ehemalige Pächter vor.

33 Romanische Rundkirche der Tempelritter von 1190, im *Inner Temple.*

34 *David Copperfield* (1849) von C. Dickens, *The Rose and the Ring* (1855) von W.M. Thacheray, *Ivanhoe* (1819) von W. Scott.

35 Der älteste und vornehmste Club in London, gegr. 1819, in Carlton Terrace.

36 Oscar Wilde wurde 1885 wegen homosexueller Beziehungen zu Lord Alfred Douglas in einem Skandalprozeß zu 2 Jahren Zuchthaus verurteilt. E. Carson (vgl. Anm. 29) wurde mit diesem Prozeß durch sein hartes Kreuzverhör von Oscar Wilde berühmt als Anwalt.

37 Regierungsbeamter am *High Court of Justice,* Zivilgericht, der vor allem in Familienangelegenheiten wie Scheidung und Adoption für den korrekten Ablauf der Verfahren zuständig ist und der verhindern soll, daß ungesetzliche Absprachen zwischen den Parteien getroffen werden.

38   In my old age on you I lean
     As in my youth I turned to her.
     Here or elsewhere in world unseen
     In some shape may both loves endure.

3. *Mein Vater*

1   Groton, die berühmteste Internatsschule in Massachusetts, gegründet von Dr. Endicott Peabody 1884 nach dem Vorbild von Eton und Harrow.

2   In Harvard gab es verschiedene Studentenclubs, in die man gewählt wurde, was als große Ehre angesehen wurde. Am berühmtesten ist Phi Beta Kappa, ein in allen traditionsreichen Universitäten der USA vertretener Orden, der seine Mitglieder vor allem nach akademisch herausragenden Leistungen auswählt. Die meisten Harvard Clubs sind mehr für ihre gesellschaftlichen Aktivitäten bekannt: Der Porcellian und der Delphic sind die elitärsten Clubs; um in sie aufgenommen zu werden, mußte man zur amerikanischen Aristokratie gehören und reich sein. Der Hasty Pudding Club ist bekannt für seine satirischen Theateraufführungen.

3   Der Brief ist vollständig abgedruckt in: *W. Bayard Cutting jr. 1878–1910*, ed. W. Bayard Cutting, Privatdruck Marchbanks Press, New York 1947.

4   Das vorletzte Jahr an der Universität.

5   Nach dem Tod von Queen Victoria am 22.1.1901 wurde das Parlament von dem neuen König Edward VII. (1841–1910) in Begleitung seiner Gemahlin Alexandra (Tochter Christians IX. von Dänemark) am 14.2.1901 eröffnet.

6   Zeremonienmeister des Oberhauses.

7   Parlamentspräsident des Unterhauses.

8   Gewählte Abgeordnete des Unterhauses im Gegensatz zu den Peers, den erblichen oder ernannten Mitgliedern des Oberhauses.

9   Eidesformel, die während der Regierungszeit von Charles II. verfaßt wurde und von Edward VII. letztmalig gesprochen wurde. Sie enthält eine herabsetzende Verurteilung des katholischen Glaubens und des Papstes. Vollständig abgedruckt in der Times vom 15.2.1901.

10 Die *Cap of Maintenance*, die der König auf dem Weg zwischen *Robing Room* und Thron im Oberhaus trug. Die Krone trug er nur, während er auf dem Thron saß.

11 Reitweg im Hyde Park.

12 Als Pendant zu Hermes, des Boten des Zeus, ist Iris die Botin der Hera.

13 orris = Florentiner Schwertlilie, *Iris florentina.*

14 Nördlich von Santa Barbara, «...umgeben von einem schönen
   Bergkranz, der im Mt Topotapa (1830 m) gipfelt. Das Thal wird als
   Winteraufenthalt von Brustleidenden besucht. Reiche Flora.» Baedeker Nordamerika, 1893.
15 Berge im Norden des Staats New York.
16 William Bayard Cutting war Sekretär einer amerikanischen Kommission, die im Regierungsauftrag wegen der in North Carolina
   ausgebrochenen Epidemie die in Italien durchgeführte Behandlung
   der Pellagra (einer Vitamin B-Mangelerkrankung) untersuchen
   sollte.
17 Vollständig abgedruckt in: *W. Bayard Cutting jr.* 1878–1910, ed.
   W. Bayard Cutting, Privatdruck, Marchbanks Press, New York 1947.
18 Dichtung von Longfellow über die Mythen der Indianer am Lake
   Superior (1855).
19 Balladen von Macauley über römische Helden und Heinrich IV.
   von Frankreich in der Schlacht bei Ivry (1842).
20 *aurea flamma,* Banner in Flammenform, ursprünglich Leichentuch
   des Hl. Denis, Kriegsfahne der Könige von Frankreich im Mittelalter, wurde 1415 bei Agincourt zum letzten Mal verwendet.
21 Alfred Milner (1854–1925), 1889–1892 Untersekretär der Finanzen in
   Ägypten, schrieb 1892 *England and Egypt.*
22 *dahabije,* «die Goldene», Nilschiff mit Verdeck und Kajüte.
23 Minjeh, mittelägyptische Stadt am Nil; ein Moudir, ein ägyptischer
   Provinzgouverneur.
24 *Les malheurs de Sophie,* Kinderbuch in vielen Fortsetzungen von
   Comtesse Sophie de Ségur (1799–1844).
25 *Le corbeau et le renard,* Fabel von La Fontaine (1621–1695).
26 1912, als sein Vater gestorben war, wurde er umgebettet in das Fa-
   miliengrab in Green-Wood-Cemetery, Brooklyn.

4. *Meine Mutter*

1 Versepos von Alfred Tennyson (1809–1892).
2 Fragment eines Versepos von Samuel Taylor Coleridge (1772–1834).
3 *The Book of the Sea. In Memory of the Officers and Men of the Mercantile
   Marine and the Auxiliary Services who have Died at Sea During the War.
   Selected and Arranged by Lady Sybil Scott,* Oxford 1918.
4 Vornehmes englisches Textilgeschäft, das heute noch existiert.
5 Kreislaufstärkende Tropfen, die es heute noch gibt.
6 Villa Barbaro in Maser (Veneto) von Palladio (1560), Fresken von
   P. Veronese.
7 Hester Stanhope, die Nichte von William Pitt d.J., dem sie zunächst
   den Haushalt führte, zog nach dessen Tod in den Orient, wurde 1810

Königin von Palmyra. 1814 baute sie sich in einer Klosterruine in Dahar Dschun im Libanon einen prächtigen Palast, wo sie ihren okkultistischen Neigungen frönte, wurde eine lokale Macht und eine Legende für Orientreisende. Fürst Pückler beschreibt seinen Aufenthalt bei ihr.

 8 Schon in der Antike war bekannt, daß durch Übertragung des Pustelsekrets an Pocken erkrankter Menschen in eine Hautwunde (*Variolation*) in dem so Geimpften eine meist leichte Form der Krankheit ausgelöst wurde, die den Betroffenen lebenslang resistent gegen eine Pockeninfektion machte. Während dieses Wissen in Europa verloren gegangen war, wurde die *Variolation* im osmanischen Reich immer geübt. Lady Montagu beobachtete diese Praxis in Istanbul, wo sie als Frau des englischen Botschafters bei der Pforte lebte, und machte sie 1718 in England bekannt, von wo sie sich rasch über ganz Westeuropa verbreitete, bis sie von der weitaus ungefährlicheren Impfung mit Kuhpocken (*Vaccination*) abgelöst wurde, die von Edward Jenner 1796 entwickelt worden war.

 9 Mugello, Landschaft 20 km nördlich von Florenz (Scarperia, Borgo S. Lorenzo), Casentino, das obere Arnotal, 40 km östlich von Florenz (Camaldoli, Bibbiena).

10 Spiele, die speziell für die Unterhaltung an Deck modifiziert wurden; so wurde Decktennis mit einem Netz statt mit einem gespannten Schläger gespielt.

11 *It's a long, long way to Tipperary / It's a long, long way to home.*

12 Mützen, die den ganzen Kopf bedecken und nur Mund und Augen frei lassen. Der Name kommt von der Schlacht bei Balaclava im Krimkrieg 1854.

13 In patriotischen Rausch zu Beginn des Ersten Weltkriegs bekamen in England junge Männer, die sich nicht sofort als Freiwillige meldeten, häufig weiße Federn zugesteckt als Zeichen dafür, daß man sie für Feiglinge hielt.

14 Rupert Brooke: *1914 and other poems*. Posthum London 1915. Sie gehören zur schönsten englischen Lyrik der Zeit.

15 Geoffrey Scott: *A Box of Paints*, London 1923.

16 Geoffrey Scott: *The Portrait of Zélide*. London 1925.

17 Madame de Charrière: *Four Tales of Zélide*. Translated by S. M. S., introduction by Geoffrey Scott. Constable, London 1925 (S. M. S.= Sybil Margaret Scott), enthält: Le Noble, Mistress Henley, Lettres de Lausanne und Caliste.

18 Landsitz von Boswell in Irland nahe Dublin, heute Sitz der National Portrait Gallery of Ireland.

19 Unsere geliebte Gräfin ist am 26. Dezember verschieden, ohne zu leiden.

5. *Kindheit in Fiesole*

1 Alte, chinesische, gelbe, stark duftende Kletterrose, in England verbreitet.

2 Die Platonische Akademie wurde 1459 von Cosimo Medici d. Ä. gegründet. Hier philosophierten die führenden Geister der Renaissance in nächtlichen Gelagen nach dem platonischen Vorbild. 1492 aufgelöst.

3 Der Neffe von Papst Sixtus IV., Kardinal Girolamo Riario, der eigentlich Gewürzhändler war, plante mit Hilfe der Pazzi, deren Unterstützung durch Übertragung der päpstlichen Konten auf deren Bank gewonnen wurde, die Machtübernahme in Florenz.

4 Porzellanmanufaktur in Neapel 1732–1806.

5 *What is this life, if full of care,*
We have no time to stand and stare.
aus *Leisure* von W. H. Davies (1870–1940).

6 Die Niederlage der Engländer 1915 gegen die Türken in der Schlacht an den Dardanellen.

7 Palgrave Francis Turner (1824–1897), Professor für Poetik in Oxford: *The Golden Treasury of Songs and Lyrics*, 1861.

8 *Pinocchio* (1880) von Collodi; *Cuore* (1886) von E.de Amicis; *Le mie prigioni* (1832) von S. Pellico (1789–1854).

9 *Rondinella* von G. Pascoli (1855–1912); *O vaghe montanine pasturelle* von F. Sacchetti (1334–1400); *Il cinque maggio* von A. Manzoni (1785–1873).

10 Entspricht der mittleren Reife.

11 Symbolisches Geschenk, da nach dem Volksglauben ein Vogel nach dem Tod des Partners aus Liebeskummer stirbt.

12 Aus: *Passage to India* (1924) von E. M. Forster.

13 Fort Ticonderoga im Staat New York war der Schauplatz zahlreicher Kämpfe zwischen Franzosen, Engländern und Amerikanern. R. L. Stevenson schrieb 1887 eine Ballade (*Ticonderoga, a Ballad of the Western Highlands*), in der ein Douglas in Schottland diesen Namen hört, der zu seinem Schicksal werden soll. Er geht mit dem *Black-Watch*-Regiment nach Amerika und fällt 1758 in Ticonderoga. *This is the tale of the man / who heard a word in the night / he heard the outlandish name ... / ...the name Ticonderoga / the utterance of the dead.*

14 George Frederick Watts (1817–1904), viktorianischer Portraitmaler.

6. *Lesen und Lernen*

Motto aus: Tria krypha Poiimata (Drei kryptische Gedichte), in: *Epi skinis* (Auf der Bühne).

1 *Three Bears*, Kindergeschichte über die Abenteuer von drei Teddy-

bären und dem Mädchen Goldilocks (Goldlöckchen) von Robert
Southey (1837), *Little Black Sambo*, die Abenteuer eines Negerkna-
ben im Dschungel, 1899 verfaßt und illustriert von Helen Banner-
man (bis vor kurzem eines der populärsten Kinderbücher in Eng-
land, heute wegen angeblich rassistischer Tendenzen aus allen
Bibliotheken verbannt).
Der standhafte, kleine Zinnsoldat von H. C. Andersen, «Der Hund mit
Augen groß wie Teetassen», in: *Das Feuerzeug* von H. C. Andersen.

2   *Humpty Dumpty sat on a wall / Humpty Dumpty had a great fall / All
    the king's horses and all the king's men / couldn't put Humpty together
    again.* Nursery Rhyme; *Pinocchio* von Collodi (1880); *Alice's Adven-
    tures in Wonderland* von Lewis Carroll (1865).

3   *The Aziola,* Gedicht von P. B. Shelley (1821): *Do you not hear the
    aziola cry? Methinks she must be nigh ...*

4   *Pinocchio,* Kapitel 36.

5   *Daisy Chain* (1856) von Charlotte Mary Yonge (1823–1901).

6   *Leila,* Geschichten für Mädchen von Ann Frazer Tytler: *The Island*
    (1833, eine Robinsonade), *Leila in England* (1842), *Leila at Home*
    (1852).

7   *Holiday House* (1839), von Catherine Sinclair; die Streiche der drei
    aufsässigen Kinder Laura, Harry und Frank mit moralisierendem
    Ende.

8   *How many miles to Babylon? / Three-score and ten. / Can I get there by
    candlelight? / Yes, and back again. / If your heels are nimble and light / You
    may get there by candlelight.* Nursery Rhyme.

9   *La belle et la bête,* französisches Märchen; *The Lady of Shalott,* Gedicht
    von A. Tennyson (1852); *La belle dame sans merci,* Ballade von J. Keats
    (1819); *Christabel,* Ballade von S. T. Coleridge (1816).

10 *Laßt uns träumen und auf zwei Rösser steigen ....*

11 *Maggie Tulliver* aus *The Mill and the Floss* von George Eliot (1860);
    Jane Eyre, Roman von Charlotte Brontë (1847); *Catherine Morland*
    aus *Northanger Abbey* von Jane Austen (1818); *Natascha* aus «Krieg und
    Frieden» von L. Tolstoi (1865).

12 Sentimentales Gedicht von Giovanni Pascoli, der sich auch als klas-
    sischer Gelehrter einen Namen gemacht hat. P. war Professor für
    klassische Literatur in Bologna, gab Anthologien heraus und schrieb
    eine Geschichte der klassischen römischen Lyrik. Hatte großen Ein-
    fluß auf die klassische Bildung in Italien.

13 Auf der einen Seite die Ebene, die von den Feuern schimmerte un-
    ter dem klaren Sternenhimmel (die Trojaner lagerten im offenen
    Feld vor ihrer großen Stadt, und tausend Feuer brannten, und um
    jedes Feuer saßen fünfzig Krieger, und die Rösser standen nahe den
    Feuern und zermalmten zwischen ihren Zähnen die weiße Gerste

und die Spelzen, und sie erwarteten das Morgengrauen); auf der anderen Seite das Meer, rauschend und flüsternd. Und als sie die Hütten und die Schiffe der Myrmidonen erreichten, vernahmen sie einen Gesang. Achilles war es, der sich auf der geraubten Kithara begleitete und die Heldentaten der Krieger besang. (Pascoli, Einführung zu *Epos*, S. XVII – XVIII, nach Homer, *Ilias*, XVIII).

14 A. Tennyson: *Specimen of a translation of the Iliad in blank verse*. Diese Übersetzung wird eingeleitet durch folgendes Spottgedicht:

Thése lame héxametérs the stróng-wing'd músic of Hómer?

Nó – but a móst burlésque bárbarous éxperimént.

Whén was a hársher sóund ever héard, ye Múses, in Éngland?

Whén did a fróg coarser cróak úpon óur Helicón?

Héxametérs no wórse than dáring Gérmany gáve us,

Bárbarous éxperimént, bárbarous héxametérs.

15 *Chiunque ignori e resti indifferente a un ausilio alla conoscenza così preziosa e a una fonte di piacere così nobilitante come la poesia non potrà in nessun modo essere chiamato colto.* Leonardo Bruni, detto l'Aretino, Brief an Battista Malatesta.

16 Vergil, Bucolica IV, 1/2, 8/9: Saeculi novi interpretatio

Sicelides musae, paulo maiora canamus

non omnis arbusta iuvant humilesque myricae ...

tu modo nascenti puero, quo ferrea primum

desinet ac toto surget gens aurea mundo ... fave ...

(Musen Siziliens, laßt uns ein wenig erhabener singen! Freut doch nicht jeden Gebüsch und ein niedriger Strauch Tamarisken ...

... Sei der Geburt nur des Knaben, mit dem die eiserne Weltzeit gleich sich endet und rings in der Welt eine goldene aufsteigt ... hold) Übersetzung Johannes Götte (Tusculum Heimeran).

17 *Myricae*, Gedichtzyklus von Giovanni Pascoli (1901).

18 Du, den ich als Herrn und Meister ehre,

Du bist es ganz allein, bei dem ich fand

Den schönen Stil, der mir gewann viel Ehre.

Dante, Göttliche Komödie, Hölle I, 86–88, Übers. W. Hertz, 1955, Fischer.

19 Gedicht von Catull: *passer deliciae meae puellae ...*

20 Roman (1885) von W.H. Pater (1839–1894).

21 Zeichen und Beispielen solcher Natur nachsinnend, erklärten Manche, die Bienen durchwirke ein Teil vom göttlichen Weltgeist, Feurigen Äthers Gewalt, denn Gott durchflute das Weltall: Länder und Meere, unendlich gedehnt, und die Tiefen des Himmels, Hieraus schöpft sich Schaf und Rind und Mensch und der wilden Tierwelt ganzes Geschlecht das zartentspringende Leben,

Hierin ströme gelöst dann alles am Ende auch wieder
Heim ins All, nichts sinke in Tod, nein lodere lebend
Auf zu Gestirnen und folge dem Schwung des erhabenen Himmels.
  Vergil, Georgica IV, 219–227, Übers. W. Götte (Heimeran).

22 ... *tortusque per herbam*
cresceret in ventrem cucumis ...
Corycium vidisse senem.
  ... *albaque circum lilia ...*
regum aequabat opes animis, seraque revertens
nocte domum dapibus mensas onerabat inemptis ...
  (Georgica IV, 121, 122, 127, 130, 132–133).

23 Kuhhirte von *lat. busulcum, bubulcum, boves.*

7. Jugendjahre und Einführung in die Gesellschaft

1 Henry Vaughan (1622–1694):
Hülle und Schale der Dinge / so schön sie sind, / sind nicht dein
Wunsch noch Flehen, / nur sehnlicher Wunsch nach Flügeln.

2 «Tiersammelsurium», ein Kartenspiel mit Tierbildern, bei dem die
Mitspieler einander durch Imitieren von Tierstimmen mitteilen,
welche Karten sie haben.

3 Gunter's Tea Shop, gegr. 1796 am Berkeley Square, war im 19. Jahrhundert der Treffpunkt der «beau monde» von Mayfair, 1936 geschlossen.

4 Militärparade in der Mall zwischen Trafalgar Square und Buckingham Palace anläßlich des Geburtstags des Königs.

5 *St. Agnes' Eve,* Epos von A. Tennyson; *The Shropshire Lad,* Ge-
dichtsammlung von Alfred.E.Housman (1896).

6 Tag der offenen Tür für die Eltern mit der Verleihung der Schulpreise.

7 *Chowanschtschina* (1872) und *Boris Godunow* (1874), Opern von M.
Mussorgski.

8. Schreiben

Motto: Eine halbe Bibliothek muß man durchstöbern, um ein einziges
Buch zu schreiben.

1 Virginia Woolf, *A Writer's Diary,* Hrsg. L. Woolf, London (1953).

2 Iris Origo: *Allegra,* Hogarth Press, London 1935, Biographie der
Tochter Byrons. Nachdruck in *A Measure of Love,* Pantheon, New
York, deutsch Wagenbach 1993. Die Hogarth Press gehörte Virgi-
nia und Leonard Woolf.

3 Virginia Woolf berichtet in ihren Tagebüchern am 28.6.1935: *Origo*

was there, whom I like. She is young, tremulous, nervous — very — stammers a little — but honest eyed; very blue eyed ... Origo (her name is Iris) sat down on purpose I think by me, and oh dear was it for this I got so free and easy? she has read my books, and was full of stumbling enthusiasm; so I made a rush, and talked about writing, spilling our ideas, of a kind. She lives near Siena, in perfect country; they talk of the seasons; harvest; vintage; share with peasants; have a great vintage feast off goose. And we talked about biography and fiction ... and I think we have said the same things before — about the relevant facts; biography as an art ... Im folgenden Jahr besuchten Virginia Woolf und Vita Sackville-West La Foce.

4 Lytton Stracheys *Eminent Victorians* (1918) ist eine als konventionelle biographische Darstellung getarnte Attacke gegen die gesamte viktorianische Ära. Neben Kardinal Manning, dem katholischen Oberhirten Englands, Florence Nightingale und dem in Khartum gefallenen General Gordon gilt eine Biographie Dr. Arnold, dem Direktor der elitären Internatsschule von Rugby, der das Erziehungssystem an den Privatschulen Englands reformierte und dabei auch dem arroganten Glauben an die eigene moralische Überlegenheit den Weg bahnte.

5 Süß und klar ist die Nacht, kein Windhauch,
Still über den Dächern und Gärten
Steht der Mond, aus der Ferne bescheint er
Die friedlichen Hügel.
   G. Leopardi: Am Abend des Festtags.

6 Iris Origo: *The Lady in the Gondola.* In: *A Measure of Love*, New York, o.J.

7 Iris Origo: *The Revolutionary and the Prophet.* In: *A Measure of Love*, New York, o.J.

8 Iris Origo: *The Carlyles and the Ashburtons.* In: *A Measure of Love*, New York, o.J.

9 Iris Origo: *The Mirage.* In: *A Measure of Love*, New York o.J.

10 *Letters and Journals*, IV, S. 50, 25. August 1819, abgedruckt bei Thomas Moore, dem Biographen Byrons (nach Origo).

11 *Carbonari* (Köhler), geheime politische Gesellschaft in Italien gegen die Herrschaft von Napoleon und später Habsburg, kämpfte für nationale und liberale Ziele, vor allem 1820, 1831, 1848.

12 Iris Origo: *The Last Attachment*, London 1949. Theresa Guiccioli selbst schrieb zwei Bücher über Byron: *Lord Byron jugé par les témoins de sa vie* (1868) und *Vie de Lord Byron en Italie* (Manuskript in der Biblioteca Classense, Ravenna).

13 Iris Origo: *The Domestic Enemy: The Eastern Slaves in Tuscany in the XIV and XV Centuries.* In: *Speculum* Bd XXX, Nr 3, Juli 1955.

14 *Paston Letters,* eine Kollektion von Briefen der Familie Paston zwischen 1422 und 1509.

15 *Le Ménagier de Paris: Traité de morale et d' économie domestique composé vers 1393 par un bourgeois parisien* (Paris 1946).

16 Zweites Vatikanisches Konzil (1962–1965), von Papst Johannes XXIII. eröffnet und von Paul VI. weitergeführt. Die wichtigsten Ergebnisse waren die Liturgiereform sowie die Öffnung gegenüber den nichtkatholischen Kirchen und den nichtchristlichen Religionen.

9. *La Foce*

Motto: Die bezwungene Erde schenkt Sterne.

1 In: Verdiani Bandi, *I Castelli della Val d'Orcia,* S. 120 (nach Origo).

2 Die große Kälte im Januar, das schlechte Wetter im Februar, der Wind im März, die sanften Regen im April, der Tau im Mai, die gute Mahd im Juni, das gute Dreschen im Juli, die drei Regen im August, alles zur rechten Zeit im Jahr, sind mehr wert als Salomons Thron.

3 Heiliger Markus, unser Fürsprech,
Hilf, daß kein Wurm in unsere Kastanien kriecht,
Trippole e lappole, drei Kern in jedem Haus, bet' für uns.

4 Giovanni di Pagolo Morelli, *Ricordi* (1393–1421) S. 230 (nach Origo)

5 Ser Lapo Mazzei, *Lettere di un notaio a un mercante,* 27. Oktober 1407 (nach Origo).

6 Paolo Messer Pace da Certaldo, *Il libro di buoni costumi,* §§ 102/3 (nach Origo).

7 Giovanni di Pagolo Morelli, *Ricordi* (1393–1421), S. 235/6 (nach Origo).

8 Zitiert in N. Tamassia, *La famiglia italiana nei secoli XV e XVI* (nach Origo)
Wir arbeiten das ganze Jahr über,
Und sie ruhen im kühlen Schatten.
Warum sollen wir ihnen die halbe Ernte geben,
Wenn wir dafür die ganze Plackerei haben?

9 Der Schatten des Nußbaums und der Schatten des Herrn
sind zwei trügerische Schatten (in denen nichts wächst).

10 Jacopo Mazzei, *Firenze rurale,* Hrsg. Jolanda de Blasis, S. 643 (nach Origo).

11 H. Rauschning, *Hitler Speaks,* London 1939. Aufzeichnungen von politischen Gesprächen mit Hitler aus den Jahren 1933 und 1934 von Hermann Rauschning, dem Autor von «Revolution des Nihilismus», London 1938. E. Fromm, *Escape from Freedom,* New York 1941, «Flucht vor der Freiheit», Zürich 1945 (nach Origo).

12 Aus Italiens Grenzen
   Erstanden neu die Italiener
   Mussolini schuf sie neu
   Für den Krieg von morgen.
   und
   Duce, Duce, wer ist nicht bereit zu sterben?

13 Anna Essinger (1879–1960) studierte und lehrte zunächst in Amerika. In den zwanziger Jahren gründete sie in Herrlingen bei Ulm ein Landschulheim, der Odenwaldschule vergleichbar. 1933 konnte sie diese nach Faversham bei Canterbury evakuieren, um jüdische Kinder aus Nazi-Deutschland zu retten. Sie wurde dabei vor allem von Quäkern wie der Dichterin Lilian Bowes-Lyon unterstützt. (1940 wurden die männlichen Lehrer und Schüler über 16 vorübergehend meist nach Australien interniert, 1942–1946 wurde die Schule ins Landesinnere evakuiert.) 1948 Schließung der Schule.

14 William Phillips war Studienfreund des Vaters von Iris Origo in Harvard, wurde dann dessen Nachfolger als Botschaftssekretär in London. Er war bis 1940 amerikanischer Botschafter in Italien.

15 Treffen Hitlers und Mussolinis am Brenner am 18.3.1940.

16 Die Villa Taverna ist auch heute noch die amerikanische Botschaft in Rom.

17 Wie ihr, gehn eure Dinge all zum Tod!
   Dante, *Göttliche Komödie,* Paradies XVI, 79 (Übers. W.G.Hertz, Fischer 1955).

Epilog

1 «Aber seit kurzem fange ich an, wenn ich genau hinhöre, sehr wohl das Schluchzen zu vernehmen, das ich vor meinem Vater mit aller Macht unterdrückte ... In Wirklichkeit hat es niemals aufgehört; nur weil das Leben um mich jetzt stiller ist, höre ich es von neuem, wie jene Klosterglocken, die den ganzen Tag über vom Geräusch der Stadt überdeckt werden, so daß man meint, sie schwiegen, aber in der Stille des Abends fangen sie wieder zu läuten an.» M. Proust: *Auf der Suche nach der verlorenen Zeit.* In Swanns Welt (dt.von Eva Rechel Mertens; zitiert nach Suhrkamp Taschenbuch 1961, S. 53).

2 An der ligurischen Küste. Wohnsitz von Percy Lubbock, zeitweise auch der Origos.

3 Marguerite Caetani, Herzogin von Sermoneta (1880–1964), gebürtige Amerikanerin, gab in Paris von 1924–1932 die Literaturzeitschrift *Commerce* und zusammen mit ihrem Mann Roffredo von 1948 bis 1960 in Rom die Literaturzeitschrift *Botteghe Oscure* heraus. Iris

Origo schrieb ihren Nachruf in der berühmten englischen Literaturzeitschrift «*The Cornhill*», 1042, S. 223–240, 1964/1965.

4 Ich weiß ein Haus, dort waren alle gut
   zu mir, der ich, weiß Gott, das nicht verdien'.
   Erquickender Duft mich an der Tür empfing,
   ganz frisch, dünkt's mich, aus würz'ger Waldesflur.

5 *The Letters of Santayana*, Hrsg. Daniel Cory; London, New York
   1956: *To Marchesa Origo, May 1933* (nach Origo).

6 «Du würdest mich nicht suchen, wenn du mich nicht schon gefunden hättest.»

7 «Ich lese die Mystiker, wie man die Berichte von Reisenden liest, die aus fernen Ländern zurückkehren, in die man sicher niemals fahren wird. Gern möchten wir China besuchen, doch was für eine weite Reise! Und trotzdem glaube ich, daß ich mir bis ans Ende meiner Tage diese aller Vernunft zuwiderlaufende Hoffnung bewahren werde.»

8 Der Mensch ist eine Welt und hat
   eine andere, die ihn erwartet.
   George Herbert (1593–1633).

Personenregister

Lebenszeugnisse Biographien Briefe

Nicholas Boyle
Goethe. Der Dichter in seiner Zeit
Band 1: 1749–1790
Aus dem Englischen von Holger Fliessbach
1995. 885 Seiten mit 37 Abbildungen. Leinen

Catherine Clément/Sudhir Kakar
Der Heilige und die Verrückte
Religiöse Ekstase und psychische Grenzerfahrung.
Aus dem Französischen von Linda Gränz
und aus dem Englischen von Barbara Hörmann
1993. 286 Seiten mit 4 Abbildungen. Gebunden

Vespasiano da Bisticci
Große Männer und Frauen der Renaissance
38 biographische Porträts
Ausgewählt, übersetzt und eingeleitet von Bernd Roeck
1995. 471 Seiten mit 33 Abbildungen. Leinen

Gustave Flaubert/George Sand
Eine Freundschaft in Briefen
Herausgegeben und erläutert von Alphonse Jacobs
Aus dem Französischen von Annette Lallemand,
Helmut Scheffel und Tobias Scheffel
1992. 555 Seiten. Leinen

Gerit von Leitner
Der Fall Clara Immerwahr
Leben für eine humane Wissenschaft
2., durchgesehene und verbesserte Auflage. 1995
236 Seiten mit 29 Abbildungen. Leinen

Helmuth James von Moltke
Briefe an Freya
1933–1945
Herausgegeben von Beate Ruhm von Oppen
2., durchgesehene und erweitere Auflage. 1991
683 Seiten mit 10 Abbildungen. Leinen

Verlag C.H. Beck München

Lebenszeugnisse Biographien Briefe

Iris Origo
Toskanisches Tagebuch 1943/1944
Kriegsjahre im Val d'Orcia
1991. 274 Seiten mit 12 Abbildungen und 1 Karte.
Leinen

Iris Origo
„Im Namen Gottes und des Geschäfts"
Lebensbild eines toskanischen Kaufmanns
der Frührenaissance.
Francesco di Marco Datini 1335–1410
Aus dem Englischen von Uta-Elisabeth Trott
3. Auflage. 1993. 357 Seiten mit 26 Abbildungen.
Leinen

Margaret L. King
Frauen in der Renaissance
Aus dem Englischen von
Holger Fliessbach
1993. 364 Seiten mit 25 Abbildungen.
Leinen

Monica Kurzel-Runtscheiner
Töchter der Venus
Die Kurtisanen Roms im 16. Jahrhundert
1995. 348 Seiten mit 28 Abbildungen.
Leinen

Gay Robins
Frauen im Alten Ägypten
Aus dem Englischen übertragen von
Martina Dervis und Sabine Jainski.
1996. 259 Seiten mit 85 Abbildungen.
Leinen

Verlag C.H. Beck München